KB231473

위험한 식탁

The Great Food Gamble

Copyright © 2001 by John Humphrys
All right reserved.

Korean translation edition © 2004 by Da Vinci Publishing Co.
Korean translation rights arranged with Sheil Land Associates Ltd.
through Eric Yang Agency, Seoul, Korea.

이 책의 한국어판 저작권은 에릭양 에이전시를 통하여
저작권자와 독점계약한 르네상스에 있습니다.
저작권법에 의하여 한국 내에서 보호를 받는 저작물이므로
무단 전재와 무단 복제를 금합니다.

이 도서의 국립중앙도서관 출판시도서목록(CIP)은
e-CIP 홈페이지(http://www.nl.go.kr/cip.php)에서 이용하실 수 있습니다.
(CIP제어번호: CIP2004001742)

위험한 식탁

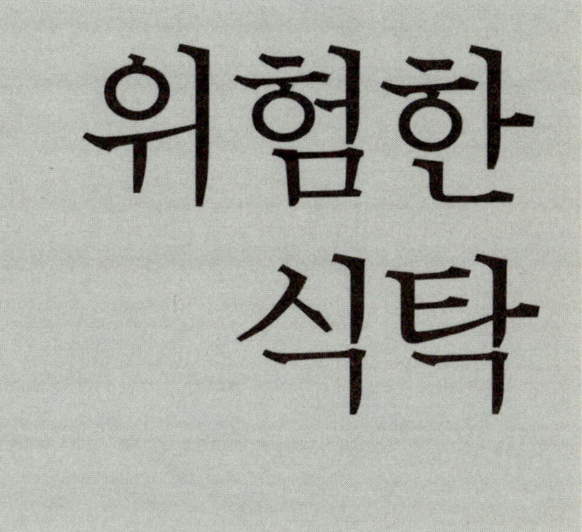

존 험프리스 지음 | 홍한별 옮김

이 대 로 먹 을 것 인 가 ?

르네상스

감사의 글

연구 조사하는 데 얼마나 많은 사람이 어떻게 도와주었는지 자세하게 적으려면 책 길이의 두 배도 넘을 테지만, 이 분들 없이는 도저히 책을 쓰지 못했을 사람 몇 명만 간략하게 언급하고자 한다. 비비안 하워드 박사, 제니 액슬라드, 휴 페닝튼 교수, 수 메이어 교수, 에릭 밀스톤 교수, 피터 보몽, 딕 톰슨, 고든 맥비 교수, 밥 마스터튼 박사, 리처드 영, 데이비드 월슨, 마크 퍼디, 돈 스태니포드, 토니 쿰즈, 비비안 네이선슨 박사, 샌드러 벨, 리처드 포티 박사, 데이비드 발링 박사, 필 이네슨 교수, 리지 밴, 피터 세거, 패트릭 홀든 그리고 사이먼 애디데이비스에게 감사한다.

루이기 보노미는 나를 때려 눕혀서 첫 번째 책을 쓰도록 만들고는 고맙게도 다시는 일으켜 세워 주지 않았고, 롤런드 필립스는 끊임없이 격려해 주었다. 루스 에번스는 자료 수집을 도와주었고 책을 쓰다 보면 누구나 겪게 되는 정신이 아득하고 앞이 캄캄해지는 그런 순간에 불을 밝혀 주었다. 리자 오스본은 작가가 바랄 수 있는 최고의 원고 편집자다. 모두에게 진심으로 감사한다.

서문

이 책을 처음 기획한 것은 광우병의 공포가 실체를 드러냈던 1990년대 초반이었다. 식탁 위에 오르는 음식에 대해 많은 사람들이 심각한 의구심을 갖게 됐고 이전과는 다르게 먹거리에 대해 진지하게 고민하기 시작했다. 그때 나는 우리 농업 구조의 지속 가능성, 환경에 미치는 영향, 그리고 무엇보다도 우리가 먹는 음식의 안전성 문제 등 가장 근본적인 문제를 다룰 제대로 된 국가적인 토론이 이루어질 필요가 있다고 생각했다. 그렇지만 안타깝게도 또 한 번의 농업 재앙을 겪고 난 후에야 이런 토론이 활성화됐다. 그리고 이 책은 그 재앙의 폐해가 절정에 달했을 무렵 출간됐다.

그 문제의 재앙은 구제역 파동이었다. 이 사건이 발생하고 나자 여러 해 전에 이미 관심을 가지고 접근했어야 할 문제, 제2차 세계대전 이후 영국 식량 정책의 핵심에 관해 의문이 들기 시작했다. 더 많이 싼값에 식량을 생산하기 위해 앞뒤 가리지 않고 매진해 온 것이 결국 실패했다는 말인가?

식량 업계에서 가장 큰 목소리를 내는 사람들은 누가 조금만 의심을

나타내도 가차 없이 조소를 보냈다. 잘 알지도 못하면서 하는 소리라
는 것이다. 그들은 예전에 비해 먹거리가 얼마나 다양해졌는지, 식품
구입은 또 얼마나 간편해졌는지를 상기시킨다. 그리고 이전 어느 때보
다 식료품 값이 싸지지 않았느냐고 말한다. 50여 년 동안 유지해 온
식량 생산과 분배의 방식을 버린다면 원시적 농경 형태로 돌아가야
하는데, 원시적 농경으로 돌아가면 식량이 절대적으로 부족해지고
식료품 가격은 치솟을 것이며 가축은 질병에서 벗어나지 못할 것이다.
중세로 되돌아가는 것이다. 아이들의 영양 결핍이나 구루병 같은 병이
다시 생겨날 수도 있다고 암울하게 말하는 사람도 있다.

이런 말은 모두 지나치게 과장된 아전인수격의 헛소리다. 영양 결핍
은 가난이나 무지로 인해 생겨나는 것이지 식량 생산량과는 아무 연관
이 없다. 내가 만나 본 한 의사는 어린 환자들 중에 인스턴트 식품만
먹는 아이들이 있어 걱정이라고 말했다. 이 아이들의 부모는 아이에게
신선한 고기나 야채를 요리해서 먹인 일이 한 번도 없었다는 것이다.
물론 그 이유는 식품 가격과는 아무 상관이 없다. 오히려 가공 식품이
가공하지 않은 음식보다 훨씬 비싸다. 이런 음식은 '현대 도시인의
삶'에 적합한 음식이라고 식료품 회사들이 열심히 광고하는 것들이다.
그도 그럴 것이 감자 한 근 팔아서 얻는 이윤보다 감자칩 한 봉지에서
얻는 이윤이 더 크다.

게다가 공장식 축산과 집약 농업을 선택하지 않는다고 해서 '원시
적' 농경으로 돌아가야만 하는 것도 아니다. 그것을 원시적이라고 부
르면 가축을 공장 부품처럼 취급하지 않고서도 가축이 잘 살 수 있도
록 신경 쓰면서 기르는 농부들에게 큰 모욕이 될 것이다. 집약도가
낮은 농경 기술 분야에서 이루어진 진보를 무시하는 것이기도 하다.
여러 농부들이 화학 약품 병을 열거나 합성 비료 포대를 뜯지 않고도
많은 수확을 거둘 수 있는 방법을 찾아 가고 있다.

관련 업계와 정치인들이 지금껏 건드리지 않으려고 애써 왔던 의문은 '값싼' 식품들을 실제로 정말 싸다고 할 수 있는가 하는 문제다. 이런 의문을 제기하는 것은 지금까지의 판단과 동기 전체에 의심을 품는 것이 될 수 있다. 예를 들어 조상에게 물려받은 자연, 습지와 오래된 수풀, 들꽃, 그리고 새들이 사라진 것에 대한 비용은 어떻게 계산할 것인가?

이런 것들을 현금으로 환산해서 계산한다는 것은 불가능하겠지만 수치화할 수 있는 다른 부분도 있다. 먼저 영농 보조금을 대기 위해 지불해야 하는 세금이 있다. 이 보조금의 대부분은 먹지도 못할 작물을 길러 내는 대가로 부농들의 주머니로 들어간다. 심지어 남아도는 곡물이 생기니까 농사를 그만 지으라고 보조금을 주기도 한다. 또 식수에서 화학 오염 물질을 정화하는 데 들어가는 비용이 있다. 공장식 축산 과정에서 항생제를 남용한 덕에 들어가는 의료비도 엄청나다. 또한 농약 잔류물은 우리의 건강에 악영향을 미칠 수도 있다. 토양침식과 토양비옥도 감소로 인한 장기적 영향도 있다. 광우병과 같은 끔찍한 비극으로 인한 충격과 엄청난 피해도 빼놓을 수 없다. 가장 최근에는 구제역 파동이 있다. 집약 농업에 직접적인 원인이 있다고는 말할 수 없지만, 농부들이 자기가 제대로 돌볼 수 있는 것 이상으로 많은 가축을 기를 때 위기가 닥친다. 게다가 현대적인 농업 생산과 공급 방식 때문에 구제역이 놀랄 만큼 빠른 속도로 전국적으로 확산될 수 있었다.

이런 결과를 초래한 식량 정책에 대해 의문을 갖는 것을 무지한 탓이라고 할 수 있을까? 나는 그렇게 생각하지 않는다. 그래서 이 책을 쓰게 된 것이다. 책을 쓰려고 자료를 조사하는 동안 알게 된 많은 사실 때문에 내 고민은 더욱 늘었지만, 이 책은 절망을 안겨 주기 위해 쓴 책은 아니다. 그동안 잘못이 있었다는 것을 인정하고 더 나은 농경 방식을 찾으려고 하는 농부와 식량 생산업자들이 점점 늘고 있는 데 희망이 있다.

정치인들도 이제는 깨달은 바가 있는 것 같다. 각 정당마다 과거 정책의 오류를 지적한다. 토니 블레어 수상도 이 책에 제기된 여러 문제에 대해 공감한다고 말했다. 그러나 정치인들이 과연 말과 행동을 일치시킬지는 두고 봐야 알 일이다. 농수산식품부 전임 장관은 이 책이 처음 출간된 후에 완전히 매장됐다. 또한 그의 후임자가 농수산식품부가 저지른 수많은 잘못을 바로잡을지도 지켜보아야 할 것이다.

분명한 것은 우리 소비자들이 눈앞에 놓인 식품을 무조건 받아들여서는 안 된다는 것이다. 적당한 가격에 품질도 좋은 식품과 품질이나 안전성에도 별로 신경 쓰지 않고 만들어낸 '값싼' 식품은 구분해야 한다. 더 나은 식품 생산 방식이 있다는 것을 우리는 알고 있으니 말이다.

2001년 8월
존 험프리스

■ 차례

※ 일러두기
- 본문에 나오는 약어들은 315쪽의 〈약어표〉를 참조하시기 바랍니다.
- 토지의 넓이 표기 중 1헥타르는 약 3,000평입니다.

배고픔의 기억 Driven by Need

톰 코넬리는 느긋한 사람이었다. 코넬리는 아내와 세 아들과 함께 영국 리버풀에서 몬트리올로 돌아가기 위해 여객선 어시니아(Athenia) 호에 겨우 자리를 구했다. 어시니아는 초호화 여객선은 아니었다. 운항한 지 16년 가까이 되어 조금은 낡아 보였다. 그런데도 객실 침대칸마다 예약이 꽉 찼고, 캐나다로 가려는 사람이 어찌나 많은지 자리만 있다면 표를 서너 배 가격으로 올려 팔 수 있을 지경이었다. 이 사람들은 코넬리처럼 독일과 전쟁에 들어가기 직전인 영국에서 전쟁을 피해 떠나는 사람들이었다. 1939년 9월 2일 토요일이었다.

늦은 오후 햇살 속에서 어시니아 호가 닻줄을 풀었을 때 코넬리 가족이나 나머지 1,418명의 승객과 승무원이 불안해 할 이유는 아무것도 없었다. 이들이 바다에 있을 때 선전포고가 이루어지긴 했지만, 전쟁 중이라도 국제법에 의해 여객선은 잠수함 공격으로부터 보호된다는 사실을 거듭 확인한 터라 마음을 놓을 수 있었다. 영국의 압력

아래에서 독일은 1936년 헤이그 회의 나포 법령의 일부로 상선에 대한 공격을 제한하는 잠수함 협정을 체결했던 것이다. 이 법령에 따르면 승객과 승무원이 안전한 장소로 대피하기 전에 배를 격침시키는 것은 불법이다. 재산 손실은 입히더라도 인명 손실을 입혀서는 안 됐다. 제임스 쿡 선장은 여하튼 모험은 하지 않겠다며 속력을 높이고 항로를 바꾸어 목적지를 지그재그로 향해 갔다.

다음날 아침 코넬리 가족이 어시니아 호에서 첫 식사를 하고 있을 무렵 베를린의 영국 특사는 아돌프 히틀러에게 보내는 전보를 들고 수상 관저로 향하고 있었다. 전보에는 최후 통첩이 담겨 있었다. 독일이 9월 1일 시작된 폴란드 침공을 당장 멈추고 군대를 철수하겠다고 확약하지 않는다면 독일에 전쟁을 선포하겠다는 내용이었다. 두 시간 후, 영국 수상 네빌 체임벌린의 감정이 담겨 있지 않은 목소리가 BBC 공중파를 타고 영국 전역에 방송됐다.

"유감스럽게도 독일 측에서 아무런 응답이 없었고 우리 나라는 독일과의 전쟁에 들어가게 됐습니다."

체임벌린의 발표가 진행되는 중에도 독일의 U보트(제1, 2차 세계대전 중에 활약한 독일의 잠수함－옮긴이 주) 함대의 3분의 1 이상이 북대서양에서 정찰 중이었다. U보트의 지휘관은 맡은 임무에 대해 분명하게 알고 있었을 것이다. 그날 오후 2시에도 이미 잘 알고 있는 사실을 U보트 사령부에서 반복해서 송신해 왔다. "승객이 탑승한 여객선은 안전하게 보내 주어야 한다. 군선이 호위하고 있을 때도 공격하면 안 된다." 그러나 아무리 명백한 법령이라고 하더라도 따르지 않기로 한 사람에게는 아무런 의미가 없는 것이다.

야심에 찬 약관 스물 여섯의 프리츠-율리우스 렘프 대위가 U30을 지휘했고, 때마침 어시니아 호가 렘프 대위의 U30 근방을 지나가게 된 것이 비극의 시작이었다. 9월 3일 저녁 어시니아는 아일랜드 북쪽 해안을 돌아 대서양으로 나아가고 있었고 이때 어시니아의 굴뚝과 검은 선체가 U30의 잠망경에 잡혔다. 후에 렘프는 어시니아를 무장한 상선으로 착각했다고 주장한다. 갑판에 조그마한 대포 하나라도 있었다면 그 때문에 공격 대상이 됐다고 할 수 있을지도 모르겠다. 그러나 대포 같은 것은 전혀 없었다. 렘프가 역사에 이름을 남겨 보려고 전쟁에서 첫 공격을 시도했다고 하는 사람도 있다. 만약 그랬다면 그는 성공한 셈이다. 첫 번째 어뢰가 배에 부딪혔을 때 톰 코넬리는 선실에 있었고 막내아들은 침대에서 자고 있었다.

"순간적으로 무슨 일이 벌어졌는지 깨달았습니다." 그가 나중에 기자에게 들려준 말이다. "옷으로 아이를 싸고 구명정으로 달려갔습니다. 포격으로 갑판의 해치 하나가 산산조각이 났고 파편에 맞아서 부상당한 사람이 많았습니다. 제 아내도 이마에 큰 상처가 나서 피를 계속 흘렸지만 상처를 치료할 겨를이 없었어요. 운 좋게도 우리 가족 모두 한 구명정에 탈 수 있었습니다. 사람이 많아서 배가 뒤집히기 직전이었죠. 구명정 안에는 남자가 일곱 명밖에 없어 노를 계속해서 저어야 했습니다. 살아남으려면 끊임없이 움직여야 한다는 것을 깨달았죠."

열 시간 넘게 노를 저어 완전히 기진맥진해 있을 때 U보트의 공격을 알게 된 구조선이 다가오기 시작했다. 스물네 시간 후 코넬리 가족은 다시 영국에 돌아왔다. 어시니아 호는 침몰했고 118명이 죽었다.

어시니아 호의 격침에 영국인들은 경악했다. 전쟁 협정에 무엇이라고 표기되어 있든 간에 어떤 배도 독일 함대의 대포와 어뢰로부터 안전할 수 없었던 것이다. 여객선도 침몰시키는 판에 적의 사정권에 들어오는 수송선이 무사할 리가 없었다. 개전 첫 주에는 U보트가 57척밖에 되지 않았지만 독일의 조선소에서 엄청난 수의 U보트가 건조되는 중이었다. 섬나라인 영국으로서는 앉아서 두고 볼 수 없는 생존이 달린 문제였다. 영국은 수입 식량에 크게 의존하고 있었기 때문에, 수송선은 생명선과도 같았다. U보트를 막지 못한다면 수입 식량에 대한 의존도를 낮출 수밖에 없는 상황이었다.

어시니아 호 격침 이후에도 독일 어뢰의 공격이 계속되자 사람들은 이 사실을 뼈아프게 되새겨야 했다. U보트 사령관들이 전부 다 렘프 대위처럼 무고한 생명에 대해 무신경했던 것은 아니다. 영국 화물선 올리브그로브(Olivegrove) 호 선장 바닛슨은 잠수함이 접근하는 것을 알아차리고 어떻게든 도망치려고 했다. 하지만 낡은 배가 매끈한 잠수함의 상대가 될 리 없었다. U보트에서 몇 차례 경고사격을 하자 선장은 항복했고 포로가 되더라도 목숨만은 부지하길 바랐다. 그런데 뜻밖에 선장과 승무원들에게 구명정이 주어졌다. 독일 장교는 구명정의 항해 장비가 잘 작동하는지 확인한 후 직항로로 아일랜드 해안에 데려다 주겠다고 했다.

"몇 시간 동안 U보트를 따라갔습니다. 붉은 신호탄을 두 차례 쏘아 올리더니 근방에 있는 증기선이 우리를 구조해 줄 거라고 하더군요." 바닛슨 선장의 말이다. 심지어 선원 중 한 명은 용케 애완용 카나리아도 데리고 올 수 있었다.

이 독일 장교의 행동이 훌륭하긴 했지만 어쨌든 올리브그로브 호는 격침되어 대서양 바닥으로 가라앉았고 영국인들이 애타게 기다리던 수천 톤의 식량도 함께 물에 잠겼다. 전쟁을 선포했을 당시 영국에 비축되어 있던 식량은 창피스러울 정도로 적었다. 3주분의 밀가루와 한 달분의 설탕이 전부였다. 남녀노소 할 것 없이 홍차를 즐겨 마시는 영국인들인지라 설탕이 부족하게 될지 모른다는 전망에 행정부 공직자들과 웨스트민스터(영국 의사당)의 의원 모두 간담이 서늘해질 수밖에 없었다. 독일 폭격기도 문제지만 차를 마실 수 없게 된다는 것은 또 다른 심각한 문제였다. 마침내 농수산식품부에서 "식량 부족 사태가 눈앞에 닥쳤다."고 발표했다.

독일 선전장관 괴벨스는 영국을 약올릴 기회를 놓치지 않고 러디어드 키플링의 〈증기선(Big Steamer)〉이라는 시를 이렇게 개작했다.

당신들이 먹는 빵과 깨물어 먹는 과자,
빨아 먹는 사탕과 잘라 먹는 고깃덩이,
이 모든 것을 우리 증기선이 매일 나르죠.
누가 우리 길을 막는다면 당신들은 굶어 죽을 거예요.

이제 더 이상 수입에 의존할 수 없게 됐다. 수없이 많은 크고 작은 배들이 어시니아와 올리브그로브의 운명을 따랐던 것이다. 전쟁 발발 무렵 영국은 2,200만 톤의 식량과 사료를 수입했으며, 그 대부분을 3,000여 대의 상선으로 북대서양을 통해 운반했다. 3년이 채 되지 않아 수입량은 반 이상 감소했다. 줄어든 만큼의 분량을 대체할 방법이 필요했다. 식습관을 바꾸어야 했던 것이다. 얼마 후 식량 배급이 시작됐다.

농수산식품부에서는 빵 340그램, 오트밀 56그램, 감자 454그램, 기름 28그램, 채소 170그램, 우유 0.34리터로 된 비상 기본 식사량을 권장했다. 몸매를 유지하고 싶은 슈퍼모델에게는 적당할 듯싶고, 사실 요즘 우리가 먹는 것보다는 훨씬 몸에 좋은 식단이다. 이렇게 먹는다고 해도 굶어 죽지는 않는다. 하지만 빵과 오트밀만으로 살 수는 없는 일이고 전쟁 중에는 허리띠를 졸라맸더라도 평화시에는 당연히 좀더 푸짐하게 먹고 싶을 것이다. 그렇기 때문에 또다시 이런 위협을 받는 일이 생기더라도 끄떡없도록 대책을 세울 필요가 있었다. 그래서 종전 후 정부가 식량 증산을 중심으로 하는 새로운 식량 정책을 발표했을 때 모두 환영할 수밖에 없었다. 곡물 생산량이 많아지면 돼지도 더 많이 기를 수 있고 우유도 더 많이 짜낼 수 있고 모두에게 좋은 일이었다. 경작 방식을 바꾸면 농촌의 풍경도 바뀌겠지만 그것이 대수일까. 식량 증산 계획은 성과를 거두어 1950년대부터 생산량이 유례없이 큰 폭으로 증가했으며 식료품 가격도 하락하기 시작했다.

그런데 다른 요인들이 나타나기 시작했다. 수십 년이 흐르면서 전쟁의 기억은 잊혀졌다. 그리고 혹시라도 다시 세계대전이 일어난다면 그 양태는 이전과는 전혀 다를 것이다. 잠수함이 발사하는 어뢰 정도가 아니라 핵탄두를 실은 미사일이 날아 올 것이다. 식량이 바닥나고 말고 하기도 전에 몇 번의 섬광이 터지고 나면 모든 것이 완전히 끝나버릴 터였다.

그리고 그 밖에도 새로 알게 된 사실이 있다. 슈퍼마켓 계산대에서 지출하는 식료품비는 확실히 줄어들었지만, 집약 농업의 대가로 치러야 하는 다른 비용들이 있다. 농업 생산을 장려하기 위해 농부들에게 지급하는 보조금도 그 한 가지다. 결국 이 보조금이라는 게 국민의 세금에서 나가고 있다. 이런 관점에서 보면 값싼 빵과 우유가 실은 결코 싸지 않다는 것을 알 수 있다.

다른 비용도 있다. 농부들에게는 뇌물을 주면서 농토로부터는 착취한다. 아무리 기름진 토양이라도 쉬지 않고 매년 곡물을 심으면 황폐해지기 마련이다. 과거에는 휴경을 하거나 클로버 같은 것을 심어 윤작을 함으로써 토양이 비옥해질 수 있도록 했다. 요즘에는 화학 비료를 포대째 뿌린다. 그리고 잡초를 제거하기 위해 제초제를 한 통 가득 뿌리고, 이에 더해 해충을 죽이려고 살충제도 뿌린다. 아무리 조심해서 뿌린다고 하더라도 화학 물질 중 일부는 토양에 흡수되지 않고 물길로 흘러들어 가게 된다. 한꺼번에 많은 양이 흘러들어 갈 때도 있다. 그러다 보면 도랑이 오염되고 결국 이 물은 시내를 통해 강으로 흘러가고 결국 우리가 마시는 물 속으로 스며든다. 이 유독 물질을 정화하기 위해 들어가는 정수 비용은 그야말로 엄청나다.

그리고 돈으로 환산할 수 없는 또 다른 비용이 있다. 화학 약품의 뛰어난 효능 덕택에 아무리 황폐한 토지여도 밀밭이나 보리밭 또는 목장으로 만들 수 있게 됐다. 수세기 동안 방목에 쓰여 온 수십만 헥타르의 저지대와 황야가 경작지로 탈바꿈됐다. 강이 흐르던 초원과 습지가 바싹 말라 버렸다. 수풀 생울타리와 잡목림은 모두 잘려나갔다. 잉글랜드 지방에서만 매년 1만 6,000킬로미터의 관목 울타리가 사라졌다. 초고속 성장이 한창 진행될 무렵에는 이보다도 훨씬 빠른 속도로 사라져 갔다. 창고가 곡물로 가득 차게 하기 위해 환경은 끔찍한 대가를 치러야 했고, 이 광기의 정점에서는 과잉 생산으로 남은 곡물이 사용되지 않는 비행기 격납고를 가득 메울 정도였다.

마지막으로 치러야 한 대가는 식량의 질, 심지어는 안전성을 믿을 수 없게 됐다는 것이다. 충격적인 사건이 꼬리에 꼬리를 물자 식탁 위에 놓인 음식에 대한 불안감이 날이 갈수록 심해졌다. 그나마 남아 있던 믿음조차 광우병을 계기로 무너져 버렸다. 광우병으로 인한 피해액은 50억 파운드에 이르렀고 사람들이 받은 고통은 헤아릴 수도 없었다. 광우병에 감염되어 많은 젊은 생명이 스러졌고 변형 만성 소모성 질병이 발생했으며 앞으로 무슨 일이 더 있을지는 예측하기조차 어렵다.

수확량이 지속적으로 증가하는 동안 농업 정책의 타당성에 의심을 표하는 사람은 거의 없었다. 사람들은 너 나 할 것 없이 식량 증산에 열광했고 회의를 드러내는 사람은 조롱과 비웃음의 대상이 될 뿐이었다. 집약 농업의 뒤에 도사린 이해관계는 감히 건드리지 못할 정도로 막강한 것이었다. 거대 농약 회사, 전국 농업 생산자 조합, 소위 '대지주'들, 정부 요직을 차지하고 있는 토지 소유자 등, 보조금으로 길러낸 옥수수가 곡물 창고에 그득해지면 은행 계좌도 따라서 든든해지는 사람들의 힘은 막강했다. 자기 입맛에 맞는 정부 정책을 옹호하기 위한 이들의 논지는 변함이 없었다. 이들의 말은 대략 다음과 같다.

일련의 충격적인 사건으로 대중의 믿음이 흔들리고 영국의 아름다운 전원 풍경이 사라지고 있기는 하지만 다른 대안이 없다는 것은 삼척동자라도 안다. 효율성이 중시되기 이전인 옛날 옛적 '그 좋던 시절'로 돌아가자고 하는 순진한 몽상가들은 유사시 다시 굶게 되기를 바라는 것인가? 눈을 들어 보면 아이들이 이전에 비해 훨씬 크고 튼튼하고 건강해졌다는 것, 또 평균 수명이 큰 폭으로 늘어나서 결국 정부의 가장 큰 고민이 노령화 인구의 연금 대책일 정도가 됐음을 모를 사람은 없을 것이다. 아직도 퇴비와 미신을 신봉하며 수염을 기르고 샌들을 신은 어리석은 자들[수염과 샌들단(beard-and-sandal brigade)이라고도 불리는 유기농업주의자들을 가리킴 ─ 옮긴이 주]이 있지만 다양화 사회이므로 이런 사람들도 있는 것일 뿐 어쨌든 심각하게 받아들일 가치는 없다.

이런 논리는 잘 먹혀들어 갔다. 20세기 후반까지는 말이다. 그러나 1990년대 후반이 되자 환경 친화 농업을 실천하던 일단의 사람들이 수염을 자르고 샌들을 벗어 던졌다. 퇴비와 미신 대신 철저한 연구와 시행착오를 받아들이기 시작한 것이다. 이들이 거두어들인 것은 대지주에 비하면 보잘것없었지만 들판과 시장에서 벌인 고된 실험 과정을 통해 이들은 상당한 성과를 얻을 수 있었다. 하지만 아직 논박하지 못한 주장이 한 가지 남아 있었다. 국민 건강 문제였다.

이전보다 수명이 늘어난 것은 사실이고 그것을 부인할 사람은 없다. 하지만 그것은 의약품과 백신 개발 덕이 아닌가? 병실과 묘지를 만원으로 만들던 디프테리아(diphtheria)나 결핵, 백일해, 소아마비는 이제 거의 사라졌다. 아이들이 커지고 튼튼해지고 빨리 자란다는 것도 사실이다. 하지만 열 살도 안 된 여자아이들이 벌써 월경을 시작하는 것이 과연 반길 만한 일인가?

반세기라는 시간이 지난 오늘날 전후(戰後)의 식량 정책에 대한 확신은 점점 흔들리고 있다. 그러나 여전히 막강한 이해가 얽혀 있고, 대부분의 정치인들은 그것이 잘못됐다는 것을 받아들이지 않는다. 지금 변화를 주도하고 있는 것은 정치인들이 아닌 보통 사람들이다. 식량 공포와 환경 대란은 더 이상 없어야 한다고 정치인들에게 목청 높여 말하고, 소매상에는 유전자 변형 식품을 구별해 놓아 소비자들이 구매 여부를 직접 결정할 수 있게 하라고 요구한다.

많은 사람들이 이제는 멈추어 서서 다른 식량 생산 방법을 모색해야 할 때라고 이야기하고 있다. 농약 회사와 대토지 소유주들의 말이 아닌 다른 말에 귀 기울여야 할 때라고 말한다. 최선의 동기에서 나온 시스템이라고 할지라도 언제까지나 지속될 수 있는 것인지, 환경의 관점에서뿐만 아니라 국민 건강의 관점에서도 심각하게 고려해 보아야 할 때라고 말한다. 살면서 우리는 때로 위험을 무릅쓰고, 때로는 운을 걸고 도박을 해야 할 때가 있다. 이것은 그 중에서도 최대의 도박이 될 것이다. 매우 신중하게 승산을 따져 보아야 한다.

어제, 오늘 그리고 내일 Yesterday, Today… and Tomorrow

3헥타르 넓이의 밭의 모양새는 마치 이발사가 반주도 곁들여 점심을 배불리 먹고 나서 이발을 한 것처럼 보였다. 1950년대에 한창 유행한 상고머리(crew-cut) 스타일로 자르려고 하다가 실패한 모양새였다. 날이 바싹 지나간 곳은 너무 짧게 잘려서 흙이 드러나 보일 지경이다. 취한 이발사가 군데군데 빠뜨린 것처럼 여기저기에 긴 풀이 삐쭉 솟아나 있다. 밭의 나머지 부분에는 그루터기가 남아 있다. 농부가 의도한 것은 그루터기가 남을 정도로만 자르는 것이었을지 모른다. 콤바인이 털털거리며 지나가기 여섯 달 전에는 금빛으로 출렁이던 이 보리밭에 지금은 그루터기만 남았다. 썩어들어 가는 그루터기와 벼락 맞은 떡갈나무처럼 검게 말라붙은 흙만 남아 있는 밭은 무심코 보았을 때는 살아 있는 것을 찾아볼 수 없을 것처럼 보인다. 그렇지만 이곳에 살고 있는 작은 동물들, 새, 곤충, 균류, 수십억의 미생물에게는 이 죽은 듯 보이는 밭이 8월의 해수욕장, 연말의 트라팔가(런던 중심가에 있는 광장으로 연말에 축제가 열린다 - 옮긴이 주) 광장과도 같다. 미생물의 관점에서는 온갖 일이 다 일어나는 삶의 현장인 것이다.

오래전부터 그랬다. 인간이 처음 직립 보행을 시작하기 훨씬 이전, 공룡이 처음으로 알을 깨고 꿈틀꿈틀하며 걸어 나오기 훨씬 전부터 미생물들은 부지런히 움직이며 살아왔다. 미생물 중 일부는 4억 년 전 육지에 정착하여 복잡한 생태계를 만들어 나가기 시작했다. 그 이후로 참 힘든 일이 많았다. 빙하 시대를 견뎌야 했을 뿐만 아니라, 지구상의 90퍼센트 이상을 완전히 쓸어버린 대지각변동에서도 살아 남았으며, 공룡을 멸종시킨 6,500만 년 전의 두 번째 지각변동도 버텨 냈다. 감사해야 할 일이다. 이들이 살아남지 않았다면 인간은 출현하 지도 못했을 테니 말이다.

미생물의 역할은 양분을 재활용하여 순환시키는 것이다. 원리는 지극히 간단하다. 재활용이 없으면 생명도 없다. 3헥타르 넓이의 땅 안에 살고 있는 모든 생물은 사실상 '재활용'된 것이다. 작년 가을에 추수하고 남은 보리 그루터기로부터 시작해서, 밭 한쪽에 서 있는 떡갈나무가 200년 전 처음으로 생명을 틔우며 겨우 내놓은 여린 잎 하나, 그리고 한때 쿵쿵거리며 이 들판을 달렸던 거대한 맘모스의 가죽 껍질과 거대한 뼈에 이르기까지 모든 생명체가 미세한 입자로 쪼개지고, 분해된 양분과 에너지는 다시 다른 생명체를 자라게 하는 데 쓰인다.

이 순환이 멈춘다면 바닷가에서 햇살 아래 신나게 뛰어 노는 일도, 트라팔가 광장에서 술에 취해 새해 카운트다운을 시작하는 일도 있을 수 없다. 한 해가 끝나고 다시 새해가 시작되는 순환도 사라질 것이다.

흙 속에서 진행되는 이 활동에 지장이 생긴다면 아주 혹독한 대가를 치러야 할 것이다. 지구상의 모든 생물은 결국 식물의 생산성에 의존하고 있다. 식물이 없다면 생명이 존속될 수 없다. 그런데 어떤 때는 인간이 온힘을 다해 그것을 멈추려고 하는 것이 아닌가 하는 생각이 들 지경이다. 지구상의 시간을 하루에 비유한다면 지난 50년은 100만 분의 1초에 지나지 않는다. 눈 한 번 깜박일 시간도 채 안 되는 100만 분의 1초 동안에 지구 생성 이래 이루어진 것보다 더 많은 파괴가 자행된 셈이다.

다시 옛날로 돌아가 보면, 1950년 영국의 한 들판은 미생물에게는 살기 좋은 장소이고 호시절이다. 울타리를 넘어 들판 안으로 들어오는 두 아이들은 자기들 발 아래에서 벌어지고 있는 일에 대해 알지도 못하고 별 관심도 없다. 하지만 이 녀석들은 이 들판에 대해서는 아주 잘 알고 있다. 근처 읍내에 있는 집에서 가까워 이 아이들이 가장 좋아하는 놀이터다. 오래된 떡갈나무의 굵은 가지 하나에는 자동차 타이어를 밧줄로 매달아 그네를 만들어 놓았는데, 근처 놀이터에 있는 그네보다 좀 위험하긴 하지만 훨씬 더 재미있다. 보리가 아직 어릴 때는 잎을 엄지와 검지 사이에 끼우고 풀피리를 분다. 보리가 익어 가면 이삭을 몰래 따서 입안에 가득 넣고 씹곤 했다. 게다가 풀숲에는 항상 무언가 먹을 것이 있다. 이른 봄에는 엄마가 바이올린 손잡이처럼 생긴 고사리 줄기를 따오라고 시켰다. 고사리를 따 가면 엄마는 버터를 넣고 볶아 차와 함께 간식으로 주었다. 가끔은 샐러드에 넣을 괭이밥을 따오라고도 했다. 막 돋아난 여린 쐐기풀로는 수프를 끓였다. 하지만 아이들이 제일 좋아한 것은 뭐니 뭐니 해도 가을에 나는 검은딸기였다. 집에 가져가면 엄마가 바람에 떨어진 사과와 섞어서 파이를 만들어 주었다. 하지만 대개는 검은딸기가 냄비 속을 구경해 보기도 전에 아이들 뱃속으로 들어가 버리곤 했다.

지금 아이들은 알을 찾고 있다. 풀이 크게 멋대로 자란 수풀에는 멋쟁이새와 올빼미 둥지도 있다. 붉은가슴방울새와 참새는 밭 여기저기 떨어진 이삭을 쪼아 먹는다. 종다리며 지빠귀, 찌르레기, 노랑촉새 등이 지저귀는 노래는 "빵은 약간, 치즈는 없어."라고 말하는 것처럼 들리기도 한다. 물기가 많은 밭 언저리에는 이따금 댕기물떼새가 나타나기도 한다. 야생조류보호법이 1953년 발효됐으니 이때는 이 법에 의해 새들이 보호받기 이전이었다. 이 법이 공포된 덕에 이제는 더 이상 새를 잡아서 일요일 점심 식사를 준비하지 못하게 됐다.

조금 더 자라면 아이들은 농장에서 일을 거들게 된다. 건초더미를 쌓아 올리거나 채소밭에서 김을 매거나 과수원에서 사과를 따는 일이다. 아버지는 하루 종일 농장에서 일한다. 작년 가을보리를 벤 사람이 바로 아버지였다. 보리는 건조시켜 저장해 두었다가 빻아서 젖소에게 먹이면 젖이 잘 나온다. 아무것도 버리는 것이 없다. 들판에 남은 짚은 햇볕에 말려서 묶어 놓았다. 겨울에 외양간에 깔아 줄 수 있고 쇠여물로도 쓸 수 있다. 젖소들에게 말린 짚은 좋은 먹잇감이다. 보릿짚을 주면 우유에 지방분이 많아진다. 겨울철 젖소의 주식은 건초다. 풀이 길게 자라서 꽃이 피기 시작하면 베어서 말린다. 풀을 말릴 때 날씨가 맑고 해가 좋으면 건초에서 향긋한 풀냄새가 나서 소와 양들이 무척 좋아한다. 하지만 건초 만들기는 쉬운 일이 아니다. 거의 다 말랐다 싶을 때 비가 내려서 다시 말려야 하는 일이 많다. 어떤 해는 건초가 내내 마르지 않아 농부가 골치를 썩이는 때도 있다. 그렇지만 아직 덜 말랐을 때 건초를 묶어 버리면 무척 위험하다. 그렇게 해서 몇 년 전 이웃에서 일어난 일을 생각하면 지금도 몸서리가 쳐진다.

참 우울하도록 비가 많이 내린 여름이었다. 6월 말이 되어 풀이 잘 자라 있는 것을 보고 농부는 기분 좋게 해가 나던 날 풀을 잔뜩 베어 놓았다. 그런데 갑자기 구름이 몰려들기 시작했다. 밤새 비가 내렸고 다음날까지 계속됐다. 마침내 다시 해가 났고, 베어 놓은 풀 위로 건조한 바람이 세게 불어 왔다. 농부는 트랙터를 타고 종일 밭을 오가면서 햇볕과 바람에 풀이 잘 마르도록 풀을 뒤적거렸다. 다음날 아침 일꾼을 사서 건초를 묶어 쌓아 놓으면 긴긴 겨우내 젖소에게 먹일 만큼은 양이 충분히 되겠다고 생각하고 있던 터였다. 이때 다시 하늘에 구멍에 뚫린 듯 비가 퍼부었다.

웬만큼 말랐던 풀은 다시 흠뻑 젖어 버렸다. 비가 그치고 이틀이 지난 후, 풀이 덜 말랐다는 것을 알았지만 농부는 그나마라도 묶어야 겠다고 생각했다. 그것은 후에 비싼 대가를 치르게 될 치명적인 실수 였다.

단단히 묶어 헛간에 쌓아 놓자마자 건초더미 안에서는 열이 나기 시작했다. 다른 할 일도 많았고 어쨌든 건초를 수확해서 쌓아 놓은 것이 만족스러웠던 농부는 이 사실을 전혀 몰랐다. 몇 주 후 농부는 개들이 미친 듯이 짖어대는 소리에 잠을 깼다. 어디에선가 타는 냄새 가 났다. 헛간이 불에 타고 있었던 것이다. 덜 마른 건초가 부패하면서 온도가 높아져 결국 불이 붙었고 이제 헛간 전체를 활활 태우고 있었 다. 소방차가 도착했을 때는 다른 헛간 두 개에도 불이 옮겨 붙었고 건초더미는 흔적도 없이 사라진 뒤였다. 보험도 들지 않았고 은행에도 이미 빚이 많은 상태라 그 농부는 말 그대로 쫄딱 망하고 말았다.

최악의 해에는 건초가 끝내 마르지 않아서 거두어들일 수가 없는 때도 많다. 비가 계속 내려서 베어 놓은 풀이 차차 시커먼 검불이 되어 가면 아무 쓸모가 없게 된다. 밭을 갈아엎으면 땅속의 벌레와 미생물들이 검불에 달려들어 땅을 기름지게 바꾸어 놓는 효과는 있지 만 소먹이로는 쓸 수 없다. 그래서 3헥타르 땅의 주인은 새로운 방법을 시도해 볼까 생각 중이다. 목초 발효실을 짓는 것이다. 일단 아직 어리고 물기를 많이 머금고 있는 풀을 벤다. 들판에서 며칠 동안 말리는 대신 모아서 잘게 썬 다음 하루 정도 말린다. 그 다음 압축기에 넣고 꽉꽉 눌러서 공기를 빼낸 다음 검은 비닐로 덮어 놓는다. 이 상태로 발효하도록 내버려 두면, 겨울이 되어 소들이 외양간 안에서 지내야 할 때쯤에는 소들의 먹이로 아주 훌륭하다. 쉬운 일은 아니다. 목초 발효에서도 날씨가 중요한 역할을 하지만 건초 말리기보다는 위험 부담이 적고, 잘만 만들어지면 발효 목초는 영양면에서 건초보다 뛰어나다.

1950년 대부분의 농부들은 자기가 필요로 하는 것을 거의 스스로 생산할 수 있어야 하고 생겨나는 모든 것을 활용할 수 있어야 했다. 나무에서 떨어진 사과는 돼지에게 먹였고 음식물 찌꺼기나 곡물 창고에서 쓸어 담은 이삭은 닭에게 주었다. 심지어 공기도 쓸모가 있었다. 밭에 클로버 풀씨를 뿌려 놓으면 클로버가 공기 중에서 질소를 흡수하여 뿌리를 통해 흙 속에 내놓기 때문에 토양이 점점 더 비옥해진다. 제대로 된 농경이란 바로 이런 것이었다. 인류가 수렵과 채집에 의존하던 생활에서 벗어나 최초로 농경을 시작한 이래로 1만 년 이상 지속되어 온 농경 방식이다.

이 농경 방식에는 땅을 최상의 상태로 유지하는 것, 질소를 많이 필요로 하는 작물은 클로버를 심은 다음 해에 심는 것 등, 윤작의 방법이 포함된다. 보리나 밀을 심을 때는 키가 크게 자라는 종을 택해서 빛을 못 본 잡초가 자라지 못하게 하는 것도 있다. 새나 작은 포유동물이 서식할 수 있도록 수풀을 베지 않고 남겨 두는 것도 마찬가지다. 그러면 이 동물들은 곡물을 상하게 하는 벌레를 잡아먹는 것으로 집세를 대신할 것이다. 가축을 대할 때도 배려가 필요하다. 젖소에게서 너무 많은 젖을 짜내거나 육우를 너무 빨리 살찌우지 않는 것 등이 그것이다.

봄에 서리가 걷히면 농부가 밭을 갈기 시작한다. 쟁기에서 기름진 흙이 떨어지고 새들이 먹이를 찾아 쟁기 뒤를 좇는다. 갈아엎은 흙 속의 벌레로 어미 새와 어린 새가 모두 배를 불리고 난 후에도 땅 밑에는 아직 셀 수 없이 많은 벌레가 남아 있다.

농사를 지어서 부자가 되는 일은 없을 테지만 이 땅 덕에 농장 주인과 가족, 그리고 읍내에 사는 두 소년의 아버지를 비롯한 여러 사람이 다 웬만큼 먹고 살 수 있다. '농사에서 성공과 실패는 단 두 주 차이'라는 속담이 있다. 이 말이 무슨 뜻인지 농부들은 잘 안다. 파종과 수확을 제때 하고, 날씨와 토양의 상태를 적절히 예측하면 좋은 수확을 얻을 수 있다는 말이다. 잘못하면 흉작이 된다. 어떤 해는 잘 맞히기도 하고 어떤 해는 그렇지 못하기도 하다. 하지만 한 가지 작물에만 의존하지 않는 혼합 농업이라서 어떤 작물이 실패하더 라도 큰 피해를 보는 일은 없다.

이 농장에서도 가장 기름지고 배수가 잘 되는 땅에 심는 밀이 상당 한 이익을 가져오지만 매년 그런 것은 아니다. 이것 역시 날씨에 달려 있다. 우유 가격이 떨어지는 일이 일 년 중에도 몇 차례 있는데, 그럴 때면 돼지를 팔아서 수익을 올린다. 돼지고기 가격이 좋지 않을 때는 양고기를 시장에 비싼 값으로 내놓을 수 있다. 젖소가 송아지를 낳을 때도 있다. 암송아지는 3년만 성장하면 우유를 생산하지만 그러하지 못하는 숫송아지는 풀과 보리로 살을 찌워 만찬용 요리를 만든다. 젖이 잘 나지 않게 된 늙은 젖소도 식용으로 쓴다. 근사한 만찬에서 스테이크용으로 잘라 먹지는 못하겠지만 고기로 스튜 국물을 내서 학교 파티에서 나누어 먹을 수는 있다. 사과도 어느 정도 수입을 가져 오고 농장 주변을 활개치고 돌아다니는 닭도 마찬가지다. 닭을 길러 서 큰 돈을 만들 수는 없지만 덕분에 가족들이 늘 신선한 계란을 먹을 수 있다.

농부가 농사짓는 방법은 한 세대 전 그의 아버지나 그 이전 할아버지가 했던 방식과 크게 다르지 않다. 전에는 말 쟁기와 풀 베는 기계를 끌었지만 이제는 그 자리를 트랙터가 대신한다. 옥수수를 수확할 때는 또 다른 기계를 사용한다. 농기계를 제외하고는 실상 바뀐 것이 거의 없다. 중세의 농부가 타임머신을 타고 왔다 하더라도 농기계를 보고는 낯설게 생각할 테지만 다른 것에는 크게 놀라지 않을 것이다. 농부는 거의 자연의 힘만을 이용해서 작물을 기르고 가꾸고 있다. 디젤유와 기계류를 제외하고는 사들이는 것이 거의 없다. 자연과 조화를 이루며 농경을 하는 것이다. 그는 흙이 그를 저버리지 않고 날씨가 심하게 나쁘지만 않는다면 필요한 만큼의 먹을 것을 거두어 들일 수 있음을 믿는다. 지금까지 늘 그래 왔고 달리 바꾸어야 할 필요성을 느끼지 않는다. 언젠가는 아들에게 농장을 물려줄 것이고 아들은 또 손자에게 물려줄 것이다. 그는 평온한 마음으로 미래를 생각한다.

1950년 봄 영국에는 이와 비슷한 크고 작은 농장들이 많이 있었다. 45만 개 이상의 혼합 농장에서 백만 가구 이상이 생계를 꾸려나가고 있었다. 두 아이가 살고 있는 읍은 농장과 서로 긴밀한 관계를 유지한다. 한 주에 한 번 열리는 우시장에서는 남자들이 눈을 날카롭게 번득이면서 여기저기 기웃거리는 송아지나 불안해하는 암소를 놓고 경매인만이 알아들을 수 있는 고갯짓으로 말없이 입찰을 한다. 가축을 파는 농부나 사는 사람의 얼굴에서 만족감이나 실망감은 찾아볼 수가 없다. 경매장에는 감정이 개입할 여지가 없는 것이다. 식료품 시장에 자리를 잡고 앉은 상인들은 이 말없는 상인들과는 정반대로 싱싱한 채소와 치즈의 품질에 대해 큰 소리로 떠벌린다.

두 아이의 엄마도 매주 이곳에 온다. 냉장고가 없기 때문에 거의 매일 장을 본다. 우유는 크림을 제거하지 않고 살균하지 않은 상태로 문 앞에 배달된다. 엄마는 주말이 되면 우유에서 크림을 걷어내어 일요일에 차를 마실 때 곁들인다. 늦은 봄 날씨 좋은 때가 되면 몇 주 동안 신선한 딸기가 나오지만 요즘은 과일 종류도 많지 않고 너무 비싸서 그녀의 주머니 사정으로는 빠듯하다. 하지만 근채류와 엽채류는 항상 싱싱하고 값이 싸다. 몇 주 있으면 정육점에 새끼양 고기가 나올 것이다. 또한 가을에는 사과, 배, 자두, 베리(berries) 등 다양한 과일이 나와서 마음껏 고를 수 있다. 그리고 과일의 일부는 겨울에 먹을 수 있도록 저장해 놓는다. 그렇게 하지 않으면 겨울에 통조림 과일밖에는 먹을 수 없기 때문이다. 일년 내내 값싸고 신선한 과일을 먹을 수 있다면 당연히 기쁘겠지만 사실 그런 일은 상상도 해 보지 않았다.

먹을 것을 사고 준비하느라 보내는 시간이 무척 많지만 그래도 그 시간이 아깝다고 생각해 본 일은 거의 없다. 다만 당근과 감자에서 흙을 털어 내고, 사과에서 벌레 구멍을 도려내고, 양배추의 누런 잎을 떼어 내어 식구들이 만족스러운 식사를 할 수 있게 할 뿐이다. 농부처럼 아내도 마찬가지다. 언제나 해왔던 그대로다. 그녀의 유일한 고민은 식구들이 모두 건강하고 살이 통통하게 오르도록 충분한 음식을 마련하는 것이다. 여기에 무언가 잘못된 점이 있다는 생각은 한 번도 해 본 일이 없다. 잘못됐다고 느낀 적이 한 번도 없기 때문에 당연히 그렇게 믿고 있는 것이다. 세월이 흐르면 무엇이 달라지고 무엇을 잃었는지를 깨닫게 될 것이다.

1985년 3월
같은 농장

3헥타르 넓이의 밭은 사라졌다. 그 밭은 지금 약 20헥타르 넓이의 밭의 일부가 됐다. 타이어 그네가 매달려 있던 떡갈나무도 없어지고 밭의 경계를 이루던 생울타리도 이젠 없다. 거대한 강철 집게가 달린 기계에 한순간에 베어 쓰러졌다. 수풀의 나이는 서른 걸음만 걸어 보면 알 수 있다. 얼마나 여러 종의 식물이 살고 있는지 세어 보고 전문가들마다 조금씩은 다르기 마련인 공식을 적용해 보면 된다. 없어진 수풀 생울타리는 어떤 공식을 적용해 보든 간에 오래됐음을 금세 알 수 있다. 나무들 중 일부는 엘리자베스 1세 여왕이 드레이크 경을 보내 스페인 무적함대를 격파할 무렵 농부들이 심은 것이다. 산사나무, 가시벚나무, 너도밤나무, 개암나무 등이 있었고, 그 나무들 틈새에서 새 깃털에 묻어오거나 바람을 타고 날아온 씨앗에서 다른 풀나무들도 자라났다. 매년 농부들은 생울타리를 다듬었고 이따금씩은 앞 세대로부터 전해 받은 기술을 이용해서 울타리를 옮기기도 했다. 수풀 생울타리는 밭의 경계를 표시하는 구실과 동물이 밭에 들어오는 것을 막는 역할도 하지만, 수없이 많은 작은 동물과 새, 곤충에게 집이 되어 주어 생태계의 일부분으로서 중요한 역할을 했다. 그러나 지금은 보이지 않는다. 거대한 디젤 엔진의 으르렁거리는 소리 속에서 잘려 나가 불에 태워지고 없다. 그 안에 살고 있던 곤충과 동물들은 새로 집을 찾으려고 도망갔다. 일부는 함께 불에 타 버렸다. 두 사람이 단 며칠만에 이 작업을 모두 마쳤다.

관찰력이 뛰어난 사람이라면 이전에 생울타리 경계가 있었던 부분이 어디인지 짚어낼 수 있을 것이다. 생울타리가 자랐던 선을 따라 그 부분에서는 곡물이 잘 자라지 않기 때문이다. 마치 죽어가면서 땅에 저주를 내리기라도 한 것처럼 말이다. 사실 수풀이 자랐던 토양은 밭보다 돌이 많고 양분이 적기 때문이다. 수세대 동안 농부들이 밭에서 나온 돌을 골라내어 생울타리 쪽에 던져 버렸기 때문이다. 몇 년이 흐르면 그 흔적도 사라질 것이다.

밭을 크게 만들기 위해 생울타리를 제거하는 것은 지난 40여 년간 진행되어 온 변화의 일부분에 지나지 않는다. 이제 이 농장은 혼합 농장이 아니다. 젖소떼는 이미 오래 전에 처분됐다. 낡은 착유장(搾乳場)은 허물어졌고 젖소도 대부분 도축장에 끌려가 국거리가 되고 말았다. 아직 젊은 소들은 옆 동네의 목장주에게 팔렸다. 나머지 늙었거나 젖이 잘 나오지 않는 소들은 모두 도축됐고, 살아남아 새 주인을 만난 어린 소들은 새로 지어진 자동화된 착유장에서 이전보다 훨씬 더 많은 양의 우유를 우유통에 쏟아 내야 했다. 우유 생산에 드는 비용을 소들로부터 직접 뽑으려 드는 것이다. 젖소의 유선(乳腺)은 기괴할 정도로 부풀어 있다. 생산량을 유지하기 위해 단백질을 과다 섭취하다 보니 발과 관절이 약해졌다. 여하튼 간에 3년 정도만 지나면 도살되고 어린 소가 그 자리를 차지할 것이다. 혹사당해서 병에 걸리거나 유선염에 걸리면 어김없이 항생제를 준다.

이러한 시스템 안에서 소 먹이도 달라졌다. 젖소의 할머니나 증조할머니가 먹던, 집에서 재배한 눌린 귀리만 먹고는 그렇게 많은 젖을 생산하지 못할 것이다. 이 젖소들은 귀리 대신 농축 단백질로 만든 달콤한 사료를 먹는다. 사료는 달마다 농장에 배달되는데, 이 사료를 착유장 위에 있는 거대한 깔때기 모양의 장치에 쏟아 붓는다. 젖소마다 목줄에 컴퓨터 칩이 달려 있어서 각각의 소에 얼마나 많은 사료가 필요한지를 이 장치에 알려준다. 젖이 가장 많이 나오는 젖소에게 먹이를 제일 많이 주게 되어 있다. 이 사료를 구입한 농부도 사료 안에 무엇이 들어 있는지는 정확히 잘 모른다. 그저 사료를 먹이면 젖이 잘 나오고 소들이 잘 먹기도 한다는 것밖에는. 농부가 먹기에도 맛이 괜찮아서 이따금 한두 개 입안에 넣고 씹어 먹기도 한다. 몇 년이 지나면 그도 제분업자들이 사료에 섞어 넣은 것이 무엇인지 알게 되고 젖소에게 어떤 끔찍한 영향을 미치는지도 알게 되겠지만 그때는 이미 돌이킬 수 없는 일이다.

돼지도 농장에서 사라졌다. 돼지를 길러 보았자 별로 돈벌이가 되지 않기 때문이다. 닭도 마찬가지다. 과수원도 사라졌다. 사과도 잘 열리고 사과 맛도 아주 달지만 이 사과를 내다 팔 수 있는 시장이 사라졌기 때문이다. 수입 사과와 가격이나 크기에서 비교가 안 되는 것이다. 농부는 처음에는 이 사실을 도저히 납득할 수가 없었다. 수천 킬로미터 떨어진 곳에서 배로 날라 온 사과가 그만큼의 운송비를 더하고도 어떻게 국내산보다 더 쌀 수가 있단 말인가? 그의 사과를 사 주던 동네 가게들도 이제는 문을 닫았다. 대형 슈퍼마켓이 들어서면서 설자리를 잃은 탓이다. 슈퍼마켓에 사과를 납품해 보려고도 했으나 전혀 관심을 보이지 않았다. 실상을 말하자면 비웃음만 당하고 돌아와야 했다.

"슈퍼마켓 체인에서는 중앙에서 모든 상품을 구매하고 각 지점에 나누어 줍니다. 모르셨나 봐요? 물론 뉴질랜드나 남아프리카공화국이나 프랑스, 남아메리카 등지에서 과일을 수입하려면 돈이 들죠. 하지만 탄산가스가 가득한 저장실에 저장해 놓으면 신선한 채로 몇 개월이라도 보존할 수 있습니다. 적어도 신선해 보이게 보존할 수는 있죠. 오래된 과일이라는 얘기를 소비자들한테 굳이 할 필요가 있나요? 어쨌든 간에 우리 책임은 아니에요. 소비자들 책임이죠. 소비자가 그걸 원하니까요. 못 믿겠다면 계산대에 서 있는 사람들의 장바구니 안을 한번 보시죠."

농부는 어느 가을 결국 피할 수 없는 운명에 굴복해야 했다. 사과를 수확하는 데 드는 비용이 사과를 팔아서 벌 수 있는 돈을 넘어서서 차라리 사과가 땅에 떨어져 썩도록 내버려 두는 편이 더 경제적이라는 것을 깨달았던 것이다. 그 가을 농부는 중장비를 빌려서 사과나무를 모두 파내어 버렸다.

사라진 것은 가축과 사과나무만이 아니다. 이곳에서 일하던 사람들도 사라졌다. 생울타리를 잘라낸 것은 대형 농기계를 사용하기 위해서였다. 거대한 콤바인 수확기 한 대를 사는 데 드는 돈이 몇 년 전 같으면 작은 농장 하나를 살 값과 맞먹을 정도니 돈 들인 만큼 속도와 효율성을 보장해 주어야 한다는 얘기다. 거대한 기계가 조그만 밭에서 방향을 돌려 가며 왔다갔다 하느라 시간을 허비하길 바라진 않을 것이다. 콤바인은 곡물을 베고 탈곡한 다음, 짚은 그 자리에 내버려 둔다. 그러면 다른 기계가 그것을 말아서 커다랗고 둥근 덩어리로 만든다. 이듬해 새로 곡물이 자라날 때는 그 폭이 크게는 24미터나 되는 팔이 달린 기계로 농약을 뿌린다. 이 각각의 기계를 움직이는 데는 에어컨이 나오는 운전석에 편안히 앉아 기계를 조종할 운전사 단 한 명만 있으면 된다.

역사 이래 줄곧 이 나라의 노동 인구 중 가장 많은 수를 고용한 것은 지주였다. 2세기 전부터 이것이 바뀌기 시작하여, 지난 세기 말에는 인간과 기계 사이의 싸움에 마침내 종지부를 찍었다. 이제는 수백 헥타르에 달하는 농장을 오늘날에는 두어 사람이 경영한다. 예전 같으면 수백 명이 필요했을 것이다.

19세기 초반 영국에서 원시적인 형태의 탈곡기가 농장에 처음으로 도입됐을 때 많은 노동자들이 반발했다. 농장 노동자들의 삶은 그러잖아도 이미 너무 고된 것이었다. 푸른 하늘 아래 콧노래를 흥얼거리며 일하고, 고민거리 없이 단순하지만 건강한 삶을 꾸리고 있는 행복한 농부의 모습은 현실과는 거리가 멀었다. 영국 농촌의 상황은 도시의 빈민가보다 더욱 심했다. 맑은 공기를 마실 수 있다는 것이 유일한 이점이라고 할 정도다. 가난한 농장 노동자들은 어둡고 축축한 오두막에 살면서 봄철 파종기와 가을철 추수기에 벌어들인 것만으로 먹고살아야 했다. 몇 푼 벌리지도 않는 그 일마저도 이 기계들이 차지하게 되면 자기와 가족이 모두 굶어 죽을 수밖에 없다고 생각했던 것이다. 안타깝게도 맞는 얘기였다.

사람들은 무리를 지어서 한밤중에 창고를 습격하여 몽둥이와 망치로 기계를 때려 부수거나 짚단을 던져 넣고 불을 질렀다. 기계를 부수지 말라고 뇌물을 주는 지주도 있었고 군대를 불러오는 경우도 있었다. 머지않아 소요단속법이 발표됐다. 대부분의 노동자들은 욕설을 내뱉으며 돌아섰지만 생계를 지키기 위해 계속해서 싸운 사람도 있었다. 쇠스랑과 장대로 무장한 농부들이 총검으로 무장한 군대에 맞서다가 쓰러져 흘린 피가 논밭을 물들였다. 승부는 이미 정해졌다. 소요를 일으킨 사람들 중 일부는 오스트레일리아로 추방됐고 일부는 형장의 이슬로 사라졌다. 다시 기계가 돌아가기 시작했다.

1985년 봄 잉글랜드와 웨일즈 지방의 농업 종사 인구는 역사상 최저로 떨어졌다. 40년 전 수의 10분의 1도 되지 않는 데다가 지속적으로 조금씩 줄어드는 추세다. 가축과 곡물을 함께 기르는 조그마한 혼합 농장에는 아직 많은 노력과 육체 노동이 필요할 테지만 이런 농장은 이제 거의 찾아 볼 수가 없다. 백만 개에 달하는 혼합 농장의 4분의 1이 사라졌지만 이것은 아직 시작에 불과하다. 전후 두 아이가 떡갈나무에 맨 타이어 그네를 타던 농장의 변화는 전 국토가 겪어온 변화를 대표할 만하다.

농장 주인은 1950년대 후반 병에 걸렸고 의사에게 더 이상 농사일을 못할 것이라는 말을 들었다. 그는 평생 자신이 해온 일에 보람을 느꼈고 자기가 걸어온 길을 자기 아들도 따를 것이라고 생각하니 뿌듯

했다. 지난 세기 말 자기가 아버지로부터 물려받았을 때와 다름없이 농장은 여전히 건강하고 기름졌다. 큰 돈은 못 벌었지만 이 농장 덕에 그와 가족은 별 부족한 것 없이 살 수 있었다. 그는 농장을 이어받아 이렇게 유지해 온 것이 자랑스러웠고 자기 아들도 훌륭한 가업과 그가 큰 가치를 두는 삶의 방식을 이어받게 될 것을 확신했다. 그가 죽고 나서 겨우 10여 년 후에 농장이 알아볼 수 없을 정도로 바뀌리란 것은 짐작도 하지 못했다. 농장은 머지않아 그 당시 말로 '효율적인' 농장으로 변모하게 될 것이다.

처음에는 그의 아들도 아버지가 하던 일을 물려받는 것에 만족했다. 몇 가지 점에서는 아버지와 달랐지만 기본적으로는 같은 일이었다. 하지만 그는 주변 세계가 바뀌고 있고 자기도 그 변화에 휩쓸려 가고 있다는 것을 깨달았다. 그것에 대해 별 불만은 없었다. 무엇보다도 자기 부모보다는 좀더 풍족하게 살고 싶었던 것이다. 좋은 자동차를 갖고 가끔은 해외여행도 가며, 아이들은 사립학교에 보내고 싶었다. 그러기 위해서는 돈을 더 많이 벌어야 했다.

그가 농장을 물려받았을 무렵 두 가지 지각 변동이 일어나고 있었다. 하나는 슈퍼마켓이 들어서기 시작하면서 읍내의 거리 풍경이 달라지고 가정의 구매 습관도 바뀌었다는 점이다. 다른 하나는 유럽경제공동체(EEC)의 농산물 정책인 CAP(Common Agricultural Policy)의 지배가 시작된 것이다.

CAP 아래서 농부들은 지금까지 해 온 것처럼 팔 수 있는 작물만을 재배할 필요가 없게 됐다. 이제부터는 그 작물의 수요가 실제로 있든 없든 상관이 없는 것이다. 무엇을 기르든지 간에 누군가는 그것을 사 주게 되어 있다. 새로운 소비자는 브뤼셀(EEC 본부가 있는 곳)이었고 수표는 유럽연합 위원의 이름으로 서명이 되어 있었다. 보조금의 시대가 시작된 것이다. 보조금의 영향은 상당히 파괴적이었다.

제2차 세계대전 동안 고립을 경험한 영국은 집약 농업을 장려하기 시작했다. 국가적 위기에 대한 대응이자 다시 전쟁이 발발할 것에 대한 자연스러운 대비책이었다. 그러나 유럽이 하나로 통합되어 가는 마당에 CAP의 실시는 그런 자연스러운 대비책으로서의 정당성을 갖추지 못했다. CAP은 강력한 농업 자본의 로비에 영합한 정치인들이 만들어 낸 것이고 그 끔찍한 위험성을 보지 못하는 (혹은 보지 않으려 하는) 관료들에 의해 시행되는 정책이었다. 이전에는 농부의 수익이 날씨와 토양 상태에 의해 결정됐다면 이제는 유럽의 정치인들의 정치적 계산과 관료의 펜 끝의 움직임에 따라 결정된다.

영국 농촌에서 CAP의 영향을 받지 않은 곳은 한 군데도 없었다. 어느 지역에서나 농업 방식이 바뀌어 갔다. 농촌 환경의 파괴는 헤아릴 수 없을 정도이며 작물의 품질과 안전성에 대해서도 이제는 마음을 놓을 수 없고 사실상 안전성 여부를 측정하기도 어려워졌다.

젊은 농부들이 아버지 세대의 생산 방식을 버리고, 한두 작물에만 집중하고 생울타리를 잘라 버리게끔 만든 것이 바로 CAP이다. 그렇게 해야 돈을 더 많이 벌 수 있는 것이다. 곡물 보조금을 받을 자격이 되는 땅이 넓을수록 브뤼셀에서 발행하는 수표도 더 많이 받을 수 있다. 작물의 양이 많을수록 보조금도 많아졌다. 그 곡물을 브뤼셀 말고는 아무도 사려고 들지 않아 결국에는 어딘가 거대한 창고에서 썩어 가게 되더라도 그가 상관할 바는 아니다. 그는 그저 작물을 생산할 뿐이다. 그리고 수확량은 해마다 기록을 경신했다. 그의 아버지는 풍년이라며 기뻐 어쩔 줄 몰라 했다. 지금 아들은 그 2배 이상을 거둬들인다.

어느 정도는 품종 개량의 덕이다. 요즘에 심는 품종은 이전 것보다 훨씬 빨리 자란다. 줄기가 아직 다 자라기도 전에 꽃이 피고 겨우 허벅지 높이 정도밖에 자라지 않았는데도 이삭이 생겨 나온다. 옛날 농부들이 이 품종을 파종했다면 잡초들이 멋대로 자라나 농사를 망쳤을 것이다. 잡초가 작물보다 키가 커서 햇빛을 가려 버리기 때문이다. 하지만 오늘날에는 잡초나 멸구 같은 것도 걱정할 필요가 없다. 잡초나 해충도 농약 때문에 멸종할 정도가 됐기 때문이다. 가을에 처음으로 농약을 뿌리고, 초봄에 한 번 더 뿌린다. 그 후에는 특정 식물을 죽이는 제초제를 뿌려 야생 귀리나 갈퀴덩굴을 제거한다. 그리고 나서 성장 조절제를 이용해서 작물이 쓰러지지 않게 한다. 너무 빨리 자라다 보면 세포벽이 아주 약해지기 때문이다.

이런 화학 약품들이 필요한 것은 밭에 인공 질소가 지나치게 많이 뿌려져 있기 때문이다. 질소는 식물의 수분 함량을 높이기 때문에 질소가 많으면 식물의 단단한 정도가 감소하고 세포벽이 약해진다. 그러면 식물이 쓰러지기도 하고 곰팡이류 질병에 걸릴 가능성도 높아진다. 반면 질긴 잡초는 더 빨리 거세게 자라난다. 수액이 많은 식물은 당분 함량이 많아 진딧물이 꼬이므로 이것 또한 잡아 줘야 한다. 그래서 농부는 온갖 종류의 다양한 농약들을 뿌려야 한다. 제초제, 살균제, 살충제, 성장 조절제, 줄기 보강제 등. 이것이 모두 밭에 인공 질소를 지나치게 많이 뿌린 탓이다.

밭에 인공 질소를 뿌리는 이유는 밭이 자연적으로 비옥도를 회복하지 못하기 때문이다. 전쟁 전에는 윤작을 했으므로 같은 작물을 같은 밭에 두 해 연속으로 심는 일이 드물었다. 두 해 연달아 심으면 수확량이 눈에 띄게 줄기 때문이다. 1985년에 드디어 해결책이 만들어졌는데 화학 비료가 바로 그것이다. 그래서 힘 좋은 4륜 구동 트랙터가 밭을 떠나는 일이 없다. 늘 농약이나 비료를 뿌리고 있는 것이다. 트랙터는 질소와 다른 화학 약품을 뭉쳐 작은 공처럼 만든 비료를 밭 구석구석까지 부채꼴 모양으로 흩뿌린다. 일년에 네 차례, 밀밭 1,000평당 최소 0.25톤의 비료가 뿌려진다. 덕분에 날씨가 나쁘지 않으면 1,000평당 밀 3~4톤은 거뜬히 거둘 수 있게 됐다. 농업 역사상 작물을 기르는 데 이만한 양의 에너지가 소모된 일은 없었다. 비료 1톤을 생산하는 데는 석유 5톤가량이 든다.

타이어 그네를 타던 두 아이도 이제는 결혼했고 한 명은 자식도 있다. 그의 엄마와 달리 그의 아내는 슈퍼마켓에서 장을 본다. 아내는 시어머니가 어떻게 매일 장을 볼 시간이 있었는지 이해할 수가 없다. 그녀는 일주일에 한 번 한꺼번에 장을 본다. 대형 슈퍼마켓까지 다녀오려면 왕복 30킬로미터 가량 되고 길이 막힐 때도 많아서 괴롭지만, 동네에서 장을 보려고 하더라도 쉽지가 않다. 동네 가게들은 대부분 문을 닫았다. 그리고 그녀는 벌레 먹은 사과나 흙 묻은 당근을 다루어 본 일이 없다. 슈퍼마켓에서는 모든 것이 깨끗하고 모양도 일정하고 비닐로 깔끔하게 싸여 있다. 그래서 그녀는 슈퍼마켓 쪽이 낫다고 생각한다. 하지만 시어머니는 요즘엔 왜 사과가 두어 종밖에 없는지 모르겠으며 게다가 아무 맛도 없다고 불평한다. 그렇지만 이전에는 없던 것들을 살 수 있게 됐다. 한겨울에도 딸기를 먹을 수 있고 일년 내내 망고를 맛볼 수 있다.

그녀와 시어머니 사이에는 또 하나 큰 차이가 있다. 그녀는 아이가 먹는 음식에 대해 걱정할 때가 많다는 것이다. 하나가 괜찮은가 하면 다른 하나가 문제를 일으킨다. 어떤 전문가들은 화학 물질이 나쁘다고 하고 어떤 전문가들은 걱정할 필요가 없다고 하니 도대체 누구 말을 믿어야 한다는 말인가? 깨끗하게 보이는 과일이나 야채도 한참 동안 박박 문질러 닦는다. 사과도 전에는 그냥 껍질째 먹었지만 이제는 어쩐지 불안해져서 꼭 껍질을 벗겨 먹는다. 그녀나 남편에 대해서는 크게 걱정하지 않지만 아이들이 걱정이다. 여기저기 널린 화학 물질이 아이에게 어떤 식으로든 영향을 미치고 있는 것은 아닌가 하는 생각이 든다. 자기가 어렸을 때 비해 요즘 아이들은 알레르기 증상이 훨씬 심하다. 하지만 아이들은 체격이 크고 튼튼하다. 그녀나 남편보다 훨씬 크게 자랄 것이다. 쓸데없는 걱정을 하고 있는 거라는 생각이 든다.

남편은 농부들에게 사료를 팔고 있는데 그에게도 걱정거리가 있다. 몇몇 농장의 젖소들이 발작을 일으키다가 쓰러진다는 소식을 이따금 들었다. 그래서 젖소 여러 마리를 도축해야 했다고 한다. 무엇 때문인지는 아직 아무도 모른다.

2020년 3월
같은 농장

농장은 사라졌다. CAP 덕에 쉽게 돈을 벌던 시대는 지나갔지만 그래도 농장주는 그동안 꽤 큰 돈을 모을 수 있었다. 그는 농장을 그만두기로 하고 대부분의 땅을 주택 업자에게 팔아 버렸다. 잉글랜드의 시골에서 주택 수요가 급증했고 정부에서 지속적으로 개발 제한을 완화한 덕에 21세기에 접어들면서 땅을 팔아 큰 돈을 벌 수 있었다. 주택 단지에 팔고 남은 부분은 도시의 은행가가 별장을 짓기 위해 사들였다. 은행가는 농장이 필요 없었으므로 집 주변의 몇 천 평만 빼고 나머지 부분은 여러 구획으로 나누어 이웃 농부들에게 팔았다. 영국의 농장 수는 오히려 20세기 말보다도 21세기 초 20여 년 동안에 더 급격하게 감소했다. 농장을 포기한 농장주의 대부분은 1990년대 후반에 시작된 격심한 경기 후퇴의 희생자였다.

구릉지 농업과 방목을 아직 계속하는 곳도 드물게 남아 있긴 하지만 2020년 현재 대부분 지주들이 하는 일은 지난 세기 중반의 농업과는 전혀 다른 모습이다. 논밭을 갈고 농약을 뿌리고 추수하는 일꾼은 계약에 의해 고용되어 거대 농장을 하나씩 옮겨 다니며 전국을 순회한다. 1939년 독일군의 기갑 사단이 유럽의 각 지역을 누비며 한 곳씩 초토화시켜 나가듯이 말이다. 이 계약 일꾼들 중에서도 가장 발달된 기술을 지닌 사람들은 수백 킬로미터 높이의 공중에 있는 장비를 이용한다. 밭과 작물의 상태를 탐지하고 지상의 전산화된 기계 장비에 지시를 내리는 정지 위성을 활용하는 것이다. 심지어 위성에서는 밭의 어느 부분이 가장 생산성이 높은지도 탐지하여 그에 따라 비료 살포기에 지시를 내린다. 트랙터와 농약분사기, 콤바인 수확기에도 전자감응 장치가 달려 있어서 사람의 손이 개입할 필요가 전혀 없다.

200년 전만 해도 풀 한 포기 이삭 한 개까지 모두 낫을 써서 사람의 손으로 베어야 했고, 어느 밭 한구석도 사람이 모는 짐승의 힘으로 갈지 않은 곳이 없었다. 이제는 사람이 밭에 발을 들여놓는 일조차 드물다. 밭에서 새 소리를 듣거나 나비를 보는 일은 한층 드물다. 전원 풍경은 황막해졌다. 유일하게 변하지 않은 것처럼 보이는 것은 토양뿐이다. 차를 타고 지나가며 무심코 바라보면 예전이나 지금이나 흙은 별반 달라지지 않은 것처럼 보인다. 하지만 지난 세기에 이 밭에서 일하던 사람들은 예전의 흙과 얼마나 다른지 금세 깨닫고 깜짝 놀랄 것이다.

이들이 밭을 갈 때는 흙이 가래에서 뚝뚝 깨끗하게 떨어졌다. 쟁기가 지나간 자리에는 고랑이 단단하게 생겨나서 다른 기계로 갈기 전까지 그 모양이 유지된다. 하지만 지금은 쟁기가 지나간 후에도 고랑이 쉽게 무너지고 추수하고 남은 작물이 땅속으로 묻혀 들어가지 않으며 벌레가 없기 때문에 새도 날아들지 않는다. 흙이 힘이 없고 척박하다. 흙 속 가득히 우글거리며 천 년 넘게 생명을 유지해 온 미생물은 거의 멸종한 상태다. 이미 너무 늦어버렸지만 이제 와서 과학자들은 건강한 토양과 건강한 작물의 연관 관계를 연구하고 있다. 물론 밀과 보리는 여전히 자란다. 그러나 이제 토양이 공급할 수 없는 것을 보충하기 위해 이전 어느 때보다도 더 많은 비료 포대를 열어야 한다. 이제 흙은 단순한 성장 배지(培地) 역할만을 한다. 밭에 뿌려지는 화학 비료의 양은 점점 많아지지만 걱정스럽게도 날씨가 아주 좋은 해에도 생산량이 조금씩 떨어지는 모습을 보인다. 비료의 사용량도 그에 따라서 점점 더 늘어 가고 그 중 상당량이 도랑으로 흘러들어 가거나 지하 수면으로 가라앉아 결국 저수지에 모이게 된다.

다른 농장도 대부분 그렇지만 이 농장에서 뿌리는 씨앗은 유전자 변형을 거친 씨앗이다. 20세기 말 최초로 유전자 변형 농산물이 개발 됐을 때 그 잠재적 가능성에 농부들은 반색했고 유전자 변형에 반대하는 사람들, 항의의 뜻으로 시범 작물을 해치는 사람들에 대해 분개했다. 농부들은 생명공학 회사가 밝은 미래를 가져올 것이라고 믿었다. 유전자 변형 덕에 작물이 아직 어리더라도 강력한 농약을 뿌려 잡초와 해충을 죽일 수 있게 됐다. 화학 물질에 내성을 갖도록 유전자를 변형한 작물이기 때문이다. 심지어는 작물 스스로 독소를 생산해서 벌레나 균류가 작물을 해치지 못하게 할 수도 있다. 한 동안은 큰 효과를 보았다. 하지만 몇 해 지나지 않아 심각한 문제가 발생하기 시작했다.

종묘상들이 약속한 만큼 많은 수확을 거둘 수 없었을 뿐만 아니라, 이전에는 쉽게 죽일 수 있었던 잡초와 벌레 중에서 몇몇 질긴 종이 농약에 적응해 내성을 갖기 시작했다. "걱정 마세요. 더 강한 농약을 사용하면 됩니다."라고 화학 약품 회사에서는 말했다. 그래서 농부들은 그렇게 했다. 역시 한동안은 효험이 있었다. 하지만 적응력이 한층 강해진 해충이 다시 기승을 부리기 시작했고 그 중 일부는 돌연변이를 일으켰다. 유전자 변이 식물에서 나온 꽃가루를 가루받이한 잡초에서도 같은 결과가 나타났다. 이것만 해도 충분히 염려할 만한 사태였지만 문제는 이것만이 아니었다. 이렇게 생산된 식품의 질과 안전성 또한 절대 마음을 놓을 수 없는 심각한 문제였다.

70년 전 그 옛날 3헥타르 넓이의 밭에서 뛰놀던 두 아이 중 한 명만이 아직 살아 있다. 그는 늘 손자들의 건강을 염려한다. 이런 걱정을 하는 사람은 그뿐이 아니다. 곳곳에서 많은 사람들이 자기가 먹는 음식에 대해 불안해하고, 음식물이 자신이나 아이들에게 어떤 영향을 미칠지 염려한다. 70여 년 동안 영국은 좀더 낮은 비용으로 좀더 많은 작물을 생산하고자 돌진해 왔다. 이 정책 덕에 지불해야 할 실제 비용이 얼마인지가 이제야 눈에 보이기 시작했다. 1990년대 후반 무렵에는 매년 인구의 10퍼센트 가량이 음식물로 인해 병을 앓는 것으로 공식적으로 추산됐다. 2020년 현재 그 숫자는 수배로 늘어났고 질병의 정도도 훨씬 심각해졌다. 한층 더 염려스러운 것은 유전자 변형 식물의 영향으로 돌연변이를 일으킨 세균이 발생시키는 새로운 질병의 징후들이 나타나는 것이다. 이러한 새로운 질병에 대해 인체는 아무런 저항력이 없다.

병원에서도 나름대로 애쓰고 있다. 병실마다 병원균이 득실거리는 탓에 병원에 가는 것은 늘 불안한 일이긴 하지만 지금은 불안한 정도가 아니다. 항생제에도 끄떡없는 슈퍼 세균들이 나타난 것이다. 1998년 영국 상원에서는 농장에서 항생 물질을 사용하는 것에 주의를 기울일 것을 촉구하는 보고서가 발표된 일이 있다. 그렇지 않으면 "항생제에 강한 내성을 지닌 생물이 새로운 항생 물질 개발 속도가 결코 따라 잡을 수 없는 속도로 생겨날 것"이라는 내용이었다. 지금 돌아보면 그 경고는 예언적인 울림을 담고 있었지만 그 식견을 알아보는 사람이 너무 적었다. 오늘날에는 아주 살짝만 긁혀도 심각한 문제를 일으키는 감염을 염려해야 한다. 오늘날 공중 보건 문제의 최전선에 있는 문제가 바로 면역성 약화다.

비만과 관련 있는 2형 당뇨병(Type 2 diabetes)을 지닌 사람의 수도 급격히 증가했다. 예전에는 중년 이상의 사람들에게 주로 나타나는 병이었지만 지금은 그렇지 않다. 현실적으로 처음 전조가 나타났던 것은 20세기 말 영국 아동의 비만도가 놀랄 정도로 증가하고 있다는 통계치가 나왔을 때일 것이다. 2000년에는 15세 어린이의 거의 절반가량이 과체중이거나 비만이었다. 20년 전 수치의 3배에 달하는 것이었고 그 수치는 이후로도 꾸준히 증가했다. 2형 당뇨병과 합병증인 신장병, 심장병, 발작증을 일으키거나 심지어는 절단 수술을 받아야 할 정도로 심각한 지경인 젊은 인구가 지속적으로 증가하고 있다.

의학 전문가들은 수년간 아동의 식생활을 개선해야 한다고 주장해 왔지만 이들의 목소리는 햄버거와 탄산음료 제조사의 광고문구에 파묻혀 들리지 않았다. 20년 전 식량위원회의 연구 조사에서 햄버거에 지방, 소금, 화학물질이 지나치게 함유되어 있다는 것이 지적됐다. 그 중 일부는 불에 구운 후에도 6티스푼 분량의 지방을 함유하고 있었다. 하지만 달라진 것은 아무것도 없었다.

음식물에 포함된 화학 약품 잔류물도 심각한 문제다. 인체에서 여러 화학 물질이 일으키는 '칵테일 효과'에 대해 염려하고, 호르몬 이상에 대해 우려를 표한 지도 오래됐다. 뚜렷한 원인을 입증하기는 여전히 쉽지 않지만 신경 계통 이상을 겪는 어린이의 수가 늘었고 살충제와 관련 있는 암 발생률도 크게 증가했다. 지능지수 수준이 하락했다는 연구 결과도 있었다. 이런 현상과 질산염 섭취 증가가 어떤 연관이 있는지 여러 해 동안 검토됐다. 질산염은 토양에서 식물로 흡수되고 사료로 가축의 몸에 들어가고 마침내 우리가 음식물을 먹을 때 신체 조직의 산소 함량을 감소시키는 역할을 한다. 이제 그 연관 관계는 명백해졌다.

평균 수명도 짧아졌다. 부유한 나라에서는 평균 수명이 계속 늘어났었다. 1900년에 영국에서 태어난 남자의 평균 수명은 60세였지만, 2000년에는 78세로 늘어났고 그때는 앞으로도 계속 증가할 것으로 예상됐다. 그러나 실상은 그렇지 않았다. 그 원인도 음식에 있는 것으로 추정된다.

2020년에 음식 전문가들은 예전처럼 매일 5인분의 야채와 과일을 먹는 것을 '건강한 식단'으로 추천하지 않는다. 오히려 재배 과정이 불분명한 과일을 피하라고 주의를 준다. 채소도 마찬가지다. 1990년에는 농약에 오염됐을 가능성이 있으니 먹기 전에 당근 윗부분을 잘라내라고 했었다. 지금은 단지 씻는 것만으로 불충분하니 채소와 과일을 먹을 때는 반드시 껍질을 벗겨 먹어야 한다고 말한다. 그러나 그렇게 해도 정말 안전한지는 마음을 놓을 수 없다고 한다.

영국 남성의 불임도 증가했다. 세계보건기구 기준에 따르면 무리 없이 생식을 하기 위해서는 정액 1밀리리터 당 약 200만 개의 정자가 있어야 한다고 하는데 영국 남성의 정자 수는 이에 턱없이 못 미친다.

이는 첨가제와 방부제를 함유한 간편식과 인스턴트 식품의 탓일 가능성이 크다. 음식물과 관련된 건강 문제로 인해 식품 제조업자를 상대로 소송을 제기하는 사람들이 많고, 승소한 사람의 수도 적지 않다. 비싸지 않은 가격에 '안전한' 음식을 구하는 문제가 국가적 당면 과제가 됐을 지경이다. 이런 사태가 매출과 수입에 미칠 영향을 우려하는 대형 소매업자들은 스스로 나서서 보건 당국이 해야 할 일을 대신 떠맡고 있다. 2000년에 아이슬랜드에서 유전자 변형 식품을 금지한 것처럼 슈퍼마켓에서도 특정 첨가제를 함유한 식품이나 화학 약품을 지나치게 많이 사용해서 길러낸 작물의 반입을 금지하기 시작했다. 학교에서는 좋지 못한 음식의 위험성을 아이들에게 가르친다.

정부는 담배 포장지처럼 식품 포장에도 경고 문구를 붙이는 것을 의무화하라는 압력을 받고 있다. 경고 문구는 끔찍할 만큼 단순한 것이다. "경고! 먹으면 건강에 해로울 수 있습니다."

우리 다음 세대의 삶은 정말 이러할까? 아마도 이 정도는 아닐 것이다. 단지 일어날 수 있는 모든 가능성과 염려스러운 점들을 모두 모아 암울한 풍경을 그려 본 것이다. 물론 최근의 연구 결과를 어떻게 해석하느냐에 따라 다른 풍경도 그려 볼 수 있다. 생명공학 회사에서는 유전자 변형이 긍정적인 결과를 가져올 것이라고 주장한다. 유전자 변이를 거친 작물로 비료와 살충제, 제초제 사용을 줄이고도 더 많은 수확을 얻을 수 있으므로 화학 약품에 의한 피해는 오히려 줄어들 것이라고 말한다. 그럴 가능성도 있다.

한편 유기농법으로 전환하여 화학 약품은 전혀 사용하지 않는 농부도 많아졌다. 다른 농부들도 농약 사용을 줄이려고 애쓰고 있다. 린덴(lindane) 등 개중에 악명 높은 약품은 2002년에는 사용이 금지된다. 축산에서도 항생제 사용이 제한된다.

머지않아 영국의 농업과 식량 생산은 크게 달라질 것이고 어느 때보다도 안전하고 영양가 높은 음식을 먹을 수 있게 될 것이다. 그때가 되면 왜 그리 야단법석을 떨었나 의아해할지도 모른다. 그러나 아직도 농부들은 생산성을 높여야 한다는 중압감을 갖고 있다. 특히 거대 농장주들은 토양을 배지로 사용하는 것이 잘못이라는 사실을 인정하지 않는다. "반세기 동안 계속해서 풍작이었는데 뭐가 문제란 말인가?"

제품을 많이 팔아야 이윤을 올릴 수 있는 농약 회사의 힘도 무시할 수 없다. 그 중에서도 가장 우려되는 것은 정치인들이 정말 심각한 위험이 눈앞에 있다는 사실을 인정하지 않는다는 점이다. 이 위험성에 대해서는 이 책에서 앞으로 좀더 자세히 다룰 것이다. 이전에 먼저 과거로 돌아가서 음식과 우리의 관계에 대해 살펴보기로 하자.

동굴에서 부엌까지 From Caveman to Kitchen

음식의 역사

까마득한 옛날 우리 조상의 삶을 되돌아보면 건강한 식사에 관해 한두 가지 배울 점이 있다. 원시인들의 먹거리는 몸에 좋은 것이 많았다. 과일, 열매, 풀잎, 뿌리, 견과, 씨앗 등등. 더 좋은 것은 날로 먹었다는 점이다. 섬유질, 비타민, 무기질, 탄수화물 등 각종 영양분이 가득했고 덕분에 인류는 수백만 년 동안 번성할 수 있었다. 단 한 가지 문제는 식량이 부족할 때가 많았다는 것이다. 식량이 떨어지면 식량이 좀더 풍부한 지역으로 이주를 하거나 아니면 굶어야 했다. 굶주림은 인류가 새로운 영역을 개척해 나가게 하는 강력한 동인이었다.

수십만 년 전, 인류가 막대기 두 개를 한참 동안 서로 비비면 어떻게 되는지를 처음으로 발견한 후로 상황은 급격하게 달라졌다. 불은 '음식의 진화'에 획기적인 전환점이 됐다. 덕분에 '매머드 스테이크' 맛이 훨씬 좋아졌을 뿐만 아니라 익히기 전에는 먹을 수 없었던 것도 먹을 수 있게 됐으며, 수천 년이 지난 후에는 불에 그을려서 고기를 보관하는 방법도 발달하게 된다.

끼니 때마다 짐승을 사냥해서 잡아야 하는 것에 넌더리가 난 이들은 짐승을 길들이기 시작했다. 2만 년 전에 이미 목축 기술이 발달하기 시작하여 동물로부터 젖, 고기, 가죽을 얻었다. 그러고 나서 1만 년이 지난 후에 획기적인 대전환이 일어났다. 먹을 것을 따러 숲을 헤맬 필요 없이 뒷마당에 식물을 심어 기를 수 있다는 사실을 깨달은 것이다. 비로소 인간이 자연을 지배하기 시작했다. 인간이 무엇을 어디에 기를지 선택하게 된 것이다. 이것이 농업의 시작이다. 이로부터 수천 년이 지난 후에 농업에서 또 하나의 중대한 변화가 일어난다. 곡물을 기르기 시작한 것이다. 사람들이 먹는 음식의 종류는 이때 거의 확립됐다. 그 이후로 몇 가지 늘어난 것이 있긴 하지만 컵라면이나 피자 같은 가공 식품을 제외한 기본적인 식단은 수천 년 동안 그다지 변하지 않았다.

2만 년 전에 인류가 겪은 또 다른 변화는 음식과 건강의 연관 관계이다. 짐승을 기르면서 자연의 흐름에 개입하기 시작하자 새로운 질병이 발생했다. 나무로 만든 창으로 매머드 사냥을 하는 것도 위험한 일이지만 이보다 순한 동물들과 함께 사는 것도 그만큼이나 위험하다는 것을 알게 됐다. 동물이 지니고 있는 바이러스나 균에 감염되어 사람이 동물의 질병에 걸리게 된 것이다. 돼지와 거위로부터 독감이 전염됐고, 말 때문에 감기가 퍼졌고, 수두는 소로부터, 홍역은 개로부터 나왔다. 그럼에도 불구하고 영국인들은 무척이나 고기를 즐겨서 지금까지 줄곧 얻을 수 있는 한 양껏 엄청난 양을 먹어댔다.

역사 이래 대부분 기간 동안 인류의 가장 큰 관심사는 자기와 가족이 먹고 살 양식을 구하는 것이다. 그래서 인류는 새로운 땅을 개척하고, 숲을 불태우고, 야생 동물을 길들였다. 모든 사람이 먹고 살 만한 충분한 식량이 있을 때는 관심사가 다른 곳으로 옮겨갔다. 17세기에는 처음으로 음식이 우리 몸에 미치는 영향에 대해 고민하기 시작했다. 약초로 쓰이는 식물뿐만 아니라 전반적으로 우리가 먹는 음식이 몸에 미치는 영향에 대해서도 관심을 갖기 시작한 것이다. 이것은 새로운 개념이었다. 기원전 5세기에 히포크라테스는 이렇게 말했다. "음식이 약이 되고 약이 음식이 되게 하라." 고대의 식물도감에는 치료 효과에 따라 식물이 분류되어 있다. 약초의 효용이 알려진 지는 벌써 수천 년이 지났고, 항산화제라는 것이 발견되기 훨씬 이전에도 사람들은 "매일 사과 한 알씩 먹으면 의사를 찾을 일이 없다."는 사실을 알고 있었던 것이다. 하지만 음식물이 단지 우리 배를 채워 주는 역할만을 하는 것은 아니라는 것, 즉 영양소, 무기질, 비타민을 골고루 섭취하는 것이 오래오래 건강하게 살기 위해 필수적이라는 사실은 한참이 흐른 뒤에야 과학적으로 입증됐다. 처음 그 증거를 제공한 것이 영국 해군의 선원들이다.

언뜻 생각하기에 몇 백 년 전의 바다를 항해하는 선원들의 삶보다 더 끔찍한 삶은 없을 것 같다. 그 와중에도 살아남은 선원이 있다는 것 자체가 기적일 정도다. 숨 막힐 정도로 더운 갑판 아래 선실 속에서 여러 달 동안 구역질 날 정도로 비위생적인 환경에서 먹고 자야 했고 사소한 잘못에도 심한 구타를 당했으며 먹을 것이라고는 절인 고기와 건빵, 럼주뿐이었다. 신선한 것이라고는 건빵에 들끓는 바구미뿐이었다. 지구의 반대편을 향해 떠난 원정이 대부분 실패로 끝날 수밖에 없었던 것도 당연한 일이었다. 배가 폭풍우나 암초를 만나서 좌절된 일도 있었지만 선원들이 병에 걸려 죽어갔기 때문에 실패할 때가 훨씬 더 많았다. 그 중에서도 가장 무서운 것은 괴혈병이었다. 괴혈병 때문에 죽은 사람 수가 폭풍우나 교전, 태형, 교수형으로 죽은 사람 수를 다 합한 것보다 더 많았다. 이 병에 걸리면 몸이 점점 약해져서 더 이상 서 있을 수도 없을 지경이 되고, 온몸에 수포가 생겨 고름이 흐르며 입에서는 썩는 냄새가 난다. 스코틀랜드의 내과의사 제임스 린드가 그 원인을 밝혀내기 전까지는 이 병 앞에서는 어떤 의사도 속수무책이었다.

이 의사 덕을 본 것은 18세기의 선원들만이 아니다. 우리 모두는 린드에게 고마워해야 한다. 린드는 1747년 영국 해군선 솔즈베리(Salisbury) 호에 탑승해서 최초의 '제한 조건 임상 실험'을 한다. 그것은 오늘날 '임의 추출 테스트'의 시발이자 구체적 증거에 입각한 근대적 의학의 탄생을 알리는 것이기도 했다. 괴혈병과 같은 영양 결핍으로 나타나는 질병을 과학적으로 연구한 것도 처음이었다. 5년 후 린드가 발표한 논문에는 참으로 통찰력과 선견지명이 있는 한 문장이 쓰여 있었다. 대문짝만하게 인쇄해서 현판에 넣어 오늘날 영국의 모든 의사와 보건국장과 정치인의 사무실마다 달아 놓은 문구가 바로 그것이다.

"질병은 치료보다 예방이 훨씬 쉽다."

린드는 선원들의 식사를 연구하여 오랫동안 심증만이 있었던 영양소와 괴혈병의 관계를 입증했다. 그는 '신선한 고기와 야채를 듬뿍 넣은 국'이 중요하다는 것에 주목했고, 실제로 괴혈병에 적절한 처방을 내려서 많은 사람의 목숨을 건졌다. 그는 '증상이 나타나기 시작할 때부터 6일 동안 매일 오렌지 두 개와 레몬 하나를 먹을 것'을 권고했고 이 처방은 효과가 있었다. 괴혈병의 원인은, 당시에는 그런 이름이 있지도 않았지만, 비타민 C가 부족해서였다. 감귤류의 과일에는 비타민 C가 풍부하게 함유되어 있다. 이렇게 해서 환자들은 괴혈병에서 회복될 수 있었다. 단지 낫게 할 수 있을 뿐만 아니라 영원히 예방할 수도 있게 됐다. 수천 명의 선원들을 생각하면 안타까운 일이지만 이로부터 80년이라는 세월이 지난 후에 해군 식단에 일정량의 라임 주스가 매일 포함되게 했다. 그동안에는 린드 박사가 고안해낸 '치료약'을 배에 실었다. 제조 방법은 이렇다. "오렌지와 레몬 즙을 짜고 과육은 걸러낸 다음에 몇 시간 동안 끓인다. 따뜻할 때는 기름 같고 찰 때는 시럽 같은 정도의 농도가 될 때까지 끓이면 된다. 그 후에 병에 담아서 코르크로 밀봉한다.”

린드 박사에게는 또 다른 업적이 있다. 그는 ‘휴대용’ 수프를 발명했다. 여러분도 한번 만들어 먹어 보고 싶은 생각이 들지 모르겠다. 그걸 만들려면 소 도가니, 정강이, 우족 등 소에서 버리는 부위만을 모으면 된다. 모아서 한참 동안 끓인 다음 물을 따라내고 틀에 넣은 후 눌러서 바위처럼 단단한 덩어리로 만든다. 배가 고플 때 조금씩 잘라서 다시 끓이면 수프가 된다. 썩 입맛이 당기진 않을 것이다. 선원들도 그렇게 생각했지만 이 수프는 영양분 함량이 아주 높았다. 기술이 더 발달해서 통조림을 만들 수 있기 전까지는 쇠꼬리 수프를 대신할 만한 대용품으로 취급됐다.

영국이 아직 농업 국가일 무렵, 대부분 국민들이 농촌에서 작은 마을을 이루고 살 때는 불량 식품에 대한 걱정은 전혀 모르고 살았다. 중세 이전에는 주부가 빵도 굽고, 소도 잡고, 술도 빚고 혼자서 많은 일을 했다. 식단이 단조롭긴 했겠지만 대신 영양가가 높고 안전했다. 음식의 질이 나빠지기 시작한 것은 도시 인구가 불어나기 시작한 산업 혁명 때부터이다. 도시 인구가 늘어나자 오로지 돈을 벌 생각으로 양심 없는 제조업자와 상인들이 도시로 몰려들기 시작했다. 하지만 불량 식품이라는 것이 근대에 와서 처음 생겨난 것은 아니다. 기록상으로 남아 있는 최초의 것은 로마 시대까지 거슬러 올라간다. 고대 로마에서 포도주 맛이 이상하다고 불평하는 사람이 많아서 이 문제를 조사해 볼 조사관들이 임명됐다고 한다. 조사관은 제조업자가 “알로에와 다른 약물을 이용해서 포도주를 인공적으로 숙성시켰다.”는 사실을 밝혀냈다. 이 시대에 빵 제조업자가 ‘흰 흙(탄산염 아니면 산화마그

네슘이었을 것이다'을 빵에 첨가했다고 고발당한 일도 있었다.

1000년 전 영국에도 불량 식품이 있었다. 노르만 정복(1066년 정복왕 월리엄이 이끄는 노르만 족의 영국 정복 - 옮긴이 주) 직후 상인과 가게 주인들이 빵 속에 쇳조각을 넣어 무게를 올려서 함량이 미달하는 빵을 속여 판다는 항의가 있었다. 심지어 맥주에 물을 타고 대신 맛을 구분 못하도록 설탕을 첨가하기도 했다. 이 음료수는 아마도 젊은이들이 자주 찾는 21세기 영국의 술집에서 맥주로 통용되는 음료하고 비슷한 맛이 났을 것이다. 어쩌면 그보다는 좀더 맛있었을지도 모르겠다. 몇 세기가 지난 후에는 맥주를 비롯한 여러 음식이 이보다 훨씬 심한 수난 시대를 겪는다.

1820년 프레드릭 어컴은 불량 식품과 주방용기의 독성에 관한 논문을 발표하여 "냄비 속에 죽음이 있다."는 말을 남겼다. 이 주제가 공론화되고 과학적으로 논의된 것은 이 때가 처음이었다. 어컴은 빵, 맥주, 차, 포도주, 사탕, 양념 등등 당시 많은 음식에 불순물이 함유되어 있음을 입증했다. 빵은 그 중에서도 가장 심각했다. 런던의 빵집에서는 값싼 빵을 하얗게 만들어서 더 먹음직스러워 보이게 하기 위해 무기염의 일종인 백반을 첨가했다. 최상급 밀가루로 만든 빵일수록 하얗기 때문에 흰 빵일수록 값이 비쌌던 것이다. 그런데 백반에는 달갑지 않은 잔존효과가 있다. 백반은 그 자체로는 독성이 없지만 소화 작용을 방해해서 빵의 영양적 가치를 감소시킨다. 테니슨은 이런 시를 써서 그 양태를 꼬집었다. "……백토와 백반과 회반죽을 섞어서 빵이라고 가난한 이들에게 파는구나." 19세기의 행상이 만들어 팔던 음료수는 이보다 훨씬 더 위험했다.

1819년 100명 이상의 양조업자와 약제사가 흑맥주와 맥주를 제조하면서 값비싼 맥아와 홉 대신에 온갖 다양한 대용 물질을 집어넣은 죄로 잡혀간 일이 있었다. 첨가물 때문에 맥주를 희석해도 강한 맛이

나고 마시면 취하게 된다. 효과는 그뿐이 아니었다. 첨가물 중 하나는 코쿨러스 인디커스(cocculus indicus, 인도산 열매라는 뜻-옮긴이 주)라는 독성 식물이었다. 그 후로도 계속해서 무시무시한 첨가물이 음식물 속으로 들어갔지만 이런 짓을 저지른 사람에게 책임을 묻는 일은 거의 없었다. 앤드류 윈터는 친구들과 함께한 아침 식사에 대해 이렇게 묘사하는 글을 썼다. "아침 식사에는 향료를 잔뜩 넣은 썩은 고기, 도살장에서 나온 말린 말피[馬血]가 든 커피, 송아지 뇌로 응고시킨 크림이 포함되어 있었다."

유해물질 첨가는 온갖 종류의 다양한 음식물에서 이루어지고 있었다. 우유와 맥주에 물을 타는 것은 물론 커피에는 치커리 뿌리를 넣고 오트밀에는 보리를 넣고 설탕에는 탄화동과 탄화납을 첨가했다. 그런데 그 정도가 너무 심해서 도시민들, 특히 빈민의 건강에 심각한 영향을 미치기 시작했다. 화학물질이 첨가된 빵과 희석된 우유를 먹고 자라난 아이들은 허약해서 전염병이나 위장병을 잘 이겨내지 못했다. 당시의 유아사망률은 오싹할 정도로 높았다. 아이들은 사탕에 입힌 광물성 염료에 중독됐고 어른들은 고춧가루와 코담배에 함유된 납에 중독되어 마비를 일으켰다. 이런 물질들은 몸에 축적될수록 더 큰 영향을 미쳤다. 납, 구리, 수은 등의 미량 원소가 시간이 흐르면서 체내에 쌓이면 만성 위염을 일으킨다. 위염은 19세기 초반 도시에서 가장 흔한 질병이었다.

많은 사람들이 병에 걸리거나 차차 죽어가는 동안 이 문제에 원인을 제공한 사람들은 점점 배를 불릴 수 있었다. 마침내 이들에게 책임을 묻게 됐을 때 이들은 한 세기 반가량이 지난 오늘날에도 흔히 들을 수 있는 그런 변명을 내놓았다. 이들 주장의 핵심은 이렇다. "우리 주머니를 채우려고 한 짓이 아니다. 사람들이 그걸 원하기 때문에 그렇게 한 것뿐이다. 덕분에 식료품 가격이 내려가고 가난한 사람들도 먹고 싶은 것을 사먹을 수 있게 되지 않았냐?"는 것이다.

1850년까지는 이 궁색한 변명이 대부분의 사람들에게 통했다. 사태가 어느 정도 심각한지 조금은 더 잘 알고 있었을 사람들도 불량 식품은 널리 퍼져 있는 것이 아니라 대도시 몇몇 지역에서만 발견되며 실질적으로 그다지 해롭지도 않다고 스스로를 안심시키곤 했다. 이때 토머스 웨이클리가 등장한다. 그는 의사이자 급진주의자였고, 『랜싯(Lancet)』지의 편집장이자 웨스트 미들섹스 지방의 검시관이었다. 수많은 사람이 불량 식품 때문에 죽거나 병에 걸리는 것을 보아 온 그는 철저한 조사가 필요하다고 주장했고, 그 임무가 의사이자 런던 왕립 무료 진료소의 강사인 아서 하셜 박사에게 맡겨졌다.

다양한 종류의 식품에 대해 이만큼 면밀한 조사가 실시된 것은 처음이었다. 조사가 끝나기까지 총 2,400차례에 달하는 식품 분석이 이루어졌다. 조사 결과는 불량 식품 제조로 인해 돈을 남길 수 있다면 그렇게 하지 않을 사람이 없다는 충격적인 사실을 의심할 여지없이 입증해 보였다. 순수한 상태의 식품을 사는 것은 거의 불가능했다.

불량 식품을 만들어낸 사람들의 이름이 공개된 일이 한 차례 있었다. 제조업자와 판매상의 이름이 발표된 것이다. 『쿼털리 리뷰(Quarterly Review)』지의 한 기사는 이 사건을 이런 문구로 비판했다. "정직하지 못한 상인들의 이름을 발표한 것은 까마귀 떼를 향해 총을 쏜 것 이상의 동요를 일으켰다. 돌덩이를 들어 올렸을 때 온갖 징그럽고 지저분한 것들이 햇빛에 놀라 흩어지듯이 현미경 렌즈를 통해 빛살이 닿자 온갖 추접스러운 것들이 적나라하게 드러났다. 이들은 부정 첨가를 통해 돈을 벌 수만 있다면 세상 모든 식료품에 이런 것들을 집어넣는다."

『펀치(Punch)』지도 나름의 독특한 스타일로 이 물결에 동참했다. 한밤중의 파티 장면으로 시작하는 신랄한 풍자가 담긴 기사가 잇달아

실렸다. "온갖 직업을 가진 도깨비들이 모여들었다. 빵 굽는 도깨비는 백반을 갈고 있었고 식료품상 도깨비는 벽돌 가루로 초콜릿에 색깔을 내고 있었다." 하설 박사가 폭로 기사를 낼 때마다 『펀치』지는 신랄한 패러디 기사로 응수했다. 그때가 되서야 의회에서도 관심을 보이기 시작했다. 왜 식료품에 관한 적절한 법령을 만들어서 소비자를 보호하지 않는지 의문이 제기됐다. 의회에 위원회가 만들어졌다. 1855년부터 1856년까지 의원들은 의사, 화학자, 상인, 제조자로부터 증거를 수집했다. 『상품의 표준(A Standard Work On Commercial Products)』의 저자인 알폰스 노르만디 박사는 그 결과를 종합하여 위원회에서 다음과 같이 발표했다. "부정 첨가는 상업 전반에 만연한 사회악이다. 혼합하거나 불순물을 첨가해서 질을 떨어뜨릴 수 있는 식품은 어느 것 하나 순수한 상태로 남아 있는 것이 없다."

위원회의 최종 보고서는 이렇게 결론을 맺었다. "사회에 만연한 사기 행위로 국민 건강이 위협받고 있을 뿐만 아니라 사회의 도덕성도 땅에 떨어졌으며 따라서 국내외적으로 국가의 상업적 신뢰도가 하락하고 있다." 최대한 빨리 새로운 법령이 도입되어야 했다.

의회에 여러 법안이 상정됐지만 이 문제에 이해가 얽혀 있는 상하원 의원들 때문에 계속해서 법안이 기각됐다. 마침내 1860년에 이르러 '식품과 약품 첨가물 법안'이 통과됐다. 이 법안을 통해 식품을 희석하거나 다른 물질을 첨가하지 못하도록 금지하면서 역사상 최초로 소비자들이 법으로 보호받게 된다. 이듬해 그 이듬해 계속해서 비양심적인 상인과 제조업자로부터 소비자를 보호하기 위한 법령이 만들어졌다. 이제 더 이상 식품 제조업자들은 사람들이 원하기 때문에 식품에 첨가물을 넣는다는 식으로 항변할 수 없게 됐다. 법에 의해 '냄비 속의 죽음(death in the pot)'으로부터 보호받게 된 것이다. 그러나 냄비 속이나 접시 위의 음식의 내용물에 대한 싸움은 오늘날까지 계속된다.

불량 식품에 대한 최초의 법령이 발표되고 한 세기가 지난 후 『주부에게(Dear Housewife)』라는 간행물에 식품의 '자연주의 학파'의 주창자인 도리스 그랜트의 글이 실렸다. 1959년에 쓴 이 글의 내용은 이랬다. "이제 우리가 살 수 있는 정직한 식품은 하나도 남지 않았다. 식탁 위에 올라오는 음식물은 어느 것 할 것 없이 변형 처리되거나 화학 물질이 첨가되어서 식품 본래의 좋은 성분은 모두 제거되고 파괴된 상태다. 표백, 염색, 탈수, 냉동, 합성, 살균을 하거나 깡통에 넣기도 하고, 황이나 요오드로 처리하거나 정제하고 첨가물을 넣은 것뿐이다. 게다가 불결하기까지 하다. 우리가 아직 죽지 않고 살아 있는 것이 놀라울 따름이다."

그랜트 여사가 목청을 높인 보람도 없이 20세기가 저물어갈 무렵 '정직한 식품'을 사는 것은 한층 더 어려운 일이 되고 말았다. 서섹스(Sussex) 대학 과학 기술 조사단을 이끌고 있는 에릭 밀스톤 교수는 슈퍼마켓 진열대에 오르기까지의 식료품이 거치는 공정에 관해서 영국에서도 몇 손가락 안에 꼽히는 권위자다. 그의 추정에 따르면 최소 3,850종의 식품 첨가물이 현재 사용되고 있고 보통 사람이 매년 먹는 첨가물의 양은 충격적이게도 4킬로그램이나 된다. 그 말대로라면 보통 여자아이가 열일곱 살이 될 때 자기 몸무게만큼의 첨가물을 먹어치운다는 것이다.

밀스톤 교수는 주요 산업 국가 중에서도 특히 영국의 식품 첨가물 규제가 가장 느슨하다고 생각한다. 다른 나라에서는 금지된 물질인데도 영국에서는 멀쩡히 유통되는 것이 많다고 한다. 이렇게 많은 물질이 허용되는 것에 대해서, 어떤 특정 효과를 내기 위해 사용할 수 있는 물질이 다양하기 때문에 결국 각각의 물질이 좀더 적게 사용되는 효과가 있다는 식으로 궁색한 합리화를 하곤 한다. 하지만 밀스톤은 그것은 '상 받을 만큼 창의적인 수사법'에 지나지 않는다고 생각한다.

오늘날 부엌 찬장 안에 있는 통조림이나 비닐 포장에 붙은 라벨을 자세히 들여다보더라도 그렇게 충격적인 것은 눈에 띄지 않는다. 성분 표시에 비소나 백반이 다량 함유됐다고 쓰여 있지는 않을 테지만 그렇다고 해서 거기에 적혀 있는 화학 물질이나 첨가물의 의미를 전부 이해하는 사람도 많지 않을 것이다. 표시되어 있는 물질은 실험을 거쳐서 건강에 무해하다고 하는 것들이다. 그러나 여전히 몇몇 독물학자(毒物學者)들은 모든 물질이 철저하게 검증된 것은 아니며 업계에서는 이 불분명한 상태를 악용하고 있는 경우가 많다고 주장한다. '해로운 것'을 어떻게 정의하느냐의 문제도 여전히 남아 있다.

식품에 첨가되는 물질의 대부분은 음식의 맛을 바꾸기 위한 것이다. 식품 생산업자들은 소비자의 미각을 자극하는 법, 심지어는 미각을 조종하는 법에 대해서 잘 안다. 소비자의 미각은 어떤 맛을 기대하게끔 만들어진다. 마치 아기에게 단 음식을 계속 먹이면 짭짤한 음식은 먹지 않으려고 하듯이 말이다. 단 것을 좋아하는 사람들을 끌어들이기 위해 막대한 양의 설탕이 첨가된다. 과체중 아동이 많아진다고 하지만 그들이 걱정할 바가 아니다. 오늘날 선진국에서는 비만이 주된 사망 원인이 되고 있다.

심장 혈관 질환의 주된 요인 중 하나는 식사에 포함된 소금의 양이다. 다시 한번 라벨을 들여다보고 얼마나 많은 소금이 첨가됐는지 살펴보자. 몇몇 대형 소매상에서는 상품 공급업자가 제품에 첨가될 소금의 양을 줄이기로 했다고 자랑스럽게 선전하고 있다. 식품 제조업자들은 '몸에 좋은' 콩 등을 광고한다. 그렇다면 왜 모든 식품을 다 '몸에 좋게' 만들지 않는 것일까? 경쟁사에 판매가 뒤질 것을 걱정하기 때문이다. 이 모든 것은 실제로 잇속에서 나온 것이지 소비자의 건강에 대한 염려와는 무관하다. 식품을 오래 보관하기 위해서는 몇몇 첨가물을 넣는 것이 불가피하다. 어떤 물질은 반드시 첨가해야 한다고 법으로 강제하고 있기도 하다. 예를 들면 말린 살구에 이산화황을 첨가하지 않고 파는 것은 불법이다. 한편 E로 시작하는 물질이 다 나쁜 것은 아니다. E300은 중요한 항산화제인 아스코르브산(ascorbic acid)을 가리킨다. 그러나 다른 E 물질들은 썩 좋지 못하다. 미국 의사인 벤 핑걸드가 식품 첨가제의 체내 축적을 아동의 과잉 행동의 주된 요인으로 지적한 지도 벌써 30년이 지났다.

이러저러한 방식으로 음식물을 가공하기 시작한 지도 천 년이 넘었다. 훈제하거나 소금에 절인 고기는 신선한 고기만큼 몸에 좋지는 않지만 그거라도 없어 굶어야 하는 것보다는 낫다. 우리 선조들은 그 문제에 있어서는 다른 선택이 없었다. 발암물질에 대해서 알았다고 하더라도 고기 덩어리를 불에 그을리고 까맣게 태우는 것을 그만둘 수 없었을 것이다. 식량은 생존과 직결됐다.

내가 노동자 계급 가정에서 자라나고 있던 반세기 전에만 하더라도 같은 원칙을 따라야 했다. 음식은 연료였다. 우리 집에는 다섯 명의 아이가 있었고 경제적 여유가 없었기 때문에 어떤 음식을 먹이려고 아이를 '달랠' 필요는 전혀 없었다. 요즘 아이들처럼 눈앞에 놓인 음식을 먹지 않겠다고 하다간 굶을 수밖에 없었다. 그래서 무엇이든 가리지 않고 먹으며 자랐다. 버리는 음식은 아무것도 없었다. 혹시라도 남은 감자나 야채가 있으면 잘게 썰어서 볶음 요리를 만들었다. 말라 비틀어진 빵으로는 빵푸딩을 만들었다. 그때 날마다 무엇을 먹었는지 지금까지도 뚜렷이 기억난다. 계절에 따라 조금씩은 달랐지만 거의 변함없이 날마다 비슷한 것을 먹었기 때문이다. 요즘 영양학자들이 보았다면 고개를 가로저었을 것이다.

고기는 가장 싼 부위를 먹었다. 양고기 중에서도 값싼 부위의 조각을 모아서 스튜를 끓였고 양이나 소 가슴고기는 구워 먹었다. 기름이 무척 많은 부위였다. 닭고기는 일 년에 한두 차례 특별한 날에만 먹는 특별 요리였다. 오늘날 정부에서 권장하는 대로 하루 5인분의 야채와 과일을 섭취한다는 것은 상상할 수도 없는 일이었다. 전후에 그만한 야채와 과일이 있었다고 하더라도 너무 비싸서 사먹을 수가 없었을 것이다. 사과가 열리는 계절에는 사과를 먹었고 (대개는 부잣집 정원에서 몰래 따 온 것) 수풀에서 먼지를 뒤집어쓴 검은딸기를 따먹거나 드물게는 오렌지도 먹을 수 있었다. 그게 전부였다. 과일 주스라고는 학교에서 물에 타서 주는 오렌지 농축액이 전부였다. 비타민은 메스꺼운 맛이 나는 대구 간유나 걸쭉하고 시커먼 시럽 형태의 맛있는 엿당을 통해 섭취했다.

요즘은 어떤 음식을 고르느냐가 가장 큰 문제인 것 같다. 대형 슈퍼마켓에서는 계절에 상관없이 대략 1만 5,000종류에 달하는 식료품을 진열해 놓고 판다. 계절과의 연관성이나 식품을 생산한 농장과의 연관성은 이미 사라진 지 오래다. 하지만 식품 가격은 상대적으로 싸졌다. 가정의 지출 중에서 식품 구매에 사용되는 부분의 비율은 이전과 비교해 보면 아주 작다. 극빈 가정을 제외한 대부분의 사람들은 이전보다 훨씬 다양한 음식을 먹고 있다. 그렇지만 무엇인가 잘못되어 가고 있다.

1940년대 영국민은 이전 어느 때보다도 건강했다. 지금 생각해 보면 우습지만 애틀리 수상 집권 당시 국민건강보험을 설립할 때는 앞으로 의료비용이 감소할 것이라는 가정 하에 예산을 산출했다. 평균 수명이 연장됐고 앞으로도 계속 늘어나리라는 것은 사실이다. 하지만 단순한 통계치는 맹점이 있다. 50세에 도달한 이후의 예상 수명은 1세기 전이나 지금이나 큰 차이가 없다. 예전에는 위험 요인이 많은 아동기를 넘기고 나면 결국 나이 들어서 폐렴이나 기관지염 등의 호흡기 질환으로 사망하는 경우가 많았다. 요즘 성인들은 훨씬 다양한 질병을 앓는다. 암, 당뇨병, 심장 질환, 퇴행성 질환 등이 크게 증가했다. 그 주요 원인은 우리의 식사에 있다. 따라서 좋은 음식을 먹는 것은 정말 중요하다. 그렇다면 좋은 음식이란 어떤 것일까? 아래의 네 가지 조건이 충족되어야 좋은 음식이라고 할 수 있다.

첫째, 안전한 음식이어야 한다. '안전하다'는 것은 과학적인 단어는 아니지만 감염의 위험이 있는 세균과 체내에 축적되어 문제를 일으킬 수 있는 화학 물질이 최대한 적어야 한다는 의미로 사용했다.

둘째, 영양분이 풍부해야 한다. 균형 잡힌 식단은 건강한 신체를 구성하는 데 쓰이는 모든 필수 영양소와 비타민, 무기질, 미량 원소를 포함하고 있어야 한다.

셋째, 잘 알려지지 않은 2차적 영양소도 포함해야 한다. 예를 들면 튼튼한 면역 체계를 가진 건강한 식물체에 함유된 플라보노이드(flavenoids, 과일 껍질, 열매 등에 함유된 황색 색소 - 옮긴이 주)나 대사 산물 등이 그것이다. 이러한 물질에는 항암 작용을 하는 항산화제가 포함되어 있다는 것이 밝혀졌다.

마지막으로 좋은 음식은 건강한 동식물에서만 나올 수 있다. 소나 닭을 '음식 공장'의 '음식 기계'처럼 멸시하여 대했을 때 어떤 일이 일어나는지 우리는 안다. 가축들이 병에 걸리면 인간들도 병에 걸리게 된다. 이 말이 무척 비과학적이고 주관적으로 들리겠지만, 나는 모든 살아 있는 생명체에는 생명력이 존재한다고 생각한다. 이 생명력이라는 것은 '유기체의 동력'이라고 일컬어지기도 한다. 과학적으로 측정할 수는 없지만 건강하고 활달한 아이나 전성기의 떡갈나무를 보면 그 힘을 느낄 수 있을 것이다. 어린 아기가 삶의 기쁨을 느끼기라도 하는 듯 팔 다리를 힘차게 휘두르는 모습은 보고 있기만 해도 힘이 솟아난다. 정말 좋은 음식에서는 맛과 신선함, 생명력이 넘쳐흐른다. 먹으면서 그것을 느낄 수 있고 먹고 나면 기분이 좋아지는 것을 느낄 것이다.

　현대의 산업화된 농업은 이런 조건들을 충족시키지 못한다. 많은 사람들이 음식에 대해 불안해한다. 요란하게 광고를 해대고 세련되게 포장이 되어 있더라도 마찬가지다. 그리고 사람들이 불안해하는 데에는 그럴 만한 이유가 있다. 서글픈 일이지만 덕분에 음식에 대해 관심을 기울일 수 있는 계기가 된다면 그 자체로 의미가 있다고 할 수 있다. 먹는다는 것은 가장 일상적인 행위 중 하나다. 엄마가 단단한 음식을 씹어서 아기 입에 넣어 줄 때 처음으로 입 맞추는 법[kiss]을 배운다고들 말한다. 우리 자신과 우리 아이들을 위해 우리가 먹는 음식물에 대한 믿음을 회복할 수 있어야 한다. 그리고 밭에서부터 식탁 위에 오르기까지 모든 과정에서 존중하는 마음으로 음식물을 대해야 한다. 이 믿음이 사라지면 우리는 정말 소중한 것을 잃어버리게 될 것이다. 건강과 행복이 식사와 밀접한 연관이 있다는 사실은 직관적으로 느끼고 있었던 것이지만 이제는 과학적으로도 입증됐다.

　전후 가난한 집에서 자라났고 엄청난 먹성을 가지고 있던 나는 이전에는 이런 생각을 해 본 일이 없었다. 먹을 것은 먹을 것일 뿐이고 많으면 많을수록 그저 좋았다. 어머니는 주머니 사정이 허락하는 한도에서 먹을 것을 샀고, 그 음식물들이 영양도 풍부하고 안전하다는 것을 한시도 의심한 일이 없었다. 지금 어머니가 살아 계셔서 아이들의 먹거리를 마련하고 계신다면 그래도 그렇게 낙관적이었을지 의심스럽다. 지금 나는 그렇게 낙관하지 못한다. 주변 사람들도 대부분 마찬가지다. 내가 그동안 소리 높여 강조해 왔던 위험성에 코웃음을 쳤던 사람들도 아기가 먹을 음식을 살 때는 유기농법으로 재배된 채소만 산다. 한두 해 안으로 거대 제조업체에서 파는 유아식은 모두 유기농법으로 재배된 것으로 바뀔 것으로 보인다. 한 세대 전에만 해도 유기농 식품이란 이름도 없었다. 그것만 보더라도 사람들이 겪고 있는 불안감이 한 번쯤 멈추어 서서 심각히 생각할 수준에 도달했음을 알 수 있다.

　이제부터는 왜 사람들이 이런 불안감을 느끼고 있는지 알아보기로 하자. 그럴 만한 충분한 이유가 있는 것인지, 아니면 몇몇 안 좋은 경험 때문에 과잉반응하는 것인지를 알아볼 것이다. 다음 장에서는 앞에서 개략한 좋은 음식의 조건 중 첫 번째 것을 살펴볼 것이다. 음식의 안전성을 믿을 수 있는지, 만약 믿을 수 없다면 그것을 농부들의 책임이라고 할 수 있는지 생각해 보아야 한다.

유독성 시대 These Toxic Times

살충제

농업에 관한 글을 쓰면서 한편으로는 이 글의 논지가 농부들에게
상처를 주게 될까봐 고민이었다. 농부들은 항상 무엇인가에 대해 불평
하고 있다는 평판을 듣는데 사실 그럴 만도 하다. 농부들이 보기에는
날씨가 항상 너무 건조하거나 너무 습하거나 혹은 너무 무덥거나 너무
춥다. 정부는 지나치게 간섭해서 농업에 전념할 수 없게 하거나, 아니
면 도움을 청하는 농부들의 고충을 무시한다. 농부들은 정말 상황이
어려울 때는 파산 직전이 됐다고 호소한다. 수익이 괜찮을 때도 차라
리 농장을 팔고 일도 그만두고 주택금융조합에서 나오는 이자로 먹고
살았더라면 더 잘살 수 있었을 것이라고 말한다. 도시 사람들이 "가난
한 농부라는 건 옛말이지. 요새는 농부들이 알부자라니까."라는 말을
앵무새처럼 되풀이하는 걸 들으면 한층 더 시무룩해진다.

사실상 가난한 농부도 셀 수 없이 많고 그들 중 일부는 정말 심각하
게 가난하다. 말할 필요도 없이 가난한 농부와 수백 헥타르의 기름진

평지를 소유하며 은행 계좌 잔액이 추수철 곳간처럼 두둑한 대지주는 사정이 판이하게 다르다. 가난한 농부들은 주로 웨일즈나 컴브리아 주에서 구릉지 농업을 하는 사람들이다. 이 지역의 농지는 너무 가팔라 산양들이나 지나다닐 지경이고 토양도 척박해서 날씨가 좋을 때만 그럭저럭 작물이 날 정도다.

혹은 우유 가격이 괜찮았을 때 빌릴 수 있는 한 최대로 돈을 대출받아서 겨우 땅 한 뙈기와 구색만 갖춘 착유장을 사들인 소목장주도 여기 속한다. 우유 가격이 떨어진 지금은 다른 경비는커녕 이자도 제때 내기 어려운 형편이다. 그리고 자기 소유로 된 땅을 한 번도 가져 본 일이 없고 몇 푼 되지 않는 소득을 쪼개 소작료까지 내야 하는 소작농들도 있다.

이런 농부들은 셀 수 없이 많다. 그럼에도 이들이 살아남을 수 있는 것은 은행의 지원 때문이다. 이전의 농업 위기 당시에는 은행이 빚을 갚을 능력이 없는 소농들을 가혹하게 밭에서 쫓아냈다. 하지만 그러다 보면 땅값 폭락으로 이어지고 결국 자기들이 손해를 본다는 것을 깨달은 은행이 지금은 자제하고 있는 것이다. 살아남은 소농의 대부분은 극도의 빈곤 상태에서 살아간다. 이들이 대도시의 무지한 의회에 혹시라도 자리를 얻을 수 있었다면 이들의 한탄만으로 온갖 공문서를 가득 메울 수 있었을 것이다. 시골에서의 가난은 그래도 조금은 여유롭고 그다지 비참하지는 않을 것이라고 생각될 수도 있다. 하지만 그렇지 않다. 쓰레기와 버려진 차로 뒤덮인 스산한 거리를 바라보는 대신 밭과 언덕을 내다볼 수 있겠지만 극도의 가난 속에서는 아름다운 풍경이고 뭐고 눈에 들어오지도 않는다. 평생 힘들게 살아 온 한 나이 든 농부의 집 현관에서 주변 경관에 감탄하고 있는 나에게 농부는 이렇게 말했다. "경치 좋지, 하지만 경치를 먹고 살 수는 없잖아?"

사정이 최악으로 치달을 때는 도저히 빠져나갈 구멍이 없을 것처럼 보였다. 어느 쪽으로 눈을 돌리든 실패밖에는 보이지 않았다. 정성을 다해 길러 온 소와 양이지만 기르는 데 든 비용보다 시장에서 팔아 얻을 수 있는 돈이 더 적다는 것을 안다. 트랙터는 너무 낡아서 지금까지는 계속 여기저기 고치고 때워서 썼지만 과연 내년에도 굴러갈지 의심스럽다. 허물어져 가는 벽이나 쓰러진 울타리, 돌쩌귀에 대롱대롱 매달린 부서진 문을 바라보아도 마찬가지다. 한쪽에는 배수가 안 되어 물이 홍건한 밭이나 무성하게 자란 가시덤불과 관목이 뻗어 있다. 어느 쪽을 보아도 돈들 곳뿐이고 해야 할 일밖에 없다. 그러나 가진 돈도 없고 이젠 힘도 다 빠졌다.

그는 휴가를 가자고 졸라대는 아이들이나 돈이 없어 이제 더 이상 고용할 수 없는 영농기술자의 눈에서 원망의 빛을 본다. 더욱 서글픈 것은 이 비참한 생활에서 벗어날 방도가 없다는 절망감을 아내의 눈에서 보는 것이다. 농장을 팔 수도 있겠지만 사겠다고 나서는 사람도 없고 농장을 팔아도 점점 늘어나는 빚을 청산하고 나면 빈손이 될 것이 뻔했다. 그렇게 되면 그때는 무슨 일을 하나? 가진 기술이라고는 농사일뿐이니 달리 할 수 있는 일도 없다. 당장 농장을 팔면 어디에서 살아야 하나? 실업 수당을 받으면 가까운 읍내의 지저분한 임대 주택이나 겨우 얻을 수 있을지 모르겠다. 이 농장은 집안 대대로 물려받은 것이다. 그가 아버지로부터 물려받았고, 그 자신도 언젠가는 아들에게 물려주려고 마음먹고 있었던 것이다. 면도를 하면서 거울을 보면 인생의 패배자의 모습이 보인다. 한 발의 총성으로 삶을 마감한 농부가 그렇게 많은 것도 놀랄 일이 아니다.

이 모든 것이 결국 그들 자신의 탓이라고 말할 수도 있다. 이들도 한때는 납세자들이 마지못해 내놓은 세금에서 나오는 보조금 덕에 여러 해 동안 상당히 윤택한 삶을 누리기도 했지 않은가. 무엇보다도 농사를 지으라고 누가 강요한 것도 아니었으니 말이다. 이 말에도 일리가 없는 것은 아니지만, 대지주가 아닌 소농들도 여유를 누릴 수 있었다는 생각에는 좀 문제가 있다. 나 자신도 극한 상황에서 생활해 본 경험이 있지만 소농장을 경영하는 사람보다 더 쉴 새 없이 부지런히 일하는 사람은 본 적이 없다.

잘 알다시피 목장을 가진 사람은 새벽같이 일어나서 젖을 짜야 한다. '그게 뭐가 문제지? 일찍 자면 되잖아'라고 생각할 사람도 있을지 모르겠다. 사실 나 같은 사람은 그렇게 하면 된다. 나도 다음날 아침 방송 프로그램인 〈투데이(Today)〉에 출연해야 하는 날에는 일찍 잠자리에 든다. 하지만 농부들은 그렇게 할 수가 없다. 내가 집에서 알람시계를 맞춰 놓고 잠자리에 드는 것을 농부들이 세 시간쯤 후에 다시 일어나서 정상적으로 분만을 하지 못하는 암소가 새끼를 낳는 것을 돌보는 것에 비교할 수는 없는 것이다. 농장에는 무엇인가 해야 할 일이 항상 있다. 봄, 여름에는 들에서 일해야 하고 항상 무엇인가 거두어들일 것이 있거나 채소나 보리 등 심을 것이 있다. 젖을 짜려면 풀밭에서 풀을 뜯고 있는 암소들을 몰고 들어와야 하고 젖을 짜고 나면 다시 풀밭에 데려다 줘야 한다. 매일 두 차례씩 이 일을 해야 한다. 내일이나 다음 주에 먹이기 위해 따로 구분해 놓은 풀밭에서 소들이 풀을 뜯어 먹지 못하게 하기 위해 전기 울타리도 쳐 주어야 한다. 아무데서나 풀을 뜯게 내버려 두면 온 풀밭을 짓밟고 똥을 싸 놓아서 뜯어 먹는 풀보다 망쳐 놓는 풀이 더 많아지기 마련이다. 소를 기를 때 신경 써야 할 것 중에 하나가 이것이다. 소는 아무리 많이 먹어도 만족할 줄 모르고 계속 더 먹으려고 든다. 우리 어머니가 늘 말씀하셨듯이 "소는 배보다 눈이 더 크다." 영리한 소들은 배터리가 나가서 울타리에 전류가 흐르지 않으면 어느새 알아차리고 울타리를 밟아 무너뜨리곤 하는데, 그럴 때면 얼른 소들을 몰아내고 울타리를 손봐야 한다.

겨울에는 소가 외양간 안에서만 살기 때문에 일이 훨씬 쉬워진다. 소를 몰아나가고 몰아들이느라 시간을 보낼 필요가 없기 때문이다. 물론 대신 먹이를 주어야 하기 때문에 미리 비축해 놓은 목초를 썰어서 날라야 한다. 그러다 보면 헛간이며 마당이 온통 어질러져서 치워야 할 것이다. 또한 매일 두 번씩은 수 톤의 소똥을 치우고 구덩이에 묻어야 한다. 그리고 여름에 다 못하고 미뤄 놓은 일들도 처리해야만 할 것이다. 부서진 울타리도 고치고 생울타리도 다듬고 떨어진 문짝도 다시 달아야 한다. 도랑도 치우고 밭에 고인 물도 빼내고 망가진 기계도 고치고 건물도 수리해야 한다. 농장 일이란 끝이 없다. 다른 일을 시작하기 전에 한 가지 일을 마칠 수만 있다면 다행이다. 게다가 목장에는 다른 모든 일보다 우위에 있고 목장의 삶 전체를 지배하는 쉼 없는 리듬이 있다. 그것은 날마다 하루에 두 번 무슨 일이 있더라도 젖소의 젖을 짜는 일이다.

물론 농사일에도 좋은 순간이 있다. 농장 지배인이 휴가를 떠났을 때 내가 종종 그러했듯이 혼자서 농장을 꾸려가야 할 때라도 마찬가지다. 풀을 잔뜩 거두어들여서 헛간이 신선한 건초더미로 가득 찬 것을 보거나 겨울 동안 소에게 먹일 풀이 압축기에 꽉 눌려서 발효되어 가고 있는 것을 보면 말할 수 없이 뿌듯하다. 봄날 새벽에 집을 나설 때 아직 안개가 밭에 자욱하고 풀잎에 맺힌 이슬의 향기가 느껴질 때 살아 있다는 것이 행복하다. 또는 갓 난 송아지가 세상에 나온 지 몇 분도 채 되지 않아 가냘픈 다리로 일어서려고 버둥거리거나 엄마 젖을 빠는 것을 보는 순간은 언제나 감동적이다.

그러나 이런 행복한 순간은 잠시뿐이다. 그 외의 시간은 큰 소득 없고 끝도 없는 육체적 정신적으로 고단한 노동의 연속이다. 나의 경우는 그렇게 힘들지는 않았다. 다른 소득원이 있었으므로 여러 비용을 제하고 나서 남는 수입이 한 푼도 없을 경우라도 (사실 그랬다)

큰 문제가 되지는 않았다. 마음만 먹으면 언제라도 농장을 팔아 버리고 망설임 없이 런던의 또 다른 삶으로 되돌아갈 수 있다는 것을 알고 있기 때문이다. 그러나 부채와 당좌 대월에 짓눌린 현실 세계의 농부들은 대부분 다른 대안이 없다. 농장에서 소득을 올리지 못하면 수입이 없는 것이다. 귀여운 어린 송아지를 팔아 봤자 한두 푼밖에 떨어지지 않고 우유를 팔아서 얻은 소득이 생산비에도 채 못 미친다면 도대체 무엇 때문에 이 고생을 한 것이란 말인가?

서부의 구릉지대와 산골짜기에서 고군분투하고 있는 농부들에게 동정심을 느끼기는 어렵지 않다. 반면 수백 헥타르의 평지와 거대한 최신형 콤바인 추수기를 소유한 대지주의 불평에는 귀 기울이고 싶지도 않을 것이다. 하지만 이들도 물론 돈을 벌어야 한다. 좋은 토지의 가격은 언제나 비싸기 때문에 이들은 막대한 투자를 한 셈이다. 자기 소유의 토지 중 상당 부분을 소작농에게 임대하거나 은행에서 돈을 빌려 투자 비용을 메우는 경우도 있다. 농업은 사실상 사업이다. 빌린 돈에는 이자를 지불해야 하고 일꾼들에게 임금도 지급해야 한다. 농부들이 수풀을 남벌하고 농경지 구석구석까지 살충제를 뿌린다고 비난하기 전에 투자한 만큼 이윤을 남겨야 하는 사업의 현실적인 면도 고려할 필요가 있다. 그렇다고 해서 그러한 행동이 정당하다는 것은 결코 아니다. 하지만 모든 사실에는 양면이 있는 법이다.

물론 지나치게 욕심을 부려서 오래된 수풀과 잡목림까지 모두 베어 버리고 습지란 습지는 모두 배수 시설을 해 밭으로 만들고 오래된 목장이나 소중한 석회지대까지 다 갈아엎어 버린 농부도 있다. 토양을 배양기(培養基)나 다름없이 다루어 앞날은 생각해 보지도 않고 흙과 작물을 화학 물질에 푹 적셔 버리는 사람도 있다. 그러나 이 문제에 진정으로 책임이 있는 사람이 누군지 밝혀내려면 욕심 많은 농부들보다도 더 근원적인 곳에서 원인을 찾아야 한다.

농경이 시작된 이래로 1만 년의 세월 동안 농부들은 땅에서 더 많은 식량을 얻을 방법을 연구했다. 추수를 하여 땅에서 무엇인가를 거두어들이면 거두어들인 만큼 다시 흙에 양분을 공급해 주어야 한다는 것을 그들은 얼마 안 가서 깨달았다. 클로버나 콩류 같은 질소 공급 식물만은 예외다. 이런 식물은 대기 중에서 질소를 흡수해서 뿌리를 통해 흙 속으로 내보낸다. 그렇지만 모든 식물은 성장하기 위해 어떤 성분을 필요로 하고 그 중 몇몇 식물은 다른 식물에 비해 더 왕성한 식욕을 보이기도 한다.

지난 세기까지만 해도 땅이 주인이나 다름없고 농부는 땅에 매여 있었다. 땅을 가혹하게 다루고 지나치게 많은 생산을 요구하면 땅은 수확을 오히려 더 적게 내놓는다. 그러면 농부는 굴복할 수밖에 없다. 사람이나 짐승의 배설물, 풀이나 해초 등으로 만든 퇴비로 양분을 공급하여 토양에서 거둔 것을 보충하든지 아니면 밭이 쉴 수 있도록 작물을 심지 않는다. 영국 대부분의 지역이 숲으로 덮여 있던 농경 초기에는 나무를 태워서 밭을 만들었다. 그러면 타고 남은 재와 찌꺼기가 토양을 기름지게 만든다. 나중에는 주로 3, 4년마다 한 번씩 밭 전체를 쉬게 하거나 이랑을 건너뛰어 작물을 심는 방식으로 휴작을 했다. 또는 윤작을 하기도 했다. 질소를 많이 흡수하는 작물을 기른 이듬해에는 소 먹이가 되는 클로버를 심었다. 시대에 따라 농경 방식은 변해 왔지만 기본적 원칙은 변하지 않았다. 땅에서 작물을 길러내고, 거두어들인 것은 어떤 방식으로든 땅에 되돌려진다. 다음 세대, 또 다음 세대, 그리고 또 다음 세대까지 이어지려면 농업은 지속 가능한 방식이 되어야 한다. 땅에서 얻어내기만 하고 돌려주거나 보호하지 않는다면 다음 세대에 대한 배신이 될 것이다.

윤작을 하는 데에는 또 다른 이유가 있다. 채소를 제대로 재배해 본 사람은 누구나 알 테지만, 같은 땅에 같은 채소를 계속해서 심으면 흙 속에 사는 해충이 무척이나 좋아한다. 어린아이들처럼 해충도 익숙한 환경을 좋아하는 것이다. 해충에게 규칙적인 일상을 마련해 주면 한층 더 번성하기 마련이다. 당근이나 양배추를 해마다 같은 곳에 심으면 양배추에 뿌리혹병이 생기거나 당근에 뿌리혹파리가 생긴다. 뒤뜰 텃밭에서나 수백 헥타르의 농장에서나 마찬가지다.

그렇지만 안타깝게도 날아다니는 병충에는 이런 방법도 소용이 없다. 윤작을 한다고 하더라도 진딧물, 진디등에, 애벌레, 민달팽이 등이 사라지지 않기 때문에 날아다니는 병충의 먹잇감은 항상 있다. 벌레들은 언제나 먹이를 찾아 헤매고 농부들은 항상 이 놈들을 죽일 방법을 찾아 헤맸다. 벌레들이 지구상에 살기 시작한 것은 인간이나 다른 동물들이 살기 시작한 것보다 훨씬 더 오래전이다. 이들은 무한한 적응력과 끈질긴 생명력을 가지고 있다. 벌레 몇 마리 죽이는 것은 쉬운 일이지만 이 벌레들이 다시 돌아오지 않게 하기란 쉽지 않다. 기원전 2500년 수메르인(Sumerians)이 최초로 유황으로 진드기를 죽일 수 있다는 것을 발견한 이래로, 농부들은 여러 독물을 가지고 실험을 계속해 왔다. 그러다 보니 벌과 같은 이로운 곤충들도 죽이게 됐고, 농부 자신이 중독되어 죽는 일도 드물지 않았다. 청산칼리(Cyanide)와 비소가 특히 많이 사용됐는데 비소는 역사상 최초로 발암물질로 밝혀진 물질이기도 하다. 비소와 암의 연관성이 밝혀진 것은 2세기 전 한 영국인 의사에 의해서였다. 제2차 세계대전 이전에 미국의 암 전문의들은 미국 남부의 면화 재배 지역 전역에서 비소를 함유한 살충제가 아무 생각 없이 마구 뿌려지는 것을 목격하고 경악했다. 그러나 그런 보람도 없이 해충은 사라지지 않았고 지금까지도 농부들을 괴롭히고 있다.

잡초의 경우도 마찬가지다. 1825년에는 잡초의 꽃 속에 소금을 뿌리는 방법이 유행했다. 그렇게 해서 죽은 잡초도 있고 끄떡없던 잡초도 있겠지만, 소금기 때문에 상당 기간 동안 밭의 생산력이 떨어진 것만은 분명하다. 잡초와 해충은 이러저러한 과정을 모두 겪고도 살아 남았다. 잡초, 해충과의 오랜 투쟁의 역사 가운데서 농부들이 승리한 전투도 가끔은 있으나, 전체적으로는 패배한 것이나 다름없다. 현명한 농부들은 가난과 마찬가지로 잡초와 해충도 결코 지구상에서 사라지 지 않으리라는 것을 깨달았다. 그러니 최선의 방법이자 유일한 방법은 그것들과 함께 사는 방법을 익히는 것이다. 그리고 그들은 그렇게 했다.

그들은 작물의 어느 정도는 해충에게 피해를 입을 수밖에 없다는 것을 알았고 그 비율을 최소화하는 것에 목표를 두었다. 그 후 현명한 농부들은 자연 자체를 이용하여 이 소모전에 투입할 수 있다는 것을 알게 됐다. 밭 주위에 생울타리를 두르면 동물들이 밭으로 넘어 들어 오지 못하게 하는 효과도 있지만, 무엇보다도 해충을 먹고사는 곤충이 나 새가 보금자리를 틀 공간이 마련된다. 무당벌레 한 마리는 매일 저녁 식사로 진딧물 한 접시는 거뜬히 먹어 치울 것이다. 아침 식사를 하러 양배추 밭이나 보리밭을 공습하는 지빠귀 새가 가장 좋아하는 메뉴는 민달팽이다. 지빠귀 새는 그뿐만 아니라 우아한 노래로 고단한 농부의 마음을 달래주기도 한다. 이런 것은 돈으로 따질 수 없는 가치 를 지닌 것이다.

만 년 가까운 세월이 흐르면서 농부들은 해충을 박멸하기란 불가능 하므로 그것과 같이 살아가는 방법을 익혀야 한다는 것을 마침내 인정 했다. 그러나 지난 세기에는 이러한 생각이 달라졌다. 이때도 역시 전쟁을 통해 몇 가지 중요한 전환점을 맞이하게 됐는데, 이번에는 제1차 세계대전이었다. 군인들은 명중시켜야만 효과가 있는 화살이나 총, 수류탄을 쓰지 않고 적을 죽일 수 있는 방법이 없을까를 오랫동안 생각해 왔다. 화학전은 피할 수 없는 것이었다.

나의 삼촌은 북부 프랑스의 참호 속에서 화학전의 초기 희생자 중 한 사람이 되고 말았다. 그는 다행히 죽지는 않았지만 폐에 큰 손상을 입었다. 그리고 그 후로는 다시는 바로 누워서 잠을 잘 수가 없었다. 허파에 물이 찰 위험이 있기 때문이었다. 그는 젊은 나이에 고통스럽게 숨을 헐떡이며 죽어 가야 했다. 지난 수십 년 동안 농장이나 정원에서 일상적으로 사용한 살충제 중 대다수는 신경 가스(nerve gases)로부터 나온 것이다. 전쟁 동안에 사용이 전면 금지되기까지 한 신경 가스는 나의 삼촌을 비롯해 수백만 명의 목숨을 빼앗아 갔다. 그러나 이 가스는 해충과의 전쟁에서는 유용했다. 전쟁터에서 사람들의 신경 체계를 교란한 것처럼 해충의 신경 체계를 무너뜨렸던 것이다. 그렇지만 해충과의 전쟁에서 승리했는가 하는 질문은 아직도 대답하기 어렵다. 만약 승리라고 하더라도 지나친 희생을 치르고 얻은 승리가 될 것이다.

세계에서 가장 악명 높은 살충제의 하나인 DDT는 제2차 세계대전 직전에 발명됐다. 이 물질이 처음으로 합성된 것은 이전 세기의 일이었지만, 해충을 죽이는 데 쓸 수 있다는 것은 스위스 과학자 폴 뮐러가 1939년에야 알아냈다. 이후로 DDT는 광범위하게 사용됐다. 수천 년 동안 인간을 괴롭혀 온 질병을 옮기는 벌레를 죽이는 것부터 시작해서, 온몸에 이가 들끓는 군인들을 소독하거나 논밭의 해충을 박멸하는 것까지 쓰이지 않는 데가 없었다. 뮐러 박사는 하루아침에 영웅이 됐고 그 덕에 1948년 노벨상을 받기도 했다.

영국에서는 제2차 세계대전이 끝날 무렵 살충제의 시대가 시작됐다. 그 전에는 올리버 래컴이 『시골의 역사(*History of the Countryside*)』에 썼듯, 영국 대부분의 지방은 토마스 모어 경(16세기 영국의 정치인, 인문주의자 - 옮긴이 주)이 보거나 심지어 클로디어스 황제(43년 영국을 정복한 로마 황제 - 옮긴이 주)가 보거나 하더라도 별로 크게 달라 보이지 않았을 것이다. 도시 경관은 알아볼 수 없을 정도로 많이 바뀌었지만. 새로운 읍내와 마을이 발달했고 도시는 점점 영역이 확장되어 농업 지역까지 잠식해 들어갔다. 그렇지만 영국의 많은 지역에서 생울타리와 목초지, 늪과 숲 지대는 변하지 않고 남아 있었다. 그러나 전쟁이 끝나고 난 후, 앞에 이야기했던 이유로 정치인들이 농업에 개입하기 시작했다. 다시 전쟁이 발발하더라도 끄떡없도록 식량 생산량을 늘려서 수입 식량에 대한 의존도를 줄이는 것이 목표였다. 이때부터 모든 것이 변하기 시작했다. 농부의 주머니에 더 많은 돈을 넣어 주는 보조금 정책이 도입됐다. 땅에서 뽑아낼 수 있는 한 최대한 많은 작물을 재배할 것이 장려됐다. 농업에 새로 도입된 무기는 화학 약품이었다.

그레이엄 하비라는 이름이 영국인들에게 무엇인가 의미하는 바가 있다면 그것은 『아처 가족(*The Archers*)』이라는 농촌의 일상을 그린 당시 인기 있던 소설의 농업 분야 자문으로 활약했다는 점 때문일 것이다. 그는 『시골의 죽음(*The Killing of the Countryside*)』이라는 책을 써서 이름을 알렸는데, 이 책은 풍부한 조사 자료에 근거하여 농업과 농촌 환경을 파괴하는 데 지대한 역할을 한 보조금 제도를 신랄하게 비판한다. 하비는 또한 히틀러와의 전쟁 중에 새로운 화학 무기에 대한 실험이 비밀스럽게 자행됐음을 밝히고 있다. 이 화학 무기를 히틀러의 기갑 부대를 상대로 사용할 수는 없었지만 대신 영국의 들판에 자라는 '잡초부대'를 상대로 실험됐다. 그 신물질의 이름은 4-클로로-2-메틸펜옥시아세트산(*4-chloro-2-methylphenoxyacetic acid*)이라는 어마어마한 이름을 가지고 있는데 다행스럽게도 MCPA라는 약자로 부르면 된다.

이 프로젝트에 참가한 팀은 자신들이 '위대한 농업 혁명'에 일익을 담당하고 있다고 느꼈다. 그 비용을 댄 것은 납세자들이었지만, 농업 기술 고문장은 윌리엄 가빈 경이라는 사람이었는데 우연인지 아닌지 화공 회사인 ICI의 직원이었다. 여러 해가 지난 후 나는 농수산식품부에서 여러 해 동안 일한 경험이 있는 원로 정치인 한 사람과 개인적으로 이야기를 나눌 기회가 있었다. 그는 국가의 식량 공급을 안정화시킬 목적으로 존재하는 농수산식품부가 농약 산업과 그렇게 오랜 기간 동안 유착 관계를 유지해 왔다는 사실에 대해 부끄럽게 생각했었다고 말했다. "왜 이의를 제기하지 않으셨어요?" 하고 나는 물었다. 그는 대답하려고 하지 않았다. 그저 이런 말을 하는 듯한 표정으로 나를 한 번 쳐다보았을 뿐이다. "순진한 소리하고 있군!" 나는 바로 그 표정의 의미를 이해했다. 이전에도 여러 차례 농수산식품부에서 일했던 정치인들이 (물론 사석에서) 이와 비슷한 반응을 보이는 것을 본 적이 있었다. 농수산부에 '식품'이 더해져 오늘날의 부서 명칭이 된 것은 1955년이었지만 그 이전이나 이후나 이 부서가 오직 농부들의 이해에 봉사해 왔다는 것을 모르는 사람은 없었다. 농수산식품부에서도 알았고 정치인들도 알았고 공무원들도 알고 있었다. 한동안, 적어도 1990년대 식량 공포 이전까지 이 부서에서 이루어진 정책 결정은 하나같이 그것을 입증한다. 그리고 이곳에서 일했던 사람 중에서 내가 얘기해 본 사람은 모두 최선의 방책은 이 부서의 문을 닫고 그 업무를 다른 부서에 넘기는 것이라고 결론을 내렸다. 유일한 예외는 대단위 농지를 소유하고 있는 장관들이었다. 이들은 이 부서에서 한 일이 아주 많은 성과를 가져왔다고 생각했다. 사실 그랬다. 그들에게는 많은 성과가 있었다.

전쟁이 끝나갈 무렵 MCPA는 메소존(Methoxone)이라는 이름으로 시장에 나왔다. 메소존을 '밭 청소제'로 알던 농부들에게 선풍적인 인기를 끌었다. 농부들을 괴롭히는 잡초에 이 약물을 뿌리면 잡초는 말라 비틀어지다가 죽었다. 이전에 사용하던 그 어떤 것보다도 효과가 빨랐다. 그도 그럴 것이 이 약제는 매우 강력한 화학 약품이고 호르몬제 제초제였던 것이다. 전쟁 전에 쓰이던 살충제는 천연 광물과 식물에서 추출한 것이었다. 그것과 메소존은 달구지와 포뮬러원(Formula One) 경주용 차만큼이나 천지 차이다. 이 약제는 원자 하나를 다른 것과 대체하는 식으로 분자에 조작을 가하여 만들어졌다. 합성된 것이기 때문에 만드는 데 비용이 적게 들고 효과는 강력하다. 이 약제가 인기를 끈 데에는 또 다른 이유가 있다. 1947년 의회에서 농업진흥법안이 채택됐을 때 농부들은 곡물을 기른다고 해서 결코 손해를 보지는 않을 것임을 알았다. 농약에 얼마나 돈을 들이든 보조금이 이익을 보장해주었기 때문이다.

메소존이 유명해진 지 한 해가 지나지 않아 ICI는 또 다른 방법으로 농약 보급에 힘쓰고 있었다. 이때까지 농약을 뿌리는 일은 무척 힘든 작업이었다. 농부가 밭고랑을 오르내리면서 손으로 직접 농약을 뿌려야 했던 것이다. 트랙터가 끄는 기계를 이용해서 이 작업을 대신한다면 얼마나 손쉽겠는가. 그러려면 스프레이처럼 뿌릴 수 있는 액체 상태의 약제가 필요했고 그것의 개발이 때맞추어 이루어졌다. 종전 후 몇 년이 지나지 않아 트랙터에 달린 스프레이가 밭 구석구석까지 농약을 뿌릴 때 농부들은 편안히 앉아서 밭 위아래로 트랙터를 운전하기만 하면 됐다. 무척 효율적이고 효과적인 방법이었으므로 머지않아 전국의 모든 곡물에 호르몬제 제초제가 뿌려지게 될 것이다.

그레이엄 하비가 말하듯 이 변화는 이전부터 있어 온 여러 변화 중 하나로 치부할 수 있는 것이 아니었다. 이것은 질적인 변화를 가져왔다. "이제는 윤작과 부지런한 노동을 통해 1,000년 넘게 지속된 생태학적인 과정에 기반한 농업이 아니라, 땅을 이용할 뿐인 공장의 공정과 같은" 새로운 농업 시스템이 시작된 것이다. 간단히 말해 살충제 농업의 시대가 도래했다.

20세기 말 영국 내에서 300여 가지의 화학물질이 농약으로 승인됐다. 금지되거나 사용 중지된 약물도 있다. 그러나 매년 새로운 화학 물질이 발명되었고 그것들은 토양과 동물, 곡물, 공원, 가정, 정원 등 모든 곳에 뿌려지고 있다. 대부분은 해로운 생명체를 죽이기 위한 목적으로 사용된다. 쥐와 같은 큰 짐승에서부터 아주 조그만 벌레, 진딧물, 진드기, 곰팡이까지 죽인다. 논밭과 창고, 작물을 소매상에 운반하는 데 쓰이는 컨테이너에 이르기까지 모든 곳에 뿌려진다. 이 외에도 감자에 싹이 트지 못하게 하는 등 생장을 막기 위해 뿌리는 약물도 있다. 음식이나 식수에 남아 있는 화학 물질 잔류물이나 바람을 타고 날아오는 농약 등을 통해 우리는 모두 평생 살충제에 노출되어 살아간다.

처음에는 부작용을 걱정하는 사람이 아무도 없었다. 농약이 확실히 효과가 있었기 때문이다. 해충과 잡초를 없애주니 그것으로 충분히 만족스러웠다. 여러 해가 지나고 난 후에야 농약의 해로운 영향에 대해 의문이 제기되기 시작한다. 농약은 강, 호수, 바다로 흘러들어가고, 흙 속에 잔류물이 축적된다. 그리고 중독된 벌레를 잡아먹은 새나 들짐승의 몸 안에 쌓인다. 결국 우리가 먹는 음식물 속에 들어가고, 최종적으로 우리 몸과 뇌 속에 축적된다.

독성 물질을 마구잡이로 사용하는 것의 위험성을 최초로 경고하며 경종을 울린 것은 미국 생물학자인 레이철 카슨의 『침묵의 봄(Silent Spring)』이라는 책이었다. 이런 주제로 쓰여진 책들은 그 외에도 여럿 있었지만 『침묵의 봄』이 가장 먼저 국내외에서 큰 파장을 일으키며 주목을 받았다. 농촌 현실과 식품 문제에 대해 관심이 있는 사람에게는 이 책을 지난 세기에 써진 책 중에서도 가장 중요한 책으로 추천할 만하다. 그녀는 이렇게 적고 있다. "역사상 최초로, 전 인류가 정자와 난자가 수정되는 순간부터 죽을 때까지 위험한 화학 물질과의 접촉을 피할 수 없게 됐다."

『침묵의 봄』은 1962년 출간됐다. 이 책으로 카슨은 수백만 명의 독자를 확보했지만 한편 거대권력화한 농약 산업을 적으로 만들었다. 처음에 농약업계에서는 그녀를 후원하는 듯한 태도를 보였다. 그래 봤자 그저 한 명의 여자, 그것도 '자식 하나 없는 불쌍한 독신 여성'에 불과하지 않는가. 그러다가 태도를 돌변하여 그녀를 공격하기 시작했다. 업계에서는 그 당시로는 엄청난 돈인 25만 달러 이상을 들여서 대대적인 선전 사업을 펼쳤다. 카슨과 그녀의 연구에 관련된 모든 것을 방해했다. 살충제는 농업의 미래에 반드시 필요한 것일 뿐만 아니라 인체에 무해하다고 그들은 주장했다. 몇몇 언론과 과학자들이 이에 동조했다. 이들에 의해 카슨은 지나치게 외곬으로 파고드는 히스테리컬한 여자로 비춰졌다. 그러나 그녀는 포기하지 않았고 텔레비전에 출연해서 자신의 주장의 정당성을 입증했다. 미국의 시청자들이 보기에 그녀는 생각했던 모습과는 전혀 다르게 차분하고 설득력 있고 박식한 사람이었다. 그리고 자신의 주장을 뒷받침할 충분한 근거를 확보하고 있었다.

이 책이 출간되고 일년이 지난 후에 존 F. 케네디 대통령이 설립한 과학 자문 위원회에서 보고서를 내놓았다. 『침묵의 봄』의 정당성이 입증된 것이다. 이 보고서는 놀랍게도 결론 부분에서 『침묵의 봄』을 읽기 전에는 사람들이 대부분 살충제의 독성에 대해 무지했음을 인정하고 있다. 지금 생각하면 어떻게 그렇게 순진할 수가 있었을까 하며 미소를 지을 것이다. 어떻게 그걸 모를 수가 있었을까? 그 답은 단순하기도 하고 너무나 당연한 것인데, 사람들은 농약 회사에서 하는 말을 그대로 믿었던 것이다. 그리고 농약 회사에서는 농약 사용의 이점에 대해서만 이야기했지 위험성에 대해서는 결코 말하지 않았다.

그러나 『침묵의 봄』의 핵심 주제는 살충제의 위험이 아니었다. 카슨은 농약이 유해하기는 하지만 농약 사용을 반대하지는 않는다는 것을 책머리에서 분명히 밝혔다. 그녀가 주장하려고 한 바는 자연의 모든 것은 서로 연관되어 있다는 점이다. 합성 독소를 대량으로 생산하여 수백 헥타르의 농장에 뿌리고, 집안이나 정원에서도 상시로 사용한다면 예상치 못한 여러 결과가 나타나리라는 것은 뻔한 일이다. 지극히 상식적이고 당연해서 굳이 말할 필요도 없을 것 같은 사실이지만 이야기해야 할 필요가 있었으며, 오늘날까지도 목청 높여 반복해야만 했다. 오늘날 사용되는 약물의 종류는 좀 다를지 모르지만 근본적인 의문은 여전히 남는다.

첫째, 화학 약품을 이용한 집약 농업이 환경을 파괴했는가? 우리가 현재 사용하는 약물도 그러한가?

둘째, 화학 약품 사용은 건강에 나쁜 영향을 미칠 수 있는가?

셋째, 우리 몸이 유독 화학 약품 잔류물에 의해 오염되는 정도는 어느 정도인가?

마지막으로 우리 자신을 보호하기 위해 할 수 있는 최선의 조치를 다했는가?

첫 번째 질문의 답을 찾으려면 화창한 봄날 오후에 매년 같은 작물이 파종되고 집약 농업이 이루어지는 영국 농촌 어느 곳이든 골라 산책을 해 보라. 왜 레이철 카슨이 책 제목을 『침묵의 봄』이라고 붙였는지 이해할 수 있을 것이다. 또한 왜 자연의 모든 것은 서로 연관되어 있다고 했는지도 이해할 수 있다.

농부라면 당연히 수확을 많이 거두고 싶을 것이고 수확량을 늘리기 위해서 작물과 경쟁 관계에 있는 잡초와 작물을 먹어 치우는 해충을 잡으려 한다. 그걸 나무랄 사람이 어디 있겠는가? 잡초를 좋아하는 사람이 있단 말인가? 벼를 자라지 못하게 괴롭히는 피나, 정원에서 사람 키만큼 크게 자라 그 아래 있는 식물들을 죽여 버리는 일본산 마디풀을 좋아하는 사람은 아무도 없을 것이다. 하지만 이따금 빨간

꽃을 내놓아서 밭 한곁을 장식하는 양귀비를 생각해 보라. 아니면 미나리아재비나 개망초, 달개비 같은 풀꽃들을 떠올려 보라. 꽃다지, 고들빼기, 괭이밥 등 그보다는 좀더 낯선 잡초의 이름도 떠올려 보고 이 풀들이 얼마나 오랜 세월 동안 밭 한구석을 지켜 왔는지를 생각해 보자. 감상에 빠졌다고 할지는 모르겠지만 이 풀들을 더 이상 볼 수 없는 시골 풍경은 훨씬 더 황막할 것이다. 이런 풀들 중 다수가 멸종되거나 사라지고 있다. 제초제 때문에 고사하거나 화학 비료로 포화된 토양에서 살아남지 못했거나 현대적인 농업 방식에 적응하지 못했기 때문이다.

이 풀들이 사라져 간다는 것이 우리에게는 그저 문득 스쳐가는 그리움이나 아쉬움에 지나지 않을지도 모른다. 그러나 새나 작은 포유동물에게는 생존의 문제다. 봄날의 산책길을 즐겁게 해 주던 새들도 잡초가 사라지면서 동시에 사라져 버렸다. 참새 같은 새는 한때 골칫거리일 정도로 많았지만 지금은 거의 찾아볼 수 없다. 농약 살포기가 농토를 정복하고 수세대 동안 계속되어 온 농경 방식이 바뀐 이후 몇 해가 지나지 않아 멋쟁이새, 지빠귀, 종달새, 방울새 등의 수가 급격하게 줄었다. 이유는 단순하다. 이 새들은 벌레나 풀씨를 먹고 살았는데, 살충제가 벌레를 죽이는 데 놀라운 효능을 발휘했기 때문에 자기 배를 불리거나 새끼들을 먹일 수가 없게 된 것이다. 죽거나 아니면 다른 곳으로 떠날 수밖에 없었다. 풀씨를 먹고사는 새들도 먹을 풀씨가 없으니 마찬가지의 슬픈 운명을 맞아야 했다. 농약 살포기와 현대적인 농경 방식의 효과는 너무나 확실했다.

희생자는 이뿐이 아니다. 달팽이, 딱정벌레, 나비가 사라지자 이걸 먹고 사는 작은 동물들도 먹고 살 것이 없어졌다. 겨울잠쥐가 사라진 지는 이미 오래 됐고, 들쥐, 두더지, 밭쥐 등도 점점 발붙일 곳을 잃어 간다. 먹고 살 것이 없는데 살아남을 방도가 없는 것이다. 이 작은 동물을 잡아채서 먹고사는 부엉이, 매 등 맹금류도 마찬가지다. 자연에서는 모든 생물이 공생 관계이다. 화학 물질에 의존하는 집약 농업은 생태계를 파괴한다.

자연은 끊임없이 변화하는 실체이고 생물종은 역사상 발전 단계에 따라 번성하기도 하고 쇠퇴하기도 한다고 주장하는 사람도 있다. 근거가 없는 말은 아니다. 하지만 집약 농업이 이루어지는 평지와 농약과 화학 비료 없이 경작되는 농지를 비교해 보면 이 말이 왜 틀렸는지 알 수 있을 것이다. 이 두 지역을 비교하는 것은 마치 황무지와 열대 밀림을 견주는 것 같을 것이다. 최근 이루어진 많은 연구는 작물을 윤작하고 화학 비료를 과도하게 사용하지 않는 지역에는 훨씬 많은 생물종이 서식하고 있다는 사실을 확인해 준다. 예전 방식으로 농경을 하는 경작지에서는 야생식물이 5배가량 더 많았고, 종류로는 57퍼센트 이상 더 여러 종이 발견됐다. 유기농업을 하는 경작지에서는 사라져 가는 작물들도 발견됐다. 밭 주변에서 발견된 새의 종류는 25퍼센트가 더 많았고, 가을걷이 후의 들판에서는 44퍼센트 이상 많은 종류의 조류가 관찰됐으며, 새끼를 낳은 종달새 둥지의 수는 2배가량 됐다. 거미, 나비, 무당벌레, 들꽃 등 열거하자면 한이 없다. 화학 농법의 가장 열렬한 지지자라고 하더라도 그 방식이 혼합 유기농법에 비해 생물종의 다양성을 유지하기 어려운 방식이라는 사실을 부인할 수는 없을 것이다.

이쯤에서 여러분은 이 문제가 현대적 식량 생산 방식이 우리의 건강에 미치는 영향을 이야기하고자 한 이 책의 주제와 무슨 연관이 있는가 궁금하게 여길 것이다. 중요한 것은 식량이지 새나 벌레나 들꽃이 아니지 않느냐는 말이다. 그렇지만 다양한 생물종이 서식하는 환경은 여러 간접적인 이득을 준다. 가까운 예로 차 안에 앉아 있는 것보다는 산책을 하는 것이 몸에 좋고 매연으로 가득한 도심을 걷는 것보다는 시골 들판을 산책하는 것이 훨씬 건강에 좋다. 폐 안으로 들어가는 물질을 분석해 보면 간단하게 입증할 수 있다. 더 나아가 이름 모를 꽃들이 피어 있고 종달새가 날아다니고 지빠귀 새의 맑은 노랫소리가 들려오는 들판을 걷는 것이, 수풀은 이미 사라지고 끝도 경계도 없는 논밭이 지평선까지 뻗어 있고 들려오는 유일한 소리라고는 농약 살포기를 단 트랙터의 웅웅거리는 소리일 뿐인 들판을 걷는 것보다는 훨씬 좋다. 새와 꽃이 있는 들판을 걸으면 훨씬 많은 행복감을 느낄 수 있고 우리의 감각기관에 신선한 자극을 준다. 단순하게 말해서 기분이 좋아진다. 과학적으로 입증할 방법은 없지만 행복감이라는 것은 우리를 더욱 건강하게 해주지 않는가? 과학자들은 감상적이고 낭만적인 넋두리에 불과하다고 비난할지 모르겠다. 그러려면 그렇게 하라고 내버려 두자.

살충제는 건강에 위협이 되는가?

이번에도 간단한 대답이 가능하다. 그렇다.

우리 몸 안에는 500여 가지 화학 물질이 섞여 있다. 이 물질들은 100년 전에는 존재하지도 않았던 것들이다. 이 물질은 우리가 들이마시는 공기와 마시는 물, 먹는 음식을 통해서 몸 안에 들어온다. 이중에는 인체에 무해한 것도 있고 그렇지 않은 것도 있다. 가장 심각한 문제를 일으키는 물질 중 상당수는 체내 지방에 축적되기 때문에 분해되거나 배설되지 않는다. 국내에서 사용이 금지된 물질도 국외에서 생산되는 살충제에 포함되어 있기 때문에 수입 식품을 통해 우리 몸 안으로 들어온다. 영국 내에서 사용되는 살충제에는 체내 축적 물질이 없다. 살충제 안의 화학 물질은 음식을 통해 몸 안에 들어오더라도

3일 이내에 몸 밖으로 배출된다. 그렇다고 해서 무해하다는 뜻은 아니다. 정기적으로 일정 분량 이상을 섭취하면 인체의 신진대사에 문제를 일으킨다. 면역체계 이상을 가져오고 호르몬계를 교란하며 신경계와 심장, 폐를 망가뜨린다. 태아나 유아에게는 더욱 치명적인 영향을 미칠 수 있다.

살충제를 제조하고 판매하는 회사에서는 걱정할 것이 전혀 없다고 되풀이해 이야기한다. 공직자들, 특히 농수산식품부 소속 공무원들과 집권당 정치인들도 입을 모아 동조했다. 또한, 물론 그렇지 않은 사람도 있지만 대다수 과학자들도 그렇게 말했다. 하지만 과학자 중에는 정말 진지하게 우려하는 사람도 있었다. 이 문제에 별 관심이 없는 과학자들도 정말 우리를 안심시키려면 좀더 충분한 연구와 조사가 필요하다는 사실은 인정하지 않을 수 없었다. 의사들은 더 부정적이었다. 내가 이 책을 쓰기 위해 자료를 수집하면서 만난 의사들이나 혹은 한 번이라도 이 문제에 대해 고민을 해 본 사람은 예외 없이 이 문제가 골칫거리임이 분명하다는 사실을 인정했다. 심각하게 염려하는 사람도 있었다.

『살충제, 비료와 건강(Guide to Pesticides, Chemicals and health)』이라는 영국의학협회의 안내책자에는 "오늘날 미세량이나마 식품과 식수를 통해 살충제에 일상적으로 노출되는 것을 피할 길은 거의 없는 것으로 보인다. 그래서 만성 중독증을 일으키는 지속적이고도 장기적인 오염이 건강에 미치는 해로운 영향에 대해 걱정하는 사람이 많아지고 있다."고 나와 있다. 전문가들은 '안전한' 수준의 농약이란 있을 수 없다고 말할 것이다. 가장 치명적인 유독 물질은 수 년에 걸쳐 체내에 축적되기 때문이다.

그리고 또 다른 문제가 있다. 의학협회에서 말하듯 만성 질환은 오랜 기간 동안 화학 물질에 노출됐을 때만 눈에 띄게 나타난다. 예를 들어 암이 발병하려면 수십 년이 걸리기 때문에 질병의 원인을 밝혀내기가 어렵다. 효과가 나타나기까지의 기간이 길면 길수록 원인을 밝혀내기는 더 힘들다.

문제는 여기서 그치지 않는다. 탈리도마이드(Thalidomide, 임신 중에 복용하면 기형아 출산의 위험이 있는 진정제, 수면제―옮긴이 주)의 경우를 살펴보자. 임신 중 이 약물을 복용했을 때 나타난 태아의 기형의 정도가 너무나 끔찍했기 때문에 그 연관성이 상대적으로 쉽게 밝혀졌다고 할 수 있다. 문제를 파헤쳐 낸 『선데이 타임즈(Sunday Times)』의 기자정신 덕도 있기는 했지만 말이다. 이 약물이 유발한 기형이 흔히 볼 수 있는 기형이었다면 전혀 다른 결과가 나왔을 수도 있다. 팔다리가 없는 아기 대신에 언청이가 태어났다면 누가 주목이나 했을까? 실제로 아직 원인이 무엇인지도 모르고 있는 일이 많다. 어떤 신물질이 새로이 만들어지고 음식물 속으로 들어온 이후 폐암이나 심장병과 같은 일반적인 질병의 발병가능성이 높아졌다고 하더라도, 이 물질과 질병을 연관시킬 가능성은 거의 없다. 아주 특이한 이상이 나타났을 때나 원인을 구분해 낼 수 있게 되는 것이다.

일상 생활에서 질병의 원인이 되는 요인을 완전히 제거할 수는 없다. 농약 잔류물에 오염됐을 가능성이 있는 음식을 먹을 수도 있고 숯불에 고기를 까맣게 태우는 경우처럼 조리 과정에서 독성 물질이 증가할 수도 있다. 우리가 숨쉬는 공기도 승용차 뒤에서 뿜어져 나오는 매연이나 경유차의 검은 연기, 공장 굴뚝에서 나오는 물질에 오염되어 있을지 모른다. 담배를 피우거나 다른 사람이 피우는 담배 연기를 들이마실 수도 있다. 또 미량일지라도 방사성 물질에 노출되어 있는 경우도 많다. 예를 들자면 화강석 위에 지어진 건물에서는 라돈(radon)이 방출된다.

우리 몸에는 어느 정도의 폴리염화비페닐(PCB)이나 다이옥신

(dioxins)이 축적되어 있다. 사람에 따라 더 많이 가지고 있는 사람도 있고 적게 가지고 있는 사람도 있지만 누구나 조금씩은 다 가지고 있다. 화학 물질이 인체에 미치는 영향에 관한 연구에서 독보적인 존재인 리버풀 대학의 비비안 하워드 박사는 쓰레기 처리 정책이 국민 건강에 미치는 영향에 관한 책을 펴냈는데, 이 책에는 몇 가지 경종을 울릴 만한 사실이 담겨 있다. 하워드 박사는 특히 아기들에게 미치는 영향에 많은 우려를 표했다. 어느 정도 영향을 받는지는 얼마나 많은 양을 흡수하느냐에 달려 있는데, 태아와 아기들은 화학 물질의 대부분을 태반과 모유를 통해 흡수하게 된다. 최근 네덜란드에서 행해진 연구에 따르면 화학 물질에 많이 노출된 아기는 그렇지 않은 아기에 비할 때 평균 지능지수가 4점 더 낮았다.

하워드 박사의 책에는 구닐라 린드스트롬 박사의 연구가 소개되어 있는데, 스웨덴의 화학자인 린드스트롬 박사는 첫째 아이에게 먹이던 자기 젖의 다이옥신 함량을 측정했다. 그녀의 체내 다이옥신 함량은 첫 여섯 달 동안 한 달에 15퍼센트 꼴로 감소했다. 결국 감소한 만큼의 독성 물질을 아기가 빨아먹었다는 말이다. 아이가 여섯 달 동안 젖을 빨면 대략 평생 흡수할 다이옥신 양의 최대 16퍼센트까지 흡수하게 된다. 또한 무엇보다도 심각한 영향을 미치는 것은 자궁에서 태아에게 전달되는 물질들이다. 그렇다고 해서 모유 수유를 하지 말아야 한다고 주장하는 것은 결코 아니다. 그러기에는 모유가 아기에게 미치는 긍정적인 영향이 너무 많다. 분명한 것은 분해되지 않고 체내에 축적되는 이러한 물질에 노출되는 정도를 줄여야 할 절박한 필요에 직면했다는 사실이다.

또 한편으로, 암에 걸릴 확률은 정자와 난자가 수정될 때 유전자에 의해 어느 정도 이미 결정된다. 어머니와 할머니가 모두 유방암에 걸린 일이 있는 여자는 가계 내에 이 질병이 없는 사람에 비해 유방암에 걸릴 확률이 훨씬 높다. 최근에는 의약품 실험 과정에서도 유전약리학적(유전적 요인에 따른 약물반응의 개인차를 연구하는 학문 - 옮긴이 주) 요인이 고려되고 있다. 어떤 약물에 대해 유전적으로 극도로 민감한 반응을 보이는 사람들이 있는데, 지금까지 만들어진 약물 중에서 그럴 위험이 없는 약이 없을 정도다. 환경 오염 물질도 마찬가지다. 그러나 살충제 실험을 할 때는 이 사실이 전적으로 무시된다.

질병의 원인을 밝혀내기가 어려운 또 다른 이유는, 질병 유발 물질이라고 의심되는 물질에 발병하기 몇 해 전 어느 정도 노출되어 있었는지를 정확하게 측정하기란 거의 불가능하기 때문이다. 지난 주에 뭘 먹었는지도 기억하기 힘든데 10년, 20년 전에 무얼 먹었는지 어떻게 알겠는가.

그래서 암에 걸렸다고 하더라도 그것이 '자연스러운' 노화에 의한 것이 아니라 20여 년 동안 섭취해 온 살충제 잔류물 때문이라는 것을 입증하기란 지극히 힘겨운 일일 것이다. 무엇 때문에 죽었는지 상식적으로 알 수 있을 때도 있다. 하루에 60개비의 담배를 어릴 때부터 쉬지 않고 계속 피워 온 사람이 폐암에 걸리거나, 몸무게가 120킬로그램이 나가고 하루 종일 앉아만 있는 사람이 심장마비에 걸렸다면 그 연관 관계를 쉽게 짐작해 볼 수 있을 것이다. 그렇지만 원인과 결과가 이렇게 뚜렷한 경우는 그다지 많지 않다. 살충제의 경우에는 고작해야 살충제가 어떤 효과를 일으킬 수 있는지 살펴보고, 그동안 축적된 증거 자료를 검토해서 많은 사람들이 제기하는 우려를 정치, 산업, 과학 연구 기관에서 진지하게 받아들이는지 의문을 던져 보는 정도다.

20세기 중반 농약을 이용한 농업이 시작됐을 당시 가장 다량으로 사용되던 농약은 유기염소류에 속하는 것이었다. 유기염소류에 속하는 살충제 중에는 DDT, 디엘드린(dieldrin), 알드린(aldrin) 등이 있다. 이 약의 독성이 어찌나 강했는지 벌레들뿐만 아니라 농약이 묻은 열매를 먹은 새들도 함께 죽었다. 그래서 '침묵의 봄'이 찾아오게 된 것이다. 이 약품으로 인해 나타난 또 다른 현상은 먹이사슬 중독이다. 먹이사슬에서 상위에 있는, 다른 동물을 잡아먹고 사는 동물에게 이런 현상이 나타난다. 농약이 흘러들어 간 캘리포니아 해안에서 이루어진 연구로는 충격적인 결과가 드러났다. 먹이사슬에서 상위의 동물일수록 농축된 독성이 강했다.

바다 속에서 먹이사슬의 가장 아래에 있는 것은 플랑크톤이다. 플랑크톤이 해수에서 독성을 흡수하면 독성의 농도는 해수의 265배로 증가한다. 작은 물고기가 플랑크톤을 먹으면 500배가 된다. 작은 물고기를 잡아먹은 좀더 큰 물고기의 지방 조직 내의 독소의 농도는 충격적이게도 7만 5,000배에 달한다. 바다 위를 날아다니는 새가 물고기를 잡아먹으면 생체 내의 독소 농도는 더욱 증가한다. 주로 물고기를 먹고사는 서부 논병아리가 왜 멸종 직전인지 쉽게 짐작할 수 있을 것이다. 영국의 뱀장어와 뱀장어를 잡아먹는 왜가리도 마찬가지의 운명을 맞았다. 이러한 이유 때문에 쓰레기 처리 방법에 대해 이러저러한 논의가 많지만 쓰레기를 안전하게 버릴 수 있는 곳은 어디에도 없다.

육지에서도 마찬가지다. 맹금류 새가 중독된 쥐 한 마리를 먹는다고 해서 바로 죽지는 않겠지만 쥐의 몸 속에 있던 독소가 지방이나 조직, 장기 내에 축적된다. 그래서 몸 안에 머물러 있다가 오염된 먹이를 먹을 때마다 점점 그 양이 늘어나서 결국 새도 죽게 되는 것이다. 죽지 않는다고 하더라도 이 새가 낳은 알은 껍질이 너무 얇아서 부화하기 전에 알이 깨지는 일이 잦다. 1960년대에는 농경 지역에서 올빼미, 새매, 매 등이 거의 사라졌다. 독소는 여우나 오소리 같은 큰 포유동물에도 같은 영향을 미쳐 그 수가 급격히 감소했다.

먹이사슬의 제일 꼭대기에 있는 동물은 사람이다. 유기염소계 농약이 사람에게 미치는 영향은 가늠하기가 한층 어려운데, 부분적으로는 왜 이 물질들이 이러한 작용을 하는지 확실히 밝혀내지 못한 탓이기도 하다. 몇몇 연구 결과에 따르면 독성 오염에 가장 취약한 것은 어린아이들이라고 한다. 하워드 박사는 이렇게 강조했다. "미국에서는 태아와 유아의 오염 물질에 대한 노출 위험 정도의 기준을 세우는데 10중의 안전 계수(10-fold safety factor)를 도입하여 이런 위험에 대비하고 있는 반면 유럽에는 유감스럽게도 이러한 규정이 없다. 아기는 작은 어른이 아니다. 아기는 독성에 훨씬 취약하다. 두뇌, 면역 체계, 생식기 등이 형성되는 과정에서 호르몬이나 그 외 몸 안에서 자연적으로 생겨나는 물질의 농도가 결정적인 역할을 하는데 이런 물질들은 수억 분의 일 정도의 농도에서 작용한다. 그런데 문제는 체내 환경 오염 물질의 농도도 이 정도에 달한다는 것이다. 어른의 몸 안에서는 미미하고 또 쉽게 극복할 수 있는 문제를 일으킬지라도 아기의 경우는 전혀 다르다. 화학 약품에 대해서는 '아동 중심의' 규제 기준을 마련해야 한다. 그러기 위해서는 생체에 축적되는 유기 화합물의 사용을 금지해야 한다."

유기염소계 농약은 살충 효과에 있어서만은 확실했지만 참혹한 부작용을 낳았다. 무엇보다도 끔찍한 것은 이 물질이 거의 분해되지 않는다는 것이다. 독성 물질은 토양에 남아서 수십 년이 지나도 사라지지 않는다. 최악의 경우 17년 전에 뿌린 농약이 39퍼센트 농도로 토양에 남아 있는 경우가 관찰됐을 정도다. 해가 지날수록 유기염소계 농약을 무모하게 살포하는 것이 얼마나 위험한 일이었는지가 점점 명백해졌다. 미국에서는 사용이 금지됐고 여러 해가 지난 후 결국 영국에서도 금지됐다. 그러나 제조업자들은 이런 농약 생산을 멈추지 않았다. 이렇게 생산된 농약은 국외로 수출되고 이들 나라에서 재배된 농작물이 오늘날까지도 계속해서 다시 영국으로 수입되고 있다. 그래서 우리가 먹는 음식물에도 여전히 소량의 DDT가 남아 있다. 오늘날에는 DDT가 보통 말라리아 방역에만 사용되지만 그래도 어떻게 해서든 먹이사슬 속으로 스며든다.

유기염소계 농약은 그 위험성이 알려진 후 이제는 거의 사용이 중단됐지만 또 다른 화학 물질이 그 자리를 대신하고 있다. OP라고도 부르는 유기인계 농약이 그것이다. 독성 화학 물질이 그보다 더 독성이 강한 다른 독성 화학 물질로 대체된 형국이다. 유기인계 농약은 뇌를 공격해서 치명적인 결과를 일으킨다. 이 물질은 시냅스(synapses, 신경의 끝부분)가 하나의 신경 세포에서 다른 신경 세포로 신호를 전달하는 것을 방해한다. 두뇌가 보내는 수십억 가지의 메시지가 연결 지점을 넘어 전달되지 못하는 것이다. 곤충이라면, 그리고 사람이라고 하더라도 이 물질에 지나치게 오염되면 죽을 수밖에 없다. 소량을 흡수했다면 집중력 저하, 마비, 심장, 호흡기 질환 등이 올 수 있다.

많은 의사와 과학자들은 어린이들의 주의력 결핍 장애가 최근 삼십여 년간 증가해 온 사실에 대해 우려를 표하고 있다. 이 기간은 유기인계 농약이 다량으로 사용되기 시작한 시기와 일치한다. 그렇지만 역시 연관 관계를 입증하기가 쉽지 않기 때문에 연구 결과를 공표하지 못하고 있다. 물론 단지 아이들이 점점 버릇이 없어지고 말을 안 들어서 그런 것일 수도 있다. 같은 기간 동안에 천식을 앓는 아이의 수가 증가한 사실과 연관시키기는 더욱더 어려울 것이다.

한편, 두뇌에 장애를 가져오고 결국 목숨까지 앗아가는 알츠하이머병(치매)에 걸린 젊은이의 수도 두드러지게 증가했다. 이전에는 나이든 사람만 걸리는 것으로 생각됐지만 이제는 더 이상 그렇지 않다. 건강에 아무런 문제가 없던 서른 살밖에 되지 않은 젊은이들이 치매에 걸리고 있는 것이다. 알츠하이머 환자 모임의 책임 연구원인 리처드 하비 박사는 2000년 9월 이렇게 밝혔다. "이 질병에 걸린 것으로 진단

된 젊은 사람의 숫자가 현격히 증가해서, 2년 사이에 2배 이상 늘었습니다."

이전에는 이 질병이 상대적으로 잘 알려져 있지 않아서 병을 자각하지 못했다는 설명도 물론 가능하기는 하다. 하지만 영국 민간 의료보험협회(BUPA)의 정신건강부서 부장인 그레이엄 스토크 박사는 이러한 의문을 제기했다. "환경적 요인이 있지 않을까요? 오염 물질 말입니다." 이 의문에 그렇다고 답하는 과학자들도 적지 않다. 베타 아밀로이드(Beta-amyloid)는 광우병을 통해 유명해진 프리온(prion) 단백질(광우병의 원인이 되는 변형 단백질)의 일종으로 뇌 안에 축적되어 알츠하이머병을 유발하는 뇌 손상을 가져온다. 조사된 바에 의하면 살충제는 프리온 단백질의 독성을 높이고 알츠하이머 등과 같은 질병이 나타나는 연령을 낮춘다. 살충제와 파킨슨씨병의 발병의 연관 관계를 밝히는 연구 또한 진행됐다.

유기인계 농약의 좋은 점은 토양에 오랜 기간 동안 머물러 있지 않는다는 점이라고 한다. 태양 광선과 비에 노출되면 분해되어서 독성이 사라진다는 것이다. 또한 유기염소계 농약과는 달리 체내에 축적되지도 않는다. 그렇지만 이 농약은 체내에 축적되지 않고도 바로 인체에 해를 입힌다. 만약 그 효과가 뒤늦게 나타난다면, 결과는 마찬가지겠지만, 그 결과가 농약 때문에 나타난 것인지 아닌지는 밝히기 어려울 것이다. 그래서 사실상 과학자와 독물학자 중 일부는 유기인계 농약이 실제로 분해되는지도 확신할 수 없고, 체내에 축적되는지 아닌지도 알 수 없다고 믿는다.

살충 물질을 논밭이나 정원에서 사용할 수 있는 농약으로 만들려면 다른 화학 물질과 혼합해야 한다. 그러다 보면 물질의 성질이 바뀔 수 있다. 또한, 우리가 만약 장미에 어떤 농약을 뿌린 다음에 한 시간쯤 지난 후 다른 농약을 또 다른 식물에 뿌렸다면 이 두 약제가 우리 몸 안에서 상호작용을 일으킬 수 있다. 어떤 한 약물이 다른 약물의 효능을 배가시킬 수 있는 것이다. 더욱 염려스러운 것은 이 두 약물이 시너지 효과를 일으킬 수 있다는 점이다. 두 가지 약물 사이의 상호작용을 통해 일어날 수 있는 효과도 효과지만 그보다 더 위험한 것은 첫 번째 물질이 체내의 화학 작용 이상을 일으키고 난 이후 다른 물질이 또 들어왔을 때 전혀 예상하지 못했던 현상이 일어날 수 있다는 것이다.

유기인계 농약이 인체에 유해하다는 증거가 조금씩 나타나고 있다. 다량의 약물에 중독됐을 경우나 오랜 기간 동안 조금씩 노출됐을 경우 모두 장기적인 영향이 드러났다. 그 중 하나는 신경 장애로 근육이 무감각해지고 약해지는 증상이 나타난다. 손가락이나 발가락 같은 신경 말단에서 시작되어서 점점 위쪽으로 번져 간다.

영국의학협회 보고서의 결론은 살충제가 신경계에 미치는 영향은 밝혀내기 어렵지만 분명히 영향을 주고 있으며 살충제를 사용하는 사람이나 접촉한 사람에게 질병을 유발한다는 사실은 의심할 여지가 없다는 것이다. 유기인계 농약의 위험성을 입증하는 가장 뚜렷한 증거는 양(羊)을 치는 농부에게서 볼 수 있다. 일 년에 두 차례 양에게 이 약품을 살포하도록 법으로 규정되어 있기 때문이다.

지금은 새로운 농약이 사용되고 있다. 피레스로이드(pyrethroid)계 농약이라고 부르는 것인데, 제조업체에서 하는 이야기는 똑같다. 이 약물은 이전 것에 비해 독성이 약할 뿐만 아니라 모든 면에서 위험성이 낮다고 한다.

자연도 독을 만들어낸다. 식물이 만들어내는 독소의 종류만 해도 수천 가지에 달하는데, 대부분 이 식물을 먹으려고 드는 바보 같은 곤충을 죽이기 위한 것이다. 이 중에는 인간에게도 치명적인 독이 되는 것들이 여럿 있다. 오늘날 우리가 먹는 약 중에서도 상당수가 식물이나 박테리아, 균류에서 추출된 독소로 만들어진다. 심장병 약으로 쓰이는 디기탈리스(digitalis)도 흔하게 볼 수 있는 폭스글로브(foxglove)라는 식물에서 추출한다. 국화에도 파이레스럼(pyrethrum) 혹은 제충국이라 불리는 독소가 있는데 아주 강력한 살충 효과를 지닌다. 뜰에 채소를 심었는데 벌레가 많아서 고민이지만 농약을 뿌리고 싶지 않다면 주위에 국화를 심는 것도 좋은 방법이다. 이 독성을 농사에 사용하려고 할 때 문제가 되는 것은 국화에서 직접 추출되는 이 물질의 양이 턱없이 부족하다는 점이다. 당연히 값이 엄청나게 비쌀 수밖에 없다. 그래서 이번에도 화학자들은 이 물질을 합성해 내는 방법을 찾아냈다. 그것이 피레스로이드다.

유기인계 농약과 마찬가지로 피레스로이드계 농약도 신경계에 영향을 미친다. 이 농약은 신경 간에 전달되는 메시지를 차단하는 것이 아니라 뇌가 메시지를 끊임없이 반복 전송하게 만든다. 결과는 마찬가지다. 곤충이라면 죽는다. 사실상 그게 바로 이 약물이 의도하고 있는 목적이다. 초기 피레스로이드계 농약은 효과가 크지 않아서 약을 뿌리면 벌레들이 기절했다가 잠시 후 다시 일어나서 움직이곤 했다. 급하게 술을 마시던 사람이 취해서 술집 테이블 위에 엎드려 있다가 잠시 후 깨어나서는 멀쩡하게 다시 술을 마시기 시작하는 것처럼 말이다. 잠깐 어지러웠지만 여전히 술이 고팠던 것이다. 그래서 독성을 높일 방법이 필요했다. 문제는 곤충에게 치명적인 약품은 환경과 사람에게도 위험할 가능성이 높다는 것이다.

유기인계 농약을 광고할 때 그랬듯이 판매회사는 피레스로이드계 농약은 쉽게 분해되고 토양에 남아 있지 않으며 몸 안에 축적되지 않는다고 말했다. 합성 피레스로이드는 천연 피레스로이드보다는 좀 더 안정적이기는 하지만, 태양 광선에 노출되거나 체내에 흡수됐을 때는 효력을 상실하게끔 만들어졌다. 분해되지 않는다면 유기염소류 농약과 마찬가지의 문제를 일으킬 것이고 토양과 인체 내에 오랜 기간 동안 남아 있을 것이다. 그러니 환경이나 이 물질에 접촉하는 사람의 입장에서 볼 때는 다행스러운 일이다. 그러나 벌레를 죽이기에는 적당하지 않다. 합성 피레스로이드가 농약 분사기 끝을 떠나서 목표물에 도달했을 즈음에는 더 이상 효력이 없다. 그래서 벌레들한테 이 농약은 고약한 숙취를 일으키는 물질 정도에 불과한 것이었다. 농부 입장에서 보면 실망스러운 일이다. 그래서 약효가 지속되게 하는 방법을 찾아내야 했다. 그래서 보강제라는 것이 첨가된다. 보강제라는 말에서 짐작할 수 있듯 이것은 피레스로이드의 약효에 상승작용을 해서 충분히 오랫동안 약효를 유지할 수 있게 하는 역할을 하는 화학물질이다. 예측 못한 결과를 가져 올 수 있는 독성 물질의 혼합이라는 오래된 전철을 다시 밟고 있는 것이다. 미량의 피레스로이드가 몸 안으로 들어간다면 이론적으로는 아무런 문제가 없어야 한다. 간에서 분해되고 배설될 것이다. 하지만 보강제가 간 내의 효소의 활동을 멈춘다면 어떻게 될까? 우리는 여기서 심각한 문제와 마주치게 된다.

세월이 지나면서 어떤 패턴 같은 것이 만들어진 것 같다. 농약이 처음 사용되기 시작했을 때 안전성에 대해서 관심을 갖는 사람은 아무도 없었다. 대부분 사람들이 농약이 가져올 이득을 반겼을 뿐 앞날은 내다보지 못했다. 세월이 지나고 의심이 싹트기 시작하자 농약 회사에서는 염려할 필요가 전혀 없다고 단언했다. 레이철 카슨 같은 사람은 단순히 어리석고 히스테릭한 사람에 불과했다. 그러나 카슨을 비롯한 사람들이 주장의 정당성을 입증해 내고 반박할 수 없는 증거가 추가로 나타나기 시작하자 농약 업계에서는 다른 방책을 택했다. 다른 형태의 살충제를 만들어내기 시작한 것이다. 그래서 유기염소계 농약은 결국 미국과 영국 등지에서 사용 금지됐고 이제는 유기인계 농약에 대해서도 비슷한 일이 일어나고 있다.

이제 우리는 피레스로이드계 농약을 사용하고 있고, 이전과 마찬가지로 제조업자와 위정자들은 이 약물이 안전하다고 떠벌인다. 예전의 약물도 결코 사라진 것이 아니다. 유기인계 농약도 영국 내에서 일부지만 여전히 사용되고 있고, 농약을 뿌리는 농부를 보호할 장치나 사용을 제한할 규제 법률이 거의 없는 가난한 나라에서는 더 빈번히 사용된다. DDT 같은 유기염소계 약물을 여전히 살충제로 사용하는 나라도 있다. 제조업자들은 "이런, 해로운 물질이니 더 이상 생산하지 말아야겠군!"이라고 말하는 게 아니라 "물론 해로운 물질이지. 하지만 사겠다는 사람이 있으니 계속 만들어 파는 거지 뭐."라고 한다. 그 결과 장기적으로 건강과 환경에 심각한 피해를 끼칠 살충제를 국내에서 사용하고 있을 뿐만 아니라, 국내에서 사용 금지된 약물로 재배된 다른 나라의 식품을 수입해서 또 먹게 된다.

이런 생각도 든다. 뇌 질환이나 천식, 암에 걸린 사람이 이 질병과 특정 농약의 연관성을 밝혀냈다고 해 보자. 그러면 보상을 요구하는 소송이 봇물 터진 듯 줄을 이을 것이다.

오늘날 영국에서 사용되는 살충제 중에서도 의사들이 가장 염려하는 것은 '내분비계 교란물질(환경 호르몬)'이라는 것이다. 내분비(호르몬)계는 우리 몸이 제대로 기능하는 데에 필수적인 역할을 한다. 성장과 생식을 조절하고 신체의 건강 상태를 유지하는 기능을 한다. 우리 몸 안의 기관이 특정 반응을 일으키게 하는 화학적 메시지를 주고받는 복잡한 시스템인 것이다. 테스토스테론(testosterone, 남성 호르몬의 일종 ─옮긴이 주)이 제 기능을 발휘하게 하는 호르몬을 분비하는 것이 바로 내분비선이다.

사춘기의 아이를 기르는 부모라면 자녀의 호르몬이 작동하기 시작하고 성에 눈뜨기 시작할 때 어떤 일이 일어나는지 잘 알 것이다. 잠자리에 들기 전에 엄마가 꼭 안아 주는 것을 그렇게 좋아하던 어린 꼬마 아이가 하루아침에 괴물로 탈바꿈이라도 한 것 같다. 목소리는 한두 옥타브쯤 낮아지고 얼굴에는 여드름이 돋기 시작하며 주변의 모든 것, 특히 부모를 갑자기 싫어한다. 아이가 부모의 존재를 과연 의식이나 하고 있는지도 잘 모르겠지만, 여하튼 아이는 십대의 삶의 상당 부분을 부모를 괴롭히는 데 보낸다. 엄마가 사람들 앞에서 아들 한테 뽀뽀를 한다면 불에 달군 바늘을 눈 안에 찔러 넣었을 때하고 거의 유사한 반응을 보일 것이다. 아이가 자라나서 다시 교양 있는 인간이 되면 그때는 부모가 그렇게 나쁜 사람들은 아니라는 것을 깨닫 게 된다. 이러한 행동은 성장 과정에서 정상적으로 일어나는 일이다. 부모가 초인적인 자제력을 발휘해야 하는 극히 괴로운 일이기는 하지 만 염려해야 할 문제는 아니다. 걱정해야 할 때는 무엇인가가 내분비 계를 교란할 때다.

호르몬은 정자와 난자 생성을 조절하는 것 말고도 여러 중요한 일을 한다. 세포가 분열하여 새로운 기능을 하도록 만드는 일도 한다. 혈액 순환을 통해 몸 안 곳곳에 이런 메시지를 보내기 위해 필요한 호르몬의 농도는 아주 미세한 정도다. 내분비계의 역할이 가장 중요한 때는 태내에서 아기가 만들어질 때다. 이 단계에서 내분비계 교란물질 이 흡수된다면 심각한 결과를 낳는다. 미국의 과학자인 프레드릭 봄살 교수는 자궁 내에서 필요 이상으로 높은 농도의 테스토스테론에 노출 된 쥐는 다른 쥐보다 훨씬 공격적이라는 사실을 실험으로 입증했다. 사실 내분비계는 무척이나 복잡하여 내분비 교란이 일어나는 과정 또는 자연적으로 호르몬이 생산되고 작동하는 과정을 완전히 이해하 기가 무척 어렵다. 그러나 자연적·인공적으로 생산된 여러 화학 물질 과의 연관성을 드러내는 증거는 점점 늘어가고 있다. 내분비계 교란물질과의 관계가 의심되는 질환도 여럿 발견됐다.

아기가 갑상선이 없이 태어났을 때 적절한 치료를 하지 않으면 크레틴(cretinism)병이라고 불리는 심각한 뇌손상을 일으킬 수 있다. 최근에는 갑상선 호르몬 농도가 지나치게 낮아질 때 어떤 문제가 있을 수 있는지가 조사되고 있다. 네덜란드의 잔느 코페 박사 연구팀에서 신체 내 폴리염화비페닐(PCB)과 다이옥신 함량과 연관지어 이 문제를 연구한 바 있다. 앞서 이야기한 지능지수의 하락과도 연관이 있을 수 있으나 아직 확실한 증거는 없다. 암을 비롯한 여러 질병의 발병가능성을 높이는 데에도 기여했을 수 있다. 에스트로겐이나 테스토스테론 등의 성 호르몬은 정상적인 생식기 발달에 필수적이지만, 균형이 깨어지면 성행위에 문제를 일으킬 수 있다. 예를 들면 남성의 정자 수 감소나 여자아이의 지나치게 빠른 성적 성숙 등을 가져온다. 이런 변화는 이미 일어나고 있다. 유방암과 고환암의 증가도 의심할 수 없는 현실이다.

그 외에도 다른 여러 영향이 있을 수 있으나 입증하기는 불가능하다. 한 교사가 지난 2, 30년 동안 집중력이 부족하거나 공격적인 아이가 많아졌다고 말한다고 하더라도 과학자들은 대부분 그 말의 중요성을 무시할 것이다. 주관적인 경험에 불과한 것이며, 아마 사회적인 요인 때문이라고 말할 것이다. 문제는 비교할 대상이 될 기준이 없다는 점이다. 오염 물질에 노출되지 않은 집단이 없으니 대조 표준 그룹을 찾을 수가 없다.

그러나 실험실에서 동물 실험을 통해 여러 우려할 만한 결과가 나타났고 화학 물질에 과도하게 노출된 사람에게도 비슷한 현상이 나타났다. 세계에서 가장 큰 실험실인 강과 바다에서도 증거를 잔뜩 찾아낼 수 있다. 반세기 넘는 기간 동안, 그러니까 내분비 교란물질이 사용되기 시작한 이래로, 화학 물질이 강물로 흘러들면서 암컷 물고기의 수가 기형적으로 증가했다는 연구 결과가 있다.

사람이 오랜 기간 동안 소량의 내분비계 교란물질에 노출됐을 때의 영향에 대해서는 더 알려진 바가 없다. 그러나 이 문제에 대해 우려를 표하는 사람은 이미 충분히 찾아 볼 수 있다. 2000년 6월에 발표된 영국 학사원의 보고서에서도 이렇게 밝혔다. "확실한 증거를 가지고 말하기는 어렵지만, 임산부의 경우에는 특히 각별하게 내분비 교란물질과의 접촉 정도를 최소화하는 것이 안전하다."

현재 영국 내에서 사용되는 농약과 영국 등지로 식품을 수출하는 국가에서 사용되는 농약 몇 가지를 살펴보자.

클로르피리포스(chlorpyrifos)는 유기인계 농약의 일종으로 농장과 가정에서 여전히 사용된다. 2000년 6월 미국 정부는 이 약품이 어린아이의 건강에 위협적이라는 증거가 발견됐다고 발표했다. 미국 환경청은 쥐 실험에서 이 약품이 뇌손상을 가져온다는 것을 밝혔다고 말했다. 환경청 임원인 캐롤 브라우너는 다음과 같이 말했다. "이 약품으로부터 우리 아이들을 보호하기 위한 조처를 취해야 할 때가 됐음이 분명합니다." 이 약품의 안전성이 지금 조사 단계에 있기는 하지만 아직 금지되지 않은 상태다. 이 물질은 신경계에 유독한 것으로 알려졌으며, 양을 대상으로 한 실험에서 갑상선에도 영향을 미치는 것으로 밝혀졌다. 암과의 연관성도 의심되어 이에 대한 조사가 진행 중이다. 독일의 연방환경기구에서는 성기 기형과의 연관성을 지목했다. 이 약품은 오늘날에도 국내외에서 사과 병충해를 막기 위해 뿌려진다.

카벤다짐(carbendazim)은 영국에서 흔히 쓰는 살균제다. 양배추로부터 시작해서 블랙커런트(blackcurrants), 토마토, 딸기, 사과, 곡물에 이르기까지 안 뿌려지는 데가 없다. 이 물질은 쥐에게 투여했을 때 조직 내에서 세포의 결합을 막는 등의 작용을 하여 정자 생산에 문제를 일으키고 고환 발달의 이상을 가져온다. 자궁 내의 태아의 발달도 막는다. 자궁 내의 쥐가 카벤다짐에 오염되면 눈이 없이 태어나거나 뇌수종 같은 기형이 발생했다.

빈클로졸린(vinclozolin)도 살균제로서 기름씨 평지(oilseed rape), 사과, 완두콩, 콩 등에 주로 쓰인다. 이 물질은 '반남성성(反男性性)' 효과를 낳는다. 자궁 내에서 미량의 빈클로졸린에 노출된 수컷 쥐는 출산 후 생식기관에 정자 수 감소를 비롯한 일련의 변화가 일어난다는 사실이 밝혀졌다. 성숙기가 늦게 찾아오기도 했다. 빈클로졸린은 2000년 여름 유럽연합 유럽위원회에서 작성한 환경 호르몬 목록 초안에 포함됐지만 그 후 아무런 조치도 취해지지 않았다.

알디카브(aldicarb)는 곡물에 기생하는 벌레와 선충을 잡는 데 쓰인다. 토양에 뿌리면 뿌리로 흡수되어 식물 전체를 순환한다. 1980년대 초반까지 영국에서 광범위하게 사용했고 감자, 사탕무, 당근, 파스닙(parsnip, 사탕당근―옮긴이 주) 재배에 여전히 널리 사용한다. 알디카브는 카바메이트(carbamate)계 농약으로 신경 충격을 교란하여 신경계에 문제를 일으킨다. 세계보건기구(WHO)는 이 약물을 '극도로 위험한' 물질로 분류했다. 실험 결과에 따르면 알디카브를 흡입한 동물은 최소 5분 이내 사망했다. 환경 단체인 '지구의 벗(Friends of the Earth)'에서는 금지해야 할 4대 농약의 첫 번째에 이 약물을 꼽고 있다. 이 농약은 몇몇 국가에서는 이미 사용 금지됐으며, 알디카브 잔류물에 의한 식품 오염 사태도 여러 차례 보고된 바 있다.

린덴(lindane)은 암과 관련이 있는 내분비계 교란 물질이다. 유럽연합은 이 물질을 사용 금지해야 한다는 합의에 겨우 도달했으나 2002년에야 규제가 발효하는 것으로 결정했다. 그 이전까지는 식품과 사료 생산에 계속해서 사용했다.

농약을 생산하는 업체와 농약 사용을 관리하는 위정자들은 오늘날 사용하는 약제가 이전 것에 비해 훨씬 안전하다고 말한다. 어느 정도

맞는 말이지만 그렇다고 해서 그것이 완전히 안전하다는 뜻은 결코 아니다. 다만 몇 년 전에는 이보다도 훨씬 더 위험했다는 말이다. 현재 우리가 직면한 위험이 어느 정도인지를 알기 위해서는 더 많은 연구와 조사가 필요하다.

위험한 화학 물질 잔류물이 식품에 남아 있지 않다고 확신할 수 있을까?

오히려 그 반대다. 오늘날 우리가 먹는 음식의 대부분은 화학 물질 잔류물에 오염되었다고 보는 것이 맞다. 동식물을 기를 때 오염될 수도 있고 저장이나 운송 과정에서 오염되기도 한다. 이제 기준은 잔류물이 있느냐 없느냐가 아니라 얼마나 많이 있느냐가 될 것이다. 농약 제조 업체나 농약 사용을 규제하는 정부의 입장에서는 잔류물이 있다는 사실 자체는 문제가 되지 않는다고 말한다. 정부에서는 최대잔류한도(maximum residue levels, MRL)라고 하는 법적 규제 기준을 정해 놓았다.

잔류량 기준치는 농약잔류량위원회에서 발표한다. 이 위원회는 정부에서 위촉된 과학자와 농부, 소비자, 소매상 단체의 대표자들로 구성된다. 최근까지 한 해에 한 번 국내외에서 생산된 2,300여 가지의 식품 샘플을 조사해서 보고서를 내놓고 있다. 이 샘플은 전국의 여러 상점과 슈퍼마켓에서 수거된 것이다. 매년 조사되는 식품의 가짓수는 30~50여 종으로 과일, 채소, 곡류, 육류, 생선 등이 포함된다. 유아식도 매년 검사 대상에 포함된다. 최근의 조사 결과는 살충제 잔류물을 포함하고 있는 과일과 채소의 수가 크게 증가했음을 보여준다. 가공되지 않은 식품의 43퍼센트에서 화학 물질 잔류량이 발견됐다. 이전 해에 비해 10퍼센트 가량 증가한 수치다. 최대 잔류 한도를 넘어서는 샘플도 있었고, 사용 금지된 약품이 검출된 경우도 있었다.

농약 잔류물의 존재에 대해서는 의심의 여지가 없는 듯하다. 이제 다음과 같은 또 다른 중요한 의문이 떠오른다.

우리를 화학 물질로부터 보호하기 위한 모든 조처가 취해졌는가?

이 질문에 대한 답은 간단하게 '아니오'다. 농약이 엄청난 위험을 가져 올 수 있는 해로운 물질이라는 것을 인정한다면 반드시 짚고 넘어가야 할 사항들이 몇 가지 있다.

- 새로운 농약에 허가를 내 주기 전에 행해지는 검사 과정.
- 식품의 농약 잔류물 검사 절차.
- 농약 잔류물이 건강에 미치는 장기적 영향.
- 독성 물질의 '칵테일 효과', 즉 한 화학 물질이 다른 물질과 섞여서 사용됐을 때 일어나는 현상과 여러 화학 물질에 동시에 노출됐을 때 우리 몸에서 일어날 수 있는 영향.

그 간의 정부의 통제는 우리를 안심시키기에는 부족한 것이었다. 1986년에야 식품환경보호법령이 발효되어 농약 사용이 법률적 규제의 대상이 됐다. 다른 규제들이 생겨나서 자리잡기까지는 4년이라는 시간이 더 걸렸다. 그 이전까지는 거대 농장주와 농약 회사, 농수산식품부의 유착 관계의 산물인, 구속력이 없는 자발적인 규제 체계만이 있었다. 영국이 유럽연합의 일원으로 유럽연합의 규정에 구속되지 않았더라면 지금까지도 그 상태가 유지됐을 것이다.

생각해 보면 참으로 이상한 일이다. 전에 경험해 보지 못한 농업 혁명의 시대가 시작됐는데, 농업을 관장하는 행정 부서에서는 식량 증산 외에는 다른 어떤 것에도 관심이 없다는 태도로 일관해 온 것이다. 독성이 강한 농약을 사용하도록 허가한 정도가 아니라 실질적으로 장려했다. 농약이 환경에, 그리고 농약을 뿌리는 사람들과 가축, 그 가축을 먹는 사람들에게 어떤 영향을 미치는지에 대해서는 한 번도 생각해 보지 않은 채로 말이다. 그러나 이 경우에는 단순히 몰랐다는 말로 책임을 피해갈 수는 없다. 그 위험에 대해 알려진 사실이 많지는 않았다고 할지라도, 처음부터 유기염소계 농약 등의 화학 약품이 심각한 악영향을 미칠 수 있다고 의심했던 사람은 많이 있었다. 그러나 안타깝게도 이들의 말에 귀 기울이는 사람이 없었다.

1950년 많은 저명한 과학자들이 모여 당시 존경받고 있던 주커만 경을 의장으로 삼아 위원회를 결성했다. 이 위원회의 목적은 살충제 제조라는 새로운 분야의 학문을 검토하고 그 의의를 점검하는 것이다. 위원회의 연구는 많은 성과를 거두었으며, 주커만은 이 새로운 화학 물질이 실제적인 위험성을 지니고 있으며 정부에서 농약 사용을 제한하는 새로운 법을 만들어야 한다고 경고했다.

그러나 어떻게 됐는가? 그로부터 30년이 지난 후 밝혀진 바에 따르면, 주커만의 주장은 완전히 무시되거나 일부 공무원에 의해 수정되어 발표됐다. 농수산부에서는 제도적 규제가 필요 없다고 생각했다. 규제를 하면 '부당하게 시장의 자유를 침해하게 된다'는 주장이었다. 대신 '농약안전예방계획'이라는 구속력이 없는 제도가 생겼다. 허울 좋은 신사협정에 불과한 이 합의안은 농부와 농약 회사의 이익을 우선하여 소비자의 이익은 한참 뒷전으로 밀려났다.

1987년 의회에서 선출한 농업 위원회에서는 그래도 성의를 보여 공청회를 열었다. 의장 보고문의 일부분이다. "오늘날의 기준보다 훨씬 느슨한 기준 하에서 사용 승인을 받은 옛날 농약의 유독 성분에 관한 자료를 면밀히 검토해야 할 필요가 있는데도 농수산식품부에서 충분한 대응을 하지 않았다고 생각한다."

살충제의 위험성을 입증하는 자료가 점점 늘어갔지만 농수산식품부에서는 농부와 농약 회사가 스스로를 감찰해야 한다는 입장을 고수했다. 이런 접근 방식이 얼마나 효과가 있었는지는 영국 공직자들이 가장 악명 높은 화학 약품에 어떻게 대처했는지를 보면 잘 알 수 있다. 다른 나라에서 위험성이 충분히 인정됐을 때도 영국에서는 아무런 대처 반응을 보이지 않았다.

초기 유기염소계 살충제인 DDT가 농업에 사용되자 1960년대 전세계적으로 농약 사용의 위험성에 대해 경종이 울렸다. 미국에서는 1971년 DDT의 사용을 금지했다. 영국의 공직자들은 이 경종 소리를 듣지 못했거나, 아니면 자기들이 더 많이 알고 있다고 생각했던 모양이다. 그래서 DDT의 사용을 금지하는 대신 점진적 사용 중단과 1974년부터의 '자발적인' 사용 자제가 결정됐다. 전면 금지는 10년이 지난 후에나 실시됐다. 또 다른 강력한 유기염소계 농약인 디엘드린과 알드린의 위험성을 드러내는 증거도 계속해서 나왔지만, 이들 약품은 그로부터도 5년이 지난 후에 금지됐다.

농약의 위험성을 확신하고 있던 과학자는 많이 있었다. 결국은 이들의 우려가 옳은 것으로 입증됐다. 1976년 코펜하겐에서 8,000여 명의 여성의 혈액 샘플이 채취됐다. 그로부터 17년 동안 이 여성들 중에서 268명이 유방암에 걸렸다. 유방암에 걸린 여성의 혈액을 정상적인 여성의 혈액과 비교·분석해 본 결과, 디엘드린 농도가 평균 이상인 사람은 유방암에 걸릴 확률이 두 배가량 높았다. 조사 결과가 『랜싯』 지에 발표됐는데, 이 조사를 이끈 연구자는 이렇게 적고 있다. "디엘드린은 중독에 기인한 유방암 발병 확률이 높아지는 것과 밀접한 연관이 있다." 혈액 채취 당시에 이미 유방암에 걸려 있었을 가능성을 배제하기 위해, 혈액 채취로부터 5년 이내에 유방암이 발병한 사람을 통계에서 제외하자 디엘드린과의 연관성은 오히려 한층 더 분명해졌다.

이전에 비해서 농약에 대한 규제가 좀더 까다로워졌고 1980년대 중반 이래로는 위험성에 대한 인지도도 높아졌다. 그러나 다른 선진국에 비해 영국은 여전히 농약에 대해 관대하다. 수십 년 동안 린덴 농약이 미치는 영향에 대해 많은 우려가 있었다. 이스라엘에서는 유방암과의 연관성을 의심해 1982년에 이미 린덴의 사용을 엄격하게 금지했다. 6년 후에는 스웨덴에서 유방암과의 연관성과 함께 분해되지 않고 환경에 존속된다는 이유로 린덴의 사용을 금지했다. 환경에 미치는 영향 때문에 1990년에는 뉴질랜드에서도 사용금지됐다. 영국에서는 1992년 이래로 계속 '검토 중'이다. 결국 2000년 7월 유럽 다른 국가들과 함께 유럽 수준의 금지에 동의하기까지 아무런 조처도 취하지 않았다.

1998년 농약 안전성 지도회에서는 그 '위험성을 재평가하기 위해' 유기인계 농약과 카바메이트계 농약에 대한 조사에 들어갔다. 검토 중인 이 두 그룹의 농약에는 37가지의 물질이 함유되어 있다. '농약안전예방계획'이 조인 당시의 의도대로 제대로 효력을 발휘했다면 이 농약이 지금까지 계속 사용될 수는 없었을 텐데 여전히 사용되고 있다. 유기인계 농약 중에서도 가장 악명 높은 클로르피리포스도 조사 대상에 포함된다. 농약자문위원회는 클로르피리포스의 위험성을 깨닫고 가정용 제품에 사용을 금지해야 한다는 의견을 내놓았다. 또한 현재 클로르피리포스의 식품 잔류량 허용 기준에 대해서도 의문을 제기했다. 그럼에도 불구하고 이 약품은 아직도 사용된다.

지금까지 정부의 승인을 받고 아무런 제약 없이 쓰다가 위험성이 드러나서 금지되거나 사용 정지된 화학 약품의 수는 셀 수 없이 많다. 어떤 약품이 환경에 어떤 피해를 주고 장기적인 국민 건강에 어떤 영향을 주었는지를 어떻게 헤아릴 수 있겠는가? 정부와 농업, 산업계의 유착이 아니었다면 상황이 얼마나 달라졌을까?

20세기 말에 이르러 규제 체계가 정비됐다. 현재에는 비리를 방지하기 위해 농약이 시판되려면 최소 3명의 장관으로부터 인가를 받도록 한다. 또한 농약안전성지도회의 권고 사항을 참고하도록 되어 있다. 지도회는 새로운 성분과 새로운 제품이 나왔을 때, 그리고 기존의 제품이라고 하더라도 새로운 방식으로 사용될 경우에 조사할 책임을 맡고 있다. 지도회에서는 농약 회사에서 제공하는 정보를 평가하고 검토하며 내용을 정리하여 정부의 농약자문위원회에 보고한다. 그러면 자문위원회에서 새로운 물질이나 제품에 허가를 내 주어야 할지 말지에 대해 장관에게 권고 사항을 내놓는다. 그러나 물론 무엇보다도 먼저, 아무런 의심 없이 사람들이 이 물질을 사용했을 때 일어날 수 있는 영향에 대한 실험이 충분히 이루어져야 한다. 결국 실험 과정이 가장 핵심이라고 말할 수 있다. 실험을 하는 사람들이 어떤 이유에서건 철저히 제대로 실험을 하지 않는다면 모든 사람을 위험에 빠뜨리는 결과를 초래할 것이다.

이런 시나리오를 한번 생각해 보자. 제약 회사에서 매우 놀라운 효능을 가진 신약을 개발했다. 약품 개발자는 일반적인 실험 절차에 따라 수년간의 독성 실험을 한다. 엄청난 비용을 들여 시행한 실험에서 아무런 문제가 드러나지 않자 이제 임상 실험에 들어간다. 임상 실험에서도 아무런 부작용이 나타나지 않았다. 드디어 '신비의 영약'이 많은 사람들의 열렬한 환영 속에 시판됐다. 그런데 이 약으로 치료받은 사람이 갑자기 사망하는 일이 발생했다. 얼마 후에 또 한 사람이 죽고, 또 다른 사람도 죽었다. 뒤이어 수백 명에 달하는 사람들이 죽는 사태가 벌어졌다. 그런데 죽은 사람은 모두 일본인이었다. 결국 신약은 모두 수거됐고 임상 실험 자료를 재검토하게 됐다. 임상 실험 과정에 일본인은 한 명도 포함되지 않았던 것이 확인됐다.

터무니없는 이야기라고 할 수도 있다. 실험 방법에 문제가 있었다고 생각할 수도 있다. 인종 집단에 따라 차이가 있을 수 있다는 점을 고려하지 않았으므로 일어날 수 있는 모든 결과를 예측하는 데 실패할 수밖에 없었던 것이다. 백인에게는 절대적으로 안전하다고 말할 수 있는 물질이 일본인에게는 유해할 수도 있는데 이 연구 조사 방법은 그러한 사실을 고려하지 않았다.

그러나 자료를 좀더 자세히 들여다보면 더 많은 한계를 발견할 수 있다. 일본 사람이 연구 대상에 포함되지 않았을 뿐만 아니라 모든 연구 대상이 백인이었다. 나이대도 16~18세 사이로 비슷했다. 또한, 전부 정상 체중이었으며 균형 잡힌 식사를 했고 물 외의 다른 음료수 는 마시지 않았다. 게다가 실험 기간 동안 온습도가 조절되는 호텔 내에서 생활했다. 가계를 조사해 보자 서로 혈연적으로 연관 관계가 있음이 드러났다.

정말 터무니없는 실험이라고 말할 수밖에 없다. 그러나 실제로 새로운 합성물질의 안전성을 평가하는 데 사용되는 인구 집단은 이와 크게 다르지 않다. 적어도 동물 실험을 할 때는 정확하게 이런 조건에서 실험이 이루어진다. 내 말이 믿기지 않는다고 하는 사람도 있겠지만 이 시나리오는 내가 지어낸 것이 아니라 제약 회사에서 수년간 새로운 화학 합성 물질 실험을 해 온 사람이 한 이야기다. 제니 액슬래드라는 이 여성은 약학자로서 자신의 경험에 기반해 이런 이야기를 하게 됐다. 제약 업계의 연구 관행에 대해 심각한 문제의식을 갖게 된 그녀는 제약 업계를 떠나 홀로 농약이 사람에게 미치는 영향에 대한 연구를 해 나가고 있다.

그녀는 실험이 의무화된 1980년대 후반 이래로 독성 실험 절차가 거의 바뀌지 않은 것을 보고 깜짝 놀랐다. 사용되는 동물의 종류가 많아진 것은 사실이다. 몇몇 화학 물질군의 실험에서는 설치류가 아닌 동물을 필수적으로 최소 한 종 이상 사용해야 한다. 생식 실험도 대개 빠지지 않고 포함되게 됐다. 그러나 액슬래드가 말하듯 모든 연구는 표준화된 동물 집단을 대상으로 하기 때문에 개별성의 문제는 고려되지 않는다.

그녀는 이렇게 말한다. "동물 실험은 과학자들이 해석하고 활용하기에 좋은 결과를 산출하는 방식으로 변천해 왔다. 실험마다 사용되는 동물의 종류도 매번 같다. 그 종의 동물에 대한 축적된 근거 자료가 풍부하게 있기 때문이다. 그리고 이들 동물 중 대부분은 백색종이다. 색깔이 있는 동물은 외적 변화 등을 가늠하기가 어렵기 때문이다. 대부분 실험 과정에서 동물들은 온도, 습도, 통풍 등이 조절되는 같은 환경에서 생활한다. 똑같은 균형 잡힌 먹이를 먹고 물만 마신다. 거슬러 올라가 보면 한 조상에서 나온 경우가 많다. 나이가 비슷하고 몸무게도 비슷하며 병에 걸리지 않은 동물 중에서 선택됐다. 조사 대상인 물질을 제외하고는 모든 조건이 다 똑같다. 이렇게 비현실적인 상황에서 이루어진 실험으로 사람에 미치는 영향을 추정한다는 것은 근본적으로 불가능하다. 사람은 저마다 다 다르다. 인종도 다르고 피부색도 나이도 다르다. 과체중인 사람도 있고 식욕 부진인 사람도 있다. 100살 이상 나이 차이가 날 수 있고 지문이 저마다 다르듯 한 사람도 똑같은 사람은 없다. 채식주의자인 사람도 있고 햄버거만 먹고 사는 사람도 있다. 자몽 주스를 즐겨 마시는 사람도 있다."

간단히 말해 동물 실험은 실제 현실과는 무관하게 예외 사항 없이 완만한 곡선 그래프를 결과로 얻을 수 있게 하기 위해 고안된 것이다. 약물 실험에 종사했던 이 여성은 "독물학자들은 편안한 삶을 즐기기 때문에 균질한 모집단을 선택한다,"고 신랄하게 말한다.

물론 변수의 수를 최소화해야 하는 분명한 이유가 있다고 말할 사람도 있다. 그렇게 하지 않으면 나무를 보려다 숲을 보지 못하는 모양이 된다는 것이다. 모든 동물을 다 실험 대상으로 포함하려면 엄청나게 많은 노력과 비용이 들어가 약품 가격이 치솟을 것이 분명하다. 또한 사람을 대상으로 실험을 할 수는 없으니 동물 실험이 최선의 방책이라고도 한다. 그러나 어쨌든 간에 실제로 농약이 실험 과정을 거쳤고 '안전하다'고 말한다고 하더라도 그 말은 에누리해서 들을 필요가 있다.

액슬라드는 농약 안전성에 관한 회의에 참석한 경험도 서술하고 있는데, 이 회의에서 위험성 평가를 이끌었던 한 전문가는 중독학 연구에 쓰이는 서류 더미 옆에 서 있는 자신의 사진을 슬라이드로 보여 주었다고 한다. 서류가 어찌나 많은지 턱 언저리에 닿을 지경이었다. 이 사람이 말하고자 하는 바는 뚜렷했다. 이렇게 많은 연구가 이루어졌으니 마음 놓고 다리를 쭉 뻗고 자도 된다는 뜻이다. 그러나 양이 많다고 질까지 보장해 주지는 않는 법이다. 서류 더미 속의 대부분 문서들은 모든 실험동물들을 같은 종으로 하고 똑같은 조건 하에 두기 위해 연구자가 할 수 있는 한 모든 노력을 기울였다는 사실을, 아주 구체적인 증거를 들어 보여 주기 위한 것이다. 이런 부분을 제외하고 나면 남는 것이 거의 없다. 그러나 액슬라드는 모든 동물들의 조건이 똑같았다는 것이 실험 절차의 타당성을 입증해 준다기 보다는 오히려 한계를 드러내는 것이라고 말한다.

굳이 과학자가 아니더라도 같은 물질에 사람들마다 서로 다르게 반응한다는 것을 모르는 사람은 없다. 아주 극적인 차이를 보이는 경우도 많다. 대부분 사람들은 목이 말라서 물을 더 많이 마셔야 한다는 것 말고는 아무런 부작용 없이 즐겁게 소금에 절인 땅콩을 먹을 수 있다. 그러나 땅콩 한 알만 먹어도 목숨이 위험해지는 사람도 있다.

우리가 먹는 약 중 상당수는 어린 아기나 노인에게는 더 위험할 수 있다. 그런데도 똑같은 나이에 똑같은 특징을 지닌 동물을 대상으로 실험을 해야 한다는 말인가?

새로운 약은 판매 허가를 받기 위해서는 반드시 임상 실험을 거치도록 법률로 규정되어 있다. 그러나 당연한 이야기지만 농약을 가지고 임상 실험을 할 수는 없다. 그렇기 때문에 더욱더 실험 대상을 다양화해야 하는 것이다. 예를 들어 말라티온(malathion) 살충제의 독성은 식사에 포함된 단백질의 양과 연관이 있다. 단백질 섭취가 적을수록 독성은 더 강해진다. 채식주의자나 어린아이는 단백질 섭취량이 상대적으로 적을 수 있다. 독물학자들의 실험 방식이 그러한 데에는 나름의 이유가 있겠지만 이 시스템이 완전하다고 말할 수는 없다. 따라서 새로운 화합물에 대한 실험이나 새로운 화학 물질이 실제로 사용되는 방식에 대해 주의를 기울여야 할 필요가 심각하게 제기된다.

농약 내에서 실제로 곤충을 죽이는 데에 쓰이는 화학 물질을 '활성 성분'이라고 부른다. 농약에는 이 성분 외에도 살충 효과를 높이기 위해 여러 다른 화학물질이 혼합된다. 용제나 입자를 굵게 하거나 무겁게 만드는 물질 등이 그것이다. 농약 성분이 식물에 잘 달라붙게 하는 계면활성제나 안정성을 높이는 약제도 있을 수 있다. 활성 성분의 독성을 높이는 물질이나 착색제처럼 무해해 보이는 물질, 혹은 사람이나 동물이 마시지 못하게 약의 맛을 쓰게 만드는 물질도 들어 있다.

미국 환경청은 이러한 '불활성' 성분으로 사용되는 화학 물질 중 200개 이상을 위험한 대가수질 오염원으로 분류했다. 그 중 21가지는 발암물질로 밝혀졌거나 강력히 의심되고 있는 것이며 14가지는 '매우 위험한' 물질로 평가됐다. 환경 호르몬으로 의심되는 것도 있다. 새로 활성 성분이 개발될 때마다 이 물질을 이용한 여러 종류의 농약 제품이 제조되어 판매되는데, 저마다 다른 비율로 다른 물질과 배합되어 만들어진다. 피레스로이드만 해도 26가지의 제품으로 만들어져 시판되고 있고 피레스로이드계 농약을 생산하는 회사만 해도 16군데에 이른다. 농약 사용을 스스로 감찰하려 든다고 하더라도 이 각각의 농약의 쓰임새를 일일이 확인하기란 거의 불가능하다.

농약이 건강에 미치는 장기적 영향에 관한 연구는 지금까지 거의 이루어지지 않았다. 그 이유 중 하나는 충분한 기록이 이루어지지 않아 신뢰할 만한 자료를 찾을 수 없다는 것이다. 예를 들어 어떤 질병의 발생 빈도가 다른 지역에 비해 높은 지역이 있을 수 있다. 링컨셔의 유방암 발생률은 전국 평균보다 40퍼센트 가량 높다. 링컨셔 지방에서는 감자를 비롯한 채소를 많이 재배하는데, 한동안 린덴이 많이 뿌려졌다. 린덴과 유방암의 연관이 강하게 의심될 만하다. 그러나 이 사실을 입증할 구체적인 자료는 찾을 수 없다. 링컨셔에서 린덴이 어느 지역에 얼마나 뿌려졌는지가 기록으로 남아 있지 않기 때문이다. 강력한 농약을 사용할 때는 기록을 남기고 농약자문위원회에 보고하게 한다면 간단히 해결할 수 있는 문제다. 미국 일부 지역에서는 농약 사용을 의무적으로 보고하게 한다. 하지만 영국에는 그런 제도가 없다. 그래서 환경청에서도 2000년에 발표한 보고서를 통해 농약 사용의 감독 실패를 비판했다.

농약과 건강 문제에 대한 연구가 제대로 이루어지기 힘든 또 다른 이유는 농약의 안전성에 대한 판단이 전적으로 동물 실험에 의존하기 때문에 사람에게 있을 수 있는 악영향에 대해서는 충분히 알 수 없다는 점이다. 유기인계 농약은 뇌 기능과 신경계에 미세한 변화를 일으키는데 이런 변화는 동물 실험에서는 감지하기 어렵다. 게다가 사람은 저마다 다르다. 유기인계 농약에 오랜 기간 동안 노출됐던 농부들

중에서 일부는 심각한 지경에 이르는 반면 아무런 이상도 없는 사람도 있다. 다양성을 고려해서 실험 과정에 다양한 요인을 포함시키는 것이 가능하기는 하겠지만 사실 어떤 화학 물질에 대한 민감성이 왜 사람마다 다르게 나타나는지에 대해서도 확실히 알려진 바가 없으므로 절대적으로 완전한 실험은 있을 수 없다. 사람을 대상으로 화학 물질을 실험할 수 없다는 것은 말할 나위도 없다. 동물 실험에서도 모든 종류의 실험이 다 이루어지고 있지는 않다. 신경계, 면역 체계, 내분비계에 대한 실험은 법적으로 의무화되지도 않았다. '지구의 벗'과 같은 환경 단체에서는 이 점을 안타까워한다.

'칵테일 효과'라고 불리는 현상도 생각해 보아야 할 문제다.

어떤 바보 같은 사람이 아스피린 몇 알을 한꺼번에 삼킨다면 이 약이 몸에 미치는 영향은 한 가지 종류일 것이다. 그러나 열 가지 다른 종류의 진통제를 함께 삼킨다면 전혀 다른 결과가 있을 것이다. 두 가지 이상의 약품을 섞으면 예상치 못한 결과가 나타날 수 있다는 것은 화학자가 아니라도 잘 알고 있는 일이다. 여러 가지 약물이 조합되면 농약의 효능과 작용 방식을 바꿀 수 있는 시너지 효과가 일어날 위험이 있다. 혼합물 자체에서 변화가 일어날 수도 있고, 서로 다른 화학 물질이 흡수되거나 섭취됐을 때 우리 몸 안에서 일어나는 반응에 변화가 일어날 수도 있다.

매일 5인분의 신선한 과일과 야채를 섭취해야 한다는 영국 보건부의 권고를 충실히 지키며 아이를 기르는 부모가 있다고 해 보자. 그러면 아이가 일주일 동안 온갖 다양한 종류의 농약을 섭취하게 된다고도 생각할 수 있다. 1999년 조사에서 43퍼센트의 과일과 야채에서 농약 잔류물이 발견됐다는 사실을 상기하자. '지구의 벗'은 집에서 흔히 먹는 과일 샐러드에 들어가는 과일에서 무려 57종의 농약이 검출됐다고 밝혔다.

우리 몸 안으로 화학 물질이 들어가는 경로는 이것만이 아니다. 아이는 길을 걸어가면서도 자동차에서 휘발유, 경유가 타면서 나오는 배기 가스를 들이마신다. 공장 근처에 사는 사람은 공장 굴뚝에서 나오는 매연을 마셔야 하는데 때로는 유독한 물질이 섞여 나오는 경우도 있다. 매일 일상 생활 속에서 농약 외에도 다양한 종류의 화학 물질을 접하게 된다. 집안으로 들어가서 문을 닫는다고 해서 화학 물질로부터 자유로워지는 것은 아니다.

이 아이가 자라서 컴퓨터를 가지고 놀게 됐다고 해 보자. 아이에게 신형 컴퓨터를 사주긴 했지만 부모는 이 컴퓨터에 어떤 문제가 있는지는 전혀 모르고 있다. 모니터의 온도가 올라가면 연소반응지연제로 쓰이는 트리페닐 포스페이트(triphenyl phosphate)라는 물질이 방출된다. 새 것일수록 방출량도 많다. 스웨덴에서 행해진 실험에서 18개 컴퓨터 제조사 제품 중 반 이상에서 이 물질이 방출되는 것이 확인됐다. 이 물질은 유기인계 화학 물질의 일종이다. 방출된 트리페닐 포스페이트의 농도는 일반 대기 중 함량에 비했을 때 매우 높았다. 모니터를 사용하기 시작해서 처음 몇 번에 방출되는 양이 가장 높고 그 후로 줄어들기는 하지만 사라지지는 않는다. 180시간 이상 사용하고 났을 때도 (어린아이가 컴퓨터 앞에서 보낸 시간으로는 긴 시간이다) 화학 약품의 농도가 평균 농도의 10배가량 됐다. 이 물질은 컴퓨터 제조업체 말고도 여러 곳에서 애용되고 있다. 가정이나 사무실에서 사용하는 수십 가지 제품에 흔히 첨가된다. 이 외에도 집과 사무실에서 늘 접촉하게 되는 유독한 화학 물질이 많이 있다. 플라스틱은 정말 놀라운 물질이지만 사람에 대한 중독성 면에서는 전혀 시험된 바가 없다. 최근에는 실내 공기가 건강에 미치는 영향에 대한 연구를 통해 우려가 확산되고 있다. 탁한 실내 공기는 최소한 두통, 코막힘, 피부 알레르기를 일으킬 수 있다. 간질 위험을 높인다고 생각하는 연구자도 있다.

다른 화학 물질과 함께 작용했을 때 일어날 수 있는 최악의 결과에 대해서는 아직도 모르고 있다.

자 이제 아까 그 꼬마 아이를 다시 살펴보자. 아이는 농약 잔류물로 이루어진 점심을 든든히 먹고 컴퓨터 앞에 앉아서 유기인계 물질이 포함된 오염된 실내 공기를 들이마시고 있다. 성장하는 아이의 몸속에서 온갖 종류의 화학 물질이 칵테일 효과를 일으키고 있을 것이다. 아이에게 실질적으로 어떤 영향이 있을까? 역시 우리는 알지 못한다. 알지 못하는 이유는 바로 해답을 알려 줄 실험과 검사가 행해지지 않았기 때문이다. 그간의 연구를 통해 농약 등의 화학 물질이 다른 물질과 혼합됐을 때 악영향이 크게 증가할 수 있다는 사실을 짐작하게 됐다. 앞서 말했던 시너지 효과라고 하는 것이 일어나는 것이다. 그렇지만 농약 사용 허가를 내릴 때는 각 화학 물질을 따로 측정한다. 한 개 이상의 농약을 사용할 때의 효과는 각각 농약의 효과의 합산으로 계산되는 것이다. 그러나 사실은 그렇지 않다.

글리포세이트(glyphosate)는 흔히 사용되는 농약 중 하나다. 시판된 지 여러 해 됐는데 초기에는 폴리엑시텔린 아민(polyexythelene amine, POEA)이라는 물질이 첨가됐다. POEA는 강력한 독약이다. 글리포세이트보다도 훨씬 독성이 강한 물질이다. 이 두 물질을 섞으면 무척 강력한 약제가 되리라고 짐작할 수 있다. 이렇게 만들어진 물질은 글리포세이트보다 독성이 강할 뿐만 아니라 POEA보다도 독했다.

영국 학사원에서는 화학 물질의 혼합이 건강에 미치는 영향에 우려를 표시하며 조사가 시급하다고 주장했다. 문제는 조사를 하려면 돈이 무척 많이 든다는 것이다. 농약 분야에서 이루어지는 조사는 농약 회사에서 자금을 대는 것이 대부분이다. 농약 회사는 시장 점유율을 높이고 소득을 올려줄 새로운 합성 물질을 발견하는 데 혈안이 되어 있을 뿐 자기 제품에 대한 의혹을 증폭시킬 연구에는 당연히 관심을 두지 않는다. 대학에서는 일반 대중이 관심을 갖는 조사를 수행할 만한 충분한 자금을 보유하고 있지 않기 때문에 연구 자금을 대는 기업에서 관심을 갖는 분야를 연구할 수밖에 없다.

2000년 말 영국의 식품규격청에서 식품 내의 다양한 화학 물질이 일으키는 '칵테일 효과'에 관한 연구를 수행할 연구팀을 꾸리고 있다고 발표했다. 나는 한 협회의 방청석에 앉아 있었는데 식품규격청의 한 고위 관리가 나와서는 이 연구팀이 일년에 6차례씩 모임을 가질 것이라고 자랑스럽게 말하는 것을 들었다. 그런데 방청석에 앉아 있던 한 사람이 바로 이 부분을 지적했다. 문제가 되는 화학 약품의 종류만 해도 400여 가지가 되고 여러 화학 물질의 '칵테일 식' 조합의 수는 셀 수도 없이 많을 텐데, 한 번 만날 때마다 대체 몇 가지 화학물과 조합을 다룰 수 있을 것이라고 생각하느냐고 질문을 던졌다. 관리는 대답하지 못했다.

농약잔류물위원회의 의장이었던 이언 쇼는 이렇게 말했다. "살충제 간의 상호작용에 대해서는 알려진 바가 많지 않기 때문에 두 개 이상의 잔류물을 함유하고 있을 가능성이 높은 식품에 주의를 기울여야 한다. 이 분야에 관한 연구가 시급하다." 그의 의견에 동의하는 사람이 적지 않았다.

농약 회사는 인기에 크게 좌우된다. 정말 충격적인 사건이 발생하면 사람들은 조치를 취하라고 정치인들에게 압력을 넣는다. 그러면 정치인들은 고민에 빠진다. 잘 팔리고 있는 화학 물질 사용을 금지하는 새로운 법률을 만들어내면 제조업자들이 된서리를 맞게 되는 것이다. 유권자들에게 잘 보일 수 있는 기회가 되기는 하지만 거대 산업 체계를 흔들어 놓을 수 있는 일이기 때문에 망설일 수밖에 없다. 정당은 거대 산업체와의 관계를 잘 유지해야 한다. 선거 때마다 들어가는 막대한 비용을 충당할 수 있게 해주는 후원금도 그 한 이유다. 그러나 대중의 요구에 귀를 기울이지 않으면 일이 잘못 돌아가서 의원 자리를 잃게 될 수도 있다. 대중의 목소리가 드높고 오래 간다면 대개는 저울질에서 대중이 우세하게 된다. 여론은 한번 들끓기 시작하면 쉽게 진정되지 않는다.

거대 산업체는 스스로의 이익을 보장하기 위한 무기를 몇 가지 갖추고 있다. 다국적 기업은 광고와 홍보라는 막강한 군사력을 보유하고 있고, 기업 활동이 전체 인류의 행복에 기여하는 것임을 설득하는 역할을 맡은 '홍보부' 직원들이 있다. 때로는 이런 전략이 잘 먹혀들어갈 때도 있지만 그렇지 않을 때는 잘못을 인정하고 특정 상품을 수거하여 그것을 대체할 다른 제품을 판매한다. 혹은 거짓말을 할 때도 있다. 거대 담배 회사가 수십 년 동안 그래 왔듯이 말이다. 담배가 위험하다는 것을 감추었을 뿐만 아니라, 그 사실을 알고 있으면서도 사기와 거짓말로 이루어진 교묘하고 비양심적인 판매 전략을 펼쳤다. 독성 물질을 광고하고 판매했던 것이다. 전세계적으로 수백만 명의 사람들이 흡연으로 인한 폐기종이나 암으로 고통받고 있음에도 불구하고 계속해서 거짓말을 해 왔다. 담배를 피우면 멋있고 기분이 안정되고 인체에 무해하다고 말해 왔다. 이것이 거짓말이라는 것이 밝혀지기까지는 오랜 세월이 걸렸다.

담배 회사는 흡연은 단지 개인의 선택이라는 변명으로 책임을 피할 수 있었다. 광고가 얼마나 거짓투성이고 오해를 일으킬 소지가 있었든 간에 결국 최종적으로는 흡연을 선택한 개인의 책임이라고 말할 수 있는 것이다. 흡연의 폐해로부터 건강을 지키고 싶으면 담배를 피우지 않으면 되고, 사무실 내에서 담배를 피우지 못하게 막으면 된다. 그러나 화학 물질의 경우는 이와 달리 선택하고 말고 할 수 있는 것이 아니다. 화학 물질은 어디에나 있다. 대기 중에도 마시는 물에도 먹는 음식 안에도 있다.

화학 물질이 없어져야 한다고 주장하려는 것은 아니다. 화학 물질은 필요하다. 현대 사회는 그것 없이는 돌아갈 수 없다. 문제는 과거에 농약 산업이 충분히 엄격한 규제를 받았느냐 하는 것이다. 그렇지 못했기 때문에 결국 엄청난 환경 파괴를 초래하게 됐다. 공장에서 오염 물질을 대기와 물 속으로 흘려보내도 아무 조치를 취하지 않은 것에 대한 대가와 소각로 증설로 인한 대기 오염 등에 대한 대가를 지금 비싸게 치르고 있다. 농약과 비료 제조업자는 지난 50년간 이룩한 엄청난 수확량 증가를 내세울 것이다. 이 정도의 증산은 화학 비료와 화학 농약 없이는 절대 불가능했으며, 이들 화학 물질의 폐해는 과장된 측면이 많다고 주장한다.

1960년대 초반을 되돌아보면 DDT를 비롯한 유기염소계 농약의 위험성을 감히 경고했던 레이철 카슨이 다국적 화공 회사에 의해 어떻게 짓밟힘을 당했는지 볼 수 있다. 위험하든 아니든 상관없이 이들은 자기 제품을 계속 생산하고 판매하고 싶어했다. 어쩌면 그들은 레이철 카슨이 무언가 잘못 알고 있고 그들이 주장했듯 지나치게 히스테리컬한 사람이라고 실제로 믿고 있었는지도 모른다. 아니면 담배 회사들처럼 사실은 위험성을 알면서도 거짓말을 했을 수도 있다. 어느 쪽이 맞는지는 알 수 없지만, 어느 쪽이든 대중이 불안해하기 시작했고 정치인들은 행동을 취해야 했다. 정치인으로서는 어려운 결정이었다. 안정의 추구와 위험에 대한 경고 사이의 가는 선을 따라 걸어야 했던 것이다.

특히 음식의 경우에는 위험성을 가늠하기가 쉽지 않다. 백만 명 중에서 한 명이 살충제 잔류물에 오염된 과일을 먹고 배탈이 났다고 해서 정부에서 과일을 먹지 말라고 권고한다면 미친 짓이라고 밖에 할 수 없다. 신선한 과일과 야채를 많이 먹었을 때의 이점이 많기 때문에 이런 사소한 위험은 충분히 감수할 수 있다. 이런 경우는 판단하기가 손쉽다.

하지만 만 명 중에 한 명이 배탈이 났을 뿐만 아니라 장기적으로 심장병이나 암을 유발할 가능성이 높아진다면, 판단을 내리기가 좀더 힘들어진다. 또한 수치를 정확하게 계산할 수가 없다는 것도 문제다. 영국의학협회에서 말하듯 장기적으로 건강에 영향을 미치는 요인이 너무 많아서 한 가지를 집어서 원인으로 지목하기가 불가능하다.

정치인들이 할 수 있는 일은 과학과 인간의 힘으로 가능한 한 위험을 최소화하는 것이다. 정부에서는 심각한 의혹이 생겨났을 때 신속하게 대응할 수 있는 규제 장치를 만들어야 한다. 이 규제기구는 어떤 이해관계로부터도 자유로워야 하며, 철저한 감시의 대상이 되어야 한다. 화학 약품의 위험성에 대한 정보가 대중에게 포괄적으로 편견 없이 분명하게 전달되도록 보장하는 역할을 해야 한다. 영국의 기존 기구는 이런 면에서 한계가 많다. 농약 잔류물을 예로 들어 보자. 농약 잔류물 허용 기준인 최대잔류한도는 국제식품규격위원회(CAC)에서 합의로 결정됐다. 국제식품규격위원회는 유엔 식량및농업기구(FAO)와 세계보건기구(WHO)의 연합체다. 최대잔류한도는 세계보건기구에서 충분한 여유분을 두었다고 인정한 일일섭취허용량(ADI)을 기준으로 해서 결정됐다. 그러나 시간이 지나면서 허용 기준은 점점 더 낮아졌다. 악영향을 입증하는 새로운 증거들이 발견됐고 일부 살충제가 몇몇 나라에서는 전면 사용 금지됐기 때문이다.

영국의 '농약잔류물공동위원회(WPPR)'는 잔류물 검사를 책임지고 있는 정부 기관이다. 이 기관은 2000년 3월 '농약잔류물위원회(PRC)'로 재조직됐다. 농수산식품부에서는 위원회가 명칭 변경과 함께 '전적으로 독립적으로 조직될 것'이라고 당당하게 선언했다. 독립적인 기관이 설립되기까지 왜 이렇게 오랜 세월이 걸렸는지 의아할 따름이다.

그렇지만 급격한 변화는 없었다. 이러한 발표가 있고 난 후에도 실제로 '독립'이 이루어지기까지 2년이 더 걸렸다. 농수산식품부에서 하는 일 중에 서두르는 일은 아무것도 없는 듯싶다. 그 한 예로 1999년 검출된 농약 잔류물에 대한 보고서는 2000년 9월 말에야 발표됐다. 몇 개 안 되는 수치를 정리하는 데 걸린 시간치고는 너무 길다는 생각이 든다.

시간은 오래 걸렸지만 사실상 이들이 다루는 식품 샘플의 분량은 그렇게 방대하다고도 할 수 없다. 1998년에는 48개의 토마토 샘플과 180개의 양상치 샘플을 검사했다. 발표 방식도 흥미롭다. 위원회 웹사이트를 통해 위원회 보고서의 요약본이 대중에게 공개되어 있다. 관심이 있는 사람은 누구나 농수산식품부로 전화를 하면 전체 보고서를 받아 볼 수 있다고 되어 있다. 그래서 전화를 해 보았다. 그런데 인쇄된 보고서가 다 떨어졌다고 한다. 발표된 바로 다음날이었는데 말이다. 보고서를 보고 싶다고 끈질기게 이야기해서 결국 한 부를 받아볼 수 있었다. 받아 보니 지난 해 보고서 사본이었다. 농수산식품부에서 하는 일은 늘 이런 식이다.

이 보고서의 첫머리는 다음과 같은 질문으로 시작한다. "1999년 조사에서는 어떤 결과가 나왔는가?" 그 질문에 대한 대답의 첫 줄이다. "조사 대상 가검물의 71퍼센트에서는 농약 잔류물이 검출되지 않았다." 이 보고서는 우리를 안심시키려고 작성된 것이 분명하다. 그렇지만 정작 중요한 것은 놓치고 있다.

항공사에서 "작년 우리 항공사 비행기 중에서 99퍼센트는 충돌 사고가 나지 않았다."는 내용을 표제로 하여 안전성 보고서를 작성했다면 의아스럽게 생각할 것이다. 우리가 알고 싶어 하는 것은 당연히 몇 대나 되는 비행기가 안전하게 목적지에 도달했는지의 여부가 아니라고 항공사 쪽에 지적할 것이다. 우리는 사고가 나지 않는 한 당연히 모든 비행기가 다 안전하게 비행한다고 가정한다. 항공기의 안전성이나 식품 순수성의 문제에 있어서는 기본적으로 항공기는 충돌하지 않을 것이고 식품은 순수하다고 가정하는 것이 당연하다. 고리타분한 냉소가라고 나를 비난할 사람이 있을지 모르겠지만, 식품의 농약 성분을 검사해서 국민 건강을 보호할 의무를 지닌 정부 기관이라면 보고서의 첫머리는 마땅히 얼마나 많은 샘플이 오염되어 있었는지로 시작해야지 얼마나 많은 식품이 안전한지로 시작해서는 안 된다. 사소한 문제라고 할 수도 있겠지만 웹사이트에 올라와 있던 문서 전체의 어조가 이런 식으로 국민을 안심시키고자 했기 때문에 이 문제를 부각하는 것이다. 이 문제처럼 논란의 여지가 있는 분야에서는 직접적·객관적인 정보 전달과 오해를 일으킬 수 있는 설득적 어조 사이에 큰 차이가 있을 수 있다.

보고서는 계속해서 검출된 잔류물의 대부분은 '건강과 무관한' 것이었다고 밝힌다. 법적 허용 기준 이하인 성분뿐만 아니라 기준을 초과하는 것도 건강에 해가 되지 않는 것으로 분류된다. 이 말이 이상하게 들린다면 최대잔류한도(MRL)라는 것의 정의를 되짚어 보아야 한다. 최대잔류한도가 안전성을 보장하는 기준이 아니라면 대체 무엇이란 말인가? 위원회의 정의는 이렇다. "최대잔류한도는 작물에 농약을 알맞게 뿌렸을 때 식품에서 검출되는 농약의 최대량이다." 『이상한 나라의 앨리스』에나 나올 법한 얘기다. 안전 기준이라는 것이 없다. 또한 농약을 알맞게 뿌렸다고 하더라도 음식에 화학 약품 잔류물이 남아 있는 게 당연하다는 말이다. 그럼에도 불구하고 염려할 필요는 전혀 없다고 한다. 잔류량이 법적 기준을 초과해도 걱정할 것이 없다.

이 보고서에는 아이가 클로르메켓(chlormequat)에 오염된 배 하나를 먹었을 때 일어날 수 있는 일과 메타미도포스(methamidophos)에 오염된 피망 한 개를 3분의 1정도 먹었을 때 일어날 수 있는 일이 설명되어 있다. 두 경우 모두 소화불량 이상의 큰 문제는 일어나지 않는다. 그렇지만 만약 아이가 점심에 피망을 3분의 1정도를 먹고 후식으로 바로 오염된 배를 먹었다면 어떻게 될까? '약간' 속이 안 좋은 것 이상의 결과가 나타날까? 두 배로 속이 안 좋을까? 또한 3분의 1정도만 먹은 게 아니라 엄마가 해 주신 요리가 너무 맛있어서 한 개를 다 먹었다면 어떻게 될까? 얼마나 농약을 많이 먹으면 '약간 속이 안 좋은' 것이 좀더 심각한 현상으로 발전할까? 인터넷에 올라와 있는 보고서 요약본에는 이런 질문에 대한 답이 나와 있지 않다. 그저 3분의 1쪽의 피망을 먹는다는 가정에 근거해서 걱정할 필요가 전혀 없다고 우리를 안심시키고 있다.

또 하나 놀라운 점은 약간 속이 안 좋은 것 이외에는 건강에 미치는 다른 영향이 전혀 없다고 단언하는 것이다. 검출된 다른 화학 물질에 대해서도 마찬가지로 장담하고 있다. "검출된 잔류물 대부분은, 법적 한도를 초과한 것도 포함하여, 건강에 영향을 미치지 않는다." 한 마디로 논란을 정리해 버린다. 아직 정부의 영향에서 완전히 독립하지 못한 기관의 전문가들에게는 '건강에 아무런 영향을 미치지 않을'지도 모르겠다. 그러나 영국 학사원 소속 학자를 비롯한 다른 많은 뛰어난 연구자들에게는 분명히 심각한 문제다. 이들은 앞서 살펴보았던 '칵테일 효과'를 우려할 뿐만 아니라, 환경 호르몬이 일으키는 영향을 막을 만한 제도적 장치가 없다는 사실을 문제시한다. '지구의 벗'이나 '토양 협회'와 같은 환경 단체에서도 우려를 제기한다. 압력 단체나 환경론자들을 나름의 속셈을 지니고 있는 선전 선동가로 치부해 버릴 수도 있겠지만, 화학 물질 잔류물이 건강에 영향을 미치지 않는다고 사실로 진술해 버리는 것은 분명히 농약 사용을 부추기며 잘못된 길로 이끄는 것이다. 우리가 확신할 수 있는 유일한 사실은 아직 확신할 수 있을 만큼 많이 알고 있지 않다는 것이다.

농약 잔류물이 아기에게 미치는 영향에 대해서도 잘 모르고 있다. 어른보다 아이가 화학 물질에 취약한 것은 분명하다. 단지 체격이 작기 때문은 아니다. 생후 5개월 동안 아기의 뇌는 급격한 속도로 자라난다. 발달 과정에서 미세한 차이만 일어나도 평생 지속될 영향을 아이에게 미치게 된다. 유럽연합 유럽위원회에서도 이런 사실을 확인했다. 2000년 6월 유럽연합의 지시사항이 발효됐는데 유아식의 원료가 되는 가공 식품에서 1킬로그램 당 0.01밀리그램 이상의 농약이 검출되면 안 된다는 내용이다. 이 새로운 법령은 영국에서는 2002년 7월부터 발효됐다. 따라서 적어도 이론상으로는 그 이상의 화학 물질은 위험한 것으로 간주됨을 알 수 있다. 그러나 대부분 유아식은 서너 종류의 과일과 야채를 섞어서 만들기 때문에 아기는 최대 허용치의 서너 배의 잔류물을 섭취할 수 있다. 가공 식품을 안 먹고 신선한 과일과 야채를 먹는 아기의 경우는 또한 어떠할까? 0.01밀리그램 수준 이상을 먹게 될 가능성이 높다.

이런 염려가 있었기 때문에 리지 밴이라는 사람이 '오가닉스 (Organix)' 유아식 회사를 설립했다. 유기농법으로 재배된 식품만을 원료로 하여 제조된 최초의 유아식이다. 리지 밴은 이렇게 말했다. "새로운 법령을 보니 대체 어떻게 하라는 말인지 모르겠더군요."

핵심적인 문제는 농약 잔류량이 상대적으로 많을 때 아기의 발달에 어떤 영향을 미치냐는 점이다. 이 질문에 대한 답은 '아직 모른다'이다. 태아에게 미치는 영향에 대해서도 잘 모르고 있다. 어린 아기가 취약하다면 태아도 마찬가지다. 아기보다 태아가 더 큰 영향을 받을 가능성도 충분히 있다. 임산부에게는 임신 기간 동안 흡연과 음주를 하지 말라고 강력하게 권고한다. 이런 권고 사항을 충실히 지킨다고 하더라도 자기가 어떻게 할 수 없는 것이 있다. 수정 순간부터 시작해서 아기는 태반을 통해 전해지는 농약에 노출된다. 현재 '검토 중'인 클로르피리포스를 비롯해 여러 종류의 화학 물질이 갓난아기의 몸속에서 발견됐다. 클로르피리포스는 신경계에서 뇌까지 손상을 미치는 물질이다. 엄마의 호르몬도 내분비계 교란물질에 영향을 받아서 태아에게까지 영향을 미칠 수 있다. '미칠 수 있다'라고 말한 것은 아직 확실히 입증된 것은 아니기 때문이다.

아직 확실히 밝혀지지 않은 부분이 많고 오랜 기간 동안 이렇게 많은 우려가 있어 왔으니 당연히 농수산식품부에서는 농약이 사용 허가를 받는 과정에 대해 최대한 많은 정보를 국민들에게 제공하려고 필요 이상으로 애쓸 것이라는 생각이 들 것이다. 그러나 실상은 그렇지 않다. 농약안전이사회의 아래 발언을 보면 이사회에서 농약 사용 인가를 내리는데 이들이 하는 일이 어떠한 것인지 짐작할 수 있다. "일반적으로 농약 사용 인가에 관련된 모든 정보와 통신문 등 문서는 기밀로 취급하며 공개하지 않는다." 국민의 알 권리는 안중에도 없다.

이 발언은 1997년에 있었다. 그 이후로 농약안전이사회를 양지로 좀더 끌어내려는 움직임이 미적지근하게나마 있기는 했지만 크게 달라진 것은 없는 듯하다. 2000년 농약안전이사회에서는 대중의 감시하에 농약 인가 절차를 공개하겠다는 계획을 발표했다. 앞으로는 자문위원회의 회합에 관한 정보를 알 수 있게 된다. 그 후로는 의사일정이 공개됐고 회의 내용 요약도 공개됐지만 함께 밝히기로 약속했던 세부적인 내용은 빠져 있었다.

여하튼 농약 제조업체에서 새로운 제품 허가를 받기 위해 이사회에 제출한 정보를 검토하려면 할 수는 있다. 그렇지만 여기에는 함정이 있다. 문제의 농약이 완전히 허가를 받은 다음에야 열람이 가능한 것이다. '지구의 벗'과 같은 단체에서 제조업체가 제출한 자료에 근거하여 특정 농약에 허가를 내 주는 것을 반대하려고 하더라도 그렇게 할 수가 없다. 이미 허가가 난 다음에야 자료를, 그것도 일부만을 검토할 수 있는 것이다. 그러나 그 절차도 결코 간단하지 않다.

가장 먼저 해야 할 일은 이사회에서 평가서를 구입하는 것이다. 그러고 나서, 농담이 아니라 믿기 어렵지만 사실인데, 이 평가서를 실제로 읽었다는 것을 확인하는 서명을 해야 한다. 읽지도 않을 것을 사는 사람이 있을지 의문이지만 나름의 이유가 있겠거니 하고 생각할 따름이다.

다 읽고 서명을 한 다음에는 이사회 사무실이 있는 요크(영국 북부 요크셔 지방의 주도 — 옮긴이 주)로 가야 한다. 이들은 이메일은커녕 우편 제도에도 아직 적응을 못한 듯싶다. 사무실에 직접 가면 자료를 볼 수 있다. '상업적 비밀 보장'을 위해 까맣게 지워진 부분을 제외하고는 말이다. 어쨌든 간에 이제는 겨우 읽어 볼 수 있게 됐다. 그렇지만 이 소중한 문건을 혼자서는 볼 수 없다. 이사회 소속 직원 한 명이 옆에서 내내 감독을 한다. 역시 적절한 지도를 받아서 메모를 하며 볼 수도 있다. 그리고 원한다면 한 글자 한 글자씩 동판에 새겨 넣을 수도 있다. 다만 복사나 스캔은 할 수 없다. 그나마 다행인 것은 메모할 때 깃털 펜과 잉크병을 사용하지 않아도 된다는 것이다. 참으로 희극 적이다. 도대체 무엇 때문에 이렇게 많은 제약이 필요한 것일까? 이것 역시 상업적 비밀 보장 때문인가 보다.

그러나 다시 한번 생각해 보자. 이사회에서는 농약 회사의 산업 기밀을 다른 회사에서 훔쳐 가지 못하게 보호하려고 하는 모양인데 사실 이 자료가 무슨 소용이 있겠는가? 어차피 핵심적인 부분은 쏙 빠지고 없는 자료다. 혹시라도 다국적 기업에서 이사회가 공개하는 자료를 베껴서라도 보고 싶어한다면 이들은 돈이 있으니 사람을 사서 충분히 그렇게 할 수 있을 것이다. 그러나 '지구의 벗' 같은 자선 기부 금에 의존하는 단체에서는 그러기가 힘들다. 이사회에서는 국민의 알 권리를 보장하는 것보다는 기업의 비밀을 보호하는 데 훨씬 더 신경을 쓰고 있는 듯하다. 정보의 자유는 언제나 그랬듯이 역시 뒷전으로 밀려나 있다.

농부로서 나의 경험을 이야기하면서 이 장의 첫머리를 시작했었다. 나는 농사 경험을 통해 입장을 많이 정리할 수 있었다. 모든 농부를 다 한통속인 것으로 보아서는 안 된다는 이야기도 했다. 두 세대 동안 위험한 화학 약품을 사용해서 엄청난 환경 파괴가 일어난 것은 사실이지만 말이다. 그보다는 의심스러운 제품 설명서와 거짓 보증서를 가지고 이 약제를 판 사람들의 책임이 훨씬 더 크다. 또한 수년 동안 농약 사용을 제대로 규제해서 국민을 보호하려고 하지 않은 비열한 공직자들의 잘못이 더 크다.

우리 건강에 미친 피해의 규모가 어느 정도인지 가늠하기가 어렵다. 독성 화학 물질의 사용을 좀더 철저히 규제하고 적극적으로 감시했다면 얼마나 많은 사람이 질병이나 죽음의 고통으로부터 벗어날 수 있었을지는 모르는 일이다. 한 가지 분명한 것은 아직 충분한 사실이 밝혀지지 않았다는 것이다. 50년 전에도 그랬고 지금도 그렇다.

미국 환경청에서는 미국에서 판매되는 4만 5,000여 개 농약에 포함된 600종의 활성 성분이 사람에게 미치는 위험성을 규명하려고 애썼다. 결과는 이 중 37종만이 무해하다고 말할 수 있을 정도였다. 한편 영국의학협회에서는 어떤 화학 살충제도 전적으로 안전하다고 말할 수 없다고 밝혔다. 16세기의 철학자 파라셀수스는 이런 글을 썼다. "모든 물질이 독약이다. 어떤 물질도 독약이 아니다. 독성을 결정하는 것은 복용량이다." 세계보건기구의 입장도 같다. "농약 사용의 증가로 농약이 인간 건강에 끼칠 수 있는 악영향에 대한 우려가 확산되고 있다. 가장 걱정스러운 것은 농약에 장기간 노출됐을 때의 영향에 대한 믿을 만한 자료가 충분하지 않다는 것이다.”

집약 농업의 길에 이르기까지 돌아 온 길목마다 우리는 치울 수 없는 장애물을 맞닥뜨려야 했다. 그것은 ‘모른다’는 장애물이다. 연구가 이루어지지 않았으니 자료를 수집해서 분석하여 상황을 완전하고 정확하게 제시할 수 없는 것이다. 1980년대 중반 하원의 특별 위원회에서는 ‘농약 문제와 연관이 있는 어떤 정부 기관도 농약이 인체에 미치는 장기적 영향에 대한 자료를 수집하려고 한 적이 없다’며 문제점을 지적했다. 보건안전청에서는 심각한 질환에 관한 자료는 수집했다고 특별 위원회에 보고했다고 한다. 특위에서는 “중독, 건강 악화, 질병 등에 관한 통계만으로는 장기적 노출에 의한 질병에 대해 아무런 판단도 내릴 수 없다.”고 말했다.

특위의 결론은 이런 것이다. “역학 조사가 불충분하게 이루어졌다는 것을 확인했으며 좀더 많은 노력을 기울일 것을 관계 당국에 촉구한다.”

관계 당국에서 조금이라도 관심과 노력을 기울인 사람이 있었다면 그로부터 10년 후에 의학 협회에서 이렇게 말하는 일도 없었을 것이다. “농약과 암, 신경계 이상, 알레르기성 질환, 생식 기관 이상 등의 인과 관계는 아직 입증된 바 없다. 그러나 지금까지 이루어진 연구 중 일부는 과학적 진실성이 상당히 의심스럽고, 상당수의 살충제에 대해서는 아직 역학 조사가 이루어지지도 않았다.”

이것만으로도 충분히 끔찍스러운데, 의학협회 보고서는 여기에서 그치지 않는다. “다시 말해, 일상적으로 사용하는 살충제 중 상당수가 해로운지 아닌지조차 밝혀지지 않았다. 시급히 조사가 이루어져야 할 것이다. …… 이러한 정보 부족의 상황에서 살충제로 인한 위험성, 특히 인체에 미치는 영향에 대해 단언적으로 말하기는 힘들다.”

이것이 현재까지 의학협회의 공식 입장이다.

정권이 바뀌어도 변함없이 대부분 정치인들은 국민을 안심시키는 것을 자기의 의무라고 믿고 있는 듯하다. 장관들은 걱정할 필요가 없다고 진심으로 믿고 있는지도 모른다. 아니면, 마음 속 깊이는 의심이 들지만 근거 없는 말을 퍼뜨린다는 비난을 듣거나 식품에 대한 불안감을 고조시킬까 겁이 나서 입 밖에 내지 못하고 있는 것일 수도 있다. 내가 만나 본 사람들은 이쪽에 가까웠다. 공식 권고를 보면 정부도 자신이 없다는 것을 알 수 있다. 수석의무관도 "아이들에게 과일이나 야채를 먹일 때는 만약의 경우를 대비해 껍질을 벗기는 것이 바람직하다."고 공식적으로 밝혔다. 보건부 장관도 이 권고를 채택했지만 이로 인해 과일과 야채 껍질을 벗기는 것에 관해서 농수산식품부와 보건부의 입장 충돌이 일어나게 됐다. 감자에서 어린아이를 위한 안전 기준치를 초과하는 알디카브 농약이 검출됐음을 확인한 한 보고서에서는 "껍질을 벗긴다고 해서 감자의 농약 잔류물이 크게 줄어들지 않는다."고 지적한다. 이것은 의심할 나위 없는 사실이다. 알디카브는 '전신으로 작용하는' 화학 물질의 일종으로, 자라나는 식물은 해충으로부터 스스로를 보호하기 위해 이 물질을 흡수하여 체내에 받아들인다. 잔류물이 남아 있다면 그것은 벗겨 내거나 씻어낼 수 있는 종류가 아니다.

여전히 납득하기 어려운 것은 왜 우리가 이런 방식으로 독성 물질로부터 스스로를 보호해야 하느냐는 것이다. 게다가 이것에 관해서도 의견이 정반대로 엇갈린다. 한편에서는 음식이 안전하니 전혀 걱정 없이 먹을 수 있다고 하고 한편에서는 안전하지 않으니 몸에 필요한 섬유질과 비타민을 많이 함유하고 있는 껍데기를 벗겨 버리라고 말한다. 식품규격청에서는 당근을 먹을 때 윗부분과 꼬리를 도려내거나 껍질을 벗길 필요는 없으며 먹기 전에 과일과 야채를 씻어 먹으면 된다고 권고한다. 그것도 농약 때문에 그런 것이 아니라 단순히 깨끗하게 먹기 위한 것이라고 말한다.

새로운 화합물이나 새로운 공정이 실험실에서 실험 과정을 거쳤고 아무런 악영향이 발견되지 않았다고 해서 '안전하다'고 주장하는 것은 문제가 있다. 음식의 역사를 되돌아보면 승인된 음식에서 과학자들이 전혀 예측하지 못했던 끔찍한 결과가 일어났던 일이 종종 있었다. 과학에서 유일한 절대적 법칙은 무엇인가 잘못될 가능성이 있다면 틀림없이 그렇게 된다는 것이다. 지난 반세기 동안 전세계가 실험실이 되고 모든 인류가 실험용 쥐 취급을 받은 일이 너무나 자주 있었다.

새로운 것이 개발되는 과정에서는 만약의 가능성을 대비하는 예방 원칙이 중심이 되어야 한다. 이 원칙은 1998년 미국의 한 회의에서 승인된 것으로 다음과 같다. "어떤 활동이 건강이나 환경에 위험을 가져올 가능성이 있다면 그 인과관계가 과학적으로 명확히 입증되지 않았다 하더라도 예방적 조치가 취해져야 한다. 예방 원칙을 준수한다는 것은 불확실한 것에 대해서도 조치를 취하고 위험한 것을 입증해야 하는 것이 아니라 위험 요인을 만들어 내는 쪽에서 안전하다는 것을 입증할 의무를 지게 하는 것, 위험성이 있는 활동을 대체할 방법을 분석하고 여러 사람에 의해 의사를 결정해야 함을 포함한다."

이 현명한 원칙에 대해 정치인들은 지지 의사를 밝히지만 말뿐이다. 높은 수익성이 예상된다면 예방이니 주의니 하는 것은 어느새 버려지고 만다.

과학과 기술은 놀라운 일을 이루어낼 수 있는 것이지만 또한 끔찍한 일을 저지를 수도 하다. 소아마비 백신을 생각해 보자. 내가 어릴 때만 해도 놀이터에서 철로 된 보조기를 다리에 끼고 다리를 절며 돌아다니는 아이를 흔히 볼 수 있었다. 이 아이는 앞으로 다시는 달리기나 뜀뛰기, 공차기도 할 수 없을 것이다. 어린 나이에 소아마비에 걸려 스스로 숨을 쉴 수 없게 되어 평생 철제 인공호흡기를 끼고 살아가야 하는 아이들도 있다. 물론 죽은 사람도 많다. 그러나 사탕 한 개와 함께 소아마비 예방 백신 한 모금만 삼키면 이 모든 불행과 이별할 수 있다. 그러나 또 한편, 1950년대 아프리카에서 실험단계의 경구용 소아마비 백신을 연구하던 유럽인 의사들이 이 백신으로 질병을 예방한 것보다 더 큰 비극을 유발했다고 말하기도 한다. 그 비극이란 바로 에이즈의 발생이었다.

의사들이 침팬지의 신장을 이용해 백신을 제조하는 과정에서 에이즈가 침팬지로부터 사람에게 옮았다는 것이다. 이 이론이 맞다고 주장하는 사람들은 에이즈가 최초로 발견된 지역인 콩고, 르완다, 부룬디가 바로 실험 단계의 백신이 광범위하게 투여된 지역이라는 점을 지적한다. 이 이론을 반박하는 사람도 많지만 사실상 아무도 분명히 알지는 못한다. 앞으로도 영원히 알 수 없을지 모른다.

어떤 비극적 사건이 일어났을 때 그것을 누구의 책임으로 돌려야 할지가 뚜렷하지 않을 경우가 종종 있는데 탈리도마이드의 경우도 그런 경우였다. 에이즈의 기원처럼 진실을 밝히기 어려울 때도 많다. 회사의 수익 감소를 우려한 거대 회사에서 온갖 수단을 다해 은폐하기 때문이며, 혹은 끔찍한 사건이 드러났을 때는 이미 증거나 흔적이 사라졌기 때문이다.

과학 기술로 인해 예상하지 못한 무서운 결과가 발생했을 때는 이미 손쓸 수 없이 늦어 버렸을 때가 너무나 많다. 따라서 안전성과 유효성에 대한 의문에 한 가지 의문을 더 추가해야 한다. 과학자가 실험실에서 무언가 새로운 것을 만들어 내었을 때나 거대 회사의 거물 인사가 이 제품이 상용화되면 우리의 삶이 얼마나 달라질 것인가를 선전할 때마다 이런 질문을 던져 보아야 한다. "그렇군, 하지만 그게 정말 필요한가?" 항생제나 생명을 구하는 백신 개발 같은 의학적 발명의 경우에는 바로 대답이 나온다. 살충제의 경우는 그렇지 않다. 예방 원칙에서 말하는 "위험 요인을 만들어 내는 쪽에서 안전하다는 것을 입증할 의무를 지게 하는 것"을 필수 조건으로 강제해야 한다.

과학자들은 늘 쉬지 않고 연구를 하고 새로운 화합물이나 새로운 공정이나 새로운 방식을 찾는다. 그렇게 해야만 과학자로서의 명망이나 직업을 계속 유지할 수 있고 혹은 최소한 그렇게 해야 다음 연구비에 대한 걱정이나 다음달 집세 걱정을 덜 수 있다. 이렇게 해서 과학자가 만들어낸 작품은 필요에 따라 기업이 원하는 것일 수도 있다. 기업의 이사회의 우선 목표는 주주의 이해를 대변하는 것으로서 이를 위해 시장을 계속 넓혀 나가려 하고 이윤을 높이려 한다. 하지만 이런 새로운 물질이 우리에게 과연 필요한 것일까? 만약 조금이라도 위험 요소가 있다면 이 질문에 대해서는 분명히 '아니다'라고 말할 수 있다. 사실 새로 만들어진 화합물이나 새로 개발된 제조 공정이 어떠한 상황에서도 완벽하게 안전하다고 자신 있게 말할 수 있는 과학자는 거의 없다. 물론 사회 전체적으로 막대한 이익이 있음을 증명할 수만 있으면 문제는 다르겠지만 말이다. 만약 과거 50년 동안 앞서와 같은 질문에 '아니다'라고 답한 사람이 더 많았다면 지금 우리가 겪고 있는 것과 같은 생태·환경적 문제와 인재(人災)들은 없었을지도 모른다.

'그렇다'고 대답했을 경우는 어떨까? 그 뒤로 일이 어떻게 벌어지는지를 더욱 예의주시해야 하며 조금이라도 의심스러운 상황이 포착되면 바로 중단할 수 있어야 한다. 새로 만들어지는 화학 약품과 제조 공정이 있을 때마다 이들이 어떤 결과를 빚어내는지 계속적으로 주시하지 않으면 커다란 위험을 일으킬 수도 있다. 레이첼 카슨이 『침묵의 봄』을 집필하고 난 후 지금까지 50년 동안의 역사가 이 사실을 분명히 말해 준다. 그리고 이는 비단 이 책에서 다루고 있는 미국뿐만 아니라 영국에서도 마찬가지다.

최근 50년 동안 농경 방식과 식량 생산 기술은 인류의 농경 역사를 통틀은 것보다도 더 크게 달라졌다. 이를 통해 수확량 증대라는 소득을 얻기도 했지만 이에 못지않게 톡톡한 대가를 치러야 했다. 그 대가가 얼마나 큰 것인지는 영원히 알 수 없을지도 모른다. 지난 세월이 우리에게 남겨준 교훈을 과연 잊지 않고 있는지는 두고 볼 일이다. 앞으로 우리가 나아가야 할 길은 어느 곳인지 우리는 과연 깨달은 것일까?

물론 정치인들이나 행정 관료들은 수많은 유독 물질을 수많은 식품에다가 여러 가지 방법으로 사용해도 위험이 전혀 없다고 보장할 만한 능력이 전혀 없다. 따라서 이들은 두루뭉술한 결론을 내리고는 별탈이 없기를 기도해야 한다. 오랜 시간이 지난 후에 우리 건강에 심각한 영향이 나타난다 하더라도 이들을 탓하지는 못할 것이다.

산업화된 농경 방식이 환경에 미치는 피해는 누가 봐도 명백하다. 화학 약품을 사용한 집약 농업과, 환경에 미치는 피해는 아랑곳하지 않고 옥수수 한 개라도 더 생산하려고 하는 농부들의 욕심 때문에 너무나 소중한 동식물들의 서식지가 파괴되어 가고 있다. 우리의 자손에게 물려줄 유산은 점점 사라져 간다. 각종 들꽃과 풀벌레들이 살아 숨쉬는 들판의 아름다움도 옛 이야기가 되어 버렸고 오래된 목초지의 고요한 평화도 이제는 사라졌다. 봄날 개똥지빠귀의 즐거운 노래도, 침입자로부터 보금자리를 지키려는 종달새의 울음도 들리지 않을 것이다. 올바른 환경 정책 아래 충분한 시간이 지나면 회복될 수 있는 부분도 있지만 영원히 되돌릴 수 없는 것도 있다. 대부분의 피해는 되돌리기에 너무 늦었다는 사실을 깨닫고 분노와 좌절에 눈물을 흘릴 수밖에 없을 것이다.

물론 시간이 지나면 잃어버린 것들을 담담하게 받아들이게 된다. 결국 아름다운 들판이나 울창한 나무숲이나 목초지 같은 것 없이 살아가는 방법을 익히게 될 것이다. 이는 너무나 슬픈 일이며 우리의 자손을 배신하는 결과라고 생각한다. 물론 우리 자손들이 그런 것들을 애초에 경험해 보지도 못한 상황에서 그것이 없다고 슬퍼할 리가 없다고 할 사람도 있겠지만. 그러나 집약 농업은 우리 후손의 생존에 직결되어 있는 환경의 또 다른 부분 역시 파괴하고 있다. 다음 장에서는 우리가 딛고 서 있는 땅속에서 무슨 일이 일어나고 있는지 알아보도록 하자.

발 아래의 세계 The World Beneath Our Feet

토양

데이비드 아텐보로 경은 이 시대 가장 위대한 텔레비전 방송 진행자 중 한 명이다. 그는 재능을 타고난 사람이다. 멋진 목소리, 유머 감각, 모든 분야를 아우르는 해박한 지식, 지칠 줄 모르는 정력, 그리고 무엇보다도 진실하고 거짓 없는 열정을 지녔다. 그래서 그 순간 그가 하고 있는 일이 무슨 일이든 간에 지금까지 그가 해 본 일 중에서 가장 흥미진진한 일인 듯한 느낌을 시청자에게 줄 수 있는 것이다. 어떤 특이한 새를 관찰하고 있든 아니면 진귀한 동물을 쫓고 있든 간에, 실제로는 그런 동물을 이전에 수천 번 이상 봤을 것임에도 불구하고 언제나 마치 처음인 것 같이 느껴진다. 그가 그것에 매혹될 때 우리도 그렇게 된다. 그는 안 가본 곳이 없고 보지 못한 것이 없다. 정정한다. 안 가본 데가 거의 없다. 그러나 이 위대한 아텐보로도 지구상에서 사람의 발길이 가장 적게 닿았고 가장 알려져 있지 않은 곳에서 직접 중계를 하지는 못했다. 그곳은 바로 우리 발 밑의 흙 속이다. 흙 속은 최후의 미개척지다. 그렇다면 만약 아텐보로가 실제 몸 크기의 십억 분의 일로 줄어든다면 우리에게 어떤 프로그램을 들려 줄 수 있을지 한 번 상상해 보자.

저기 그가 있다. 미생물처럼 작아진 그의 몸이, 바위처럼 보이지만 실제로는 작은 흙 알갱이에 지나지 않는 것 뒤에 웅크리고 이제껏 그가 보아온 어떤 곳보다도 더 신비로운 생물들의 서식지를 훔쳐보고 있다. 그는 흥분을 가라앉히려고 애쓰며 작은 소리로 말한다. "여기 놀라운 땅속 세계에서 우리는 생존을 향한 가장 치열한 투쟁이 벌어지고 있는 것을 볼 수 있습니다. 바로 저기 땅속 세계에서도 가장 진기한 생물이 맛있어 보이는 지의류를 조용히 뜯어 먹고 있습니다. 이 생물은 '톡토기(springtail)'라고 불리는 생물입니다. 저런, 아주 힘세 보이는 작은 꼬리를 가지고 있군요. 언제 포식자인 진드기 부대가 들이닥칠지 모르니까요. 바로 저기 진드기 무리가 있군요! 그러나 톡토기가 이들을 본 것 같군요. 달아납니다! 대단한 점프입니다! 톡토기가 사람과 같은 크기였다면 단숨에 엠파이어 스테이트 빌딩 높이만큼 뛰어오를 수 있었을 겁니다.

튼튼한 꼬리를 지닌 이 희한한 작은 동물은 지상에서 인간들이 살아가도록 하는 데 아주 중요한 역할을 합니다. 톡토기가 곰팡이를 뜯어 먹으면 곰팡이는 자극을 받아 번식을 하게 되고 또 곰팡이는 뿌리를 갉아 먹는 귀찮은 선충으로부터 식물의 뿌리를 보호하지요. 하지만 선충도 천적이 있습니다. 어떤 것들은 아주 조그만 올가미를 만들어서 먹이를 잡기도 하지요. 땅속에 전갈도 있네요. 하지만 이 녀석들은 아주 작아서 발견하기가 쉽지 않습니다. 이 생물은 진짜 전갈이 아니라 '가짜 전갈'이라고 불리는 전갈을 닮은 미생물로, 톡토기보다도 더 작습니다. 여하튼 이 놈이나 저 놈이나 다 식물을 말라죽게 하는 조그만 악당들입니다.

이 신비한 왕국에는 이 생물들 말고도 셀 수 없이 많은 생물이 서로 뒤엉켜서 나름의 질서를 이루고 살아갑니다. 다음 이 시간에는 땅속 더 깊은 곳으로 들어가서 방송 사상 최초로 박테리아의 세계를 카메라에 담아 보겠습니다. 박테리아는 믿기 어려울 정도로 깊은 땅속에서 산소 없이도 살아갈 수 있는 생물입니다. 행운을 빌어 주세요!"

그럼, 행운을 빌고말고요.

소형 아텐보로가 땅밑 세계를 중계하면 어떨까 상상해서 묘사해 본 것이다. 그러나 아텐보로라고 하더라도 그곳의 복잡다단한 생물계와 이 생물이 우리 삶에 미치는 영향에 대해 중계할 때는 흥분을 과장할 필요가 전혀 없을 것이다. 한 숟가락의 건강한 토양 속에는 최소 만 가지 종류의 생물이 약 십억 마리가량 존재한다고 추산된다. 이 수는 2000년 전 아리스토텔레스가 최초로 생물종을 분류하기 시작한 이래로 기술된 생물종의 두 배에 달하는 수다. 더욱 놀라운 사실은 우리가 이들에 대해 아는 것이 거의 없다는 점이다.

인간 게놈 지도가 완성되고 달나라에 여행 가고 텔레비전에서 프로그램 중간 광고를 없애는 기계 장치까지 개발된 세상이다. 그러나 우리 발 밑의 세상에 대해서, 그 밑에서 역동하는 삶에 대해서는 깜짝 놀랄 만큼 무지하다. 이 셀 수 없이 많은 미생물이 그들의 독특한 기능을 수행하지 않는다면 지구의 생명체가 멸종해 버릴 것임을 모르는 것도 아닌데 아무도 관심을 기울이는 사람이 없다. 이들의 기능에 대해서는 알려진 것도 있지만 아직 알려지지 않은 것도 무한히 많다는 것을 생각해 보면 참으로 근시안적이라고 할 수밖에 없다.

토양 연구에 몰두하는 소수의 과학자들은 우리 발 밑에 존재하는 다양한 생명체 중에서 종류가 확인된 것은 5퍼센트에 지나지 않는다고 한다. 열대 우림에 대해 알려진 지식이나 열대 우림을 보존하려는 전지구적 운동, 식물 자원을 이용하려는 노력과 비교해 보자. 초등학

생들도 숲의 기능에 대해서는 잘 알고 있다. 나뭇잎이 대기 중의 오염 물질을 빨아들이고 생명을 존속시키기 위해 필요한 산소를 내놓는다는 것 등을 배운다. 벌목꾼들이 수천 년에 걸쳐 이루어진 숲을 전기톱으로 일순간에 쓰러뜨리는 모습에 모두들 분개한다. 환경보호론자와 인기 연예인들이 나서서 항의를 하고 시위를 벌이고 정치인들도 저항의 물결의 선봉에 나선다. 옳은 행동이다. 숲은 지구의 허파이자 우리에게는 반드시 필요한 곳이다.

다른 이유도 있다. 질병과의 전쟁 중 보잘것없는 한 포기 식물에서 효과적인 치료약이 만들어지는 일이 얼마나 많은지를 보면 놀랄 따름이다. 그 중에서도 가장 위대한 약은 또 우리에게 가장 친근한 약이기도 한 아스피린이다. 아스피린은 단순히 술을 많이 먹고 난 다음날 유용한 두통약만은 아니다. 최근 아스피린의 다른 효용들이 발견되기 시작했는데, 심장병에도 효능이 있으며 약간 변화된 형태로 암 치료제로도 쓰인다. 이 놀라운 치료제는 기원전 400년 버드나무 껍질과 잎에서 최초로 발견됐다.

오늘날 우리가 사용하는 약 중에는 열대 밀림의 식물에서 추출된 것이 많아서 과학자들은 새로운 것을 찾아 계속해서 이곳을 헤매고 있다. 이 조그마한 잎사귀나 특이한 나무껍질이나 아니면 여기 화려한 식물의 뿌리에 오랜 세월 동안 사람들을 괴롭혀 온 끔찍한 질병을 치료해 줄 성분이 들어 있지 않을까? 그럴 가능성이 있다. 그 식물이 멸종하지 않았다면 말이다. 목숨을 구해줄 비밀의 약을 지니고 있을지도 모를 생물종을 수도 없이 많이 멸종시키고, 지구상에 존재하는 식물을 하나하나 없애 버리고 있다니 얼마나 부끄러운 일인가? 지금 현재 이곳에서 벌어지고 있는 만행을 알게 되면 우리는 모두 큰 충격을 받을 것이다. 그래서 그린피스에 후원금을 보내거나 서명운동에 참여한다. 새로 식탁을 살 때는 목재가 '지속 가능한' 삼림 관리 개발

하에 생산된 것인지 확인하기도 한다. 칭찬할 만한 행동이다. 강력한 자본의 힘을 가진 벌목 회사의 욕심에 대항하여 지는 싸움을 하고 있는 것인지도 모르겠지만 어쨌든 애는 써보는 것이다. 그리고 숲이 아직 존속하고 있는 한, 과학자들은 후대를 위해 무수한 식물의 비밀을 벗겨내기 위해 각고의 노력을 다할 것이다. 그러나 흙 속의 열대 우림 역할을 하고 있는 세계에 대해서 우리는 어떤 행동을 취하고 있는가? 아무것도 하지 않는다.

왜 이런 일이 벌어지는지 쉽게 알 수 있다. 열대 우림은 생태적으로 긴요할 뿐만 아니라 아름답기도 하다. 장대한 활엽수가 땅에 맥없이 쓰러지는 광경을 보고 충격을 받지 않을 사람이 어디 있겠는가? 벌목꾼들이 지나간 자리에 그루터기와 잿더미만 남은 황량한 광경을 보고 분개하지 않을 사람이 어디 있겠는가? 위대한 시인들도 앞 다투어 나무의 아름다움을 노래했다. 워즈워스가 "존엄한 나무와의 형제애"에 대해 쓴 시를 읽을 때 그의 심정에 충분히 공감할 수 있다. 그러나 한 덩어리의 흙에 대해서 그런 감정을 가지려고 시도해 보라.

흙은 흘깃 보았을 때 아무런 흥미를 끌지 않는다는 것이 문제다. 그 안의 작은 생명체들에 생명을 불어넣으려면 배율이 높은 현미경이 필요하다. 흙은 더럽고 지저분한 것으로 생각된다. 워즈워스 같은 천재도 흙 한 삽의 낭만을 노래하라면 무척 머리 아팠을 것이다. 문제는 그뿐이 아니다. 누구나 흙을 당연한 것으로 여긴다. 언제나 거기에 있었고 앞으로도 당연히 그러하리라고 생각한다. 게다가 땅속에는 이윤을 남기려고 무자비하게 나무를 베어 내는 다국적 벌목 회사도 없다. 그러니 흙이 파괴된다는 생각도 하지 못한다. 그러나 그것은 잘못된 생각이다. 사실상 토양은 무척이나 나약한 생명을 가진 존재다. 또한 흥미 덩어리이기도 하다. 조그마한 아텐보로를 만들어 내서 상상력을 펼쳐 보이기는 했지만 한 숟갈 정도의 건강한 토양 속에서 실제로 벌어지는 일은 내가 이야기한 것과 비교할 수 없을 정도로 흥미진진하다.

이곳에서 벌어지는 일들, 최소한 우리가 이해할 수 있는 일들은 전문 용어를 그다지 많이 사용하지 않고 설명할 수 있다. 미생물의 역할은 복잡한 유기 물질을 분해해서 식물이 흡수하여 생장하는 데 사용할 수 있는 간단한 물질로 만드는 것이다. 토양 학자들은 토양 생물을 크게 대형생물군(macrobiological), 중형생물군(mesobiological), 미소생물군(microbiological) 세 가지로 나눈다.

가장 큰 생물에 속하는 것은 동물이다. 우리가 음식을 먹으면 음식물은 소화되어 배설된다. 들판에 떨어진 쇠똥을 통해 분해 과정이 어떻게 시작되는지 대략 짐작할 수 있을 것이다. 소가 배설물을 떨어뜨리고 가면 수없이 많은 생물이 달려든다. 지렁이, 진드기, 달팽이, 절지동물과 선충이라고 불리는 조그마한 벌레들이 몰려든다. 이들은 다른 동물이 이미 먹고 내놓은 것으로 식탁을 차리고 이 물질을 더 작은 알갱이로 분해하여 표면적을 넓힌다. 그리고 토양 속의 무기물과 곰팡이, 세균과 뒤섞는다. 또 이 유기 물질들을 토양 속으로 가져가는 역할도 하는데, 이것 역시 매우 중요하다. 땅 밑에서 다시 한번 먹이가 되기 때문이다. 그리고 바로 여기서 진짜 중요한 작용이 시작된다.

땅 밑 생물종의 삶과 상호작용의 대부분은 바로 이 미생물 단계에서 이루어진다. 미생물 중 절반 이상은 다양한 종류의 박테리아다. 박테리아는 불쌍하게도 늘 구박만 받는다. 보통 우리는 박테리아를 생각할 때 배탈을 일으키는 것이나 아니면 '병원균'과 같은 것으로 생각한다. 그러나 사실상 우리는 박테리아 없이는 단 5분간도 살아 있을 수 없다. 크게 보면 박테리아만큼 중요한 역할을 하는 생물도 없다.

박테리아는 크기, 모양, 역할이 아주 다양하다. 일부는 토양 조직을 구성하는 역할을 한다. 박테리아가 분비한 당분으로 된 접착물이 토양 알갱이에 달라붙어서 토양 알갱이들이 서로 붙게 만든다. 박테리아가 없다면 흙덩어리도 있을 수 없다.

이들은 또한 쇠똥에서 분해되어 땅 밑으로 들어온 분자를 화학적으로 분해해서 식물이 흡수할 수 있게 만든다. 분자를 잘게 쪼개는 역할을 하는 박테리아는 효소를 분비하는데, 이 효소가 박테리아의 뒤를 이어 화학적 분해 과정을 담당하는 것을 보면 자연의 신비에 경탄을 금할 수 없다.

균류(곰팡이) 역시 아주 중요한 역할을 하는 미생물이다. 곰팡이도 분자를 잘게 쪼개는 효소를 분배한다. 박테리아나 곰팡이처럼 서로 다른 유기체들이 똑같은 역할을 한다니 비효율적이라는 생각이 들 수도 있겠지만 전혀 그렇지 않다. 정육점에서 고깃덩이를 아무렇게나 적당히 잘라서 파는 것과는 전혀 다른 과정이다. 마치 정육업자 여러 명이 팀을 이루어서 파티에 참석한 모든 손님들이 먹기에 적당한 특정한 형태의 고깃덩어리를 잘라내는 과정과 같다고 할 수 있다. 정육업자 모두 스테이크나 다른 요리에 쓰일 고기 조각을 만들어내기 위해 어디에 칼을 대야 할지 정확하게 알고 있다. 균류와 박테리아도 마찬가지다. 단지 규모만 다를 뿐이다.

흙 속에 각종 균류와 박테리아가 없다면 손님, 아니 이 경우에는 식물이 배가 고파진다. 영양소가 균형을 이룬 완벽한 식사를 할 수 없게 되는 것이다. 그렇다고 해서 미생물들이 식물을 위해 봉사 활동을 하는 것은 아니고 자신의 성장과 번식을 위해 반드시 필요하기 때문에 하는 일이다. 또 균류와 박테리아가 죽어서 부패하면 세포 속에 포함되어 있던 유기물질이 방출되는데, 그러면 흙 속에 뿌리를 박고 있는 식물들이 덕을 본다.

이 과정에 기여하는 또 다른 미생물 집단이 있다. 원생동물이라 불리는 것들로 흙 속을 돌아다니며 박테리아나 균류 혹은 서로를 잡아

먹고 산다. 원생동물도 사람처럼 먹이를 소화시키고 나면 여분의 질소를 방출하는데 이것 역시 식물이 반갑게 흡수한다. 그렇지만 식물이 흙을 뚫고 솟아나 태양 광선을 흡수하고 건강하고 튼튼하게 자라려면 질소만으로는 부족하다. 열량을 내는 음식만으로 식탁을 차릴 수 없는 것과 같은 이치다. 식물은 토양 입자의 풍화 과정에서 만들어지는 다양한 무기 물질을 필요로 한다.

무기물 흡수에 있어서는 자연이 식물을 만들어낼 때 식물의 구조를 그다지 효율적으로 설계하지 못한 것 같다. 식물은 무기물 흡수에 별로 재주가 없다. 그렇지만 자연의 이치가 늘 그러하듯 설계상의 약점을 독창적인 고안물로 상쇄했다. 대부분 식물은 내생균근균 혹은 흔히 VAM(vesicular arbuscular mycorrhyzae)이라 불리는 특정 종류의 균류에 의존한다. 이 물질은 식물의 세포를 뚫고 들어가 식물의 뿌리와 흙 속의 무기물 사이에 다리를 놓는다. 식물이 물을 흡수하는 것을 돕기도 한다. 덕분에 식물은 튼튼하게 자라나 해충이나 질병과 싸울 수 있게 되는 것이다. 건강한 토양 내에서 VAM의 비율은 전체 균류의 40퍼센트 가량을 차지한다.

식물이 질병과 싸우는 데 도움을 주는 또 다른 생물들이 있다. 이들은 식물이 공격을 감당할 수 있도록 힘을 주기도 하고 뿌리 주위에 막을 형성해서 벌레들이 뚫고 들어오지 못하게 막아 준다. 아이의 팔에 질병 백신을 접종하듯이 면역 성분을 길러 주는 역할을 하는 것도 있다. 아이가 홍역 예방주사를 맞으면 홍역 바이러스가 몸 안에 들어왔을 때 맞서 싸울 수 있는 항체가 생기게 된다. 식물에서도 비슷한 일이 일어난다. 미생물이 뿌리에 접근해서 면역 반응을 일으킨다. 그러면 이 반응이 식물체의 기억 체계에 기록되어 있다가 벌레가 공격했을 때 같은 반응을 일으킨다. 직접 벌레를 공격하거나 항생제 역할을 하는 화학물질을 만들어 내는 미생물도 있다.

열거하자면 끝이 없다. 이 신비로운 땅속 왕국에서 현미경으로 들여다보아야만 겨우 보일 만큼 작은 미생물의 무리가 끊임없는 활동을 전개하며 서로 영향을 주고받는다.

지금까지 이야기한 것은 건강한 토양 안에서 벌어지는 일의 극히 일부분을 개략한 것에 지나지 않는다. 그 실제 과정은 내가 설명한 것보다, 아니 솔직히 말해 내가 이해할 수 있는 것보다 훨씬 더 복잡하다. 이 분야에서 가장 권위 있는 학자도 실제 벌어지고 있는 일의 아주 일부분밖에는 모른다는 사실을 인정할 수밖에 없다. 이 모든 과정을 통해 알 수 있는 가장 중요한 사실은 각각의 생명체가 이 복잡한 생태계의 왈츠 속에서 각각 저마다의 역할을 지니고 있다는 것이다. 한 종류의 생물체만 사라져도 오케스트라의 지휘자가 사라진 것과 같은 위험에 처하게 된다. 전체 시스템의 리듬과 효율이 무너지게 되는 것이다. 그 이상이 사라지면 아예 기능을 하지 못한다. 토양이 건강 상태를 유지하려면 모든 미생물이 함께 작용해야 한다.

우리의 씩씩한 톡토기를 예로 들어 보자. 흙 속에 유기 물질이 충분하지 않으면 톡토기의 먹이가 되는 곰팡이도 사라지고 톡토기도 살아남을 수 없다. 톡토기가 사라진다고 해서 신문에 기사 한 줄 실리지 않을 테지만 말이다. 세계자연기금(WWF)에서도 혹등고래나 자이언트 팬더를 위해서 했던 것처럼 '톡토기를 보호하자'는 구호를 내걸지는 않을 것이다. 톡토기는 장대하고 아름답거나 귀엽지도 않다. 톡토기 사진으로 포스터를 만들어 찍기도 괴로울 것이다. 그러나 톡토기는 인류에게 가늠하기 어려울 정도의 막대한 공헌을 한다. 우리가 먹고 사는 식물을 길러내는 유기 질소의 중요한 공급원이기 때문이다. 또한 자연의 모든 부분은 서로 의존하고 있다는 불변의 법칙을 입증해 보여준다는 점에서도 톡토기는 소중하다. 생태계가 완벽한 조화를 이룰 때 그 결과는 참으로 감동적인 것이다.

수억 년 동안 이 작은 생명체들은 식물의 먹이를 마련하고 다음 세대를 위해 물질을 재가공하는 일을 담당해 왔다. 그러나 지난 50년 간 우리는 식물과 토양을 화학 물질에 푹 적시고 땅속의 활동이 원활하게 전개될 수 있게 했던 이전의 농사 방식을 저버리는 등 토양 미생물들에게 혹심한 공격을 가했다. 어찌 보면 미생물들의 씨를 완전히 말리려고 작정한 것처럼 보인다. 지난 50년 동안에 영국에서 생산된 곡물의 양은 처음 우경이 시작된 이래로 최고치에 달했다. 영국에서 이스트 앵글리아 같은 농업 지역을 여름에 차로 한번 달려 보라. 그러면 건강한 작물이 밭마다 넘치고 곡식이 익어 가는 광활한 들판을 볼 수 있을 것이다. 겨울에 곡물 창고는 가득 차고 농부들은 벌써 여러 해 동안 만족스러운 결과를 안겨 준 이 농경 방식을 내년에도 똑같이 되풀이 할 준비를 하고 있다. 그러니 우리가 지금 토양을 파괴하고 있는 것 때문에 언젠가 후회할 날이 올 것이라고 말한다면 얼마나 어리석게 들릴 것인가? 그러나 사실 몇몇 농부들은 벌써 후회하기 시작했다.

어느 청명한 늦가을 낮에 게리 쿰버는 켄트 지방에서 6헥타르 넓이의 밭을 갈고 있었다. 밭갈기는 누가 솜씨 좋게 하고 있는 것을 보면 즐겁지만 하는 사람은 참 고역인 일 중 하나다. 직접 밭을 갈아 보기 전에는 나도 전혀 어렵지 않을 거라고 생각했다. 그런데 내가 밭을 갈아 놓고 나면 밭고랑이 쭉 뻗은 선로처럼 보이는 게 아니라 바닷가에 부서지는 파도처럼 보이기 십상이었다. 비결은 반대쪽 끝의 한 지점에 눈을 고정시키고 결코 그 방향을 벗어나지 않으면서 나아가는 것이지만 나는 한 번도 제대로 해본 적이 없다. 반면 쿰버 씨는 전문가다운 실력을 보여 준다. 그는 이 밭에서만 벌써 여러 해 동안 농사를 지어 와서 마치 화살대처럼 곧게 뻗은 밭고랑을 만들어 낸다. 그러나 뭔가 달라진 것이 보인다. 가장 눈에 띄는 것은 쟁기를 따라 날아가는 새가 없다는 것이다. 옛날에는 갈매기 떼가 날아와서는 계속 그의 뒤를 끽끽거리며 따라다니면서 쟁기날 밑에서 부서지는 흙덩이마다 드러나는 벌레를 주워 먹었다고 쿰버 씨는 말한다. 그러나 지금은 벌레가 사라졌기 때문에 뒤따르는 새도 없다. 또 한 가지 달라진 것은 트랙터다. 이 트랙터는 100마력이나 되는 것으로서 옛날에 쿰버 씨가 쟁기날을 끄는 데 사용했던 35마력짜리 기계에 비해 엄청나게 힘이 좋다. 스쿠터와 할리 데이비슨을 견주는 격이랄까. 그렇지만 옛날 트랙터도 제 할 일을 완벽하게 다 해냈다. 그렇다면 누가 값도 훨씬 더 비싸고 기름도 많이 먹는 대형 트랙터를 굳이 끌려고 하겠는가? 그러나 쿰버 씨도 어쩔 수 없었다. 옛날에 밭을 갈 때처럼 흙이 잘 갈리지 않게 된 것이다. 쿰버 씨 표현에 따르면 옛날에는 갈은 흙이 "재처럼 부슬부슬 떨어졌다."고 한다. 그러나 지금은 돌밭을 가는 것처럼 느껴진다. 그는 자초한 일이라며 후회했다.

이 지역 대부분의 농부들처럼 쿰버 씨도 오직 한 가지 목표를 향해 매진해 왔다. 땅에서 1킬로그램이라도 더 많은 작물을 얻어 내는 것이다. 화학 비료를 밭에 뿌리고 화학 살충제와 살균제를 식물에 뿌려서 목표를 이루었다. 수확량도 많았고, 처음에는 돈도 상당히 벌었다. 작물을 팔아 벌은 돈도 돈이지만 보조금도 짭짤했다. 그런데 두 가지 일이 일어났다. 시장에서 곡물 가격이 떨어지기 시작했고 동시에 수확량도 감소하기 시작했다. 농사에서 늘 그러하듯 수확량이 감소하는 데는 몇 가지 이유가 있다. 날씨는 언제나 중요한 요인이다. 농부들이 날씨를 원망하는 데에는 충분히 그럴 만한 이유가 있다. 그러나 그보다도 토양의 생산성이 점점 떨어지기 시작했다.

쿰버 씨가 이 땅에서 처음 농사를 짓기 시작했을 때 땅속에는 유, 무기 물질이 풍부했다. 이 지역 다른 농장처럼 이 곳도 예전에는 혼합 농업 농장이었다. 양 몇 마리, 젖소 몇 마리, 그리고 밭은 구획을 나누어서 매년 작물을 돌려 심었다. 그래서 밀이나 보리를 심은 땅을 놀리면서 생산성을 회복할 수 있었다. 매년 곡물을 심는 대신 클로버나 풀을 심어서 가축들에게 먹일 꼴로 쓰고 토양에 질소를 공급하게 하거나 아니면 콩을 심었다. 콩도 땅을 비옥하게 만들어 주는 작물이다.

그러나 정치인들이 찾아와서 농장문을 두드리며 곡물 생산량에 따라 입이 떡 벌어질 만한 보조금을 주겠다고 제안했을 때, 그는 앞뒤 돌아보지 않고 낡은 방식을 버리고 최대한 많은 작물을 생산해 낼 수 있는 방법을 선택했다. 몇 년이 지나자 정부에서 아마인(亞麻仁)을 재배하면 더 많은 보조금을 주겠다고 해서 그도 아마인 재배로 돌아섰다. 대부분의 농부들이 그랬듯 그도 보조금을 위해 농사를 짓는 게 달갑지는 않았지만 당장 그렇게 하지 않으면 시장에서 살아남을 수가 없었던 것이다. 오늘날 그는 많은 것을 깨달았다. 밭에 화학 비료만을 주고 끝없이 농약을 뿌려대어 눈에 보이는 벌레나 잡초는 하나도 남기지 않고 다 죽인 대가를 톡톡히 치러야 했다. 그는 이제 토양은 잉크를 빨아들이는 압지(押紙), 혹은 작물을 꽂아 놓는 무엇에 지나지 않는 것이 되어버렸다고 말한다. 그는 앞으로는 다양한 작물을 재배하고 유기농법을 하는 등의 다른 방식으로 전환하고 싶어한다. 수확량은 줄어들겠지만 유기농법으로 재배한 작물 가격이 상대적으로 높게 유지된다면 작물을 좀더 비싼 값으로 팔 수 있을 것이라고 기대한다.

화학 비료 없이 농사를 짓는 방식으로 바꾸겠다는 그의 결심은 치밀한 현실적 계산에서 나왔다. 이제 화학 비료나 농약을 구매하는 데 드는 비용이 실제 생산된 작물 판매가를 초과하는 단계에 이르렀다. 다른 농부들도 비슷한 문제를 겪고 있어서, 무언가 방식을 전환해서 수익을 올려야 하는 상황이 됐다. 그러나 여전히 문제는 있다. 때때로 그는 그의 할아버지가 어떤 노력을 기울여서 과거의 토양 상태를 만들었을지 상상해 보려고 애쓴다. 상상만 해도 답답한 노릇이다. 흙이 이전 상태로 저절로 되돌아갔으면 하는 생각이 든다. 언젠가는 그렇게 되긴 할 것이다. 하지만 그렇게 되려면 시간이 걸린다.

이제 영국 남부 지방을 떠나 북쪽으로 향해 보자. 스코틀랜드 지방 직전까지 올라가 보면 농사를 지을 수 없는 지역이 나온다. 긴 여름이 토양 속 깊이까지 따뜻하게 만들어 주는 풍요롭고 온화한 남부의 농경지와는 완전히 딴판이다. 이 산간 지방의 땅은 척박하고 메마르고 대개 산성이다. 풀은 잘 자라서 오래전부터 양을 길러 왔지만 농사짓기는 어렵다. 그런데 여기 체비엇 고원에 희한한 광경이 펼쳐지고 있다.

땅이 가로 세로 이십 미터의 구획으로 나뉘어 있다. 그 중 몇몇 구획에는 농약을 정기적으로 뿌리고 일부에는 폐수 찌꺼기를 뿌리고 또 어떤 곳은 그대로 놓아두었다. 또 일부에는 석회를 뿌리고 일부 구획에는 화학 비료를 뿌렸다. 이것은 생물학자들이 쓰는 은어로 '땅을 모욕하기'라는 것이다. 어떤 곳은 더욱더 괴상하게도 전기가 흐르는 가는 전선 그물을 땅 밑에 묻어 놓았다. 이것은 물론 실험을 위한 것이다. 영국에서는 유일하고 세계적으로 몇 차례 시도되지 않은 실험으로 토양의 변화를 좀더 명확히 알아보기 위함이다.

'생물 다양성 프로그램'이라고 이름 붙여진 이 프로그램은 정부에서 600만 파운드(약 120억 원 - 옮긴이 주)의 재정 지원을 하고 있는 것으로 필 이네슨 교수가 연구팀을 이끌고 있다. 그는 평생을 땅 밑의 비밀을 밝혀내는 데 헌신한 요크(York) 대학의 생물학자다. 이네슨 교수는 환경주의적인 명분에 낭만적으로 매달릴 만한 흐리멍덩한 이상주의자가 아니다. 그는 빈틈없는 과학자이고 실험실에서 실험을 통해 입증된 사실이나 현장에서 수년간 관찰한 것만 믿는다. 그런 그가 근심에 빠졌다. 근거 없는 상상을 통해서가 아니라 수년간 현미경으로 들여다 본 것을 통해서, 이 언덕 위를 걸을 때 구두 밑창 아래 수백만 헥타르의 열대 우림 속에 존재하는 만큼 다양한 생물종이 존재하고 있다는 것을 그는 알고 있다. 그는 이 생물들이 하는 역할을 알아내고 후대를 위해 이것을 어떻게 이용할 수 있을지를 밝혀 내려고 한다. 그가 염려하는 것은 영국에서 가장 생산성이 높은 지역의 상당 부분이 이미 돌이킬 수 없게 변해버렸다는 점이다.

이 연구는 장기적인 실험 과정이고, 존경할 만한 과학자라면 마땅히 그러하듯 이네슨도 결과를 섣불리 예측하려고 들지 않는다. 그렇지만 그간의 실험으로 몇 가지 사실은 밝혀졌다. 예를 들어 그는 쿰버 씨가 그의 농장에서 깨닫게 된 것을 실험실에서 입증할 수 있었는데, 그것은 화학 비료를 정기적으로 일정량 이상 사용하면 토양 내에 존재하는 막대한 수의 미생물이 죽고 유기 물질이 사라진다는 것이다. 살충제나 살균제 같은 화학 물질 때문에 그렇게 된다고 생각하기 쉽지만 합성 질소 같은 비료도 똑같은 역할을 한다. 화학 물질을 뿌리지 않은 땅에 는 십여 종의 박테리아가 있지만 화학 물질을 뿌린 땅에는 한 종류밖 에 발견되지 않았다. 그는 또한 식물이 자라나고 번성하기 위해서 반드시 필요한 미생물이 있다는 것을 알고 있다. 그것을 '중추 생물'이 라고 부르는데, 문제는 어떤 생물이 그런 역할을 하는지를 아직 모른 다는 점이다. 그와 그의 동료들은 이 수많은 미생물의 90퍼센트 가량 의 이름을 알고 있다. 그러나 이들이 각각 어떤 기능을 하는지는 여전 히 안개 속이다.

하지만 그는 이렇게 유사한 기능을 수행하는 미생물이 다양한 종류 로 존재하는 이유를 설명할 수 있다. 어떤 극단적인 상황이 발생했다 고 상상해 보자. 이를테면 여러 해 동안 혹심한 가뭄이 지속되면 미생 물 3종 중에서 2종은 사라질 것이다. 기후 상태가 정상이 되면 남아 있는 종이 생태계를 복구시키고 그러면 토양 상태도 정상으로 돌아간다. 그러므로 겉으로는 무의미한 반복처럼 보이지만 실제로는 자연의 이중 보호 장치인 것이다. 그렇지만 어떤 지역의 모든 미생물종이 죽어 버렸다면 어떻게 될까? 이러한 최악의 상황이 발생하면 유기 물질을 재활용할 수 없기 때문에 식물이 양분을 토양에 환원할 수 없게 된다. 수백만 년 동안 반복되어 왔던 생태계의 순환이 무너지기 시작한다. 지구상의 생명체는 궁극적으로 이 순환에 의존한다. 순환이 이루어지지 않으면 식물이 자라나지 않고 식물이 자라나지 않으면 상상조차 어려운 규모의 기근이 일어날 것이다. 이런 종말론적인 악몽이 실현될 것이라고 말하는 사람은 없다. 더군다나 이네슨 교수 같은 과학자의 입에서 이런 말이 나올 리는 없다. 아마 이런 일은 결코 일어나지 않을 것이다. 토양의 종류는 사람의 지문만큼이나 다양하고, 개중에는 다른 토양보다 훨씬 회복력이 뛰어난 것들도 있다.

그러나 영국을 비롯한 여러 나라에서 농경 지역 토양의 생산력이 낮아지고 있다는 결정적 증거가 나타나고 있다. 그것이 그렇게 큰 문제인가? 과학 발전으로 해결할 수 있는 문제가 아닌가? 지금까지 그래왔던 것처럼 땅에 의존하지 않고도 작물을 길러내는 방법이 있지 않은가. 알다시피 수경재배라는 것이 있어서 물에 적절한 비율의 화학 비료를 섞어 주기만 하면 식물을 길러낼 수가 있다. 아니면 땅에 계속 화학 비료를 뿌려주면 될 것이 아닌가? 그럴지도 모른다. 그렇지만 우리는 이미 화학 비료를 제조하고 사용하는 데 드는 비용을 감당하지 못할 단계에 이르렀다. 생산된 식량으로부터 얻어지는 에너지의 서너 배의 에너지가 식량을 생산하는 데 들어가고 있는 것이다. 게다가 땅에 화학 비료를 뿌리는 것은 생각만큼 효율적이지 않아서 식물이 흡수하는 것은 뿌려진 비료의 아주 일부분에 지나지 않는다. 대부분은 씻겨 내려가서 도랑이나 시내, 강물로 흘러들어 가거나 지하수 속으로 가라앉는다. 환경 오염을 일으킬 뿐만 아니라 낭비가 많아 비경제적이기도 하다. 작물을 팔아서 얻는 소득에 비했을 때 비료 가격이 상대적으로 쌀 때는 농부에게는 그리 큰 문제가 아니겠지만 이윤이 떨어지기 시작하면 문제가 된다. 오염 물질을 정화하는 데 들어가는 비용을 생각한다면 더욱 큰 문제다. 농약에 환경세를 물려야 한다는 목소리가 최근 몇 년간 점점 드높아지고 있다. 이제 화학 비료에 의존해 농사짓는 방식으로 얻을 수 있는 소득이 감소하기 시작했다는 징후가 보이고 있다.

딕 톰슨은 베드포드셔의 크랜필드(Cranfield) 대학의 토양조사토지연구센터 소속 과학자다. 그와 그의 동료들은 농토에서 생산성에 영향을 미치는 변화를 관찰하고 기록해 왔다. 토양조사토지연구센터의 전국 토양 목록 자료에 의하면 농업 지역에서 전반적으로 유기 탄소의 양이 감소했다. 경작지의 탄소 농도는 그 이상으로 낮아졌다. 예상하지 못했던 것은 목초지의 탄소 농도도 15년 전에 비해 낮아졌다는 것이다. 토양 내의 유기 물질은 화학적으로나 물리적으로 무척 복잡하고 토양 유기 물질과 토양 생물, 그리고 토양 구조의 관계도 아주 복잡해서 아직 명확하게 이해되지 못한다. 그렇지만 토양조사토지연구센터 사람들은 대체적으로 유기 물질의 감소가 토양 구조가 약해지는 것과 연관이 있다고 믿는다. 근채 작물을 겨울에 거둬들이고 나면 토양이 딱딱해지고 활력이 없어진다는 의미다. 간단히 말해 죽은 땅이 되는 것이다. 토양 구조가 파괴되면 이후에 심은 작물이 잘 자라지 않고 농부의 은행 잔고도 타격을 입는다.

토양 구조를 측정하기란 극도로 까다로운 일이고 과학적인 용어로 설명하기도 힘들다. 그렇지만 좋은 예술 작품을 볼 때처럼 좋은 토양은 눈으로 구별해낼 수 있다. 좋은 토양은 잘 부서지고 유기 물질이 풍부하며 자연스럽게 모양 좋은 흙덩어리로 쉽게 부스러진다. 반면 구조가 망가진 토양은 젖어 있을 때는 도기를 만들 때 쓰는 점토나 밀가루 반죽처럼 보이고 마르면 딱딱한 벽돌처럼 된다. 딕 톰슨의 다음과 같은 말은 이너슨 교수를 비롯한 다른 과학자들의 우려를 잘 반영하고 있다. "토양에서 유기 물질과 살아 있는 생명체를 제거하면, 공장의 전원을 차단하는 것처럼 모든 활동이 정지된다."

쟁기질하고 써레로 땅을 고르고 흙을 펼쳐서 씨 뿌릴 땅을 만드는 전통적인 경작 방식도 토양 침식을 가중시킨다. 땅을 많이 갈면 갈수록 비에 토양이 씻겨 내려갈 위험성도 커진다. 토양 구조가 파괴되고 토양 입자를 서로 점착시키는 물질도 없고, 이전의 유기물을 대체할 새로운 유기물도 공급되지 않는다면 아주 끔찍한 결과가 나타날 것이다.

1월이나 2월에 영국의 농업 지역을 따라 달리는 기차를 타 보자. 가을에 곡물과 기름씨(oilseed) 작물을 뿌린지 몇 달이 지났지만 싹이 그 옆의 흙덩이보다 약간 더 올라왔을 정도로 조금 자라났을 때다. 트랙터가 지나간 자리 아래쪽으로 약간 경사진 곳에서 침식된 토양이 퇴적되어 만들어진 삼각주 같은 것을 볼 수 있다. 가을에 씨를 뿌린 곳은 밭 표면을 덮어놓는 경우가 많다. 비가 내리면 토양 표면 구조가 무너져 토양 표면이 갑옷처럼 단단해지기 때문이다. 얼마 전까지만 해도 토양 침식은 토양이 가볍거나 모래나 진흙 성분이 많은 곳에서만 심각한 문제가 된다고 생각했다. 이런 지역은 비가 많이 내리면 실개천이나 도랑이 만들어지는 지역이다. 영국 평지 지역 대부분은 무거운 토질로 이루어져 있기 때문에 걱정하는 사람이 별로 없었다. 그렇지만 딕 톰슨의 토양조사토지연구센터 동료인 팀 해로드 박사와 앤디 프레이저 박사의 연구는 다른 토질 지역보다 오히려 무거운 토질 지역에서 침식되어 유실되는 미세한 토양 입자의 양이 더 많다는 것을 밝혀 냈다. 어느 정도냐 하면 이들의 추산에 따르면 잉글랜드와 웨일즈 지방에서 220만 톤의 토양 중 반 이상이 매년 유실된다.

이것은 눈에 확연히 드러나지는 않을지라도 아주 심각한 피해를 가져온다. 흘러간 흙더미 속의 가는 토양 입자들이 시내나 강으로 흘러들어 가서는 송어나 연어가 알을 낳아 놓은 자갈을 덮치기도 한다. 많은 사람을 비탄에 빠뜨렸던 2000년 가을의 홍수 당시 범람한 물의 색깔이 흙탕물 색이었던 것도 이런 까닭이다. 상류 지방 저수지에 비로 내린 물이 물줄기를 타고 내려오면서 표토를 쓸어 버렸던 것이다. 이제 우리는 토양을 파괴하고 있을 뿐만 아니라 눈앞에서 말 그대로 토양을 잃어버리고 있다.

메사추세츠(Massachusetts) 대학 토양 물리학과 교수인 대니얼 힐렐은 이 분야의 세계적인 권위자 중 한 사람인데, 『흙으로부터(*Out of the Earth*)』라는 토양과 문명의 역사에 관한 책을 썼다. 이 책은 한 때 강성했던 지역이 흙을 소중히 다루지 않아서 결국 황무지로 바뀌고만 충격적인 사례들을 서술하고 있다. '강 사이의 땅'이라는 뜻을 지닌 메소포타미아 남부 지방은 한 때 위대한 문명의 요람이었다. 고대에는 이곳에 비옥한 농경지와 과수원이 있었고 아주 잘 발달된 관개 시설이 있었는데, 바로 이 관개 시설이 그들도 모르는 사이에 그들의 땅의 파멸을 가지고 왔던 것이다. 힐렐 교수는 비행기를 타고 현재 이라크의 한 지방인 이곳으로 여행을 갔는데 그곳에는 "황막하고 소금에 뒤덮인 황무지가 끝도 없이 펼쳐져 있고, 고대 관개 수로의 흔적만이 땅 위에 그물처럼 교차하며 뻗어 있었다."

천여 년 동안 비슷한 일이 가까운 지역에서도 벌어지고 있다. 대규모 토양 유실의 또 하나의 사례는 지중해 지역이라고 힐렐 박사는 지적한다. 지중해 지역은 세계 다른 어느 곳보다도 오랜 기간 동안 사람에게 혹사당한 곳이다. 수세기 동안 이스라엘, 레바논, 그리스, 키프로스, 크레타, 이탈리아, 시칠리아, 튀니지와 동부 스페인의 구릉에서 천수답 농경과 목축이 이루어졌다. 이곳은 약 1미터 깊이의 비옥한 토양이 덮여 있었지만, 토양 보존에 관심을 기울인 사람은 아무도 없었다. 결국 토양을 뒤덮고 있던 기름진 천연 표토가 사라지자 비에 토양이 씻겨 내려가고 골짜기로 쓸려가 바다로 흘러들게 됐다. 비옥한 경작지였던 곳이 이제는 바위산이 되었다.

힐렐 교수는 비옥한 토양이 사라졌기 때문에 페니키아인, 그리스인, 카르타고인, 로마인 등이 각각 차례로 자기 나라를 떠나 풍요로운 새 땅을 찾아 식민지를 건설하려고 애쓰게 됐다고 설명한다. 그리고 "멀리 있고 안정적이지 못한 식량 공급원에 대한 의존도가 지나치게 높아지고 중앙 통제가 어려워졌을 때 이 제국들은 종말을 맞이할 수밖에 없었다."고 그는 적고 있다.

고대 문명이 맞닥뜨린 비극적 재앙을 보면서 오늘날의 우리는 그에 비해 얼마나 현명한가라고 생각하며 미소 지을 수 있다. 그러나 실상은 지식의 폭이 이렇게 넓어졌음에도 불구하고 똑같은 실수를 오늘날에도 여전히 저지르고 있다. 한 가지 차이점은 집약 농업 기술이라는 것을 이용하고 있어서 이러한 실수를 이전보다 훨씬 짧은 기간으로 압축해서 되풀이한다는 점이다. 전혀 현명하다고 할 수 없다.

영국에서도 가장 아름다운 지역인 남부 잉글랜드의 석회질 초원 구릉지대의 일부에서 토양 침식이 가장 현저히 드러난다.

동쪽에서 서쪽으로 헬리콥터를 타고 낮게 날아가며 내려다보면 사우스 다운즈(잉글랜드 남부의 낮은 구릉지대─옮긴이 주)는 천 년 넘게 그 모습을 유지하고 있는 것처럼 보인다. 파도처럼 끝도 없이 이어지며 펼쳐진 언덕들, 악마의 해자(Devil's Dyke), 해로우 언덕(Harrow Hill), 아룬델 성(Arundel Castle)이나 주위에 흩어진 백여 개의 작은 마을만이 그 완만한 굴곡의 연속을 끊어 놓는다. 남쪽으로는 이스트본, 브라이튼, 위딩, 리틀햄튼 등의 바닷가 휴양지가 있고, 북쪽에는 M4 고속도로가 런던으로부터 노스 다운즈를 거쳐 세븐 브릿지까지 뻗어 있다.

고속도로가 끝나는 곳에서 남쪽으로 꺾으면 솔즈베리 평원이 펼쳐진다.

이 지역은 아주 오래전부터 사람들이 살아 온 곳이라 제 아무리 유식한 고고학자라 하더라도 그 옛날 이곳에 살았던 사람들의 생활상과 위업에 대해서는 짐작만 할 뿐 자신 있게 말하지 못한다. 땅 위에 영원히 지워지지 않을 인상을 남긴 고분은 천 년이라는 세월이 흐르면서 깎이어 완만해지긴 했지만 아직도 수천 피트 상공에서도 눈에 들어온다. 철기 시대부터 존재했던 성곽이 여전히 경계를 표시하고 있다. 지상으로 내려가서 A303 고속도로에서 들려오는 자동차 소음으로부터 귀를 막고 스톤 헨지(Stonehenge)의 높이 솟은 유적을 바라보면 한순간 동안이나마 그 오랜 세월 동안 변한 것이 그렇게 많지는 않다는 생각이 들 수도 있다. 그러나 시선을 내려 들판을 바라보거나 아니면 더 높이 들어 하늘을 바라보면 모든 것이 달라졌다는 생각이 든다.

수세기 동안 이 지방의 초원 구릉지대와 평원의 유일한 농사꾼은 목동들이었다. 목동과 그들이 기르는 가축이 우글거리는 나비와 벌레, 새, 작은 동물, 들꽃과 목장에 가득한 목초와 함께 이 땅을 공유하며 살아가고 있었다. 오늘날 이들 대부분은 사라졌다. 거대한 농약 분사기를 들이대며 끝도 없이 밭을 갈아대는 농부들에 의해 죽거나 아니면 놀라 달아났기 때문이다. 그런 면에서 이 초원 구릉지대는 산업 농경이 시작되고 소중한 생태계가 처절하게 파괴된 다른 지역과 다를 것이 없다.

그렇지만 이곳에서는 사라진 것이 한 가지 더 있다. 이곳의 토양은 끊임없는 쟁기질과 화학 물질의 공격을 끝도 없이 견뎌내고 있는 이스트 앵글리아의 깊고 풍요로운 토양과는 질적으로 다르다. 높은 구릉지대는 토양층이 거의 대부분 아주 얇고 약하다. 이 토양층이 형성되는 데는 한 세대가 걸렸다. 이렇게 만들어진 흙이 지금 눈앞에서 사라지고 있는 것이다. M4 고속도로를 타고 남부 웨일즈 지방으로 달려 보자. 구릉지의 도로쪽 비탈에서 토양이 벗겨져 나가고 흰 석회가 드러난 것을 볼 수 있다. 한때는 풀이 토양이 씻겨가지 않게 붙들고 있었지만 가을에 땅을 갈아 버리고 나니 헐벗은 흙이 겨울의 매서운 비바람을 배기지 못하고 씻겨 내린 것이다.

도대체 왜, 어떻게 해서 이 소중한 유산을 잃어버렸냐고 아이들이 묻는다면 뭐라고 대답해야 할까? 딕 톰슨은 이 과정을 부자의 주머니에서 잔돈이 조금씩 빠져나가 결국 부자가 빈털터리가 되는 과정에 비유했다. 그러나 부자는 다른 곳에 투자를 해 놓아서 돈을 좀 잃더라도 투자한 것을 다시 환수해 주머니를 채울 수 있으니 그 점이 토양과는 다르다. 토양은 투자할 수가 없다. 꺼내서 쓰기만 할 뿐이다. 게다가 정기적인 수입이 있는 것도 아니어서 가진 것을 계속해서 까먹을 수밖에 없다.

톰슨이 말하듯 영국과 같은 온화한 기후에서는 토양이 잘 보존되고 항상 유기 탄소를 풍부히 함유하게 된다고 흔히 생각한다. 배신하지 않고 늘 곁에 있어 주었더니 오히려 무시당하게 된 꼴이다. 그러나 역사로부터 알 수 있듯이 기후가 온화한 유럽에서도 어리석고 탐욕스러운 농경 방식에 의해 토양이 속수무책으로 망가지고 말았다.

1900년대 중반 이후로 토양 연구는 정말 이상스러울 정도로 우리의 관심이나 주목을 끌지 못했다. 공립 연구소 중에서 이름에 '토양'이라는 단어가 들어가는 곳은 단 한 군데도 없다. 토양의 보존이나 보호의 책무를 맡고 있는 정부 기관도 없다. 최근에 들어서야 환경청과 환경부에서 그 필요성을 느끼고, 부차 조항이긴 하지만 어쨌든 토양 보존을 정책적으로 의무화했다. 지금까지 국가적으로 특이한 야생 동물의 서식지, 특이한 암석이나 지형이 있는 곳을 세부적으로 자료화하고 보존하는 데에는 막대한 비용을 썼지만 토양에는 특별한 관심을 갖지 않았다. 앞으로 10년간 영국은 수십억 파운드를 투자해서 전체 국토의 1~2퍼센트에 지나지 않는, 산업 폐기물에 오염된 지역을 정화할 예정이다. 그러나 나머지 98퍼센트에 해당하는 지역의 토양을 보호하고 지속 가능하게 이용하기 위해서는 어떤 투자를 하고 있는가?

영국에서 토양 조사 프로그램이 활발하게 전개되며 국토 전역에서 토양의 특질에 대한 소중한 정보를 수집한 적이 있다. 그렇지만 이 프로그램이 중단된 지 벌써 15년째다. 대처 수상 집권시 자금 공급이 끊겨 중단될 수밖에 없었는데 그 뒤로 다시 이어지지 못했다. 1996년 환경오염위원회에서는 토양에 나타나는 변화가 심각한 우려를 자아낸다고 발표했다. 위원회의 우선 권고사항은 국가적인 토양 보호 정책을 수립해야 한다는 것이다. 그러나 정치인들이 어떻게 했는가? 늘 하는 식으로 이번에도 약속만 남발하고 아무런 행동도 취하지 않았다.

1997년 새로 들어선 정부는 상황이 달라질 것이라고 약속했다. 국가적 토양 정책을 실제로 수립할 것이고 자문을 구하기 위한 정책 초안이 머지않아 발표될 것이라고 말했다. 이 책을 쓰기 시작한 2000년 초에 나는 이 정책 초안을 언제쯤 볼 수 있냐고 정부에 문의했다. 거의 완성됐으므로 장관의 결재를 받고 나면 부활절 즈음에는 볼 수 있을 것이라는 답을 들었다. 여름에 나는 다시 물어 보았다. 그러나 여전히 서류가 완성되지 않았다고 했다. 가을에 다시 물었을 때는 서류는 완성됐지만 장관의 결재를 받지 못해 쓰레기통 속으로 들어가고 말았다는 것을 알게 됐다. 이유가 뭘까? 권고사항이 충분히 합리적으로 진지하게 들릴 만큼 제대로 서류를 작성하지 못했기 때문이라고 한다. 이 중요한 사안을 전혀 중요한 문제로 생각하지 않았기 때문에 시간, 비용, 노력을 들여서 합리적인 정책을 만들려고 애쓰지 않았을 것이다. 우리는 매년 공기와 수질을 측정하고 감시하는 데 수천만 파운드를 들이지만 토양을 관찰하는 데 쓰는 비용은 50만 파운드도

되지 않는다.

지난 세기에 우리가 식량 생산에 관해 깨달은 것이 있다면 그것은 앞으로는 예상하지 못한 일에도 대비해야 한다는 것이다. 잘 구워진 영국산 불고기가 무서운 질병을 가져올 수 있으리라고 예상한 사람은 아무도 없었지만 그런 일이 실제로 벌어졌다. 이 풍요로운 땅의 기름진 토양이 위험에 처할 수 있다는 것도 상상하기 어렵지만 실제로 그런 상황이 됐다. 우리의 땅과 접하고 있는 바다는 어떠한가? 내가 어렸을 때는 대구와 감자튀김이 싸구려 음식의 대명사였다. 하지만 지금은 대구가 고급 음식이 됐고 어쩌면 머지않아 사라질지도 모른다. 상상하기 어렵지만 그런 일이 벌어지고 있다. 우리는 가장 소중한 것을 파괴하는 데 있어 타의 추종을 불허하는 능력을 지니고 있지 않은가.

무서운 물고기 Fear of Fish

양식업

신비로운 자연의 여러 모습 중에서도 물살을 거슬러 오르는 연어처럼 경이로운 모습은 찾아보기 어려울 것이다. 그 모습을 본 사람이라면 누구나 그 모습이 장관이기도 하지만 한편 감동스럽다고 말한다. 그 노력이 참으로 영웅적이기 때문이다. 연어는 꼬리로 몸의 중심을 잡으면서, 어떤 장애물이 눈앞에 나타나더라도 젖 먹던 힘까지 쥐어 짜내어 헤치고 나아간다. 연어는 놀라운 속도로 헤엄쳐 나가다가 눈앞에 바위가 나타나면 물 위로 솟아올라 바위를 뛰어 넘는다. 때로는 폭포 아래 같은 곳에서 앞에 놓인 난관을 헤쳐나갈 힘을 모으기 위해 가만히 움직이지 않고 있을 때도 있다. 그러다가 어느 순간 수직으로 솟아올라 몸부림을 치며, 연어의 상승을 막으려는 듯 쏟아지는 물살을 거스른다. 첫 번째 시도에서 실패하면 두 번, 세 번 다시 시도한다. 힘센 꼬리를 이쪽저쪽으로 힘차게 치며, 몸 전체가 부르르 떨릴 정도로 온몸의 힘을 모은다.

등반가 한 사람이 혼자서 깎아지른 바위 절벽을 오직 다리의 힘에 의존해서 기어오르고 있는데 눈사태가 일어나서 그를 떨어뜨리는 광경을 상상해 보면 연어의 모험이 어떤 것인지 짐작이 갈 것이다.

이렇게 어려움을 뚫고 성취하려고 하는 걸 보니 무엇인가 커다란 보상이 있어서 그러겠거니 하는 생각이 들 것이다. 그러나 연어의 힘겨운 여행 끝에 기다리고 있는 것은 죽음이다. 하지만 이 여행의 목적인 마지막 임무를 마치기 전에는 죽을 수도 없다. 연어는 수백만 년 전부터 이어져 온 어떤 원시적 본능에 따라서 다음 세대의 연어를 세상에 내보내기 위해서 자기가 태어난 곳으로 되돌아온다.

연어의 일생은 이 마지막 며칠의 분투를 위한 준비 과정이다. 산란 순간부터 시작해서 알에서 깨어난 연어가 다시 이곳으로 돌아올 확률은 수천 분의 일에 불과하다. 처음 암컷 연어가 맑은 시내 자갈돌 틈에 수천 개의 아주 작은 알을 낳는다. 그 중 일부분만 수컷 연어가 뿌린 정액에 수정이 되고 산란 후 한 달이 지날 때까지 살아 있는 알은 몇 개에 지나지 않는다. 물 속에 산소가 부족하거나 온도가 적당하지 않거나 자갈이 쓸어가 버리거나 무수히 많은 포식자의 눈에 띄거나 하면 꼼짝없이 죽을 수밖에 없다. 이 단계를 넘기고 나면 살아남은 알이 배아로 발달하고, 알의 노른자 안에 들어 있는 영양분을 흡수하여 마침내는 아주 조그만 치어로 자라난다. 이제 위험성은 오히려 더 커졌다. 잡아먹으려고 달려드는 수백 개의 입을 피해 잽싸게 바위 틈으로 숨어드는 방법을 터득하거나 아니면 죽을 수밖에 없다.

살아남은 어린 물고기들은 두 해 동안 자라서 상당한 크기의 연어가 된다. 바로 이때 아주 신기한 일이 벌어진다. 지금까지는 민물고기였던 연어가 갑자기 돌변해서는 수천 킬로미터를 헤엄쳐 대서양의 낯선 바다로 뛰어든다. 그 이유에 대해서 우리는 전혀 짐작도 하지 못하고 있다. 민물고기를 바닷물에 넣어 놓으면 바로 죽어 버린다. 바닷고기도 마찬가지로 강물에서는 살 수 없다. 그렇지만 오직 연어와 친척인 송어만은 예외다.

민물고기에서 바닷고기로의 이러한 변화는 결코 쉬운 과정이 아니다. 일단 바다로 가야 하는데, 그러려면 지금까지 살았던 평온한 호수를 떠나 강을 타고 한참을 여행해야 한다. 어떤 때는 강물이 잔뜩 불어나 있을 때도 있고, 아니면 헤엄치기 어려울 정도로 강물이 바싹 말라 있을 수도 있다. 급류와 낙수를 잘 이용하지 않으면 물살에 휘말려 바위에 부딪혀 목숨을 잃을 수도 있다. 그러고 나서 고난스러운 여정의 끝에는 바다라는 새로운 환경에 적응해야 하는 두려운 일이 기다리고 있다. 연어의 몸 안에서 일어나는 충격의 정도가 어느 정도일지는 상상하기조차 어렵다. 낯선 환경에 던져진 연어는 처음 몇 시간, 며칠 동안은 충격으로 정신을 잃은 것처럼 보인다. 다시 힘을 모으려고 애쓰면서 죽은 물고기처럼 해수면 위에 둥둥 떠다니는 것이다. 이때도 다시 한번 수많은 적의 표적이 된다. 하지만 이 순간만 넘기고 나면 다시 제 물을 만난 양 바다 속에서 우아하고 힘차게 물살을 헤치고 세차게 꼬리를 흔들며 새로운 먹이와 새로운 위험을 찾아다닌다.

일부 연어는 대서양의 찬 바다 속에서 살기 시작한 지 일 년도 채 되지 않아 다시 고향으로 돌아가는 여행을 시작한다. 한편, 왜 이런 차이가 있는지는 아직 밝혀지지 않았지만 더 오랫동안 바다에 머무르는 연어들도 있다. 자기가 태어난 강 어귀를 찾아가고자 하는 원시적 본능이 발동하려면 한참이 걸려서 9킬로그램이 넘는 거대한 물고기로 자랄 때까지 기다리는 녀석도 있다. 대개는 그 절반 정도 크기일 때 바다를 떠난다. 큰 놈이든 작은 놈이든 하나 같이 자기가 알을 까고 나온 그 곳을 향해 온힘을 다해 강을 거슬러 올라가고 그러다가 죽기도 한다. 어떻게 자기가 난 자리를 찾아가는지는 여전히 미스터리지만, 연어는 물살과 온도 변화를 감지하고, 또한 신기하게도 냄새를 맡을 줄 안다고 한다. 연어의 후각은 개보다도 천 배가량 더 예민하게 발달되어 있다.

민물에 돌아온 후에 연어는 아무것도 먹지 않는다. 자기 부모가 알을 낳고 수정한 그 정확한 지점을 찾아서 그곳에 산란하는 그 한 가지 목표에 온몸의 신경을 집중하는 것이다. 암컷 연어는 그 장소에 도착하면 자갈밭에 구멍을 파고 알을 낳은 다음 수컷 연어가 와서 수정을 시키기를 기다린다. 수정이 되고 나면 꼬리로 알을 잘 덮어 놓는다. 연어의 마지막 여정의 끝에 있는 것이 바로 이러한 임무다. 수천 마일을 헤엄쳐 와서 기진맥진해 있으면서도 모든 생명체에 공통된 가장 근본적인 충동, 종족 보존의 충동에 이끌려 마지막 임무를 다한다. 세차게 뛰어 오르는 연어의 모습이 우리에게 경외감을 불러일으키는 것은 이런 이유 때문이다.

최근에 내가 물 위로 뛰어오르는 연어를 보았을 때는 자연의 신비에 대한 경외감 때문이 아니라 인간의 탐욕과 어리석음에 대한 분노로 온몸이 떨렸다. 그 연어는 본래 서식 환경에서 자연의 힘에 대항해 싸우고 있던 것이 아니라 스코틀랜드의 호수 양식장에 갇혀 있었다. 이 양식장은 어떤 포식자도 연어를 괴롭히지 못하도록 보호해 주고 있지만 가장 잔혹한 포식자인 인간만은 예외다. 이 연어들은 사육 상태에서 산란되고 부화되어 자라났고 살이 붙어 사육 상태에서 죽을 것이다. 죽기 직전 몇 주 동안은 음식을 주지 않는데, 그동안 먹인 화학 약품을 몸에서 배출시키기 위해서다. 이 연어들은 강이나 대양의 자유를 경험해 본 일도 없고, 연어 살에서 독특하고 풍부한 맛이 나게 하는 다양한 야생의 먹잇감을 먹고 자라지도 않는다.

이 연어들이 물 위로 뛰어오르는 것은 타고난 운명을 실현하기 위해서가 아니라, 물 위에 떠 있는 감옥 속에 수천 마리가 뒤엉켜 살다 보니 비좁고 고통스러워서 뛰어오르는 것이다. 연어들은 이곳에서 '바다 이(sea lice)'와 질병 때문에 괴로워하면서 고도로 가공된 먹이와 막대한 양의 화학 약품으로 목숨을 지탱하고 있다. 이것은 집약적 양어장이라는 최근에 새로이 등장한 현상으로 소중한 수중 생태계를 파괴하고 있을 뿐만 아니라 자연산 연어의 미래를 위태롭게 하고 있다. 또한 우리의 건강도 위협한다. 새로운 형태의 식량 생산이 시작될 때마다 늘 그러했듯 이것도 처음에는 정말 획기적인 아이디어로 받아들여졌다.

몇 백 년 전만 해도 신선한 자연산 연어가 흔하고 값싸서 가난한 사람들이나 먹는 음식으로 생각됐다. 18세기 런던의 견습공들이 연어를 일주일에 다섯 번 이상은 먹지 않겠다고 요구하며 파업을 일으킨 일이 있을 정도다. 그러나 세월이 흐르면서 연어의 지위도 달라졌다. 먼저 통조림 회사가 생겨나기 시작했다. 알래스카에서는 수백만 마리의 연어가 잡혔는데, 낚싯대나 에스키모의 그물에 걸려 잡힌 게 아니라 수 톤 단위로 대규모 상선에 포획됐고 결국 깡통에 담겨서 슈퍼마켓에 진열됐다. 살아남은 연어는 낚시꾼이나 전문 밀어(密漁)꾼의 손아귀에 들어갔다. 스코틀랜드에서 돈 좀 있다는 양반들은 얼음을 깨고 가짜 미끼를 깊은 웅덩이 속에 던져 놓은 채 입질을 기다리며 하루를 보내기를 즐겼다. 한 마리라도 물리면 그 후로 수년간은 허풍도 곁들여서 자랑을 할 것이다. 결국 연어는 이 나라에서 가장 귀한 물고기가 됐다. 제1차 세계대전 직전에 노동자 계층 가정에서 태어난 우리 아버지는 나에게 싱싱한 연어를 한 번도 먹어 본 적이 없다고 말씀하신 일이 있다. 연어는 최고의 사치품이어서 아버지 같은 계층에서는 구경도 하기 힘들었다. 훈제 연어는 고상함의 최첨단이라 할 수 있었다.

연어는 그야말로 완벽한 음식이다. 맛이 좋을 뿐만 아니라 특권

계층의 표상으로서 만족감도 준다. 연어를 이용해서 돈을 벌어들이는 것은 그야말로 시간 문제였다. 그리고 실제로 1960년대 후반 스코틀랜드 서부 해안 근해에서 연어 양식이 시작됐다. 이전에도 양식업을 시도한 사람들은 있었다. 일본에서는 양식이 시작된 지 이미 수백 년이 지났고, 중세에도 수도승들이 잉어를 길렀다. 그러나 20세기의 집약적 양식업은 그 이전의 것과는 전혀 다른 것이다.

많은 사람들이 자연산 연어의 수요를 감소시킬 것이라는 이유로 연어 양식에 찬성했다. 대서양의 자연산 연어의 씨가 마르지 않을까 절박하게 걱정했던 사람들은 양식을 반겼지만 얼마 지나지 않아 환상이 깨지고 처참한 결과가 드러났다. 정확하게 정반대 현상이 일어난 것이다. 보존한답시고 결국 파괴해 버린 결과가 됐다.

1970년대 중반까지만 하더라도 연어 양식업이 소작으로 근근이 생활하던 농민들에게 새로운 일거리로 떠오르면서 유망한 가내 공업 업종으로 생각됐다. 1980년대에는 이러한 소규모 양식장에서 총 800톤가량의 물고기가 생산됐다. 20년이 흐른 후, 연어 양식은 가내 공업이 아니라 다국적 사업의 하나가 됐다. 거대 기업의 목조르기가 어찌나 심했던지 대부분의 소규모 양식업자는 그만두거나 전체 양식장의 4분의 3을 소유하고 있는 다국적 기업들에 양식장을 팔아야 했다.

1990년대 말 현재 연어 양식장에서는 연간 약 13만 톤의 물고기가 생산되고 산업이 계속 확장되는 추세다. 양식장이 대형화되고 집약화될수록 양식장에 고용된 일꾼의 수는 감소한다. 한때 세상에서 가장 아름답고 오염되지 않은 환경에서 수백 명의 어부, 소규모 양식업자, 낚시터 관리인, 밀어꾼이 어우러져 소박한 생계를 유지해 나갈 수 있게 했던 산업이 이제는 공장화한 거대 산업이 됐다. 그리고 자연산 연어의 서식지도 오염되고 말았다.

화공 약품 회사에서 마을 외곽에 공장을 세웠다면 눈에 띄게 오염 현상이 드러날 것이다. 일단 공장 건물 자체가 주변 경관을 해칠 뿐만 아니라, 부산물이 굴뚝으로 뿜어져 나오고, 주위의 집을 시커먼 먼지로 뒤덮거나, 산업 폐기물 때문에 회복하는 데만 수십 년이 걸리는 토양 오염이 일어나거나, 심지어는 아이의 폐 속에 독성 물질이 쌓이게 하기도 한다. 공장주는 그래도 공장 덕에 마을 사람들이 일자리를 얻을 수 있으니 좋지 않으냐 하며 이 공장에서 생산되는 물건은 현대인의 삶에 꼭 필요한 것이라고 자기 입장을 변호하려 들 테지만, 여하튼 환경에 미치는 영향은 부인할 수 없을 것이다. 그러나 양식장은 다르다. 오염이 눈에 띄지 않게 우리가 전혀 모르는 사이에 퍼진다. 눈에 보이지 않으니 관심을 가지는 사람도 없을 것이다. 그렇지만 어떤 일이 벌어지고 있는지 눈을 똑바로 뜨고 밝히려고 들면 보이지 않을 것도 없다.

내가 처음 양식장을 본 곳은 몇 해 전 스카이 섬(스코틀랜드 북서부의 섬 – 옮긴이 주)의 해안에서다. 스카이는 거친 산세와 고요한 호수로 이름난 신비로운 섬이고, 역사적으로는 보니 찰리 왕자(1775년 스코틀랜드의 독립 혁명을 이끈 스코틀랜드의 영웅 – 옮긴이 주)가 결국 실패로 돌아가고만 혁명의 첫발을 디딘 곳이기도 하다. 어느 맑은 날, 웅대한 킬린 산맥 꼭대기에서 바라보았을 때 양식장은 물 위에 떠서 흔들리는 빈 나무 상자처럼 보였다. 귀여운 소녀의 얼굴에 돋은 조그만 뾰루지처럼 보기 좋지는 않았지만 불쾌감을 주는 광경은 아니었다. '조만간 파도에 떠내려가겠지' 하는 생각이 들었다. 그렇지만 깨끗한 피부에 돋은 뾰루지와는 달리 이 상자들은 세월이 지나도 사라지지 않는다. 또한 가까이 다가가면 다가갈수록 점점 끔찍해 보인다.

어느 더운 여름날 저녁에 나는 스카이 섬에서 농사를 짓고 있는 친구와 함께 수영을 했다.

물개 몇 마리가 우리를 따랐다. 그런데 내 친구가 검은 고래처럼 물개도 사람의 목소리에 응답한다는 이론을 입증해 보겠다고 했다. 그가 물개들을 향해 노래를 부르자 물개들이 사라져 버렸다. 이것으로 물개들이 음치가 아니라는 사실은 입증된 셈이다. 어쨌든 그것만 빼고는 그야 말로 더할 나위 없이 아름다운 밤이었다. 런던 공기에 적응된 나의 탁한 눈으로 보기에 물이 무척 맑아 보였다. 하지만 40년 전부터 이곳에서 수영을 했다는 내 친구는 물이 정말 많이 탁해졌다고 말했다. 스카이 섬뿐만 아니라 스코틀랜드 전역의 고산지대와 섬 지역의 호수가 변했다고 한다. 전에는 물이 정말 수정처럼 맑았지만 지금은 오염됐다. 다른 변화도 계속된다. 지방 신문에는 수영하던 사람이 바다 이 떼에 공격당했다는 사건이 보도되곤 한다. 이런 일은 예외 없이 연어 양식장 근처에서 일어나고 있다.

수영하는 중 바닷새 한 마리가 머리 위로 날아갔다. 우리는 바닷새가 날개를 접고 하늘에서 섬광처럼 낙하하여 거의 파문도 일으키지 않고 물 속으로 잠수해서 저녁거리를 사냥하는 것을 지켜보았다. 이 새가 양식장의 연어에 대해서는 어떻게 생각할지 궁금했다.

자연산 연어는 아름다운 물고기다. 표면은 은빛으로 빛나고, 살집은 단단하고 미묘한 엷은 분홍빛을 띤다. 지느러미와 꼬리는 힘차고 유연하다. 그러나 이에 비하면 사육 상태의 사촌들은 딱한 종자들이다. 물고기의 제왕이라 불릴 만한 야생종과 비했을 때 비참한 감옥에 갇힌 비천한 존재에 불과한 것이다. 어장 안에 있는 물고기가 몇 마리나 되는지는 헤아릴 수가 없으니 확실치 않다. 그렇지만 당시 최대 규모의 집약적 양어장에서는 한 어장 안에 약 4만 마리 정도를 기른다고 했다. 최신식 양어장에는 그 수배에 이르는 연어가 살고 있다. 최악의 경우 물고기 한 마리가 욕조 반 개 정도의 공간 밖에는 차지하지 못하는 것으로 추산된다. 연어 두 마리가 평생 동안 욕조 안에 갇혀서 살아야 한다고 생각해 보면 그들의 삶이 얼마나 끔찍할지 짐작이 갈 것이다.

그 영향이 어떠할지는 충분히 짐작이 간다. 연어는 본질적으로 공격적인 물고기다. 야생에서는 다른 물고기나 수상 동물을 잡아먹고 산다. 양어장에 가둬놓으면 연어들은 종종 서로 공격하기 때문에 지느러미와 꼬리가 망가지고 몸에 상처가 나는 경우가 많다.

좁은 공간에 가두어 놓으면 바다 이에게도 시달림을 당하게 된다. 고양이나 개에 벼룩이 있는 것처럼 연어의 몸에서도 바다 이가 흔히 발견된다. 자연 상태에서는 일생 동안 한두 마리 정도의 바다 이가 옮지만 별 골칫거리는 되지 못하고 또 금방 사라진다. 그렇지만 어장 안에 물고기들을 함께 꾸겨 넣으면 바다 이에게는 완벽한 서식 환경이 된다. 물 속에는 수백만 마리의 이가 서식하게 되고 연어에게도 이가 들끓는다. 연어의 삶은 마치 지옥과 같은 것이 되어 버린다.

양식 연어가 돈벌이가 되려면 자연 환경에서보다 더 빨리 자라게 해야 한다. 이를 위해 갖가지 방법이 다 동원된다. 부화장은 완전히 덮개로 가려서 깜깜하게 만든다. 그러고 나서 밝은 빛을 비춰 주면 물고기들은 계절이 빨리 지나가는 것처럼 느끼게 된다.

연어는 육식동물로 먹이사슬의 꼭대기에 있는 생물이다. 고기로 팔 수 있게 소가 빨리 자라게 하려면 사료를 잔뜩 먹이면 되지만 연어의 경우는 좀 다르다. 연어는 다른 물고기를 잡아먹기 때문에 먹이를 사냥하는 동물인 사자나 호랑이를 사육하는 것과 비교할 수 있다. 동물원이 아닌 바에야 사자나 호랑이를 사육하지는 않는다. 생물학적으로 말이 되지 않는 것이다. 연어를 기르려면 물고기를 잡아서 먹여야 한다는 말이다.

역시 이것이 문제가 된다. 예를 들어, 남대서양에서 물고기를 잡아 스코틀랜드로 운반해 온다면 막대한 비용이 들 것이고 수지를 맞출 수 없다. 그래서 양식업자들은 눈에 불을 켜고 값싼 먹이를 찾는다.

대부분 양식 연어가 먹는 먹이는 지방 성분이 비정상적으로 높다. 그래서 연어는 지속적으로 설사에 시달리고 육질도 물러진다. 그래서 값싼 연어에는 흰색 지방층이 두텁게 들어 있는 것이다.

설사도 설사지만 양어장 안에는 엄청난 양의 연어 배설물이 떠다니고 있다. 이것은 감염의 요인이 되고, 아가미에서 비정상적으로 많은 점액을 발생시키는 질병을 일으킨다. 양식 연어는 또한 물고기 독감의 일종인 전염성연어빈혈(ISA)에 감염될 가능성이 높다. 1998년 이 질병이 스코틀랜드의 연어 양식장을 휩쓸어서, 400만 마리의 연어가 폐기됐고 양식장의 4분의 3이 격리 검역에 들어갔다. 그렇지만 이 전염병이 완전히 사라지게 하지는 못했다.

그 외에도 치명적 심장병으로 알려진 심근증(CMS), 전염성췌장괴사증(IPN) 등 여러 질병이 있다. 열거하자면 끝이 없다. 집약적 연어 양식장은 본질적으로 물고기에게 위생적이지 못한 환경이다. 물고기들이 자신의 배설물 사이를 헤엄쳐 다니며 자기 집을 하수구로 사용하니 당연한 얘기다.

양식 물고기가 이렇게 여러 질병을 앓고 있다는 것은 염려스러운 일이 아닐 수 없다. 이 병이 다른 종에게 퍼질 수 있다는 점을 생각하면 더욱더 걱정스럽다. 어장의 빈틈을 찾아내어 탈출하는 연어가 있기 때문에 문제는 발생한다. 스코틀랜드 해안에 양식장이 처음 설치된 이래로 10만여 마리의 연어가 탈출했다. 여러분이 이 책을 읽을 때쯤에는 그 수가 아마 50만 마리도 훌쩍 넘었을 것이다. 캐나다, 칠레, 노르웨이, 미국 연안에서는 수백만 마리 이상이 어장을 빠져나간다. 『네이처(Nature)』지에 실린 한 기사의 추정에 따르면 북대서양에서 잡힌 연어의 40퍼센트 가량이 양어장에서 벗어난 것이라고 한다. 노르웨이의 몇몇 강은 양어장에서 탈출한 물고기가 하도 많아서 전체의 90퍼센트 가량을 차지한다.

좋은 일이라고 말할 수도 있을 것이다. 도망친 연어는 좀더 행복한 삶을 살 수 있고 자연산 연어의 수도 늘어날 것이지 않은가. 안타깝게도 사실은 그 정반대다. 양식된 물고기는 야생의 물고기처럼 살아갈 수 없다. 살집은 더 좋지만 튼튼하지 못하다. 양식 연어가 야생 물고기와 교배하면 유전자에 막대한 문제를 일으킨다. 『네이처』지는 양식장 탈출 연어가 대서양 연어와 교배할 뿐만 아니라 브라운 송어와 잡종 교배를 하기도 해서 유전자 구조를 바꾸어 놓는다는 증거가 계속 발견된다고 밝혔다. 게다가 자연산 연어에 이를 옮기기도 한다. 이 명백한 사실을 양식 업계와 정부에서는 끊임없이 부인해 왔다. 어떤 정부 과학자는 용감무쌍하게도 1998년 『뉴사이언티스트(New Scientist)』지에 "이 사실은 내 얼굴에 코가 붙어 있는 만큼 명백하다."고 강력히 말했지만 이 글은 익명으로 발표할 수밖에 없었다. 양식업계의 로비가 무척이나 강력했던 탓이다.

여러 해 동안 스코틀랜드의 정치인들은 하나같이 양식업계를 보호하기 위해 최선을 다해 왔다. 자연산 연어가 낚싯밥에 반응하듯 정치인들도 표에 매달린다. 양식업은 일자리가 필요한 지역에 일자리를 만들어 주고 있는 것이다. 일자리를 제공하는 사람에게 적대적인 정치인은 지역 주민의 표를 많이 얻을 수 없다. 그 결과로 양식장은 완전범죄를 저지르고 태연히 존속할 수 있었던 것이다. 나는 사적인 자리에서 스코틀랜드의 고위 공직자 몇몇과 양식장이 주변 환경과 자연산 연어에 미치는 영향에 대해 이야기를 나누어 보았다. 그들은 하나같이 무척이나 걱정스러운 일이라고 말했다. 그렇지만 공적인 자리에서는 결코 그렇게 말하지 않을 것이다.

양식업이 규제되는 방식을 살펴보면 참 놀라운 점이 많다. 초기에는 규제가 전혀 없었다. 1989년이 되어서야 강물정화위원회에 오염을 통제할 실질적 권한이 주어졌고 그로부터 7년이 지난 후에야 스코틀랜드 환경보호협회가 발족됐다. 그러니 처음부터 이 산업은 순탄한 길을 걸어올 수 있었던 것이다. 스코틀랜드 환경보호협회장은 보수당 정권 때는 양식업 분야에 대한 책임을 맡고 있었지만 정권 교체 후 전혀 다른 일을 맡게 됐다. 연어 양식업자의 이익을 대변하는 단체인 스코틀랜드 연어양식업자조합(후에 '스코틀랜드 최상품 연어'로 이름을 바꾼다)의 우두머리가 된 것이다.

1999년 8월 환경협회의 국장인 데이비드 맥케이 교수는 노르웨이에서 열린 양식업의 환경적 영향에 대한 세미나에서 논문을 발표했다. 학술 회의에서의 발표이니만큼 학문적인 신중함을 유지했을 터인데도 발표 내용은 충격적이었다. 맥케이 교수의 다음과 같은 발표 내용은 양식업 정책이 어떤 전환점을 맞이하리라는 것을 짐작하게 했다. "양식업으로 인해 송어와 자연산 연어가 일부 지역에서 심각한 바다이 피해를 입고 있다는 주장은 이제 의심할 여지없이 받아들여야 할 상황이 됐다."

교수의 말은 수천 명의 낚시꾼들이 이미 여러 해 동안 주장해 온 것을 반복한 것에 지나지 않지만, 중요한 것은 그의 등 뒤에는 협회의 권위가 있다는 사실이었다. 스코틀랜드 환경보호협회의 회의록에는 그의 논문이 '약간의 정책 조정'의 일환이었다고 되어 있다. 참으로 교묘한 축소어법이다. "의심할 여지없이 받아들여야 한다."는 표현도 참으로 절묘한 것이다. 영국에서 아니 세계에서도 드문 천혜의 연어 서식지에서 살고 있는 자연산 연어들이 말 그대로 잇달아 떼죽음을 당하고 있다. 낚시꾼이나 농부나 그 지역 사람 누구라도 한번쯤 낚싯줄을 던져 본 사람이나 강에 관심을 가져 본 사람은 똑같은 말을 할 것이다. 이 책을 쓰기 위해 조사차 산악지대와 섬 지역을 둘러보았을 때도 어디를 가든 사람들이 연어가 사라졌다는 얘기를 들려주었다.

아름다운 호수 어귀에 서 있는 고성(古城)에 사는 친구의 집에서 며칠 머무른 적이 있다. 그 주변 지역은 수 세대 전부터 그 친구 집안 소유였는데, 이 지역은 농사짓기에는 부적당하지만 그 밖에 모든 것이 풍부했다. 그 가족의 수입의 상당 부분은 유명한 대서양 연어를 낚기 위해 전세계에서 몰려드는 낚시꾼들로부터 나왔다. 요사이 언덕을 산책하고 산을 오르고 맑은 공기를 마시러 오는 관광객은 있지만 낚시를 하러 오는 사람은 없다. 낚시 솜씨가 아무리 좋은들 낚을 고기가 없는 것이다.

이곳 산악지대에서 태어나 자라났고 평생을 보낸 한 노인과 이야기할 기회가 있었다. 술 몇 잔이 들어가자 할아버지는 기분이 좋아져서 젊었을 때 부족한 수입을 메우기 위해 밀어(密漁)를 했던 이야기를 들려주었다. 그가 싼값에 싱싱한 연어를 넘겨주었기 때문에 그 지역 여관 주인은 밀어를 눈감아 주었다. 밀어꾼이 나중에는 낚시터 관리인이 됐고 안내인 역할도 했다. 그의 일은 돈을 좀 들여서 연어 몇 마리 낚아 보겠다고 남쪽 해안 지역에서 모여드는 부유한 낚시꾼들을 돌보고 강으로 안내하는 것이었다. 노인은 멀리 떨어져 있는 강을 가리켰다.

"연어가 돌아오는 계절이 되면 강둑에 서서 몇 시간이고 연어가 물살을 거슬러 오르는 것을 볼 수 있었지." 그는 말했다. "멋진 놈들이어서 아무리 봐도 질리지를 않았어. 해에 따라 좀 많을 때도 있고 적을 때도 있었지만 부족한 적은 없었어. 우리 아버지도 할아버지도 연어를 잡았고 증조 할아버지도 마찬가지였으니, 당연히 내 손자들도 그럴 거라고 생각했지. 연어가 오지 않는 날이 언젠가 오리라고는 상상도 못했는데 이제 그렇게 되고 말았으니 슬픈 일이야."

그의 말은 통계적으로 입증된다. 로해버 지역의 로히 강은 서부 고지대에서도 연어가 가장 많은 강이었다. 지역어업신용조합의 조합

원 한 명이 연어의 감소 실태를 파악하기 위해 조사한 자료를 보여주었다. 1980년대 초반까지는 8개 주요 연어 서식지에서 포획된 연어의 수가 일정하게 유지됐다. 특히 연어가 많았던 해에는 로히 강의 가장 좋은 위치에서 최고 1,200마리까지 낚았다. 1998년에는 60마리도 채 되지 않았다. 연어의 친척인 송어도 마찬가지다. 입질이 좋기로 이름난 쉴, 모이다트, 에일로트 등의 강에서 모두 똑같은 형태의 그래프가 그려진다. 1980년대까지는 잘 잡히다가 1990년대 말에는 거의 사라져 버렸다.

연어 양식장을 옹호하는 사람들은 연어가 사라진 것이 양식장만의 탓은 아니지 않느냐고 하지만 두 가지 사실만은 부인하기 어렵다. 첫째, 서부 고지대의 자연산 연어가 감소하기 시작한 것은 양식장의 성장과 정확하게 일치한다. 둘째, 양식장이 없는 다른 스코틀랜드 지방에서는 연어의 수가 감소하지 않았다.

왜 이런 일이 일어난 것일까? 탈출한 양식 연어가 자연산 연어에 이나 질병을 옮겼기 때문이기도 하지만 무엇보다도 양어장 때문에 물고기가 살아가는 물이 오염되고 있기 때문이다. 연어 양식장 때문에 발생하는 오염과 양식장에서 나오는 끝도 없는 오물에 대한 이야기는 수도 없이 들었지만 어느 정도인지 내 눈으로 직접 보고 싶었다. 그러려면 바다 밑을 헤엄쳐 다녀야 했고 그러기 위해서는 스쿠버 다이빙을 배워야 했다.

나의 유일한 다이빙 경험은 그때 당시 로디지아(아프리카 남부의 영국 식민지였다가 1980년 짐바브웨로 독립 - 옮긴이 주)라고 불리던 지역에 있을 때 친구의 집 수영장에서였다. 그때 로디지아에서는 게릴라전이 수그러들고 정치인들이 협상 테이블에 앉았을 무렵이었고 나는 지루한 나날을 보내고 있었다. 외국 주재원의 삶은, 그것도 특히 게릴라전이 한창 벌어지고 있는 부족 국가에서라면 드라마틱하고 긴장감

넘칠 뿐만 아니라 때로 상당히 위험한 것이기도 하다. 그런데 한편으로는 정말 지루할 때도 있다. 특히 어떤 협상이 끝나기를 기다리는 도중은 더욱더 그렇다. 그날도 바로 그런 지루한 날이었는데 한 친구가 협상이 끝날 무렵이 되면 전화해서 협상 결과를 알려 줄 사람 한 명만 남겨 놓고 몇 시간 동안만 빠져나가서 수영을 하자고 제안했다. 더군다나 막 다이빙 장비 한 세트를 구입해 놓은 터라 다들 빨리 개시를 하고 싶었다.

그래서 우리 모두는 아프리카의 뜨거운 여름 햇빛을 피해 교대로 산소통을 등에 매고 친구의 수영장 바닥에 들어가 앉아 있었다. 그런데 그 중 한 사람이, 지기 싫어하고 공격적인 젊은 사람이었는데, 자기 시간이 다 됐는데도 물 밖으로 나오질 않았다. 화가 났지만 물 속 깊이 들어앉은 사람을 꺼낼 수도 없고 해서 그냥 기다릴 수밖에 없었다. 여하튼 그것은 그의 실수였다. 그가 다이빙 장비를 차지하고는 다른 사람의 존재에 대해서 까맣게 망각하고 물 속에 있는 동안 전화가 왔다. 협상이 끝났는데 좋은 결과가 나왔다고 했다. 우리는 그를 물 밑에 남겨 두고 모두 서둘러서 마을로 돌아갔다. 그가 늑장을 부리다 물 위로 나와서 우리가 가 버린 것을 알았을 때의 표정이 어떠했을지 보지 못한 것이 정말 아쉽다. 그 친구의 편집장이 왜 그 뉴스를 놓쳤는지 물으면 그는 뭐라고 대답할까? "죄송합니다. 편집장님…… 그때 수영장 바닥에 앉아 있었는데 다른 기자들이 저를 버리고 가버렸어요." 그것 참 고소하다.

수영장에서 스쿠버 다이빙을 하는 것하고 스코틀랜드의 해안호에서 다이빙을 하는 것은 전혀 다른 얘기다. 나의 경험이라는 것은 실상 아주 제한된 것이어서 전문 다이버인 사이먼 애디-데이비스에게 다이빙하는 것을 도와 달라고 설득할 때 부득이하게 거짓말을 좀 해야 했다.

"해 본 적 있어요?" 그는 물었다.

"그럼요." 나는 대답했다. "하지만 좀 서툴 거예요 몇 년 전의 일이라서." 정확히 말하면 20년도 더 된 일이고 1.5미터 정도 깊이의 풀에서 약 5분 정도 있었던 것이 전부기는 하지만 솔직하게 말하면 나를 데려가지 않을 것이 뻔했기 때문에 자세한 내용은 생략했다. 그는 못 믿겠다는 표정이었지만 어쨌든 동의했다. 단 그가 시키는 대로 한다는 조건에서였다. 그거야 당연한 일이다. 사실 나는 조금 겁을 먹고 있었다.

첫 번째 다이빙은 멀 해협(Sound of Mull) 근처의 아름다운 해안이었다. 오염되지 않은 바다 밑은 어떤지 먼저 보고 싶었다. 다이빙은 고상한 운동이라고는 할 수 없다. 우선 무엇보다 물기 없는 다이빙복을 입는 것이 무척이나 고된 작업이다. 옷이 겉가죽처럼 몸에 달라붙어야 하니 아주 꼭 끼는 것을 골라야 한다. 어느 정도냐 하면 손과 머리를 집어넣으려면 손목과 목 주위에 윤활제를 발라야 할 정도다. 벨트와 산소통은 어찌나 무거운지 몸에 바퀴라도 달지 않으면 물가까지 내려갈 방도가 없을 것처럼 느껴진다. 그러나 사이먼은 바퀴 대신에 내 발에 두개의 거대한 오리발을 달아 주었다. 그래서 결국 물가까지 뒤뚱거리며 뒷걸음질쳐서 갈 수밖에 없었다. 하지만 여기에서 그치지 않고 그는 내 입에 산소 호흡기를 물려 주었다. 그때 나는 심각하게 원정을 그만두고 싶은 생각이 들었다. 스노클링(Snorkelling)은 문제없다. 대롱을 통해 숨을 쉬다가 여차하면 대롱을 뱉고 물 밖으로 고개를 내밀면 된다. 하지만 바다 밑에 가라앉아 있고 코르셋을 입고 헤엄치는 돼지만큼 움직임이 부자연스러울 때라면 전혀 다른 얘기다. 하지만 나는 용기를 내어 마음을 다잡았고 결국 고생한 보람이 있었다.

물은 맑고 투명했으며 물고기와 게와 함께 바다 속을 헤엄치는 기분은 정말 신비하다. 쇠로 된 산소통을 통해 공기를 들이마시는 것이 상당히 불편할 뿐만 아니라 압력이 달라질 때마다 술 취한 고래처럼 이리저리 휩쓸리지 않는 것 또한 정말 힘든 일이지만, 그럼에도 불구하고 물 속에 들어가면 자기도 모르게 이 낯선 환경이 너무나 편안하게 느껴진다. 이렇게 해서 첫 번째 작전이 완수됐다. 다음 단계는 훨씬 더 어려운 것으로 연어 양어장 아래쪽으로 다이빙을 하는 것이 목표였다.

그 밑의 상황이 어떠하다는 얘기는 많이 들었지만 내 눈으로 직접 보고 싶었다. 하지만 문제가 있었다. 거대 양어장은 전체 생산의 70퍼센트 가량을 손에 넣고 있는 다국적 기업의 소유인데, 이들은 사람들이 사업에 관심을 갖는 것을 극도로 경계한다. 지역 정치인들은 이 문제를 거론하기 꺼려했지만 환경주의자들과 지역 언론에서 오랜 기간 동안 문제를 제기하려고 애써왔던 것이다. 그렇게 해서 이 문제가 세상에 조금이나마 알려졌다. 그렇다고 사람들이 양식 연어를 사지 않게 된 것은 아니지만 세상의 이목을 끌었고 말도 안 되게 느슨했던 관리가 약간은 빡빡해진 것도 사실이다. 그러니 양어장 소유주의 입장에서는 주변에 와서 얼쩡거리는 사람이 적으면 적을수록 좋을 수밖에 없었다. 달가워하지 않을 것을 알고 있으니 사이먼도 꺼려했다.

나 같은 초심자가 양어장 밑으로 안전하게 헤엄쳐 가려면 양어장 구조물에 끈을 달아야 할 터인데 양어장에서 그렇게 하도록 허락할 턱이 없었다. 그럼 몰래 하면 되지 않을까? 나는 다이빙 전문가 친구에게 물었다. "미안하지만." 사이먼은 대답했다. "당신이 가고 난 후에도 나는 이 동네에서 계속 살아야 한다구요." 하지만 대안이 있었다. 더 좋은 방법이기도 했다. 우리는 1년 전에 양어장이 있던 지점으로 들어가기로 했다. 그곳에 질병이 퍼져서 양어장을 옮겨야 했다고 한다.

그동안 양식업자들이 자기 입장을 옹호하기 위해 기대던 논리 중 하나는 사람이 만들어 놓은 폐기물은 자연의 힘으로 금방 정화가 된다는 것이다. 연안과 해안호에는 물이 계속 흐르고 강한 조수가 있기 때문에 물이 오염되지 않은 천연의 상태로 되돌아가는 데 시간이 별로 걸리지 않는다는 것이다. 1년이 지난 후의 호수 바닥을 살펴보면 이러한 주장이 타당한지 확인해 볼 수 있다.

이번에는 다이빙에 자신감이 생겼다. 자크 쿠스토(프랑스의 유명한 해저 탐사가-옮긴이 주)도 울릴 수 있을 것 같았다. 첫 번째 다이빙 시도를 성공적으로 마쳤기 때문에 자신만만했다. 이제는 자연스럽게 숨쉬는 법도 터득했고 물 속에서 중심 잡는 법도 익혔다. 열의만 넘치는 초보의 건방진 오만함이 허파에 가득 들어가서는 무엇 때문에 안전이고 주의고 이렇게 호들갑을 떠는고 하는 생각까지 들었다. 물론 사이먼이 항상 근처에 있을 것이라는 것 때문에 마음이 놓이기도 했다. 사이먼은 물 속에서 의사소통하기 위한 세 가지 신호를 알려 주었다. 가장 중요한 것은 엄지와 검지로 동그라미를 만들어 보이는 'OK' 신호로서, 사이먼이 이 신호를 보내면 반드시 나도 되받아 동그라미를 만들어 보여야 한다. 그렇지 않으면 문제가 있는 것으로 생각하고 바로 물 위로 데리고 갈 것이라고 말했다.

해안의 물 속도 아주 맑아 좋았고 해안호에서도 그랬다. 그렇지만 연어 양식장이 있었던 지역에 가까이 오자 물이 흐려지기 시작했다. 더 가까이 가자 그저 흐린 정도가 아님이 분명했다. 물과 바다 밑바닥이 죽어 있었다. 바위 틈새로 돌아다니는 조그만 물고기 한 마리도 없었다. 물풀도 전혀 보이지 않았다. 대신 호수 바닥이 두껍고 시커먼 진흙 같은 것으로 덮여 있었다.

우리는 바닥까지 헤엄쳐 갔다. 나는 이전의 다이빙 경험을 통해서 장비를 갖추고 하는 다이빙의 즐거움 중 하나가 바다 밑바닥을 손으로 짚고 걸으면서 바위에서 바위로 이동하며 부드러운 모래 속에 손가락을 집어넣어 보는 것임을 알고 있었다. 해변에서 그렇게 하면서 조그만 게들을 놀래 주고 게들이 허둥지둥 달아나는 것을 보는 것이 참으로 재미있었다. 여기에서도 그렇게 해 보았다. 그 순간 나는 완전히 공포에 휩싸였다. 진흙처럼 보였던 것이 실제로는 진흙이 아니었던 것이다. 그 느낌은 찐득찐득한 점액질 같았고 손가락을 찌르는 순간 거대한 검은 구름처럼 순식간에 확 퍼졌다. 이 오물의 성분이 무엇인지는 모르겠지만 반사적으로 도망가고 싶었다. 당장 물 위로 올라가 신선한 공기를 마시고 싶은 생각뿐이었다. 논리적으로 생각해 보면 내가 들이마시고 있는 공기는 산소통에서 나오는 것이고 오염된 것이 아니지만 공포에 휩싸였을 때는 논리고 뭐고 사라지게 마련이다.

나는 몸을 틀고 돌아서려고 했다. 그리고 "빨리 밖으로 나가게 해 줘!"라는 신호를 기억해 내려고 절박하게 애썼지만 기억이 나지 않았다. 게다가 시커먼 오염물 구름이 두껍게 퍼져서 사이먼이 어디에 있는지 보이지도 않았다. 더 심각한 것은 내가 지금 해저 쪽을 향해 있는지 수면 쪽을 향해 있는지 방향 감각도 완전히 잃어버렸다는 것이다. 나는 겁에 질렸다. 다행스럽게도 차분한 사이먼은 나보다 훨씬 이성적이어서 물 속으로 들어오기 전에 호수 위에 부표를 띄워 놓고 부표를 가는 끈으로 자기 몸에 연결해 놓았다. 그리고 또 나도 자기 몸에 끈으로 연결해 놓았다. 그래서 나는 그를 볼 수 없었지만 그는 내가 당황하기 시작하자 바로 알아차렸다. 몇 초 지나지 않아서 다시 물 밖으로 나올 수 있었고, 위험스러운 상황이 전혀 없었는데도 정말 긴 시간으로 느껴졌다. 다시 물 위에 안전하게 떠올랐을 때 나는 입에서 호흡기를 떼고 물 위로 올라와야 했던 이유를 변명하기 시작했다. 물이 마스크 안으로 들어왔다고 둘러대면서 이제 집에 가서 뜨겁고 진한 차라도 마셨으면 좋겠다고 말했다. 다음번에 다시 다이빙할 기회가 있으면 그때는 좀더 온화한 환경에서 할 것이다.

여하튼 보려고 했던 것은 본 셈이다. 양식업자들은 이 상황은 예외적인 것이며 조수가 더 강한 지역이라면 오물이 이미 흩어져 사라졌을 것이라고 말할지 모른다. 그리고 내년이나 내후년쯤에 다시 가보면 그때는 물이 깨끗해져 있고 바다 바닥에 생명체도 있을 것이라고 말할 것이다. 설사 그것이 사실일지라도, 잠깐이기는 하지만 내가 직접 경험한 바는 그 정반대였다. 내 다이빙 선생인 사이먼은 이 지역에서 여러 해 동안 수영하고 다이빙을 해 보았는데 그런 말은 믿지 않는다.

여하튼 사실은 부인할 수 없다. 어느 정도 규모가 있는 바닷가 마을에서 처리되지 않은 하수를 그대로 바다로 배출한다면 어떤 영향이 있을지 상상해 보라. 스웨덴 왕립 과학 아카데미의 추산에 따르면 연간 100톤의 연어를 생산하는 양어장에서는 작은 마을에서 내보내는 만큼의 폐기물을 방출한다고 한다. 스코틀랜드 지방의 모든 양식장에서 나오는 하수를 다 합한다면 여남은 개의 중소 도시의 그것과 맞먹을 정도다. 그리고 이 하수는 인, 질소, 암모니아를 함유하고 있으며 전혀 걸러지지 않고 바닷물로 바로 흘러들어 간다. 그 영향은 실로 파괴적일 것이다.

앨런 베리는 해양 중독학자로 여기 해안에서 조개를 양식했다. 그는 바다 양어장을 금지해야 한다고 강력하게 믿는 사람 중 하나다. 『선데이 헤럴드(*Sunday Herald*)』와의 인터뷰에서 그는 이렇게 말했다. "바다 양어장에서 처리되지 않은 엄청난 양의 오물을 바다로 바로 흘려 보내는 것은 해로운 조류와 독물질 생산을 촉진시키는 데 가장 효과적인 방법이다."

프랑스에서는 연어 배설물의 암모니아가 알렉산드리엄 미너텀 (alexandirum minutum)이라고 불리는 독물질의 확산을 촉진시킨다는 사실이 발견됐다. 이 물질은 인간에게도 영향을 미치고, 조개류를 마비시키는 중독을 일으키는 악성 독물이다. 1990년대는 이 물질 때문에 이 해안 일대에서 조개 채취를 금지한 일이 서른네 차례나 있었다.

연어 양식에 사용되는 살충제가 조개류에 치명적인 영향을 미친다는 증거도 발견됐다. 스코틀랜드 정부의 고위 공직자인 데이비드 로저스는 실험을 통해 플랑크톤과 조류의 불균형에 의해 일어나는 독성 물질 생성은 바다 이를 죽이기 위해 정기적으로 사용되는 아자메시포스(azamethiphos)와 사이퍼메스린(cypermethrin)이라는 살충제에 그 원인이 있음을 밝혔다고 말했다. 인간에게 영향을 미치는 오염은 이뿐이 아니다. '망각성 패류 오염(amnesiac shellfish poisoning)'은 사람의 뇌에 영향을 미친다. 이 때문에 1999년에는 스코틀랜드 서부와 북부 해안 9,000평방마일이 넘는 지역에서 가리비 채취가 금지됐다. 이것 역시 연어 양식장에서 나온 암모니아에 원인이 있는 것으로 추정됐고 특히 오염이 나타난 지역과 연어 양식장이 많이 설치된 지역은 거의 정확하게 일치했다. 이듬해에는 서쪽 해안 전역에서 조개 채취가 금지되기에 이르렀다.

연어 양식장에서 나온 오염 물질이 1990년대 조개류 전염병과 직접적인 연관이 없다고 생각하는 사람도 물론 있다. 연어 양식이 유행하면서 이 전염병이 번진 것은 정말 순전히 우연의 일치일 수도 있다. 스코틀랜드의 연안호 바다나 내륙의 강 밑에 깔린 침전물은 그저 무해한 것일 수도 있다. 혹은 연어 양식 산업을 보호하는 일에 매달리는 몇몇 공직자들이 상식적 수준 이상으로 증거를 요구하고 있기 때문일 수도 있다. 그러나 모든 사람을 납득시킬 수 있을 만큼 증거가 확보되고 난 후에는 이미 너무 늦고 말 것이다.

내가 탐사했던 그 양식장 주변에 땅을 가지고 있는 사람과 이야기할 기회가 있었다. 그는 양어장이 생기기 전에는 주변 경관이 어떠했는지 생생하고 구체적으로 들려주었다. 매년 비슷한 시기 그 며칠간의 신비한 나날 동안에는 대서양으로부터 영웅적인 여행을 해 온 연어들이 산란지를 향한 여정의 마지막 단계를 시작하기 위해 좁은 수로로 들어

가는 것을 볼 수 있었다. 양어장의 수가 증가함에 따라 연어의 수도 감소했으나 그는 매년 내년에는 나아지겠지, 내년에는 돌아오겠지 하고 생각했다고 한다. 그는 여전히 그렇게 믿고 싶었지만 마음속 깊은 곳에서는 연어가 사라진 것이 이미 기정사실이 되어 버렸음을 느끼고 있다.

지금까지 양식업이 양식되는 연어와 해양 환경, 그리고 조개나 자연산 연어 등 다른 생물에 어떤 영향을 미치는지에 대해 이야기했다. 또 다른 생물종인 인간에는 어떤 영향을 미치는지에 대해서도 생각해 보아야 할 것 같다. 오염된 바다 밑에서 끔찍한 경험을 하고 난 이후로 그런 더러운 곳에서 사는 물고기를 먹고 싶은 생각이 싹 가셨다. 연어가 살아가는 환경보다도 한층 더 걱정스러운 것은 연어를 빨리 자라게 하고 살찌우기 위해 이루어지는 일들이다. 이런 저런 방식으로 보통 양식 연어는 수십여 가지의 화학 물질에 노출된다. 바다 이 같은 기생충을 죽이기 위한 약품도 있고 병원균을 죽이는 약품도 있다. 소독약, 항생제, 마취제도 있다. 산화구리를 함유한 오염 물질 제거제도 있다. 물고기가 병에 걸리는 것을 막기 위한 강력한 약물과 주사용 백신도 있고, 고운 색깔이 나게 만드는 화학 물질도 있다. 이들 중 몇몇은 주의 깊게 살펴볼 필요가 있다. 먼저 연어의 색깔을 생각해 보자.
자연산 연어는 대양에서 먹이를 찾아 헤매기 때문에 살성이 엷은 분홍빛을 띤다. 자연산 연어는 갑각류, 작은 물고기, 플랑크톤, 바닷말 등을 먹고사는데 먹이의 대부분은 캔서새신(canthaxathin)이나 아스타샌신(astaxanthin)이라 불리는 캐러티노이드(caratenoid)를 풍부하게 함유하고 있다. 그렇지만 양식 연어는 다양한 먹이를 찾아 먹을 수 없다. 주어진 먹이만 먹어 살이 흐릿한 색깔을 띤다. 생선 가게 주인은 그런 연어를 진열해 놓고 싶어하지 않을 것이다. 누구나 연어의 살빛은 분홍색이라고 생각한다. 손님들도 마찬가지다. 그래서 양식업자는 연어 먹이에 합성 캔서새신을 첨가한다. 그 효과는 자연적으로 생긴 색깔만은 못하다. 자연산 연어의 은은한 분홍빛이 아니라 좀더 선명한 빛깔을 띤다. 여하튼 분홍색은 분홍색이다. 게다가 그들은 합성 캔서새신은 무해하다고 주장한다.

무해하다면 왜 정부에서는 식품 첨가물로서 이것을 금지한 걸까? 사람이 먹을 음식에 직접 합성 캔서새신을 첨가하는 것은 불법이다. 망막에 노란 입자가 축적되게 만들고 특히 자라나는 아이들에게는 위험하기 때문이다.

영국 정부에서는 당장 금지해야 한다는 식량자문위원회의 권고가 나온 후에 이 첨가물을 금지했지만 그러기까지 7년이라는 세월이 걸렸다. 그러나 동물이나 물고기 사료에 첨가해서는 안 된다는 법은 아직 없다. 그래서 이 물질은 계란노른자 빛깔을 노랗게 내기 위해서 닭 사료에도 첨가되고 있다.

이 책을 여러분이 읽을 때쯤에는 사료에 캔서새신 첨가가 금지됐을지도 모르겠다. 만약 그렇다면 이 물질도 앞서 살펴본 것과 같은 수많은 화학 약품 중 하나가 되는 것이다. 그 과정은 우리가 집약 식량 생산의 발전 과정에서 익히 보아 온 것이다. 여러 문제 중 하나를 해결해 주는 새로운 약품이 발명된다. 해당 관청에서 허가를 받는 것도 있고 그렇지 못하는 것도 있다. 사용 반대를 주장하는 경우가 종종 있지만 각하될 때가 많다. 그 약품이 해롭다는 것을 입증할 확고한 증거를 확보하지 못했기 때문이다. 여러 해가 지난 후 다른 증거가 드러나기 시작하고, 몇 번의 지연 끝에 결국에는 금지된다. 그동안에 얼마나 많은 피해가 있었는지를 생각해 보아야 한다. 또한 금지된 후에도 불법적으로 사용되는 문제가 있다.

바다 이와 같은 기생충을 죽이기 위해 쓰이는 화학 물질도 있다.

이 물질의 공통점은 독성이 매우 강하다는 것이다. 제대로 효과를 발휘하려면 그럴 수밖에 없다. 그동안 이 약품들 중 상당수가 이러저러한 이유로 금지됐다. 1980년대에는 다이클로보스(dichlorvos)가 사용됐다. 1990년대에는 이버멕틴(ivermectin)이었다. 2000년대부터는 사이퍼메스린(cypermethrin)이 쓰이기 시작했다. 사이퍼메스린을 주성분으로 하는 약품 중에 디오슨 디오섹트(Deosan Deosect)라는 이름을 가진 것이 있다. 이 약품은 강력한 내분비계 교란물질로서 호르몬에 영향을 주어 성별을 뒤바꿔 놓는다. 환경청에 따르면 이 물질은 "해양 환경의 일부 생물에게는 유기인계 농약의 100배에 달하는 독성을 발휘할 수 있다." 유기인계 농약 자체가 무척이나 위험한 물질이니 어느 정도인지 짐작할 수 있을 것이다. 그런데 이 물질이 불법적으로 사용되고 있다는 뚜렷한 증거가 있다. 그것을 감시해야 하는 공무원들에 대한 로비가 극심하여 아직까지도 이러한 불법이 공공연히 자행되고 있다. '합법적인' 약품도 마찬가지다. 1989년에는 3가지 의약품만이 사용 허가를 받은 반면 2000년에는 26가지로 늘어났으며, 검토 중에 있는 약품도 14개에 달한다. 글래스고(Glasgow) 대학의 생물학자인 콜린 애덤스는 이들 중 대부분은 '갑각류의 멸종을 가져 올 독물'이라고 했다.

불법 사용의 증거를 발견하는 일은 '지구의 벗'과 『옵저버(Observer)』지에서 맡았다. 이들은 양어장에서 일한 경험이 있는 사람들로부터 진술서를 받아냈다. 재키 맥킨지는 디오슨 디오섹트를 구입해서 사용한 일이 있다고 말했다. 이 치명적인 화학 약품을 바닷물과 섞어서 양어장에 한 시간 넘게 뿌렸다는 것이다. 이 '치료'는 물고기에게 '부작용'이 나타나서 이따금씩 중단해야 했다. 다른 양어장에서 일했던 조너선 데이비스는 "3년 동안 셀 수 없을 정도로 여러 차례 사이퍼메스린을 사용했다."고 진술하고 서명한 자술서를 '지구의 벗'에 제출했다.

그는 양어장 위에 친 그물은 화학 약품을 투여하기 위한 것이라고 말했고 또 이렇게 덧붙였다. "약품 처리는 대개 한 시간 정도 계속된다. 우리는 물고기가 헤엄치는 모양을 보고 있다가 물고기가 머리를 흔들어대기 시작하면 약품 분사를 멈추었다." 맥킨지 씨와 데이비스 씨를 고용했던 회사는 이들의 진술을 부인했다. 이 글을 쓰고 있는 지금까지 이 회사가 기소된 바도 없다. 이 진술서가 나온 후, '스코틀랜드 최상품 연어' 단체에서는 2000년 7월 문제의 업체에 타탄(Tartan) 품질보증 마크를 부착하지 못하게 해야 했다. 그 해 9월 양식 연어에서 금지된 약품인 이버멕틴 잔류물이 검출됐다. 일부에서는 법적 허용치의 4배가 넘는 양이 나오기도 했다.

시장에 팔려 나가기 전 10일 동안은 연어를 굶기고 30일 전에는 양어장에서 꺼낸다. 화학 약품 잔류물을 제거하기 위함이다. 그러나 연어에게 먹이거나 살충제로 뿌린 화학 물질의 '칵테일 효과'가 사람의 건강에 영향을 미칠 수 있다는 증거가 계속 발견되고 있다. 전세계 학계의 권위자들이 이 사실에 대해 심각한 우려를 표한다.

1999년 세계보건기구에서는 전세계의 양식업과 건강의 연관성에 대한 기술적 보고문을 발표했다. 영국 대표 3명도 이 보고문 작성에 참여했는데 영국의 국제개발부에서 비용을 댔다. 보고문의 결론은 "양식업으로 생산된 식품의 안전성에 관해서는 알려진 바가 많지 않아서 위험 정도를 평가하고 적절한 위험 관리 전략을 수립하기가 어렵다."는 것이다. 다른 말로 하면 안전한지 아닌지 확신할 수 있을 만한 충분한 지식이 없다는 말이다. 이 보고문이 말하고 있듯 우리가 아는 것은 단지 '양식 물고기와 관련된 식품 안전성 문제와 오염된 식품을 섭취했을 때 건강에 미칠 수 있는 영향에 대해 양식업자들의 의식을 향상시켜야 할 급박한 필요에 직면하고 있다'는 것이다. 또한 '살충제 오남용이 인체에 해로울 수 있는 물고기 조직 내 화학 물질 잔류를 야기할 수 있는지'를 밝히기 위한 연구가 시급하다.

이만큼 관심과 우려를 나타냈으니 철저한 감독이 이루어질 것으로 생각되겠지만 현실은 그렇지 않다. 이 책무를 맡은 기관은 정부 산하 수의학이사회(VMD)다. 1999년 연간 보고서에서 수의학이사회는 양어장을 감시하는 데 어려움이 있음을 인정했다. "가검물 채취가 다른 어느 곳보다 어렵다. 양식이 이루어지는 곳이 지형적으로 인접하기 어려운 곳이며 또한 약품 처리 기록이 조사 대상 지역에 보관되는 것이 아니라 멀리 떨어진 회사 본사에 있는 경우가 왕왕 있기 때문이다."

이런 설득력 없는 변명을 들으면 다음과 같은 반응을 보이게 된다. "그러면 기록을 이용하기 편리한 곳에 보관하도록 만들면 될 것 아닌가? 당신들이 하는 일이 무엇인데? 감독하는 일 아닌가?"

수의학이사회에서는 또한 "표본 검사가 경험을 통해 점점 나아질 것"이라고 장담하기도 했다. 얼마나 많은 '경험'이 필요한지 의아해진다. 양식업이 시작된 지 벌써 수십 년이 지났는데도 아직도 더 많은 경험이 필요한가? 또 다른 단체인 농약잔류물 공동위원회에서는 1999년 100마리의 생선과 생선으로 만든 제품을 분석했다고 보고했다. 그런데 그 중에서 양식장에서 길러진 것은 단 한 건도 없었다.

양식 물고기를 대상으로 이루어진 조사는 얼마 되지 않지만 염려할 만한 충분한 근거가 있다는 것은 분명해 보인다. 1995년 수의학이사회는 양식 연어에서 이버멕틴과 클로데인(chlordane) 잔류물을 검출했다. 클로데인은 수의학계에서도 사용 허가를 내주지 않았고 영국에서 작물 살충제로도 허가를 받지 못한 약물이다. 1999년에는 옥시테트라사이클린(oxytetracycline) 잔류물이 검출됐고 아플라톡신(aflatoxin) 양성 반응을 보인 샘플도 있었다. 수의학이사회는 아플라톡신을 '간에 영향을 미치는 독성 발암 물질'로 규정한다.

양식 연어에게 오염된 먹이를 먹여서 독성 물질이 몸 안으로 들어갈

가능성에 대한 우려도 있다. 1999년 7월 『뉴사이언티스트』지에는 물개 지방 내에서 톡사펜(toxaphene)이 발견됐다는 사실이 보도됐다. 『케미스피어(Chemosphere)』지는 생선 기름과 생선 요리에서 톡사펜이 다량 발견됐다는 기사를 실었다. "결과를 볼 때 유럽의 양식 어류가 먹이를 통해 톡사펜에 감염될 가능성이 있다는 것을 알 수 있다."고 이 기사는 적고 있다. 톡사펜은 유기염소계 농약으로 폴리염화비페닐(PCB)처럼 아주 오랫동안 체내에 머무르는 독물질이다. 톡사펜은 체조직에 축적되어 먹이사슬을 타고 이동한다. 여러 해로운 화학 물질 중에서도 가장 두려운 존재 중 하나인 것이다.

현대인이 이룩한 이른바 문명의 성취라는 것 중에서 가장 실수한 것은, 굴뚝 위로 솟아오르는 연기처럼 사라지는 것이 아니라 계속 머무르며 몸 안에 쌓이는 물질로 가득한 환경을 만들어 냈다는 사실이 아닐까 싶다. 과학자들은 폴리염화비페닐이나 다이옥신 같은 치명적 화합물을 '비소멸성의', '환경 속에 어디에나 존재하는' 물질이라고 부른다. 어디에나 있기 때문에 어떻게 그것을 측정해야 할지도 알아내야 하고, 체내에 '허용 가능한' 수준이 어느 정도가 될지도 찾아내야만 한다. 이미 끝마친 연구를 되살펴보고 이전에 권고했던 내용을 수정하기도 한다. 1999년에도 그러한 예가 있어서 세계보건기구에서는 체내에 있어도 안전하다고 생각되는 폴리염화비페닐의 기준치를 확 낮추었다. 그러나 영국 보건 당국은 아직도 그 낮아진 수치를 받아들이지 않고 있다.

문외한인 나의 눈으로는, 이런 것을 과학이라고 부른다는 것은 암을 두꺼비 눈이나 도롱뇽 꼬리로 고치려고 드는 것과 크게 다르지 않다는 생각을 버릴 수가 없다. 그리고 과학자들과 이야기해 본 결과로 그들도 나와 같은 생각을 가지고 있음을 알 수 있었다. 위험한 약물의

'허용 가능 기준'이라는 것이 대체 무엇인가? 상식적으로 생각해 보아도 이 기준에 영향을 미칠 요인이 너무나 많을 것으로 생각된다. 나이, 건강 상태, 성별, 다른 화학 물질에 대한 노출 정도, 질병 소인, 부모의 병력, 유전적 요인, 신진대사의 원활 정도 등등 끝도 없이 많다. 그럼에도 농수산부는 1997년 위엄 있게 이러한 보고문을 발표했다. "영국에서 식사를 통해 몸 안에 들어가는 폴리염화비페닐과 다이옥신의 양은 다른 나라와 비교할 만하고 우려할 필요가 없는 것으로 보인다."

무엇보다도 '다른 나라와 비교할 만하다'는 것이 도대체 무슨 의미가 있는가? 10배 더 많아도 비교는 할 수 있지 않는가? 이 문장은 그야말로 터무니없는 난센스이고, 따지고 보면 과학이라는 것도 그렇다. 폴리염화비페닐과 다이옥신 섭취가 늘어나더라도 권고 기준치 이하이기만 하면 전혀 해가 없다고 가슴에 손을 얹고 말할 수 있는 과학자가 있겠는가? 대답할 필요도 없는 질문이다. 정말 걱정스러운 것은 '비소멸성' 독물질의 끔찍한 효과에 대해 많이 알게 되면 될수록 항상 같은 사실을 깨닫게 된다는 점이다. 그것은 과거에 좀더 신중하게 의심했어야 한다는 사실이다.

여하튼 세계보건기구에서 주장하듯 다이옥신의 '안전한' 수준이 있다고 생각해 보자. 다이옥신은 쓰레기 소각이나 금속 제련 같은 산업 공정의 부산물이고 인류에게 알려진 가장 해로운 물질 중 하나다. 다이옥신은 암과 뇌 이상, 내분비계 이상, 생식 능력 이상 등과 연관이 있다. 다이옥신의 위험성이 알려진 지는 상당히 오래됐고 오랜 시간이 지나면서 규제도 많아졌다. 식품을 통한 다이옥신 섭취는 1970년대 경에 최고치에 달했고 그 뒤로 조금 감소했을 것으로 생각된다.

다이옥신과 유사한 효과를 미치는 화학 물질이 또 있는데, 그것이 바로 폴리염화비페닐(PCB)이다. 1997년에야 보건 당국에서는 그 유사성을 인정했다. 또한 폴리염화비페닐의 독성을 측정해서 가장 독성이 강한 다이옥신과 직접 비교할 수 있다는 사실도 인정했다. 다이옥신의 독성 정도를 전문 용어로 독성등가량(TEQ)이라고 한다. 폴리염화비페닐로 TEQ 측정을 하자 대부분 사람들의 체내잔류량이 '안전한' 수준을 넘어서고 있다는 것이 분명해졌다. 여기에서 다시 자연산 물고기와 양식 물고기로 되돌아가 보자.

모든 물고기는 다이옥신과 폴리염화비페닐을 어느 정도 함유하고 있다. 연어, 청어, 참치 등 지방성분이 많은 붉은 살 생선은 더 심한데, 화학 물질이 지방 내에 쌓이기 때문이다. 식품 영양학자들은 입을 모아 생선이 몸에 좋고 특히 붉은 살 생선을 많이 먹어야 한다고 말한다. 그렇지만 농수산식품부의 식품오염국에서 1999년 발표한 다이옥신과 폴리염화비페닐에 관한 보고서의 내용은 잘 알려져 있지 않고 정치인들도 내용을 널리 알리는 데 관심을 보이지 않았다. 이 보고서에 따르면 붉은 살 생선을 많이 먹으면 세계보건기구에서 내세운 안전치를 초과하는 분량의 다이옥신과 폴리염화비페닐을 섭취하게 된다고 한다.

농수산식품부는 1992년 국민의 식생활 패턴에 대한 조사를 시행했다. 7년이 지난 후 농수산식품부에서는 이 자료를 이용해서 다이옥신과 폴리염화비페닐 섭취 정도를 추산했다. 평균적 성인이 섭취하는 TEQ는 세계보건기구에서 권고한 안전 기준 중에서 최대치보다 약간 낮은 정도다. 그렇지만 평균을 넘게 섭취하는 사람들은 그 기준을 훨씬 넘는다. 생선을 많이 먹는 어린아이들의 경우 더욱 심각하다.

서리(Surrey) 대학의 약학자인 미리엄 제이콥스의 예비 연구 결과에 따르면 양식 연어에서 검출된 폴리염화비페닐은 우려할 만한 수준이었고, 특히 아이들이 먹었을 경우 문제가 될 수 있었다. 조사대상이 적었기 때문에 그 이상의 구체적인 결과는 나오지 않았다. 양식 연어를 먹었을 때 우리가 섭취하게 되는 잔류성 유기오염물질(POP)의 양은 여러 요인에 따라 달라질 수 있다. 물고기의 나이와 물고기 체내 지방의 축적 정도에도 영향을 받고 요리 방식과도 연관이 있다.

이 모든 사실 중에서도 가장 놀라운 것은 이 분야에 관련해서 이루어진 연구가 얼마나 적은가 하는 점이다. 양식 연어를 먹었을 때 어떤 위험성이 있는지 아니면 없는지에 대해 우리는 아직 모르고 있으며, 그렇기 때문에 붉은 살 생선의 영양적 가치와 이 위험성을 어떻게 균형 있게 조화시켜야 할지도 막막하다.

여하튼 먹이사슬 안으로 화학 물질이 들어갈 위험성을 가중시키는 식량 생산 방법에 대해서는 주의를 기울여야 할 필요가 있음은 명백하다. 그렇지만 양식 어업은 줄어드는 추세가 아니다. 오히려 몇 년 안에 우리가 먹는 물고기의 반 이상이 양식어가 될 것이다. 연어의 뒤를 이어 확장되고 있는 것이 대구 양식이다. 스코틀랜드 해안의 자연산 대구가 낳은 알을 채취해서 길러 낸 대구가 이미 영국 슈퍼마켓에서 판매되고 있다. 다음 단계로 처음부터 인공적으로 양식하는 방식이 시도되고 있다. 2010년이 되면 연간 5만 톤의 대구가 양식될 것이다. 이는 영국에서 소비되는 대구 총량의 3분의 1에 달한다. 양식 상태에서는 2년만에 다 자란 대구를 생산해 낼 수 있다. 야생 상태에서는 대구가 다 자라기까지 최대 5년이 걸린다. 그러므로 여기에도 화학 물질 친구들의 도움이 조금 필요하다.

양식 어업이 성장할수록 화학적·생물학적 조절 방법이 새로이 도입될 것이다. 이미 유전자 변형 콩과 곡물이 양식 연어의 먹이로 쓰이고 있다. 먹이가 그러한데 연어라고 가만 내버려 두겠는가? 실제로 다음과 같은 일도 벌어진다. 미국에서는 자연산 연어보다 6배 빨리 성장하는 유전자 변형 연어가 만들어졌다. 아직 이 괴물이 상업적으로 양식되고 있지는 않지만 사람들은 그것도 시간문제라고 믿는다. 오래지 않아 반대 여론이 수그러들고 이 변종을 생태계 안에 들여오는 것이 옳다고 믿게 될 것이기 때문이다.

21세기 양식업의 이 멋진 신세계에서, '쇠고기 같이' 영양가 높은 물고기를 추구하면서 과학자들은 물고기에 소, 돼지, 심지어는 사람 유전자를 끼워 넣으려고 애써 왔다. 캐나다, 헝가리, 뉴질랜드, 중국과 스코틀랜드에서 이미 실험이 시작됐다. 유전자 변형 연어를 만들어 낸 회사는 이 물고기는 생식 능력이 없기 때문에 자연산 연어 종족 보존에 위협이 되지 않는다고 말한다. 워싱턴의 식품안전성센터에서 는 그것을 보장하기는 불가능하다고 밝혔다.

양식 물고기의 건강을 지키기 위해 개발된 새로운 백신과 성장 촉진 호르몬에 대해서도 살펴 볼 필요가 있다. 미국에서는 젖소의 젖이 많이 나게 하기 위해 유전자 변형 호르몬을 사용한다. 유럽 연합 에서는 발암 요인 때문에 이 호르몬을 금지했다. 한편 무지개송어가 70퍼센트 정도 빠르게 성장하게 하는 합성 호르몬이 개발됐다.

『뉴사이언티스트』지는 1999년 여름 호에서 양식 연어와 송어에 사용되는 '신개발' 백신을 기사로 다루었다. 이 백신은 물고기 몸 안에 DNA를 주입하는 것이다. 대부분 백신은 면역 반응을 촉발시키는 물질을 함유하고 있어서 효과를 발휘하는데, 이 DNA 백신은 세포 속으로 들어가 바이러스성 단백질을 만들어내고 그러면 면역 체계가 이 바이러스를 공격한다. 문제는 이 DNA가 물고기의 염색체에 합쳐 질 수 있다는 것이다. 다른 말로 하면 물고기가 유전자 변이를 일으키 게 되는데, 그 결과가 어떠할지는 아무도 예측할 수 없다. 이 백신 개발에 참여한 한 연구자는 이러한 일이 일어날 '이론적 가능성'이 있음을 인정했지만, 그 가능성은 아주 희박하고 그런 일이 일어난다고 하더라도 '문제가 되지 않는다'고 말했다.

우려할 점이 많기는 하지만 연어 같은 붉은 살 생선이 몸에 좋으니 희박한 이론적 가능성쯤은 무시해도 좋지 않느냐고 할 수도 있다.

맞는 말이다. 연어는 우리 몸에 좋다. 내가 어렸을 때도 부모님은 늘 물고기가 '머리에 좋은 음식'이라고 말씀하셨고, 일주일에 한 차례 생선을 먹는 것을 원칙으로 했었다. 300년 전부터 우리는 대구 간유가 만병통치약이라 믿고 열심히 먹어 왔다. 실제로 간유는 심장병 위험을 줄이고 아동의 과잉행동성을 감소시키며 우울증 치료에 효과가 있고 스트레스 상태의 공격성을 줄여 주며 관절염에도 효과가 있다. 연어 등의 붉은 살 생선은 눈에 좋은 비타민 A, 뼈와 치아에 좋은 비타민 D, 그리고 여러 중요한 미량 원소를 함유하고 있다. 그뿐이 아니다.

인체가 성장하고 발달하는 데에 반드시 필요한 필수지방산(EFA)은 두 무리로 구분되는데, 필수지방산은 몸 안에서 합성될 수 없기 때문에 음식을 통해 섭취해야 한다. 연어는 오메가-3 지방산을 풍부히 함유하고 있다. 정확히 말하면 자연산 연어가 풍부히 함유하고 있다. 오메가-3 지방산이 많은 이유는 연어가 바다에서 작은 물고기, 해초, 해조류를 잡아먹기 때문이다. 양어장에서 먹는 먹이는 다르다. 대부분 어분(魚粉)이지만 100퍼센트 물고기로 이루어져 있는 것은 아니다. 값이 싸고 쉽게 구할 수 있기 때문에 닭 가공 부산물이나 닭의 피로 만든 사료를 사용하는 경우도 있다. 심지어는 닭털도 섞여 있다. 어차피 다 섞어 넣고 갈면 구분이 되지 않는다. 사료의 70퍼센트는 물고기 기름과 어분이고 나머지는 콩, 밀, 재 등 온갖 찌꺼기들이다. 영양 전문가들은 물고기만 먹고 자란 연어에 비해 곡류를 먹은 연어는 오메가-3 지방산의 함량이 적고 대신 오메가-6 지방산 비율이 비정상적으로 높을 수 있다고 말한다. 둘 사이의 차이는 우리 몸에 일반적으로 오메가-3는 크게 부족한 반면 오메가-6는 지나치게 많다는 점이다. 연어 양식에 드는 비용 중에서 가장 큰 비중을 차지하는 것이 사료이고 어분의 가격이 지난 몇 십 년간 크게 올랐다. 수요가 늘어남에 따라 가격은 계속 올라갈 것이므로 양식업자들은 어분을 최소한으로 사용할 수밖에 없다. 그것은 곡물이나 피, 뼈로 된 사료를 더 많이 써야 한다는 뜻이다.

연어 양식에 대해 좀 길다 싶을 정도로 이야기한 것은 그동안 식량에 대한 잘못된 접근 방식의 한 예로서 경고가 될 수 있는 사례라고 생각했기 때문이다. 먼저 우리는 야생 물고기에게 막대한 피해를 주었다. 처음에는 지나친 남획으로 씨를 말렸고, 그 다음에는 사라져 가는 종을 보호하려고 제정한 법률 때문에 결국 더 큰 피해를 주었다. 법률로 지정된 양 이상의 물고기를 잡은 트롤 어선에서는 넘쳐 나는 물고기를 다시 바다에 버렸지만 이 물고기들은 놓아주더라도 결국 죽을 수밖에 없었던 것이다.

그러고 난 다음에 이렇게 말했다. "이럴 수가! 물고기가 사라지고 있다니 이제 어떻게 해야 하지?"

그러고는 잘못된 길로 들어서기 시작했다.

지금까지 이야기했듯이 인공 어장을 만들고 양계장의 닭처럼 연어를 사육하기 시작했다. 이러한 방식의 사육은 전염병 발병을 가져올 수밖에 없기 때문에 화학 약품을 물과 물고기에 들이부었다. 그러는 와중에 몇몇 무모한 사람들은 법을 무시하고 엄청난 피해를 가져올 수 있는 금지된 약품을 사용했다. 집약적 양식을 통해 창궐한 오염 물질과 바다 이가, 이미 다른 요인으로 인해 감소하고 있는 자연산 연어를 한층 괴롭히게 됐다. 자연산 연어의 숨통을 틔워 주자고 시작한 양식 어업이 자연산 연어의 목을 누르고 있는 셈이다.

그러나 미친 짓은 여기에서 그치지 않았다. 양식 물고기를 먹이자니 먹이로 쓸 다른 물고기들이 필요한 것이다. 양어장을 유지하려면 전세계 바다에서 막대한 양의 물고기를 잡아들여야 했다. 1킬로그램의 양식 연어를 길러내기 위해서 약 2~3킬로그램의 물고기를 잡아야 했다. 그러고도 양식 어업이 야생 물고기를 보호하기 위한 것이라고 말할 수 있는가?

세계적인 잡지인 『네이처』의 표현에 따르면 "양식 어류의 먹이로 쓰려고 야생 어류를 잡아 들여서 어업 자원의 감소를 야기하고 있다. 또한 양식업은 서식지의 변화, 종자로 쓰일 물고기 포획, 생태계에 미치는 영향, 외래종의 도입, 야생 어류에 해를 입히는 병원균의 전염, 부영양화 등을 통해 간접적으로도 야생 어류의 숫자 감소에 영향을 미친다. 양식업의 형태에 따라 차이가 있긴 하지만 아주 큰 영향을 미칠 수 있다."

마지막으로 안타까운 것은 생선 가게나 슈퍼마켓에 갔을 때를 들 수 있다. 무엇이 있는가? 싱싱한 물고기들이 보기 좋게 늘어서 있다. 수입산 물고기도 많고, 연어는 특히 싼 가격에 나와 있다. 어떤 가게에서는 연어가 다른 물고기를 다 합한 것보다도 더 많이 팔린다. '이번 주에 잡은 물고기'라고 광고문구가 붙어 있는 것도 볼 수 있다. 바로 엊그제만 해도 맑은 물 속에서 힘차게 헤엄치던 물고기라는 느낌을 주기 위해 만들어진 문구다. 훈제연어 포장에서는 낚싯대를 들고 고깃배를 탄 사람의 그림이 조그맣게 그려져 있는 것도 볼 수 있는데, 이것 역시 눈속임이다. 실제 현실을 암시하는 것은 눈꼽만큼도 찾아볼 수 없다. 이 연어들 모두 양어장에서 자라난 것이고 극도로 과밀한 상태에서 길러진다. 닭이 그런 상태에서 길러졌다면 우리는 그 닭이나 계란을 사지 않을 것이다.

그렇다면 어떻게 해야 할까? 광우병의 재앙이 없었다면 양식업이 점점 더 확장될 것임은 불 보듯 뻔하다. 안타까운 일이다. 인류가 땅 위에서 가축을 기르는 방법을 알아내는 데에는 수백 년이 걸렸다. 몇 년 사이에 바다 양식법을 알아낼 수 있다고 생각하는 것은 참으로 오만한 생각이다. 세계에서 가장 거대한 천연자원인 대양의 수산자원을 파괴하는 과정이 시작된 이래로, 점점 더 파괴 속도를 빨리 하고 있는 것처럼 보인다. 한때는 대구가 전세계에서 몇 억 명을 먹여 살릴 수 있을 정도로 많이 잡혔다. 2000년 여름에는 멸종 위기의 생물로 선포됐다.

스코틀랜드 해안이나 다른 어떤 곳에서든 물고기를 양식하고자 한다면 최소한 덜 집약적으로 양식을 해야 한다. 실제로 덜 집약적인 양식이 시작되고 있다. 대서양의 거친 물살이 섬 위쪽의 북쪽 해안과 만나는 곳에서 유기적 양식업이 시작되고 있다. 합성 화학 물질이나 인공 색소를 사용하지 않고 물고기의 밀도도 남쪽 양식장의 절반 정도밖에 되지 않는다. 물살의 흐름이 빠르기 때문에 오염 물질이 쌓여서 다른 물고기나 조개류에 해를 끼칠 위험도 거의 없다. 어분은 잘게 부신 새우 껍질과 야채로 만들어졌고, 지방분이 4분의 1이 넘지 않도록 기준을 정해 놓았다.

유기 양식업에도 문제가 있다. 동물보호가들은 포유류든 물고기든 간에 야생 동물을 가둬서 기르는 것에 반대한다. 그리고 연어, 송어, 대구, 넙치 등 육식성 물고기를 사육해서는 안 된다고 주장한다. 중세 일본의 수도승들은 풀만 주어도 잘 자랐기 때문에 잉어를 양식했다. 조개 양식도 연어 인공 어장에서 나오는 오염 물질만 없으면 무리 없이 지속 가능한 것이다.

어떤 접근 방식을 택하든 간에 화학 물질 사용은 최소한으로 줄여야 한다. 양어장을 좀더 철저하게 감독하고 생산물도 효율적으로 조사해야 한다. 이런 상황에서도 양식 연어를 사려면 소비자는 어떤 과정으로 생산됐는지 사실을 알 권리가 있다. 아직 늦지 않았다. 양식업은 아직 비교적 새로운 산업이다. 소비자들이 좀더 까다롭게 굴기만 했더라도 집약 식량 생산으로 인해 야기된 또 다른 재앙 하나는 피할 수 있었을 것이다. 그것은 바로 항생제의 위험이다.

미생물과의 전쟁 Battling with Bugs

항생제

역사에 대해 낭만적인 견해를 가지고 있는 사람에게는 안된 일이지만, 역사상 가장 위대한 과학적 발견 중 대다수는 교과서나 위인전에 나와 있는 것과 같은 방식으로 이루어지지 않았다. 뉴턴은 사과가 떨어지는 것을 보고 중력의 비밀을 발견하지 않았고, 아르키메데스도 욕조에 들어가면 왜 물이 넘치는지를 깨닫고 "유레카!"라고 외치면서 벌거벗은 채 거리로 뛰어나가지는 않았다. 알렉산더 플레밍도 배양용 접시에 자라난 곰팡이를 관찰하고는 다음과 같이 소리 지르며 밖으로 뛰어나가지는 않았다. "페니실린을 발견했다! 세계를 구하고 영원히 이름을 남기게 됐다!" 그가 실제로 관찰한 것은 곰팡이가 세균을 죽이고 있는 것이었고 그때 그는 아주 유용한 살균제를 발견했다고 생각했다. 사실은 이렇게 해서 항생제의 시대를 연 것이었다. 항생제는 인간에게 알려진 감염성 세균 대다수를 죽일 수 있는 물질로 개발된다. 덕분에 셀 수 없이 많은 생명을 구할 수 있었다. 결핵을 예로 들어 보자.

　항생제가 개발되기 전에는 매년 전세계에서 막대한 수의 사람이 결핵으로 죽었다. 영국에서는 결핵 사망률이 19세기에 최고조에 달했다. 더럽고 축축한 싸구려 공동 주택에서 사람들이 얼굴을 맞대고 살아가던 슬럼을 없애고 사람들을 약간 더 넓은 공간으로 이주시키고 나자 결핵이 감소했다. 슬럼은 결핵균 번식에 최적의 장소였던 것이다. 그러나 슬럼이 사라져도 결핵이 사라지지는 않았다.

　결핵 진단을 받으면 바로 요양소에 격리 수용됐다. 그곳에서 수백 명의 다른 환자와 함께 숨을 헐떡거리며 누워 있어야 했다. 병세가 호전될 때도 있다. 그렇지만 대개는 그렇지 않았다. 살아났더라도 폐가 심하게 손상되어서 실낱같은 목숨을 부지하는 정도였다. 다시 살짝만 감염되어도 폐렴에 걸리게 되고 그렇게 되면 가망이 없었다. 의사도 이 끔찍한 질병 앞에서는 별 효험도 없는 몇 가지 시도만 해 볼 뿐 병을 치료할 방법을 몰랐다. 단지 운에 맡길 따름이었다. 몸이 병을 이겨내든지, 아니면 무너지든지 둘 중 하나였다. 항생제의 등장 이후, 더 이상은 운에 기댈 필요가 없어졌다.

　항생제 시대 개막의 공은 실제로 하워드 플로리와 엔스트 체인 두 과학자에게 돌려져야 할 것이다. 이들은 아직까지 치료약이 발견되지 않은 온갖 다양한 질병에 맞설 수 있는 각종 항생제를 개발할 수 있다고 생각했다. 플레밍의 페니실린이 항생제로 이용될 가능성이 있다는 예감을 가졌지만 연구에 필요한 돈이 없었다. 그래서 이들은 의학협회를 찾아갔다. 곰팡이에서 항생제를 만들어낸다는 아이디어로 사람들을 납득시키기가 쉽지 않았지만 결국 1939년에는 보조금을 받긴 받았다. 25파운드라는 돈이었다. 1939년에도 25파운드로는 세상을 바꿀 수가 없었다. 그래서 그들도 다른 과학자들처럼 미국으로 건너가 록펠러(Rockefeller) 재단에서 9,000파운드를 지원 받았다.

이들은 영국으로 돌아와서 옥스퍼드에 연구팀을 꾸렸다. 연구 내용을 특허 받으려고 했으나 이번에도 역시 거부당했다. 거부당한 이유는 '의학 연구는 인류 전체의 이익을 위한 것이기 때문'이었다. 그래서 이들은 또다시 미국으로 갔고 그곳에서 환영을 받았다. 그리고 미국인들은 새로운 항생제와 플로리와 체인의 연구 방법과 발견 내용 전반에 대해 국제 특허를 받는 데 성공했다. 이렇게 하여 미국의 세계 항생제 산업 지배는 시작됐고 지금까지 지속되고 있다. 페니실린 판매 수입과 로열티를 새로운 항생제 연구와 약제 개발에 다시 투자할 수 있었기 때문에 미국의 항생제 산업은 계속 발전했다. 영국 회사들도 물론 로열티를 내야 했다. 페니실린을 발견한 것은 영국인데 그 지식을 사용하는 대가를 미국에 지불해야 하는 꼴이 된 것이다.

1950년대 초반 항생제와 관련된 또 하나의 우연한 발견이 이루어졌다. 이것 역시 그 당시에는 비약적 발견으로 환영받았다. 사람들이 반기는 이유는 제각기 다르기는 했지만 말이다. 이 발견은 실험실에서 이루어진 것이 아니라 미국의 양계 농장에서 이루어졌다.

이 농장에서는 갓 태어난 병아리에게 혼합 사료를 먹였는데 그 중에는 오레오마이신(aureomycin)이라는 항생제를 만드는 과정에서 나온 부산물로 만든 사료도 섞여 있었다. 이 사료를 먹이면 병아리가 병원균에 감염될 가능성이 적어지는 등의 여러 이득이 있을 것으로 생각됐기 때문이다. 그렇지만 예상과는 다른 결과가 나타났다. 병아리가 놀라운 속도로 성장하기 시작한 것이다. 당시 『데일리 텔레그래프(*Daily Telegraph*)』의 머리기사는 다음과 같았다. "동물 생장을 50퍼센트 촉진하는 약물 발견."

새로운 산업이 시작됐다. 항생제를 성장촉진제로 이용하는 것이다. 영국과 미국은 이미 공장식 축산업에 발을 들여놓은 상태였다. 이제 이 산업이 아무도 꿈꾸어 보지 못한 방향으로 발전할 수 있게 된 것이다. 그러나 오늘날에는 이 발견이 이루어진 것을 안타까워하는 사람들이 많다. 이 발견으로 플레밍과 플로리, 체인이 이루어 놓은 위대한 업적이 무너질 위협에 처했기 때문이다. 이들의 연구로 인해 인류 역사상 가장 파괴적인 질병 중 여럿을 정복할 수 있게 됐지만, 이 새로운 '발견'으로 인해 이들의 연구 중 상당부분이 무용지물이 됐고 우리 건강을 위협하는 새로운 요인들이 생겨나기 시작했다.

항생제가 널리 쓰이게 된 이후로 줄곧 의사와 과학자들은 항생제가 맞서 싸우고 파괴하는 미생물에 저항력이 생겨서 항생제를 이기게 되면 어떻게 될까를 염려했다. 박테리아는 변이를 일으킨다. 생물체가 진화하는 것과 비슷하지만 박테리아의 진화는 훨씬 빠른 기간에 이루어진다. 박테리아를 공격하는 약제는 한편으로 박테리아가 약제에 적응하여 변이하도록 만든다는 사실이 이미 잘 알려져 있었던 것이다. 적당한 조건이 갖추어지면 박테리아는 특정 항생제에 대한 내성을 기를 수 있다. 다른 약물로 대체하면 되겠지만 다른 대안이 없을 때는 어떻게 해야 할까? 약효가 강한 새 약이 개발될 때마다 병원균이 한 발 앞서서 적응하면 어떻게 될까? 과학자들이 새로운 치료제를 개발할 때마다 병원균이 새로운 방어기제를 만들어 낸다면? 인간이 만들어 낼 수 있는 모든 방식의 공격에 저항하는 슈퍼 세균이 탄생할 날도 머지않은 것이 아닐까? 그러면 알렉산더 플레밍이 곰팡이가 자라나는 것을 관찰하기 이전보다도 더 힘겨운 상태로 돌아가게 되는 것은 아닐까?

공상과학 소설에는 이런 장면이 자주 나온다. 소름 끼치게 무서운 거대한 벌레가 무시무시한 송곳니를 드러내고 주인공을 덮친다. 총을 쏘아도 총알이 단단한 껍질을 뚫지 못하고 튕겨 나온다. 공상과학 소설 속의 한 장면이지만 현직 의사와 간호사들은 이러한 일이 실제로 벌어지고 있다는 것을 안다. 현실 속에서는 이 벌레가 고배율 현미경으로만 보일 정도로 조그맣다는 점이 다르지만 그렇다고 해서 이들이 덜 위험스럽다고는 절대 말할 수 없다. 이들은 어떤 송곳니보다도 치명적인 놈들이다. 게다가 이러한 위험이 발생하리라는 것에 대해 전혀 예상치 못한 것도 아니다. 1930년대에 이미 위대한 선구자 플로리와 체인이 페니실린을 주의해서 다루지 않으면 머지않아 페니실린에 대한 내성이 큰 문제가 될 것이라고 경고했다. 그러나 그들의 경고는 무시됐다. 몇 년이 지나지 않아 페니실린을 널리 사용하게 됐을 때 이 콜리(E. coli, 대장균의 일종 — 옮긴이 주)의 몇몇 변종을 비롯한 세균이 내성을 발달시키기 시작했다는 징조가 보였다. 내성이 발달하는 속도는 깜짝 놀랄 정도였다.

흔한 박테리아의 하나로 '황색 포도상 구균'이라는 것이 있다. 이것은 동물의 장 안에서 살지만 피부 표면 위에서도 살 수 있다. 대개의 경우 인체에 피해를 주지 않지만 위험스러운 변종이 몇 가지 있어서 종종 병원 감염의 원인이 된다. 황색 포도상 구균은 상처에 침입해서 폐렴을 일으키고, 전염성도 강하다. 최악의 경우 죽을 수도 있다. 1940년대에는 황색 포도상 구균의 95퍼센트가 페니실린에 의해 수그러들었다. 그러나 1990년대에 들어서자 95퍼센트가 내성을 보였다.

이외에도 전에는 죽이기 쉬웠지만 지금은 약에 저항하는 위험한 박테리아들이 여럿 있다. 그래서 완전히 사라졌다고 생각했던 질병이 다시 되돌아오고 있다. 병원 감염으로 죽는 사람의 수도 늘고 있다. 치료를 받으러 온 병 때문이 아니라 치료 과정에서 전염된 병으로 죽는다는 뜻이다. 병원은 항상 감염의 위험이 있는 위험한 장소지만 그래도 항생제 초기 시대에는 병원 감염을 쉽게 처리할 수 있었다. 1990년대 약 1만 5,000명의 환자가 어떤 항생제로도 다스릴 수 없는 감염으로 인해 죽어 간 것으로 추산됐다. 수많은 환자들의 목숨이 경각에 달려 있는 중환자실에서 병원균에 감염될 확률은 50퍼센트나 된다. 이것은 공상 과학 소설에 나오는 이야기가 아니라 현실로 일어나고 있는 사실이다. 슈퍼 세균은 이미 우리 곁에 있다.

슈퍼 세균 중에는 황색 포도상 구균의 일종인 것이 있다. 이 세균은 상대적으로 약한 페니실린과 싸우다가, 에리스로마이신(erythromycin), 스트렙토마이신(streptomycin) 등 그 후 개발된 더 강한 약물에 대항하며 점점 더 강력해졌고 결국 이 항생 물질 모두를 이겼다. 그것은 '메티실린 내성 황색 포도상 구균(MRSA)'이라고 불리는 것이다. 그만큼 승승장구한 슈퍼 세균 중에 '반코마이신 내성 장구균(VRE)'이라는 것이 또 있다. 이 세균들이 도합 1만 5,000여 명의 죽음을 가져왔다고 한다.

이 세균은 병원 운영에도 적잖은 피해를 가져온다. 영국에서 가장 큰 병원 중 하나인 포츠머스 지역 자치의료원 소속 병원 대부분은 2000년 여름 세균 때문에 문을 닫아야 했다. 정형외과 의사 한 명은 나에게 수술 장비를 완전히 소독할 수가 없었기 때문에 퀸 알렉산드라(Queen Alexandra)병원에서 수술을 단 한 건도 하지 못했다고 말했다. 4달 동안 정형외과의들은 응급 상황이 아니면 수술을 하지 못했다. 너무 위험했기 때문이다. 10명의 외과의들이 병원장에게 살균 소독 문제 때문에 응급 뼈 수술을 2주일 동안 중단해야 한다는 보고문을 보냈다. 그들은 이렇게 말했다. "환자의 생명과 건강이 큰 위험에 처할 수 있다고 생각합니다."

1999년과 2000년 사이에 포츠머스 자치의료원 소속 병원 2곳에서 480명 이상의 환자가 MRSA에 감염됐다. 전년에 비해 2배에 달하는 수치이다. 사망자도 1명 있었다. 22살의 젊은 여성이었다. 2000년 가을에는 세균 감염이 너무 심해져서 근방의 개인 병원에서는 3일 간격으로 피부 검사 결과를 제출해 MRSA에 감염되지 않았음을 입증해야만 자치 병원에서 온 환자를 받았다. 그러나 자치 병원에서는 병원의 살균 소독과 MRSA의 연관성을 부인했다. 그들은 환자들이 '다른 사람을 통해' MRSA에 감염된다고 말했다.

이유가 무엇이든 간에 슈퍼 세균은 심각한 문제이다. 그러나 어떤 면에서는 병원에 있는 균뿐만 아니라 우리 콧속이나 목 안이나 내장 안에 있는 아주 흔한 균들이 훨씬 더 심각한 문제를 야기할 수 있다. 이 균이 상처 등을 통해 혈관 안으로 들어오게 되면 감염을 일으킬 수 있지만, 지금까지는 적당한 약을 쓰면 쉽게 처치할 수 있다. 그러나 사용되기 시작한 지 오래된 항생제들은 점점 더 효과가 줄어들고 있고 그 중 일부는 어떤 세균에 사용하더라도 전혀 소용이 없는 것도 있다. 지난 10년간 경고의 소리는 날로 드높아져 왔다.

1990년대 후반 전세계 병원에서 구체적으로 어떤 일이 벌어지고 있는지를 확인하기 위한 조사가 시작됐다. 영국 에딘버러의 서부 종합 병원 소속 밥 마스터튼 박사가 조사를 이끌었는데, 3년 동안 마스터튼 박사는 10군데 병원의 환자들로부터 5,000여 개의 흔한 세균 샘플을 수집하여 조사했다. 환자들 중에는 젊은 사람도 있고 나이든 사람도 있었으며, 중병인 사람도 있고 회복기에 있는 사람도 있었다. 조사를 통해 알게 된 것은 전반적으로 예전에 개발된 항생제에 대한 내성이 증가하고 있다는 사실이다. 최근에 개발된 강력한 항생제인 메로페넴(meropenem)에 대한 저항력은 아직 낮은 수준이었고 증가 추세도 없었다. 이 연구 프로그램은 아스트라제네카(AstraZeneca)라는 제약 회사에서 비용을 댔는데, 이 회사가 바로 메로페넴을 제조하는 회사이다. 그러나 메로페넴도 두 종류의 슈퍼 세균 앞에서는 무용지물이다. MRSA와 VRE는 이 연구에 포함되지 않았다.

나는 마스터튼 박사가 중간 보고서를 발표한 직후 그와 이야기를 나누었는데, 그는 낙관할 상황은 아니라고 밝혔다. 걱정할 필요가 없다고 생각하는 것은 어리석은 일이라고 그는 말했다. "저항력이 증가한 박테리아가 세 부류 있었고 이것은 매우 염려스러운 사실입니다. 나머지도 앞으로 몇 년 후에는 어떻게 될지 모르는 상황이죠. 언제까지 잠자코 있으리라고 확신할 수는 없으니까요. 어떻게 변화할지 반드시 관찰하고 주시해야 합니다. 이 세균들에 대항할 항생제라고는 이제 단 하나 남았는데 다른 항생제가 개발되고 있다는 이야기는 못 들었습니다."

아스트라제네카에서도 이렇게 말했다. "새로운 항생제 개발이 이전 어느 때보다도 시급하다."

페니실린이 발견된 지 70여 년이 지난 지금, 우리는 의학 대란의 위기에 봉착했다. 그런 일은 없을 것이라고 안심할 수는 없는 것이다.

병원에 가지 않으면 위험성은 줄어들 것이다. 채식주의자가 되면 내성 세균에 감염된 고기를 먹을 위험을 피할 수 있다. 계란이나 우유도 감염을 일으키기 쉬우므로 포기해야 한다. 과일이나 채소도 맘 놓을 수 없다. 내성 세균을 지니고 있어서 사람에게 옮기는 식물도 있기 때문이다. 식량을 수출하는 나라 중 병충해를 예방하기 위해 작물에 항생제를 뿌리는 것이 금지되지 않은 나라도 많다. 이런 음식도 모두 피하고 나면, 마지막으로 내성 세균을 지니고 있을지 모르는 다른 사람들과도 접촉하지 말아야 한다. 무척 외롭고 배고픈 삶이 될 것이다.

영국의 농장과 양계장, 양돈장에서 행해지고 있는 일이 이 모든 것과 얼마만큼의 관계가 있는지는 알기 어렵다. 1999년 식품미생물안전 자문위원회의 정부 보고서는 슈퍼 세균의 성장은 가축에 항생제를 사용하는 것과 직접적인 연관이 있다고 밝히고 있다. 이 보고서에 따르면 전체 항생제 사용량의 절반가량이 농업에 사용되고 있고 사람에게 투여되는 항생제의 거의 모든 종이 가축에게도 사용된다고 한다.

환자와 의사들도 책임이 있다. 우리는 감기 기운이 있으면 곧바로 동네 병원에 달려가서 괴로운 목소리로 이렇게 말한다. "항생제 좀 주세요." 그리고 의사들은 대개의 경우 환자가 원하는 대로 해 준다. 바이러스의 공격을 받았을 때는 항생제가 아무 소용이 없다는 것을 모르는 의사는 없지만, 피곤하고 바쁘고 점심 전에 봐야 할 환자는 밀려 있기 일쑤다. 항생제 처방을 내려 주지 않는다고 화를 내고 소란을 피우는 환자들도 본 일이 있고 혹은 만일의 경우 항생제를 처방하지 않은 것이 잘못 되어서 업무 태만으로 기소되기라도 하면 어쩌겠는가. 그래서 대부분의 경우 의사들은 말없이 처방을 내주고 우리는 처방전을 쥐고 약국으로 달려간다.

이 약을 2, 3일 정도 먹으면 감기 기운이 떨어진다. 아마 약을 먹지 않아도 마찬가지일 것이다. 그리고 약이 아직 좀 남았지만 안 먹고 그냥 버린다. 이것은 해로운 세균의 입장에서 보면 무척 고마운 일이다. 세균이 몸 안에 있는 약물 때문에 내성을 기르게 되어서, 나중에 그 세균을 죽이기 위해 같은 항생제를 먹어도 끄떡없이 살아남아 증식할 수 있게 된다. 그렇지만 항생제 덕에 위험한 세균 사촌들과 함께 몸 안에 사는 다른 무해한 세균들은 죽어 나갔다. 덕분에 나쁜 세균들이 그 자리를 차지하고 더 쉽게 번식할 수 있게 된 것이다. 그렇게 해서, 다음번에 그 항생제를 먹어 그 세균을 죽이려고 할 때도 아무 효과가 없게 되는 것이다.

항생제 남용의 영향이 진기하게도 미국에서 나타나고 있다. 미국은 변호사 자격증이라도 있지 않으면 의사가 환자들로부터 자기를 보호하기 어려울 정도라서 의사들이 책상 서랍에 보험 증서만 신주단지처럼 모시고 있는 나라다. 미국에 반복 감염으로 인한 심각한 귀 손상을 입은 아이들이 많이 발생했는데, 대개는 가난한 지역이 아니라 부유한 지역 아이들이다. 미국에서는 의약품 값이 비싸기 때문이다. 돈 많은 부모들은 아이가 어릴 때부터 귀가 조금만 이상해도 의사에게 데려가서 항생제 처방을 받는다. 아이가 자라서 고등학교에 갈 때쯤에는 대여섯 번은 항생제 치료를 받은 후라 이제 병균이 내성을 갖게 된다. 그래서 치료를 하지 못하고 결국 귀가 망가지게 되는 것이다. 반대로 가난한 엄마는 아이를 병원에 데려갈 수 없기 때문에 이 점에 있어서는 아이에게 무척 다행스러운 일이라 할 수 있다.

영국의 양계장에서 사용되는 항생제의 종류는 모든 병원을 다 합한 것만큼이나 많다. 그래서 1950년대 미국의 양계장에서부터 항생제를 성장촉진제로 사용한 것이 오늘날 어떤 결과를 가져왔는지 주목하지 않을 수 없다.

영국 가금육(家禽肉)연합(BPMF)에서는 '성장촉진제'라는 말을 사용하는 것에 반대한다. 닭이 본래 크기보다 더 크게 자라게 하는 것이 아니기 때문에 잘못된 용어라는 것이다. 이 약물은 단순히 '소화촉진제'로서, 영양소 분해 흡수를 도와서 먹이 대사의 효율을 높이는 것뿐이란다. 나라면 이렇게 대꾸해 주겠다. "그래서 어떻다는 거요? 결국 결과는 마찬가지 아닌가요? 닭에게 항생제를 먹여서 닭이 더 빠르게 자라잖아요." 영국 농장의 약물 사용의 역사는 또 한 번 있을 수 있는 모든 결과를 신중하게 고려해 보지 않은 채 우리가 얼마나 신기술 도입에만 급급했는지를 보여 준다.

1953년 상원에서 '치료물질(오남용방지)법안'이라는 것이 통과됐다. 이 법안의 이름은 상당히 잘못 붙여진 것임이 나중에 밝혀졌다. 약물 오남용을 방지하는 역할을 전혀 해 주지 못하기 때문이다. 이전에는 정부에서 페니실린 사용을 의학, 수의학 처방에만 국한시켰다. 그러나 실지로 이 법안에 의해 규제가 느슨해져서 약간의 페니실린과 테트라사이클린을 가축과 가금류 사료에 첨가해서 성장을 촉진할 수 있게 됐다. 수의사로부터 처방을 받을 필요도 없다. 이 법안은 하원에서도 별 무리 없이 통과됐다.

미심쩍어하는 몇몇 의원이 약품 잔류물이 고기를 통해 체내에 흡수되거나, 위험한 병원균이 내성을 기르지나 않을까 하는 문제를 조심스럽게 제기했지만 의심의 목소리도 금세 수그러들었다. 농수산식품부 장관뿐만 아니라 보건부 장관 이아인 매클리드도 법안 통과를 종용했다. 매클리드 씨는 의원들에게 이렇게 말했다. "의학연구협회에서 인체에는 아무런 악영향이 없다고 확인했습니다."

열의를 가지고 이 법안에 반대한 의원은 단 한 명뿐이었다. 그는 곰므-던컨 대령으로 당시 외국계 육군 장교로 하원에 소속되어 있던 사람 중 한 명이었다. "페니실린을 돼지한테 먹여서 살을 찌운다니 미친 것 아닙니까?" 그는 반문했다. "신의 섭리를 어겨서는 안 됩니다." 다른 의원들은 고개를 절레절레 흔들었다. '저 어리석은 늙은이는 세상이 바뀌고 있다는 것을 이해하지 못하는군.' 그러나 오늘날의 시각으로 보기에 그는 결코 어리석은 늙은이가 아니었다.

당시의 시대 분위기를 생각해 보면 왜 정치인들이 이 새로운 조치를 앞 다투어 환영했는지 짐작이 간다. 전쟁이 끝난 지 몇 년이 지나지 않았고 대부분 식량은 여전히 배급을 통해 분배됐다. 매일 아침마다 베이컨과 계란이 프라이팬에서 지글지글 익고 일요일마다 오븐에서 닭이 익어 가는 광경은 계란 가루와 스팸 깡통으로 전쟁을 버텼던 대부분의 가정에는 꿈과도 같은 것이었다. 영양도 좋고 맛도 좋은 음식으로 효율적으로 국민의 배를 불릴 수 있는 방법이라면 무엇이든 환영받았을 이때 이 법안은 바로 그 해결책인 것처럼 생각됐다. 농업연구협회의 실험에서 매일 항생제를 투여한 돼지와 닭 중 4분의 3이 성장 속도가 빨라지는 것을 확인할 수 있었던 것이다. 또 다른 요인이 있는데, 그때 영국은 막대한 양의 곡물과 사료를 수입하고 있었다. 약을 먹여서 가축이 빨리 자란다면 곡물 수입도 줄일 수 있고, 따라서 국가 경제를 위해서도 좋은 일이었다. 이런 상황이니 더 이상 다른 의견의 여지가 없었다.

그러나 항생제 내성에 대한 걱정이 사라지지 않았다. 상하원 의원들은 새로운 법안에 찬성했지만 의사들은 페니실린에 내성을 보이는 박테리아의 수가 증가하자 우려를 표했다. 그러나 정치인들은 걱정할 필요가 없다고 말했다. 박테리아가 변이를 일으키는 것은 피할 수 없지만 새로운 박테리아에 대항할 새로운 약물이 계속 개발되고 있으니 염려할 것이 없다는 것이다. 1959년 일본의 과학자 T. S. 와타나베는 항생제 내성이 감염성이 있다는 주장을 내놓았다. 다른 말로 하면 사람이나 동물의 영양 기관 내에서 항생제 내성이 어떤 종의 박테리아로부터 다른 종으로 옮겨질 수 있다는 것이다. 완전히 새로운 주장이었다. 그 말이 맞는다면 매클리드와 의학연구협회가 틀렸다는 말이다. 가축에게 미량이나마 매일 항생제를 먹임으로써 인간의 건강에 위험을 가져올 수 있는 것이다. 정부는 이번에도 무엇인가 이해하지 못하는 일이 발생할 때 정치인들이 늘 하는 식으로 위원회를 발족했다. 1960년의 네더소프(Netherthorpe) 위원회가 그것이다. 이 위원회의 발족도 그야말로 참담한 실수였다.

네더소프 위원회는 가축에게 항생제를 먹이는 것이 안전하다는 결론을 내렸을 뿐만 아니라, 한술 더 떠서 3개월 이하의 송아지에게도 성장촉진제를 사용할 것을 권장했다. 그것은 지구상의 모든 위험한 세균을 공짜 휴가 경품 행사에 응모하라고 초대하는 것과 같았다. "공짜로 환상적인 2주를 보내고 나면 새로운 활력을 되찾을 겁니다. 새로운 세균으로 탄생하는 겁니다!" 세균들은 앞 다투어 초대를 받아들였다.

1960년대에 들어 와서 사태는 심각해졌다. 먼저 여러 항생제에 내성을 보이는 살모넬라(salmonella) 균에 의한 식중독이 빈발했다. 와타나베의 주장이 사실로 입증되는 듯 보였다. 또한 1960년대에는 영국

에서 축산 방식이 변화하면서 식중독이 국민 건강을 심각하게 위협하
게 된다.

참으로 역설적이다. 항생제는 치명적 감염을 일으킬 수 있는 병원균
을 죽이는 역할을 한다. 그런 한편 항생제 덕분에 식중독의 위험을
크게 높이는 축산 방식이 사용되고 있다. 항생제를 일상적으로 사용함
으로써 가축이 빨리 자라게 됐을 뿐만 아니라 더 밀집된 환경에서
기를 수 있게 된 것이다.

자연 상태에서 돼지나 닭 같은 동물은 코로 땅을 파고 다니거나
흙을 쪼아 파는 것을 좋아한다. 자연이 그렇게 만들어 놓은 것이다.
그래서 돼지한테는 굳센 코가 있고 닭은 뾰족한 부리를 갖고 있다.
그것이 필요하기 때문이다. 이들은 땅을 파서 여러 비타민과 무기물을
찾아내어 건강을 유지한다. 땅속에서 여러 박테리아와 접해서 튼튼한
면역체계를 발달시키기도 한다. 한 나이 든 농부는 몇 년 전에 돼지가
잘 자라려면 세 가지만 있으면 된다고 말했다. 먹이, 자유, 그리고
건조한 잠자리가 그것이다. 그러나 돼지는 땅을 헤집고 다니느라 많은
에너지를 소모한다. 동물이 빨리 살이 찌게 하려면 움직이지 못하게
하고 먹이를 잔뜩 주면 된다. 하루 종일 쉴새 없이 뛰어 노는 아이와
종일 소파에 파묻혀 앉아서 텔레비전을 보면서 내내 감자칩과 초콜릿
을 먹는 아이를 비교해서 생각해 보면 된다.

농부들은 가축을 환기도 잘 되지 않는 건물에 쑤셔 넣고 언제든지
먹이를 먹을 수 있게 해 놓아서 게으른 먹보로 만들었지만 득보다는
실이 더 많았다. 닭 한 마리가 병에 걸리면 농부가 알아차리고 병든
닭을 처리하기 전에 이미 닭장 안에 병이 다 퍼져서 전부 병에 걸리게
된다. 놓아기를 때 병든 닭은 그저 병든 닭일 뿐이었다. 닭장이 다닥다
닥 붙은 양계장 안에서 병든 닭은 재정 파탄의 위기가 된다. 공장식
양계장을 만들어서 수익을 올릴 수 있게 해 준 것이 바로 항생제다.

아무리 엉터리 의사라고 하더라도 농부들이 여러 해 동안 가축에게 했던 것처럼 환자를 대할 리는 없다. 환자가 병에 걸리지 않게 매일 아침 죽에 항생제를 약간씩 뿌려서 먹으라고 하진 않는다는 것이다. 농업에 사용하는 항생제의 80퍼센트는 가축이 병에 걸렸을 때 사용하는 것이 아니라 체중을 빨리 증가시키려고 사용한다. 축산업자나 소비자나 모두 그것을 반겼다.

내가 어렸을 때 닭고기는 아주 귀한 음식이었다. 부활절 특별 요리로 닭고기를 먹었다. 아이들끼리 소원을 들어주는 뼈(가슴뼈 앞쪽의 두 갈래 뼈로, 접시에 남은 이 뼈를 두 사람이 잡아당겨 긴 쪽을 차지한 사람의 소원이 이루어진다고 함—옮긴이 주)를 서로 잡아당기겠다고 다퉜던 일이 지금까지도 생각난다. 요즘 아이들이 그러는 모습은 상상도 가지 않는다. 소원을 들어주는 뼈를 알고 있을지나 의문이다. 오늘날은 닭고기가 어찌나 흔한지 영국의 모든 아이들이 이틀에 한 번씩은 소원을 들어주는 뼈를 차지할 수 있을 정도다. 매년 영국에서 8억 마리의 구이용 닭이 사육된다. 슈퍼마켓에 가 본 일이 있는 사람이라면 닭이 얼마나 싼지 잘 알 것이다. 닭이 어떻게 길러지는지를 보면 값이 그렇게 싼 것도 놀랄 일이 아니다.

구이용 닭은 알에서 부화한 지 41일만 지나면 충분히 자라서 도살된다. 40년 전에 비하면 절반 정도의 시간밖에 걸리지 않는 것이다. 알에서 갓 나왔을 때는 50그램 정도 밖에 되지 않는다. 정상적인 환경에서 마음껏 돌아다니며 어미 닭과 함께 살고 있는 병아리는 어미의 날개 밑에서 보호를 받는다. 어미는 새끼들을 보호하고 먹이를 챙겨준다. 양계장에서는 보호받을 수 없으므로 스스로를 방어해야 한다.

몇 년 전에 비하면 그래도 닭 사육 방식이 조금 개선된 편이지만, 닭들이 짧은 생애를 살아가는 닭장의 상황은 점잖은 닭이 살만한 환경과는 거리가 멀다. 아래의 묘사는 내가 직접 관찰한 것을 토대로 한

것은 아니다. 여러 해 동안 닭장 안을 촬영할 허가를 받으려고 수
차례 시도해 보았지만 번번이 거절당했다. 대신 다른 사람이 카메라를
숨겨 들어가서 촬영한 비디오를 보았고 양계장에 취직해서 일했던
기자들과 이야기를 나눌 수 있었다. 이 기자들은 양계장에 취직하려고
돈을 벌기 위해 일자리를 구하는 보통 일꾼들인 것처럼 가장해야 했
다. 양계업자들은 기자들이 말하는 것처럼 상황이 열악하지는 않고
최대한 인간적으로 닭을 기르고 있다고 말하기도 했다. 그렇다면 왜
취재하러 온 기자들에게 양계장 내부를 공개하지 않는가 하는 의문이
든다. 판단은 여러분의 몫이다.

각 닭장마다 약 2만 5,000마리의 닭이 있다. 이 건물에는 창이 없고
인공 조명만이 있다. 얼마 전까지만 하더라도 하루 24시간 중에서
30분만 불을 끄고 나머지 시간에는 내내 불을 켜 놓았다. 환하게 불이
켜 있으면 닭이 더 빠르게 자라기 때문이다. 동물보호협회에서 반대
캠페인을 거세게 벌인 덕에, 양계 업계의 저항의 목소리를 누르고
이러한 관행이 바뀌게 됐다. 이제는 8시간씩 번갈아 불을 켜고 끈다.
그렇지만 다른 점에 있어서는 여전히 지옥과 같다.

약한 새는 빨리 죽는다. 먹이를 차지할 수 없기 때문이다. 살아남은
닭은 놀라운 속도로 몸무게가 불어난다. 살이 찌면 찔수록 공간은
점점 비좁아진다. 도축장으로 보내질 만큼의 무게에 도달하면 겨우
서 있을 정도의 공간만 갖게 된다. 이 책을 펼쳐서 바닥에 놓았을
때 겨우 그 정도의 크기다. 다 자란 닭이 그만한 크기의 공간에서
살고 있다고 생각해 보라. 견디지 못하고 죽는 경우도 많다. 환기
장치 혼자 쉴 새 없이 돌아가며 더위와 싸우는 여름에는 특히 폐사율
이 높다. 대부분 질식해서 죽는다. 영국에서 매년 양계장에서 죽는
닭의 수만 해도 4,000만 마리에 이른다고 한다. 전체의 7퍼센트에
달한다. 최악의 경우 죽은 닭의 시체가 처리되지 않아 닭장에서 썩는

경우도 있다.

한창 자랄 때 양계장의 병아리는 어미 닭이 기르는 병아리에 비해 2배 정도 빨리 자란다. 양계장에서는 튼튼한 몸과 뼈를 만들어 주는 사료를 먹이는 것이 아니라 최대한 살코기를 많이 만들어내는, 특히 가슴살을 두툼하게 하는 사료를 준다. 그래서 뼈가 몸무게를 지탱하지 못하는 지경에 이른다. 동물 보호론자들은 닭 10마리 중 9마리가 어릴 때 이미 다리를 절게 된다고 주장한다. 말 그대로 뼈가 부스러질 지경인 것이다. 아기가 앉아서 엉덩이로 움직이듯 허벅지로 기어서 먹이에 다가간다. 뼈가 부스러지거나 관절이 못쓰게 되어서 닭이 통증을 느끼는지 아닌지를 입증하기는 어렵지만, 진통제를 포함한 먹이와 그렇지 않은 먹이 둘 다를 주고 고르게 하면 진통제 쪽을 선택하는 것이 관찰됐다.

양계장 닭은 심장과 허파 이상 등 과체중인 동물이 걸리기 쉬운 병에도 잘 걸린다. 다른 닭과 계속 부딪혀서 생기는 가슴의 물집 등 양계장 내의 불쾌한 환경에 원인이 있는 병도 있다. 드디어 죽을 때가 되면 도축장으로 끌려간다. 마침내 편안히 쉴 수 있겠구나 싶지만 도축 과정마저도 무자비하기 그지없다. 도축장에서는 모든 과정이 최대한 빨리 이루어져야 한다. 시간이 돈이기 때문이다. 닭 한 마리로 얻을 수 있는 이득이 얼마 되지 않기 때문에 양으로 승부해야 한다. 그래서 우선 양손으로 다리를 하나씩 잡고 상자 안에 쑤셔 넣는다. 도축장에서는 컨베이어 벨트에 걸쇠를 이용해서 닭을 거꾸로 매단다. 그 상태로 끌려가다 보면 강한 전류가 흐르는 물 속에 머리를 담그게 된다. 더 이상 고통받지 않기 위해 순간적으로 기절시키기 위해서라고 한다. 그렇지만 이 끔찍한 광경을 목격한 사람에 의하면 사실상 닭들이 보통 머리를 위로 치켜들고 있기 때문에 목을 칠 때까지 기절하지 않는 경우가 많다고 한다. 병아리가 계란을 깨고 나올 때부터 식탁 위에 오를 때까지 전 과정이 약 6주 정도 걸린다.

독자들에게 충격을 주려고 이 과정을 구체적으로 길게 이야기한
것은 아니다. 나는 이런 방식으로 닭을 기르는 것이 잔인하고 잘못된
것이라는 생각을 가지고 있기는 하지만 그렇게 생각하지 않는 사람도
있다. 양계업을 하는데 도덕관념을 가져야 한다는 게 우습지 않느냐고
말한다. 닭이 닭장 안에서 고통받고 있다는 것은 사실이 아니며, 따뜻
하고 건조하고 먹을 것이 있기만 하면 닭은 만족한다고 말하는 사람도
있다. 만족하지 않는다면 그렇게 무럭무럭 자랄 턱이 없지 않느냐는
것이다. 줄지어 있는 닭장은 싫지만 닭 값을 싸게 유지할 수 있다면
어쩔 수 없지 않느냐는 사람도 있다. 닭이 편안하게 사는 것보다 가난
한 가정의 아이들도 닭을 마음껏 먹을 수 있게 하는 것이 더 중요하다
고도 말한다.

그러나 이 책은 식품안전성에 대한 책이고 우리는 그 맥락에서
양계장에서 일어나는 일에 대해 관심을 가져야 한다. 가금류 사육이
집약적으로 이루어지면서 계란이나 닭의 식중독이 크게 증가했다.
어떤 해에는 전국적으로 100만 건이나 발생하기도 했다. 대부분은
심각한 증세를 보였고 그 중에는 치명적인 것도 있었다. 에드위나
커리는 1980년대 후반 보건부 장관 역임 당시 세간을 떠들썩하게
한 일이 있었다. 그녀가 텔레비전 방송 기자에게 슈퍼마켓에서 판매되
는 모든 계란에 살모넬라 균이 들어 있다고 말한 사건은 아주 유명하
다. 이 발언으로 계란 업계는 막대한 타격을 입었다. 커리는 계란
업계 관련자로부터 혹독한 비난을 받아 장관직을 사임할 수밖에 없었
다. 그러나 그녀의 죄라면 단지 사실을 말한 것뿐이었다.

전염병감시센터(CDSC)에 보고된 살모넬라 식중독의 수는 공장식
축산이 시작된 이래로 급증했다. 보고된 사건만 해도 1980년부터

1990년까지 단 10년 동안에 3배 증가하여 3만 건에 달했다. 그러나 살모넬라 중독이 1999년에는 급격히 감소했다. 양계장의 위생 상태 개선 때문이라고 말했지만 다른 균에 의한 식중독은 줄지 않았다. 실제 이유는 항생제 성장 촉진에 반대해 온 사람이 지속적으로 주장해 온 그것일 것이다. 항생제 때문에 닭 체내에 위험한 세균의 종류가 다양해진 것이다. 참으로 기대에 어긋나는 결론이 아닐 수 없다. 항생제가 세균을 잡아 죽이기는커녕 다양하게 증가하도록 만들고 있는 것이다. 하지만 그것은 당연한 일이다.

동물이나 사람의 몸 안에는 다양한 박테리아가 살고 있다. 수조(兆) 마리가 몸 안에 살고 있으며 눈부신 속도로 증식한다. 적합한 환경이 주어지면 대장균은 20분마다 2배로 증가한다. 24시간이 지나면 20억 마리 이상으로 늘어나는 것이다. 그래서 대장균을 세균계의 토끼라고 부르기도 한다. 평판이 어떻든 대부분 박테리아가 인체에 무해하듯 대장균도 대부분은 우리 몸에 해를 입히지 않는다. 그렇지만 대장균은 돌연변이를 일으키는 습성이 있어서, 십억 마리마다 하나씩 변이가 발생한다. 따라서 짧은 시간 동안에 돌연변이종을 여럿 만들어낼 수 있는 것이다. 이것 역시 별 문제가 아니다. 변종은 실제로 대개 그 박테리아 종을 약화시키는 역할을 한다. 그러나 이런 저런 종류의 항생제를 꾸준히 투입한다면 예측하지 못한 결과가 나타난다. 아마 포파이(Popeye)에게 시금치를 먹이는 것과 비슷한 효과가 날 것이다. 그렇게 하여 변종 중 한 종이 다른 종을 누르고 막강해지는 것이다.

고려해야 할 또 다른 요인이 있다. 세균들은 생명을 유지하고 영양 분을 섭취하기 위해 공간을 더 많이 차지하려고 서로 경쟁하는 관계에 있다. 말하자면 좋은 세균과 나쁜 세균이 끊임없이 싸우고 있다고 할 수 있다. 그런데 우리가 환경에 지나치게 개입하면 나쁜 세균에게 유리한 조건이 되어 나쁜 세균이 좋은 세균을 무찔러 없앨 수도 있다.

세균은 크게 '그람 양성 세균(gram-positive)'과 '그람 음성 세균(gram-negative)'으로 나뉜다. 식중독을 일으키는 세균은 그람 음성이다. 닭이 빨리 자라게 하는 항생 물질은 그람 양성이다. 결과적으로 항생제는 살모넬라 균과 경쟁 관계에 있는 박테리아들을 죽이게 되는 것이다.

닭의 몸 안에 살모넬라가 많이 있으면 많이 있을수록 그 닭을 먹고 병에 걸릴 확률은 높아진다. 살모넬라가 실제로는 비교적 무해한 세균이라는 말이 있다. 95퍼센트의 사람에게는 사실이다. 그렇지만 살모넬라에 대한 저항력이 없는 5퍼센트의 사람에게는 아주 위험한 세균이다. 지난 15년 사이에 '타이피뮤리움 104(typhimurium 104)'라고 하는 살모넬라의 위험한 변종이 새로 생겨났다. 이 세균의 항생제 내성은 5퍼센트에서 95퍼센트까지 증가했다.

양계업자들은 살모넬라의 위험성을 잘 알고 있다. 일부는 균형을 유지하기 위해 닭에 다른 무해한 세균을 일부러 주사하기도 한다. 그렇게 하여 특이한 악순환이 시작된다. 닭한테 빨리 자라라고 항생제를 먹이고, 튼튼하게 자라라고 또 다른 항생 물질을 먹인다. 그리고 병에 걸리면 감염물질을 죽이기 위해 또 항생제를 먹인다. 그렇지만 그 항생제 때문에 몸에 유용한 미생물이 죽게 된다. 이렇게 끊임없이 이어진다.

스웨덴에서는 가금류의 살모넬라 감염이 증가하여 1984년 성장촉진항생제 사용을 금지했다. 2년이 지난 후 모든 항생 물질의 사용을 금지했다. 현재 스웨덴에서 생산되는 닭에서는 살모넬라가 거의 발견되지 않는다.

양계장에 들끓는 또 다른 위험한 세균으로 캠피로박터(campylobacter)라는 것이 있다. 영국 소매점에서 파는 닭 10마리 중 9마리가 이 균에 감염됐다는 신뢰할 만한 조사 결과가 나왔다. 이 통계는 정부 기관에서 신선한 닭고기를 사들여 검사한 결과에 기반한 것이다. 여기까지는 명백하지만 이 세균이 국민 건강에 어떤 영향을 미치는지에 대해 구체적인 결론을 내리기는 쉽지 않다. 알려진 정보의 양이 너무 적은 탓이다. 이 분야 역시 핵심적인 연구 조사가 행해지지 않았다. 지금까지 알려진 것만이라도 살펴보고 결론을 내리기로 하자.

음식을 준비하고 조리하는 과정에서 충분히 주의를 기울이기만 하면 이 세균은 문제가 되지 않는다. 전문가들은 닭을 먹을 때는 반드시 잘 익혀 먹어야 하고 날 것을 다룰 때 주의해야 한다고 말한다. 그렇지만 안타깝게도 우리는 언제나 빈틈없는 주의를 하지는 못한다. 덜렁대거나 꼼꼼하지 않은 사람은 항상 있기 마련이다. 1990년대 초반 전염병감시센터에 보고된 캠피로박터 감염 환자의 수는 3만 8,000명에 달했다. 6년이 채 안되어 그 수는 5만 8,000명으로 늘어났다. 그렇지만 이 통계치도 전체 이야기의 일부에 지나지 않는다. 미국에서 이루어진 조사 결과에 따르면 공공 보건 당국에 보고된 식중독 1건이 있다면 보고되지 않은 건이 최소 10건은 있다고 한다. 영국이라고 사정이 크게 다르지는 않을 것이다.

보건 당국의 통계에 집계되지 않는 경우가 많은 이유는 이 병에 걸려도 대개 2, 3일 정도 피가 섞인 설사를 하다가 낫기 때문이다. 그러면 환자는 동네 병원을 찾아가 진료를 받지만, 동네 병원 의사는 굳이 귀찮게 샘플을 채취해서 실험실에 분석을 의뢰하는 수고를 하지 않을 것이다. 의사를 찾지 않는 경우도 많다. 그렇게 심각한 질병은 아니라고 결론을 내리기 쉬울 테지만 사실은 그렇지 않다. 며칠 앓고 마는 사람은 운 좋은 사람이다.

캠피로박터 중독은 혈액에 감염이 일어나는 패혈증을 유발할 수 있다. 패혈증에 걸리면 운이 좋아도 한동안 중환자실 신세를 져야 하고, 최악의 경우 그 후로도 오랫동안 심각한 건강 문제를 겪게 된다. 길렝바레 증후군(Guillain-Barré syndrome)이라는 마비를 일으키고 죽음에 이르는 신경계 질환을 일으킬 수도 있다. 캠피로박터 식중독을 일으킨 사람 중 약 10퍼센트는 심각한 증세를 보인다. 심각한 증세가 아니라도 이러한 식중독은 위험하다.

왜 위험한가? 또, 문제를 일으키는 세균이 무엇인지 알고 있으면서도 왜 이렇게 많은 사람이 이 세균으로 인한 식중독에 걸리고 심각한 증상에 시달려야 하는 것인가? 이 두 질문에 답하기 위해 양계업에서 항생제를 사용하는 문제로 다시 돌아가 보자.

휴 페닝튼 교수는 영국 의학 미생물학에서 가장 권위 있는 학자 중 한 사람이다. 1996년 스코틀랜드에서 많은 사람들, 특히 노인들이 식중독으로 쓰러졌을 때 정부는 페닝튼 박사에게 이 문제를 의뢰했다. 식중독의 원인은 대장균 O157이었다. 21명이 죽었다. 페닝튼 교수는 조사단을 꾸리게 됐다. 그의 연구 업적, 학식, 경험은 의심할 바 없이 뛰어났다. 또한 그는 학계에 있는 사람에게서는 보기 드문 재능인, 보통 사람도 알아들을 수 있는 언어로 이야기하는 재능 또한 갖춘 사람이다. 그는 우리가 직면하고 있는 심각한 문제의 원인은 상당히 단순하지만 해결책은 그리 쉽지 않다고 말한다.

수천 마리의 닭을 닭장 하나에 몰아 넣고 기르는 것은 질병 확산을 촉진하는 확실한 방법이다. 페닝튼 교수는 이런 닭장을 빅토리아 여왕 시대의 가장 지저분한 슬럼에 비유했다. 세균은 인구 과밀 지역에서 번성한다. 항생제 덕분에 과밀 사육이 가능해졌던 것이다. 항생제를 꾸준히 투여하더라도 닭의 몸 안에 있는 해로운 세균을 전부 죽일 수는 없지만, 세균에 감염된 닭은 계속 살아남아서 병을 옮길 수 있게 되는 것이다. 안마당이나 들에 닭을 놓아기르던 때는, 닭이 병에 걸려 죽을 수는 있지만 닭 떼 전부에게 병을 옮기는 일은 드물었다.

또한 공장식 양계업이 시작되기 전에는 앞서 묘사했던 것과 같은 방식으로 닭을 도축하지도 않았다. 페닝튼 교수는 공공 보건 분야에 오래 몸담아 왔지만, 그래도 컨베이어 벨트 도축장의 위생 상태는 충격적이었다고 시인했다.

"살아 있을 때는 감염되지 않았던 닭이라고 하더라도 도축하여 먹을 수 있는 상태가 됐을 때는 감염되어 있을 가능성이 충분히 있습니다."라고 그는 말했다.

그러니 캠피로박터 식중독이 만연하는 것도 당연하다. 이 질병을 치료하기가 어려운 이유도 이와 깊은 연관이 있다.

그간 캠피로박터 균을 죽이는 데 사용된 항생제 중 가장 주요한 것은 시프로플록사신(ciprofloxacin)이었다. 시프로플록사신은 플루오로키놀론(fluoroquinolone)계 약물 중에서 가장 최근에 개발된 것으로 살모넬라, 이 콜리 대장균, MRSA 등 위험한 박테리아를 다루는 데 필수적인 약제다. 그런데 그 약효가 점점 떨어지고 있다. 캠피로박터 중독 8건 당 대략 1건 꼴로 시프로플록사신 내성이 나타나고 있다. 같은 계열에 속하는 항생제인 엔로플록사신(enrofloxacin)이 닭 사육에 사용되기 때문이라고 짐작된다.

엔로플록사신은 1980년대 네덜란드에서 처음 사용됐지만 얼마 지나지 않아 내성이 증가하는 징후가 드러났다. 그런데도 영국에서는 1993년 엔로플록사신 사용을 허가했다. 그리고 피할 수 없는 결과가 나타났다. 다양한 세균에서 내성 증가가 나타나서 중앙 공중보건연구소 소속 연구원들이 나서서 건강에 미치는 위험성에 대해 경고하는 상황에 이르렀다. 이 장 앞 부분에서 언급했던 일본인 과학자가 아직 살아 있다면 이렇게 말할 것이다. "결국 내 말대로 됐군요."

현재 가축 성장을 촉진하기 위해 사용하는 항생 물질은 두 종류다. 플라보마이신(flavomycin)과 아빌라마이신(avilamycin)이 그것이다. 업계에서는 이 두 물질은 사람을 치료하는 데는 사용되지 않으므로 사람들이 의존하고 있는 항생제의 효과를 떨어뜨리지 않는다며 항생 물질의 사용을 옹호한다. 페닝튼은 이러한 주장을 한 마디로 일축한다. 그는 어떤 약을 가축에게 먹이느냐는 중요하지 않다고 말한다. 지금은 쓰이지 않는 약이라도 머지않은 미래에는 사람의 질병을 치료하는 데 필요하게 될 수도 있기 때문이다. 또한 아빌라마이신의 구조는 중요한 신약인 지라신(ziracin)과 거의 똑같은 구조를 가진다. 영국에서는 다른 항생제에는 내성을 보이는 MRSA와 VRE, 수막염과 폐렴을 일으키는 병원균을 치료하는 데 사용하기 위해 지라신의 실험에 들어갔으나, 2000년 5월에 실험이 철회됐다. 우연인지 아닌지 그것은 유럽연합 과학운영위원회에서 지라신의 효용을 떨어뜨릴 수 있으니 아빌라마이신 사용을 금지해야 한다는 보고문을 발표한 지 7일 후의 일이다. 비슷한 시기에 세계보건기구에서는 의학적으로 동등한 다른 제품이 있는 항생제는 성장촉진제로 사용하면 안 된다는 원칙을 채택했다. 지라신 실험이 계속되어 시판할 수 있게 됐다면 아빌라마이신이 전세계적으로 사용 금지됐을 것이 분명하다.

그렇다면 빨리 자라라고 닭에게 먹이는 약에 대해 페닝튼이 가지고 있는 견해는 어떤 것일까? 그는 일체 금지해야 한다고 생각한다. 그러려면 축산 방식 전반을 바꾸어야 하지만, 이 방식을 계속하는 데 드는 비용이 오히려 더 많다. 그는 다른 대안이 없다고 생각한다. 의학계에 종사하는 사람 중에서 그의 생각에 동의하지 않는 사람은 거의 찾아보기 어렵다. 그도 그럴 것이 너무나 많은 종의 항생제에 대해 셀 수 없이 많은 병원균이 내성을 기르고 있는 사정이니 최악의 경우 어떤 항생제도 약효를 낼 수 없게 되고 말 것이다. 이러한 일이 일어난다면 의학적 암흑 시대로 되돌아가게 될 것이다.

정치인 중에도 관심과 우려를 보이는 사람들이 많다. 그러나 항생제 사용을 규제하기 위한 새로운 법령을 만들고 법률을 제정하는 문제에 있어서 지금까지의 정부는 실망스럽기 그지없었다. 위험을 깨닫지 못했거나, 혹은 무시할 수 없을 정도로 많은 증거가 드러났을 때는 업계의 압력에 굴복하고 말았던 것이다. 양계 업계나 제약 업계의 목소리에 눌려 경고의 목소리는 묻혀 버리고 말았다. 항생제 오남용을 제재하는 엄격한 새 법률을 제정하는 것과 강력한 업계의 로비에 굴복하는 것 사이에서 정치인들은 항상 후자를 택해 왔다. 그리하여, 20세기 말 영국 내 양계장에서는 실질적으로 모든 닭이 아빌라마이신을 먹었다.

1960년대의 네더소프 위원회는 사실상 아무것도 한 일이 없었다. 네더소프 위원회에서 항생제가 안전하다는 보고서를 발표하자마자 생태계가 이 문제에 대해 걱정스러운 방향으로 반응하고 있다는 것이 명백히 드러났다. 전국의 농장에서 송아지들이 일반적인 항생제에 내성을 보일 뿐만 아니라 R-플라스미드(R-plasmid)라고도 하는 비염색체성 유전물질을 지니고 있는 살모넬라 타이피뮤리움에 감염되어 쓰러졌다. R-플라스미드는 접촉한 지 채 몇 분이 지나지 않아 다른 종의 박테리아로 옮겨갈 수 있다. 정부에서도 이제는 정말 심각한 문제라고 생각하기 시작했고 스완(Swann) 위원회라는 또 다른 위원회를 구성했다. 스완 위원회는 이듬해 처음 보기에는 무척 엄격한 것처럼 보이는 조처를 권고했다. 스완 위원회의 권고 내용을 문자 그대로 따랐다면 오늘날과 같은 위기에 도달하지는 않았을 것이다. 그러나 그대로 되지는 않았다.

이론상으로 이제 페니실린이나 테트라사이클린을 성장촉진제로 마음껏 사용할 수는 없게 됐다. '생명체의 내성 변형에 의해 치료용 항생제의 효용을 저하시키지 않는' 약제만 사용하도록 됐기 때문이다. 다시 말해 사람을 치료하는 데 쓰이는 약물은 사탕 주듯이 닭이나 돼지에게 먹일 수 없게 됐다. 여기까지는 아주 좋았다. 그러나 만들어진 법률에 빠져나갈 구멍을 만들어 놓아서 업자들이 이 허점을 무자비하게 이용했다. 그리고 그 다음 정부에서도 스완 위원회의 권고를 따르기를 강요하지 않았고 합법적으로 살인을 저지르도록 그대로 내버려 두었다.

결국 의도했든 안 했든 위원회가 한 일은 성장촉진제로 마음대로 사용할 수 있는 새로운 항생 물질 개발에 푸른 신호등을 켜 준 꼴이 되고 말았다.

스완 위원회의 권고문 발표 바로 다음 해에는 영국 농가에서 항생제 사용량이 줄어드는 모습을 보였다. 그렇지만 이 추세가 오래 지속되지는 않았다. 1977년이 되어 다시 증가하기 시작했다. 이제는 축산에 사용되는 성장 촉진용 항생제가 새로이 개발되어 다양하게 쓰이고 있을 뿐만 아니라, 가축들이 병에 걸릴 것에 대비해서 먹이는 약의 양도 점점 더 늘고 있다. 수의약품 협회의 회원이자 브리스톨(Bristol) 대학 세균학 명예 교수인 알란 린튼 교수는 구체적인 보고서를 작성해서 그 위험성을 지적했다. 보고서의 제목은 「스완 위원회 실패의 원인(Why Swann Has Failed)」이었다.

1980년대에는 전국적으로 더욱 심각한 파장을 일으킨 소의 살모넬라 감염이 있었다. 이번에도 역시 병원균이 R-플라스미드를 지니고 있었고 동물의 질병을 치료하는 데 쓰이는 8종 이상의 항생제에 대해 내성을 보였다. 나중에 이 세균은 사람에게 옮아 감염을 일으켰다. 린튼 교수가 1999년 토양협회에 제출한 보고서의 서문에는 이 세균 변종은 더 많은 약물에 내성을 보이는 종으로 유전적으로 변형될 수 있다고 적혀 있다. 스완 위원회는 완전한 실패였다.

어떤 면에서는 축산업자들을 나무랄 수가 없다. 사업을 하는 사람이 다 그러하듯 그들도 이윤을 증대하고자 했고 최대한 많은 고기를 생산하려고 했던 것이다. 또한 브뤼셀로부터 엄청난 지원을 받고 있었다.

그때 당시 EEC에서는 술 취한 선원처럼 돈을 뿌려댔던 것이다. 그 중에서도 가장 큰 돈 뭉치가 집약 사육용으로 설계된 건물을 짓는 농부들의 손으로 흘러들어 갔다.

이 사태가 진행되는 동안 수의사들은 무엇을 하고 있었을까 하는 생각도 들 것이다. 수의사들도 여러 상충되는 압력 하에 놓여 있었다. 가축을 돌보아야 할 직업적 의무를 지니고 있었지만 고객인 농부들의 이익에 봉사해야 할 의무 또한 가지고 있었다. 축산업자들이 합법적으로 자기 일을 하겠다는데 수의사가 무슨 권위로 못하게 막을 수 있겠는가? 성장촉진제와 예방약이 박테리아의 내성을 증가시키는 문제에 대해 염려하는 수의사도 많이 있었지만 어쨌든 이들은 돈을 받고 일하는 처지였다. 게다가 사실상 성장촉진제는 수의사가 처방을 내려 주어야만 살 수 있는 것도 아니었다. 원할 때면 언제 어디서든 살 수 있었다. 또한 수의사와 의사 사이에는 중요한 차이가 있다. 의사는 처방만 내릴 뿐 약을 팔 수는 없게 되어 있다. 하지만 수의사는 약을 팔 수 있고 약을 판 돈의 약 30퍼센트 가량을 이윤으로 남긴다. 소규모 시골 수의사는 가게 문을 닫지 않으려면 이렇게 남기는 이윤이 반드시 필요하다. 또한 수의사들은 어느 정도의 약품을 항상 지니고 다녀야 한다. 한밤중에 가축이 아파서 수의사를 호출한 농부에게 처방전을 주면서 가까운 약국에 가서 약을 사오라고 말할 수는 없는 것이다. 조심성 없는 수의사는 어떤 특정한 목적을 위해서 처방하지 말아야 하는 약을 내주고 싶은 유혹을 느낄 것이다. 어떤 직업이든 부도덕한 사람이 한둘은 꼭 있기 마련이다.

이러한 압력에도 불구하고 자기 생각을 굽히지 않은 수의사도 실제로 있었지만 아무 힘이 없었다. 농부에게 이런 목적으로는 이 약을 처방할 수 없다고 말한다면 그 농부는 다른 수의사를 찾아갈 것이다. 한 수의사가 처방을 내리기를 거절했다 하더라도 그보다 좀 덜 신중한 다른 수의사가 틀림없이 있을 것이기 때문이다. 제약 업계의 압력도 만만하지 않다.

새 항생 물질을 개발하는 데는 끔찍할 정도로 돈이 많이 든다. 알렉산더 플레밍은 접시 위의 곰팡이 조각만을 가지고 위대한 발견을 했지만 오늘날의 사정은 다르다. 미국에서 새로운 항생 물질을 시장에 내놓기까지 드는 비용은 1억 달러에서 3억 5,000달러에 이른다. 이러한 투자 비용을 충당하려면 약을 많이 팔아야만 한다. 항생제 내성 문제가 가중되면서 비용은 점점 더 올라가고 있다.

스완 위원회의 권고는 이미 무력해졌지만 그래도 업계는 온 힘을 다해 이에 대항했다. 이 엄격한 조처 때문에 돼지고기 1근당 가격이 100원씩 올라갈 것이라는 사실을 널리 알렸다. "참을 수 없는 일이다! 국민 식생활의 미래를 위협하는 조처다. 이들이 주장하는 대로 하면 양계장과 양돈장은 모두 문을 닫아야 할 것이다." 등의 말을 퍼뜨렸다.

스완 위원회에서 요구한 것은 몇몇 중요한 항생제를 처방 없이 판매하는 것을 금지하는 것이었다. 다시 말해 성장촉진제로 사용 못하게 하는 것이다. 또한 상설 위원회를 개설해서 항생제의 의학수의학적 이용을 감독해야 한다고 했다. 상설 위원회는 항생제 사용을 감시하고 항생제 내성에 변화가 생기지 않는지 지켜볼 책임을 맡아야 할 것이다.

이것은 스완 위원회에서 주장했던 것의 일부에 지나지 않는다. 원래는 이보다 훨씬 더 많은 것을 바랐지만 그만큼 엄격한 규제 법령은 결코 통과되지 않을 것이라고들 해서 어쩔 수 없이 권고의 수준을 낮춰야 했다. 그렇게 했음에도 불구하고, 업계의 로비력과 성장하는 시장을 보호하려는 의지가 얼마나 확고한지는 과소평가했다고 말할 수밖에 없다. 로비스트들이 팀을 이루어서 웨스트민스터 의회로 몰려

왔다. 고도의 홍보 방식이 동원됐다. "스완 위원회에서 권고하는 것과 같은 규제를 가하면 축산업에 얼마나 큰 타격을 줄 것인지 국민 모두가 알고 있어야 합니다."

정치인들은 이러한 아전인수격의 말도 안 되는 주장을 웃음으로 일축하는 대신 이에 납작 굴복했고 문제의 항생제 목록에 한 개를 더 추가하기까지 했다. 이 항생제는 양돈이나 양계업에서 치료의 목적이나 성장 촉진을 위해 사용될 수 있게 허가됐다. 스완 위원회에서는 치료 목적으로 쓰이는 약품은 성장촉진제로 쓰면 안 된다고 했는데 말이다. 그뿐이 아니었다. 스완 위원회는 성숙하여 새끼를 낳을 수 있는 소에 성장 촉진용 항생제를 먹이는 것에 대해서 강경하게 반대했다. 그러나 1976년 이것마저도 허가됐다.

내가 약으로 살찌운 소를 처음 본 것은 1980년대 초반이었다. 한 농부가 그의 농장에서 토실토실 살이 오른 잘생긴 소를 구경하라고 나를 불렀다. "멋진 놈이네요." 나는 말했다. "그런데 저 구석에 있는 소는 왜 저렇게 말랐어요?" 다른 소들은 다 엉덩이가 올림픽 역도 선수의 이두박근 같은데 유독 한 놈만 보디빌딩 광고 전단의 '운동 전'에 해당하는 사진처럼 보였다.

"어디가 아픈가요?"

"아픈 건 아니구요." 농부가 대답했다. "마른 놈은 우리가 먹을 거예요. 우리 집 마나님이 약 먹인 소를 애들 먹일 수는 없다고 해서."

그럼 약 먹인 소를 다른 사람에게 파는 것에 대해서는 꺼림칙하지 않은가? 그는 이렇게 말했다.

"나는 소를 길러서 돈을 벌어야 하고 애들을 키워야 해요. 지금의 방법으로도 소를 키워서 돈을 벌기는 쉽지 않다구요. 우리는 정부에서 하라는 대로 할 뿐이예요. 그대로 하지 않으면 가격 경쟁력이 떨어지고 사람들은 훨씬 더 값이 싼 수입 소고기를 점점 더 많이 사먹겠죠.

간단한 얘기예요. 그리고 그게 실제로 몸에 해롭다면 정부에서 그렇게 하도록 내버려 두겠어요? 그래도 어쩐지 꺼림칙하니까 우리는 안 먹는 것뿐이죠." 맞는 말이다.

이 농부는 그때 소들에게 호르몬 주사를 놓고 있었는데 그가 하는 행동도 잘못된 것이 아니었다. 정부에서 그렇게 해도 안전하다고 확인해 주었던 것이다. 그로부터 몇 년 후 호르몬 주사는 유럽에서 금지됐다. 영국 정부는 처음에 금지에 반대했다. 유럽 전역의 과학자들이 증거를 잔뜩 들고 나오는데도 호르몬이 전혀 위험하지 않다고 주장했다. 결국에는 굴복했다. 그래서 소를 기르는 농부들도 다른 약물로 돌아서야 했다. 그것은 성장 촉진용 항생제였다.

어떤 약품에 허가를 내 줄지를 결정하는 곳은 수의약품협회(VPC)다. 1981년까지 협회에는 미생물학자들로 이루어진 분과 위원회가 있어서 협회의 자문 역할을 담당했다. 이들은 성장 촉진용 항생제의 영향에 대해 점점 더 위기감을 품게 됐지만 이들에게는 아무 권한이 없었다. 이들은 스완 위원회의 권고를 준수할 것을 바랐다. 현재 사용되는 항생제와 사용 방식을 검토해서 규제가 필요한지 확인하는 것이 필요하다고 생각했다. 그 중에서도 한두 종의 항생제가 특히 염려스러웠다.

이전에 공중보건연구소 소장을 역임한 바 있는 제임스 호위 경이 분과 위원회의 의장이었다. 그는 농수산식품부와 보건부 장관에게 공문을 보냈다. 즉각적으로 응답이 왔다. 그들은 이 문제에 대해 이야기하기를 거절했고 1981년에는 분과 위원회가 해체되고 말았다. 1990년대 말이 되기까지 수의약품협회는 이 문제를 담당할 전문적 분과 위원회가 없는 상태였다.

수십 년 동안 스완 위원회를 비롯해 이 문제에 관심을 갖고 있는 사람들이 요청한 자료도 그 이상 확보된 것이 없다. 전국의 축산업자에게 팔리는 항생제에 대한 구체적인 사실 기록과 그 영향에 대한 명확한 자료를 아직도 구할 수 없는 것이다. 덴마크에서는 이러한 정보를 매년 발표할 것을 의무화한다. 영국에서는 약품 판매업자에게 판매 수치 자료를 모아 제출할 것을 '정중하게 요청'하는 실정이다. 강제할 법률도 없고 그렇게 하지 않는다고 처벌할 규정도 없다.

1996년 발족한 정부의 자문위원단인 식품미생물안전 자문위원회도 이 문제를 인정했다. 1999년 발표된 보고문은 이렇게 되어 있다. "가축에게 사용되는 항생제 분량이나 약물이 투여된 가축의 수에 대한 통계치를 구하기가 무척 힘들다." 자문위원회에서는 "사용되는 약품과 약품 사용의 목적, 분량을 구조적으로 감시할 수 있어야 한다."고 요청했다. 그러나 이런 일은 이루어지지 않았다. 자문위원회와 토양협회의 압력 하에서 정부는 2000년 5월 마침내 마지못해 반응을 보여 겨우 몇 페이지로 된 보고서를 내놓았다. 그 이상 구체적인 자료는 여전히 나오지 않고 있다.

지난 50년 동안 우리의 질병에 대한 저항력이 점차 약해지는 동안 정부에서는 믿기 어려울 정도로 느긋한 태도를 보였다. 그러나 마침내 다른 단체에서 경종을 울렸다. 1997년 세계보건기구에서는 다가오는 위기에 사람들의 관심을 환기시켰다. 1998년 상원에서도 분과 위원회를 열어 공청회를 개최했다. 웨스트민스터 궁의 퇴락해 가는 화려함 속으로 전문가들이 한 사람 두 사람 걸어 들어가서 왜 우리가 위기에 처하게 됐는지를 설명했다.

공청회를 마무리하면서 발표된 보고서에서 상원 의원들은 "지난 반세기 동안 새로운 항생제가 개발되어도 모두 내성이 생겨 점차 쓸모 없이 되어 가고, 그래서 점점 더 비싼 신약을 개발하게 되고 또 새로운 항생제도 같은 운명을 겪게 되는 악순환이 되풀이됐다."고 강한 어조로 말했다.

이 보고서는 "항생제 개발 이전의 시대로 돌아가는 암울한 미래"의
도래가능성을 경고하는 무시무시한 결론을 내렸다. 그렇지만 이런
일이 하루아침에 일어나지는 않을 것임을 인정했다. 그것은 "느리지
만 거역할 수 없는 자연의 진행 과정이고, 그 결과는 들쑥날쑥해서
예측하기 어렵지만 이미 진행되고 있다. 감염 치료에 쓸 수 있는 방법
은 점점 더 줄어들고 있다. 생명을 위협하는 감염의 원인이 되는 몇몇
미생물이 현재 존재하는 모든 항생제에 대해 내성을 보이고 있어,
이 병원균에 감염된 환자들에게는 이미 항생제 시대가 끝이 난 것과
다름없다." 그들의 조사는 "대오각성하는 계기가 됐으면 좋겠다. 항생
제를 비롯한 전염병 치료제에 대한 내성이 공중 보건에 가장 큰 위협
이 되고 있다는 사실을 확인하게 됐고 이 위험성이 널리 일깨워져야
할 필요성이 있다는 것을 알게 됐다."

우리가 마주하고 있는 위험을 가장 생생하게 요약한 것은 위원회
에서 소견을 발표했던 노먼 시몬스 박사의 말일 것이다. "우리는
엠파이어스테이트 빌딩에서 뛰어내리고는 떨어지면서 각층 창문에
대고 '아직까지는 괜찮아'라고 말하는 사람과 같다. 우리는 이미 창
밖으로 뛰어내렸다. 다만 땅에 닿기까지 얼마나 남았는지는 아직
모를 뿐이다."

이 비유를 이 책 전체에도 적용할 수 있을 것 같다. 제2차 세계대전
전에는, 오늘날의 기준으로 보면 효율적이지 않은 농경 방식에 의존하
고 있었다. 식량을 상대적으로 적게 생산해 내는 방식이라는 뜻이다.
그렇지만 한편으로 그 방식은 환경 친화적이고 가축들에게도 더 좋은
방식이었다. 농약 잔류물이나 항생제 내성, 우리 발 아래 땅이나 바다
와 강 속에 사는 물고기에 대해 염려할 필요가 없었던 것이다. 세월이
흐르고 우리의 모습은 거대한 도박을 하고 있는 모습이다. 집약 농업

을 강력하게 옹호하는 사람이라고 하더라도 문제가 발생하고 있다는 사실은 인정할 수밖에 없다. 이들과 이에 반대하는 사람의 차이점은, 이들은 그 정도의 피해는 감수해야 한다고 말한다는 것이다.

그리고 이제 우리는 그 중에서도 가장 판돈이 큰 도박을 시작했다. 그것은 바로 유전자 변형이다. 우리는 과연 어디로 가게 될까?

유전자 요정 The New Gene Genie

유전자 변형

미래 세계, 생명공학의 멋진 신세계에 오신 것을 환영합니다! 우리가 사는 세상이 얼마나 놀라운 곳으로 발달했는지 한번 살펴보자. 지난 세기말 생명공학 업계가 겪어야 했던 좌절은 이제 옛이야기가 됐다. 2세대 유전자 변형 식물이 회의론자들의 염려를 침묵시켰고 반대자들의 주장을 굴복시켰다. 유전자 변형 농산물은 인류에 엄청난 이득을 가져왔고 앞으로 더 많은 것을 약속한다.

현 시대에는 가장 무서운 병의 치료약을 식물로부터 얻는다. 계란에는 암을 치료하는 성분이 함유되어 있다. B형 간염 예방 백신은 감자 속에서 자라난다. 담배 나무에는 사람의 유전자를 집어넣어서 크론씨(Crohn's)병을 치료하는 데 사용할 수 있는 호르몬을 만들어 낸다. 바나나에는 설사병 치료 백신이 들어 있다. 제약 업계에서는 이것을 '약농사'라고 부른다. 전통적인 방식에 좀더 가까운 농업도 생명공학의 발전으로 엄청난 수확을 거두고 있다.

날씨가 안 좋으면 시들어 버리던 작물도 이제 잘 자란다. 이제 전세계를 먹여 살리는 데 기후가 온난한 지역의 기름진 땅에만 의존할 필요가 없게 됐다. 세계에서 가장 척박한 지역인 얼음으로 뒤덮인 북쪽 지방과 바람이 휘몰아치는 사막을 제외하고는 어디에나 작물을 심을 수 있다. 서리가 내리거나 가뭄이 지속되어도 식물이 살아남을 수 있는 것이다. 심지어는 바닷물도 이용할 수 있다. 소금기가 있는 땅에서는 말라죽던 식물도 유전자 변형을 거치자 바닷물로 물을 댄 땅에서도 번성하게 됐다. 물 부족 국가 사이에 물 전쟁이 벌어질 것이라는 우려는 기우였음이 드러났다.

이전 같으면 벌써 상했을 음식도 이제는 신선하고 영양가 넘치는 상태로 식탁에 올릴 수 있다. 맛도 좋을 뿐만 아니라 몸에도 더 좋다. 온갖 비타민과 무기질로 가득한 '기능성' 음식도 다양하게 개발됐다. 전세계적으로 비타민과 무기질 결핍으로 인해 발생했던 여러 질병들이 이제는 사라져 간다. 1990년대 중반에만 하더라도 약 50만 명에 달하는 어린이가 비타민 A 결핍증으로 눈이 멀었다. 이제 그 수치는 현저히 줄어들었다. 수세대 동안 먹었던 쌀이 아니라 '황금 쌀'이라는 것을 먹기 때문이다. 황금 쌀은 베타 카로틴(betacarotene)과 적정량의 철분을 함유하도록 만들어진 종자다. 생명까지 위독해질 수 있는 땅콩 알레르기를 지닌 사람도 이제는 아무렇지도 않게 땅콩을 먹을 수 있다. 또 이제는 살 찔 염려 없이 감자칩을 먹을 수 있다. 감자에 유전자 변형을 해서 녹말 함량은 높이고 지방 흡수는 줄였다.

영국의 농촌도 활기를 띠기 시작했다. 해충과 잡초를 죽이기 위해 끊임없이 뿌려대던 강력한 살충제도 점점 사용이 줄어들고, 전혀 사용하지 않는 경우도 있다. 지난 세기에 농촌 어디에서나 흔히 볼 수 있었던 거대한 농약 분사기는 이제 창고에서 녹슬고 있거나 아예 부품을 떼어내서 다른 기계를 조립하는 데 쓰기도 한다. 그래서 농약에 오염됐던 저수지도 맑아졌다. 식물 자체가 해충을 물리칠 수 있게 된 덕택이다. 뿌리를 압박하고 어린 식물에게서 영양분과 빛을 빼앗아 가던 잡초도 이제 약간의 제초제만 뿌리면 본 작물에 아무런 피해를 주지 않고 없앨 수 있다. 대부분 작물은 또 상태가 안 좋아지면 농부에게 경고 신호를 보낼 수 있는 유전자를 지니고 있다.

수확량도 이전 어느 때보다 많아졌다. 인구 증가에 따라 수십억 명이 기아에 직면했던 지구는 이제는 음식물이 남아도는 곳으로 바뀌었다. 주린 배를 안고 잠자리에 드는 아이는 이제 없다. 참으로 아름다운 세상이다. 지금까지 이야기한 모습은 유전자 변형 기술을 지지하는 사람들이 약속한 미래다. 이들은 이 중 일부가 이미 현실로 이루어지고 있다고 말한다. 수확량이 늘어나고 농약 사용도 줄어들고 있다. 미지의 것에 대한 두려움을 떨쳐 버리고 새로운 세상을 열린 마음으로 맞아들인다면 더욱더 새로운 미래가 열릴 것이다. 처칠 수상의 명언처럼, 우리가 두려워해야 할 것은 단 하나 두려움 그 자체뿐이다.

그럴지도 모른다. 그렇지만 한편으로 암울한 시나리오도 있다.

이곳이 아닌 다른 멋진 신세계에서는 유전자 변형 농산물의 전지구적인 도입이 풍요를 가져온 것이 아니라 더한 빈곤을 가져왔다. 적은 양의 농약을 이용해서 대풍작을 얻을 수 있을 것이라는 기대는 현실화되지 않았다. 오히려 정반대의 일이 일어났다. 해충이 유전자 변형 농산물이 내놓는 독성 물질에 대해 내성을 갖게 됐고, 유전자 변형 농산물의 꽃가루에 수분된 잡초는 더욱 강력한 살충제에도 끄떡없는 슈퍼 잡초가 됐다.

전세계 식량 경제의 균형이 무너져서 가난한 사람에게는 더 큰 불행이 찾아왔다. 셀 수 없이 많은 빈농이 농약 값을 대지 못해 땅에서 쫓겨나 빈민촌이나 대도시의 슬럼으로 모여들 수밖에 없었다. 심지어

조상 때부터 심어 오던 작물을 심을 권리도 빼앗겼다. 생명공학회사에서 온갖 종류의 '터미네이터 기술(종자거세기술─옮긴이 주)'을 적용하고 종자에 대해 특허를 받아 놓았기 때문이다. 터미네이터 유전자는 이듬해 심어도 씨앗에서 싹이 트지 않게 하는 역할을 한다. 생명공학회사에서는 변형된 유전자가 다른 식물에 옮겨가지 않도록 하기 위해서는 필수불가결하다고 말한다. 이에 반발하는 사람들은 농부들이 매년 씨앗을 사도록 만들기 위해서 그렇게 하는 것이라고 주장한다. 1999년 몬산토(Monsanto) 사는 종자거세기술을 상용화하지 않겠다는 '소비자와의 약속'을 내놓았다. 그러나 그로부터 6개월이 지난 후 이 회사의 회장인 로버트 B. 샤피로는 '유전자 보호' 방식 개발을 멈추지 않을 것이라고 말했다.

소농들은 큰 타격을 입었다. 근대적 농업 방식의 시작 이래로 농부들은 언제나 그 해 거둔 작물에서 종자를 따로 남겨 두어 이듬해 다시 심거나 다른 씨앗과 교환하곤 했던 것이다. 이제는 그렇게 할 수가 없다. 소수의 막강한 거대 다국적 기업이 농부의 생명줄에 가격을 매기는 새로운 시대에, 최저 생계를 꾸려가던 농부들의 삶은 이전 어느 때보다 훨씬 팍팍해졌다.

'약농사'는 실패로 돌아갔다. 예견했던 대로 불치병이었던 병까지 치료할 수 있는 약이 만들어지거나 작물이 자라는 땅에서 약을 길러내 값싼 약으로 조제실 찬장을 가득 채울 수 있게 되지는 않았다. 오히려 사고로 인해 새로운 병원균이 생겨났고 새로운 질병이 발생했다. 질병의 원인을 모르니 치료법도 찾을 수 없다. 한층 더 무서운 것은 우리가 먹는 음식을 통해 얻게 되는 병이다. 대부분 식용 식물이 다 유전적으로 변형된 것인데 그 중 일부는 새로운 독소를 만들어냈다. 새로운 종류의 알레르기도 생겨났다. 또한 일부 미생물로부터 유전자가 우리 호흡기와 소화기 안에 있는 미생물에게 옮아가서 호흡과 소화 작용에 심각한 문제를 일으키게 됐다.

새로운 '기능성' 식품은 사람들을 튼튼하고 힘세게 만들어 주기는커녕 오히려 심각한 문제를 일으켰다. 어느 정도의 비타민과 무기질을 섭취하는지 정확하게 측정할 방법이 없었기 때문에 과다섭취로 많은 사람들이 병들게 됐다. 새로운 식품은 값도 무척 비쌌다. 약간의 쌀과 집에서 기른 야채와 푸성귀를 먹고살던 가난한 나라의 사람들은 현재 심각한 영양결핍을 겪고 있다.

그럼에도 더 큰 위기가 다가오고 있다. 새로운 유전자 변형 농산물이 어떤 결과를 가져올지 예측하기가 힘들기 때문이다. 생명공학 혁명 초기에는 유전자 변형의 표지로 유전자 변형 식물에 항생제 내성 유전자를 넣곤 했다. 그때 항생제 내성 유전자가 미생물에 옮겨가 병이 걸려도 치료하지 못하는 심각한 결과를 낳지나 않을지 우려하는 목소리가 있었다. 당시에는 이러한 우려가 비웃음거리가 되고 철저히 무시됐지만 오늘날 사실로 입증됐다. 유전자가 한 종에서 다른 종으로 경계를 넘어갔을 때 초기에는 아무런 악영향이 눈에 띄지 않았지만 시간이 흐르면서 무시무시한 변이를 일으켰다. 소화 기관 내에서 이상한 일이 벌어지기 시작했다. 새로운 형태의 암이 발견됐다. 이것 역시 치료할 방법이 없는 질병이었다. 유전자 이동을 돌이킬 수 있는 방법도 없었다. 이 멋진 신세계는 악몽과 같은 곳이다. 그리고 어떻게 이 악몽에서 깨어날 수 있는지 아무도 그 해답을 모른다.

최선의 것과 최악의 것, 두 개의 가능한 시나리오가 있다. 물론 그 사이에도 첫 번째 것처럼 지나치게 낙관적이거나 두 번째 것처럼 끔찍하지는 않은 여러 가능성이 있을 수 있다. 유전자 변형 농산물에는 이로운 점도 있고 문제점도 있지만 우리가 손 쓸 도리가 없는 것은 없다. 실제로 사람들의 의심과 우려가 생명공학의 꿈 전체를 무산시키는 모습을 볼 수 있을 것이다. 영국에서 타블로이드 신문이 유전자 변형 식품을 '프랑켄 식품'이라고 부르기 시작하며 반대여론이 움직였을 때 슈퍼마켓에서 취한 행동을 보아도 알 수 있다. 소비자들은 유전자 변형 식품을 먹지 않겠다고 분명히 밝혔고 소매상에서는 슈퍼마켓 청소부가 대걸레로 깨진 계란을 닦아 내는 것보다 더 빠른 속도로 유전자 변형 식품을 진열대에서 치웠다. 소비자가 목소리를 높일 때 귀 기울이지 않으면 소매상은 쓴맛을 보게 되기 때문이다.

세계적으로는 유전자 변형 식품에 대한 반대 움직임이 가벼운 회의론에서부터 철저한 금지에 이르기까지 다양한 정도로 나타나고 있다. 이 글을 쓰고 있는 현재 유럽에는 판매용으로 재배되는 유전자 변형 식품은 없지만 그래도 여전히 우리 입 안으로 들어가고 있다. 전세계적으로 생산되는 유전자 변형 식품의 4분의 3 가량이 미국에서 재배되고 있다. 나머지는 아르헨티나와 캐나다가 대부분을 차지한다. 미국에서 재배되는 콩의 반 이상이 유전자 변형을 거친 것이고 옥수수는 4분의 1 가량이 그렇다.

유전자 변형 기술의 동력은 세계 강대국의 거대 기업으로부터 나온다. 그리고 이러한 거대 기업과 식품 산업을 규제하고 조절하는 정부 기관 사이에는 긴밀한 유착 관계가 이루어진다. 어떤 사람은 거대 생명공학 회사와 미국 정부 부서의 관계를 '회전문'에 비유한다. 매년 파종되는 유전자 변형 농산물은 늘어가고, 생명공학 회사에서 등록한 특허의 수도 늘어난다.

이 책을 쓰는 동안 나는 가능할 때마다 내가 직접 경험한 것을 예로 들려고 했다. 우선 나 자신이 여러 해 동안 농사를 지어 보아서 전통적 경작 방식에 대해 어느 정도 알 수 있는 기회를 가졌다. 고무 장화 여러 벌이 해지도록 땅을 밟았다. 연어 양식장 아래의 해저를 살펴보기 위해 다이빙 복을 입기도 했다. 직접 경험할 수 없는 곳에 대해서는 많은 자료와 책을 읽고 정보를 수집했다. 이 문제와 관련해 다양한 입장을 가지고 있는 여러 명의 전문가와 이야기도 나누었다. 농부, 연구원, 기술자, 과학자, 의사 등등. 그리고 기술적 자료의 바다 속에서 약간의 상식을 습득해 보려고 애썼다.

과학은 상식을 인정하지 않는다. 증명하거나 반증(反證)할 수 있어야 한다. 이런 태도는 연구소 실험실에서는 마땅한 것이겠지만 부엌에서는 별 도움이 안 된다. 예를 들어 음식물 속의 농약 잔류물이 어떤 구체적인 피해를 가져온다는 것을 입증할 수 없다. 그것을 입증하기 위해 필요한 조사가 행해진 적도 없고 앞으로도 그럴 것이다. 결과에 영향을 미칠 수 있는 요인이 너무나 많기 때문이다. 그렇지만 어린 자녀에게 과일이나 당근을 먹일 때 나는 스스로의 판단력을 믿을 것이다. 미량이라도 합성 화학 물질 잔류물을 함유하고 있는 음식과 그렇지 않은 음식 사이에서 고르라면 물론 후자를 택할 것이다. 과학자들이 뭐라고 말하든 간에 일부러 위험을 무릅쓸 필요는 없으니 말이다.

나의 이런 태도는, 전문가들이 처음에는 아무런 위험이 없다고 말하다가 얼마 지나지 않아 이것이 모두 틀렸다는 것이 밝혀지곤 하는 것을 평생 동안 보아 온 경험에서 비롯됐다. 그들은 이렇게 말한다. "안타깝지만 그 영향에 대해 좀더 많은 것을 알게 된 지금에 와서 보니 그 기술이나 약품에 허가를 내주지 않았어야 했어요." 그들의 잘못이 아닐지도 모른다. 그 당시에는 진심으로 그렇게 생각했을 수도 있다. 다만 지식이 부족했던 탓이다. 그렇지만 잘못된 것이 밝혀졌을 때 그런 말로는 위안이 안 된다.

여러 이름 있는 과학자들이 유전자 변형 기술에 대해 두려워할 필요가 없다고 말한다. 아직까지 큰 문제가 발생한 일도 없고 엄중한 안전장치가 있으니 염려할 것이 없다는 것이다. 이들은 환경 단체에서 사람들에게 유전자 변형에 대해 겁을 주어 지지를 얻어낸다고 비난한다. 뭔가 음모가 있는 게 틀림없다. 압력 단체란 존속하기 위해서는 늘 일을 벌여야 하지 않는가. 그러려고 존재하는 단체니까. 그렇지만 생명공학 회사도 나름대로의 속셈이 없다고는 할 수 없다.

생명공학 회사에서는 신기술에 수십억을 투자했고 앞으로도 그 이상 더 투자할 것이다. 이들은 당연히 이 돈을 돌려받고 이득도 남기고 싶어 한다. 이들이 기대하고 계획한 대로 세계에서 유전자 변형 기술을 받아들여 주기만 한다면 하늘 높은 줄 모르고 이윤이 치솟을 것이다. 엄청난 이윤을 낼 수 있을 뿐만 아니라 소수의 회사가 전세계의 식량 공급에 미치는 영향력과 힘이 천하무적이 될 것이다. 농부는 회사에서 종자를 사야 할 뿐만 아니라 비료와 농약도 사야 한다. 다른 방법이 없다. 원시인이 최초로 씨앗을 뿌린 이래로 지금만큼 중대한 국면에 직면한 적은 없었다. 그래서 이것을 최대의 도박이라고 부르는 것이다. 그런데도 유전자 변형에 대해서 우리가 아는 것은 너무나 적고 구체적으로 어떤 과정으로 진행되는지도 알지 못한다.

유전자 변형 옹호론자는 그동안 자기들이 하고 있는 일과 수천 년 동안 농업, 축산업 품종 개량가가 해온 일이 다를 것이 없다고 말하며 우리를 달랬다. 변형 정도가 약간 높을 뿐이라는 것이다. 〈투데이〉 프로그램이나 회사 대변인이나 그보다는 좀더 잘 알고 있어야 할 정부 부처 장관들이 이렇게 말하는 것을 수도 없이 들었다. 그러나 그것은 사실이 아니다.

수천 년 동안 진행되어 온 전통적인 품종 개량을 통해서는 어떤 유전적 특성이 같은 종이나 아니면 아주 가까운 종끼리만 전달된다. 어떤 한 종에서 유전자를 가져다가 다른 종의 DNA에 끼워 넣는 일은 있을 수 없었다. 심지어 유전자 변형 기술에 엄청난 정치적 지원을 보내고 있는 미국 식약청(FDA)도 이런 소견을 밝혔다 "유전공학과 전통적인 품종 개량의 절차는 다르고, 식약청 소속 전문가의 말에 따르면 발생할 수 있는 위험도 다르다.”

유전자 변형 과정에서는 온갖 종의 유전자를 갖다가 끼워 넣을 수 있다. 농작물에 집어넣을 유전자를 다른 식물이나 물고기, 심지어 전갈 같은 곤충에서 가져오는 수도 있다. 그러나 유전자는 헌혈하듯이 어떤 한 종에서 뽑아서 다른 종에 집어넣을 수 있는 것이 아니라 ‘촉진자[promoter]’라고 불리는 것을 이용한다. 촉진자로는 주로 위험한 질병을 일으킬 수 있는 박테리아나 바이러스, 비염색체성 유전물질을 사용하다. 초기에는 언제나 항생제 내성 유전자를 사용했다. 유전자가 하는 역할은 단백질을 만들어내는 것이다. 이식된 유전자에서 만들어진 단백질은 위험할 수 있다. 지금까지 우리가 먹어 보지 못한 것이고 생태계에도 처음으로 등장하는 것이기 때문이다.

유전자를 ‘끼워 넣는다’는 것은 아주 정밀한 작업을 필요로 한다. 흰 가운을 입은 과학자가 다른 생물체에서 가져온 유전 정보를 정확하게 어떤 생명체 안에 끼워 넣는 정교한 작업을 하고 있는 광경이 떠오를 것이다. 하지만 현실은 전혀 그렇지 않다. 실제로 이 과정은 무작위적으로 이루어진다. 숙주가 되는 생물체의 DNA 안의 정확한 위치에 유전자를 끼워 넣는다는 것은 불가능하다. 과학자들도 어디에 들어갈지, 그리고 거꾸로 넣었는지 바로 넣었는지 몇 개나 들어갔는지 알지 못한다. 따라서 결과도 예측 불가능하다. 어떻게 변할지 아무도 알지 못한다. 엄청나게 잘못된 결과가 발생할지 아닐지도 마찬가지로 알지 못한다.

식품 조사단의 단장이었고 새로운 식품과 그 처리 과정에 관한 정부 자문단의 일원인 베번 모즐리 교수에게 이러한 문제를 지적하자 그는 이렇게 대답했다. “이 방법을 사용할 때 염색체의 어떤 부분에 새로운 유전자가 끼어들어 갈지 알 수 없다는 점은 당신 말이 맞습니다. 저도 이 부분이 이 기술의 결함이라고 생각합니다.” 결함이라면 정말 대단한 결함이다.

필립 제임스 교수는 세계적으로 유명한 애버딘의 로웨트(Rowett) 연구소의 소장이고 식품규격청 설립 당시 정부의 자문 역할을 했던 사람이다. 식품규격청은 그의 보고서에 기반해서 설립됐다. 그는 유전자 재조합 기술에 대해 이렇게 말한다. "모든 것이 전적으로 분명하고 안전하다는 생각은 지나치게 순진한 것이다. 나는 우리가 지금 벌이고 있는 일에 대해 전체를 완전히 이해하지 못하고 있다고 생각한다."

그러나 유전자 변형 지지자는 이렇게 말한다. "이 기술로 인해 발생한 피해가 있으면 좀 보여 주시죠. 그러면 당신 말을 따를 테니까요. 유전자 변형 식품이 시판된 지 여러 해가 지났지만 한 사람도 피해를 입었다는 사람은 보지 못했습니다."

이들이 피해를 입은 사람이 아무도 없다는 것을 증명할 수 있을까? 그럴 수 없다. 그렇지만 그에 반대하는 사람들도 마찬가지로 피해 사실을 명확하게 입증할 수가 없다. 그러나 강력한 의심이 제기되고 있는 것은 사실이다. 지난 반세기 동안의 산업화된 농업에서 우리가 배운 것이 있다면 의심을 저버릴 때 위기가 닥쳐온다는 것이다. 2000년 말 전세계에서 재배되는 유전자 변형 농산물은 약 45만 헥타르의 분량을 덮을 정도다. 영국의 2배에 달하는 영역이다. 그리고 수억 명의 사람들이 유전자 변형 농산물을 먹었다. 그러니 마땅히 그것을 승인한 규제 절차는 철저한 검증을 거치고 최대의 안전 조처를 취했을 것이라고 생각할 것이다. 생명공학 회사에서도 그렇게 주장한다. 그러나 그것은 사실이 아니다.

1990년 생명공학 산업에 의해 대두된 위험성에 대해 논의하기 위해 세 국제기구가 회합을 가졌다. 국제연합의 식량농업기구(FAO)와 세계보건기구(WHO), 그리고 경제협력개발기구(OECD)가 그것이다. 생명공학 회사의 대표도 모임에 참석했다. 소비자 단체는 참석하지 않았다. 생명공학 산업계는 딜레마에 빠져 있었다. 새로운 식품에 대한 국제적인 인가를 받아야 하는데, 그러기 위해 가장 손쉬운 방법은 유전자 변형 식품이 자연적으로 생산한 음식과 별로 다르지 않다는 것을 입증하는 것이었다. 그러나 또한 거기에는 상업적인 문제가 있다. 유전자 변형 콩과 원래 콩 사이에 차이가 없다고 한다면 어떻게 유전자 변형 콩에 대한 지적재산권을 인정하고 특허권을 주장할 것인가? 유전자 변형 산업에서 이루어진 엄청난 투자는 회사의 종자를 농부들이 살 때마다 꾸준히 돈이 들어올 것이라고 예측하고 이루어진 것이었다. 특허를 내지 못한다면 이윤도 올릴 수 없다.

그렇지만 유전자 변형 농산물이 너무 다르게 보여도 위험하다. 그렇게 되면 그 식품 판매 허가를 받기까지 넘어야 할 높은 장애물이 많아진다. 이들이 극도로 경계하는 것은 유전자 변형 식품이 새로운 약이나 식품첨가제 같은 새로운 화합물로 취급받는 것이다. 그러면 그것을 시판하려면 새로운 식품 하나하나마다 다양한 일련의 약물 테스트를 거쳐서 내놓아야만 한다. 그러자면 돈이 많이 들 뿐만 아니라 시간도 걸려서 새로운 식품을 시장에 내놓기까지 길면 5년 이상 걸리게 된다. 제약 회사에서 신약 허가를 받으려면 보통 서류 상자 6개를 채울 정도의 자료를 제출해야만 한다.

그뿐만 아니라 실험 결과를 이용해서 유전자 변형 식품 섭취 분량을 제한하려 들 수도 있다. 이 책 앞에서 일일섭취허용량(ADI)에 대해 이야기했었다. 유전자 변형 식품에 대해서도 일일섭취허용량을 정한다면 우리 식단에서 일부분밖에는 차지하지 못하게 될 것이다. 그것은 상업적 재앙이 될 터이니 업계에서는 무슨 수를 써서라도 그것만은 막아야 했다. 그리고 이들의 전략은 성공했다. 생명공학 회사들과 이 회사들에 엄청난 돈을 투자한 나라의 정부에서도 만족할 만한 합의가 이루어졌다. 그러나 소비자 조합과 압력 단체, 유전자 변형 식품의 무비판적 수용에 대해 불안감을 가지고 있는 과학자들은 만족시키지 못했다. 보는 관점에 따라 그 합의는 관대한 타협으로 보일 수도 있고 불명예스러운 굴복일 수도 있다.

합의문에서는 유전자 변형 식품이 기존 식품과 다르긴 하지만 어느 정도만 다르다고 인정했다. 새로운 식품이 전통적 방식으로 생산된 식품과 화학적 구성이 유사하다면 시판해도 괜찮다는 것이다. 아주 확연한 차이가 있을 때만 더 많은 테스트를 거쳐야 한다. 시판할 것인 지 실험을 더할 것인지 여부는 사례별로 결정될 것이다. 이것은 '실질 적 동등성(substantial equivalence)'의 개념이라고 알려졌다. 이론적으로 는 상당히 그럴 듯 해 보인다. 그러나 많은 과학자들이 없느니만 못한 기준이라고 생각한다.

유전자 변형으로 글리포세이트(glyphosate) 살충제 내성을 지니게 된 콩을 예로 들어 보자. 이 콩은 원래 콩과 뚜렷이 다른데도 불구하고 '실질적으로 동등한' 것으로 간주된다. 실제로 차이가 없다면 글리포 세이트를 뿌리면 죽어버릴 것이다. 실험실에서도 그 차이는 간단하게 드러난다. 이 콩을 개발한 회사에서는 물론 그렇지만 차이점보다는 유사점이 더 많다고 말한다. 그렇지만 글리포세이트를 뿌렸을 때는 어떻게 되는가? 화학 구성 자체가 크게 바뀌어 버린다. 그렇다면 '실질 적 동등성'을 평가할 때 어떤 콩을 사용했을까? 물론 농약을 뿌리지 않은 콩만 사용했다. 다시 말해 우리가 결코 먹게 되지 않을 콩만 가지고 평가했다는 말이다. 얼마 후 이런 불합리성이 지적됐을 때에야 회사에서는 뒤늦게 농약을 뿌린 콩도 평가 대상에 넣어야 할 것 같다 고 밝혔다.

서섹스(Sussex) 대학의 에릭 밀스톤 박사는 25년 넘게 식품과 농업 분야에서 기술적 변화와 건강, 안전 문제에 관한 연구를 진행해 왔다.

그는 이 분야에서 영국의 대표적인 전문 해설자이고 생명공학 산업에 대해 반대하는 입장이다. 그는 실질적 동등성은 비과학적인 개념이라고 생각한다. 상업적·정치적 판단이 과학적 판단인양 통용되고 있는 것이다. 그것은 비과학적일 뿐만 아니라 생화학적·독물학적 실험을 피할 수 있게 만드는 본질적으로 반과학적인 것이라고 말한다. 결국 중요한 정보를 줄 수 있는 과학적 조사를 못 하게 만드는 꼴이다. 그 용어 자체도 규제 제도 안에서는 잘못 적용됐다. 그는 실질적 동등성이라는 개념 자체를, 유전자 변형 농산물을 있는 그대로 받아들이는 것이 아니라 그 안전성과 독성을 적극적으로 조사하는 실질적인 접근 방식으로 대체해야 한다고 믿는다.

수 메이어 박사도 같은 의견이다. 메이어 박사는 시민 단체인 '영국 유전자감시(GeneWatch UK)'의 정책조사단을 설립한 생물학자다. 그녀도 규제 법령을 마련할 당시에 생명공학 회사의 이해가 공중 보건보다 우선됐다고 생각한다. 또한 실질적 동등성의 개념은 정치적인 것이라고 믿는다. 소비자를 안심시키고 유전자 변형 식품 표시 의무화를 막으며 이윤을 최대화하기 위한 것이지 발생 가능한 위험을 진지하게 평가하기 위한 것이 아니라는 것이다. 그녀는 새로운 시스템을 마련해야 한다고 믿는다. 무엇보다도 우리는 그 유전자 변형 식품이 정말 필요한지 의문을 가져야 한다. 그러고 나서 다른 대안은 없는지 살펴보고 어떤 것이 가장 덜 위험한지 결정해야 한다. 이런 기준을 모두 통과하고 난 후에 포괄적인 평가 작업에 들어가야 할 것이다. 그리고 평가 작업은 유사성에 초점을 두는 것이 아니라 차이점에 주목해서 이루어져야 한다.

영국 정부에서도 암묵적으로 이러한 우려를 인정했다. 식품안전청 장관 제프 루커는 1998년 하원에서 유전공학으로 만들어진 '놀라운 약'에 대해 우호적으로 말하면서 이렇게 덧붙였다. "식품과 농업 분야에는 그만한 규제가 없다는 것을 인정하지만 의약품의 규제 절차는 마음을 놓을 수 있게 해 줍니다." 이듬해에 당시 장관이었던 잭 커닝햄이 유전자 변형 농산물과 식품에 대해 쓴 내부 문서가 유출된 일이 있었다. 이렇게 쓰여 있었다. "왜 식품에 대해서도 제대로 된 실험을 하고 의약품처럼 분석을 의무화하지 않는 겁니까?"

그렇다면 대체 어떤 위험성이 있을까? 정부 수석과학관과 수석의무관에 따르면, 이론적으로 유전자 변형 식품이 인간 건강에 다음과 같은 영향을 미칠 수 있다고 한다.

- 삽입된 유전자에서 부작용이 일어날 수 있다.
- 삽입된 유전자가 만들어 내는 단백질이 사람에게 유해하거나 알레르기 반응을 일으킬 수 있다. 유전자는 몸 안에서 단백질을 만들어 내기 위한 기본 설계도다. 단백질은 우리 몸 안의 모든 세포를 구성하는 물질이다.
- 동식물의 본래 유전자가 발현되는 방식이 삽입된 유전자에 의해 바뀔 수 있다. 원래 존재하는 독성의 생산을 증가시키거나 지금까지 잠재되어 있던 유전자를 발현시킬 위험이 있다.
- 대개 미생물을 통해서 삽입할 유전자를 대상 생물체에 들어가도록 하는데, 삽입된 유전자가 이 미생물의 활동을 바꾸어 놓을 수 있다. 원래는 인체에 무해한 미생물이었다고 하더라도 그 안에 들어온 새로운 유전자의 영향으로 바뀔 수 있다는 의미다.
- 새 유전자를 운반하는 미생물이 인체 장기 내의 미생물의 균형을 깨뜨릴 수 있다.
- 삽입된 유전자가 밖으로 나갈 수 있다. 유전자 운반을 맡은 미생물 안에 얌전히 있는 것이 아니라 사람의 소화기나 호흡기 안에 있는 다른 미생물로 옮겨갈 수 있다. 원래 파트너와 결합했을 때는 전적

으로 무해한 것이었다고 하더라도 다른 미생물과 결합했을 때는
유해해질 수 있다.

테리에 트라빅 교수는 마지막 것이 특히 염려스럽다고 말한다. 노르
웨이 트롬소(Tromsø) 대학의 바이러스학과 학과장인 그는 30여 년간
바이러스와 유전자 생태학 분야에서 연구를 진행해 왔다. 노포크
(Norfolk)의 농장에서 유전자 변형 옥수수 수확물을 파괴한 혐의로 28
명의 그린피스 활동가가 1999년 6월 재판을 받을 당시 증인으로 출석
해서 그는 '수평적 유전자 전이'의 위험성에 대해 언급했다. 유전공학
으로 만들어진 DNA가 다른 종의 세포 안으로 바로 침투하여 세포
내의 염색체에 합쳐져 버리는 것을 말한다. 박테리아나 바이러스로
전이되면 어떤 결과가 나타날지 예상할 수 없다.

트라빅은 수평적 유전자 이동 현상이 시작되면 멈출 방법이 없다고
말한다. 이것이 시작됐다는 것을 연구자가 깨닫는 데에도 한참이 걸린
다고 한다. 이 분야에 종사하는 다른 여러 연구자처럼 트라빅도 실질
적인 위험성을 평가하는 것이 어렵다는 점을 시인한다. 유전자가 어떤
한 종에서 다른 종으로 옮겨졌을 때 유전자가 어떻게 작용하는지에
대해 아직 충분히 모르고 있기 때문이다. 이상 현상을 감지하고 감시
할 믿을 만한 방법도 확립된 것이 없다. 그렇지만 그의 다음과 같은
말은 사태의 심각성을 깨닫게 해 준다. "유전자 변형 생물에서 수평적
유전자 전이는 임의적으로 일어날 수 있다. 그러면 광범위하고 예측
불가능한 건강, 환경, 사회, 경제적 문제를 일으킬 수 있다. 어떤 상황
에서 그 결과는 대재앙을 가져올 수도 있다."

메이어나 밀스톤, 트라빅 등만 이런 주장을 펴는 것은 아니다. 급진
적인 운동 단체인 '사회 속의 과학연구소(ISIS)'는 전세계 과학자들에게
유전자 재조합 농산물·식품·사료 재배를 최소 5년간 일시 정지할 것을

요청하는 청원서를 돌려 서명을 받았다. 또한 살아 있는 생명체, 세포 계통과 유전자에 대해 특허를 내는 것을 금지할 것과, 과학적 연구 조사 전반과 농업과 식품 안전성의 미래에 관해 사회·경제·윤리적 의미까지 포괄하는 독립적인 공개 조사를 실시할 것을 요청했다. 2000년 12월 이 연구소는 청원서에 48개국 378명의 과학자가 서명했다고 밝혔다.

이 연구소를 이끄는 사람은 런던 개방 대학의 생물학 강사인 마에-완 호 박사다. 그녀는 1967년 샌디에고 캘리포니아 주립대에서 인간 생화학 유전학 연구를 처음 시작했다. 그녀는 유전자 재조합은 확인되지 않고 연구도 불충분한 기술이며 과학적 신중성에 기반해 그것이 안전하다고 말할 수 있는 증거도 없다고 말한다. 안전하기는커녕 인공 유전자를 만들고 유전자를 재조합해서 그것을 세포나 배아 속으로 집어넣어 수십억 년의 진화 과정에서 한 번도 존재한 적이 없던 유전자 변형 생물을 만들어 낸다는 점에서 이 기술 전반이 본질적으로 위험한 것일 수밖에 없다는 입장이다.

위험이 지나치게 과장됐다거나 위험성이 전혀 없다고 말하는 과학자들도 마찬가지로 많다. 노팅검(Nottingham) 대학 식물 과학부장이자 유전자 변형으로 유통 기간이 연장된 토마토를 만들어낸 사람인 돈 그리어슨 교수가 대표적이다. 몬산토 사에 유전자 변형 기술을 옹호하는 과학자를 추천해 달라고 했을 때 그의 이름이 언급됐다. 그리어슨 교수에게 왜 다른 과학자들이 이렇게 의혹을 갖는지 물었을 때 그는 아주 간결하게 대답했다. "잘못된 질문을 던지기 때문에 그렇습니다."

브리스톨(Bristol) 대학의 분자 유전학 교수이자 이과대 학장인 존 베린저 교수는 유전자 변형 생물체의 허가 문제에 관한 자문위원회의 의장이었고 유전자 변형 자문위원회의 일원이었다. 『바이올로지스트(Biologist)』지에 기고한 기사에서 그는 이런 질문을 던졌다. "유전자 변형의 미래는 어떠할 것인가?" 그리고는 스스로 이렇게 대답한다. "아주 밝다." 베린저 교수는 20년만 지나면 유전자 변형 기술이 인간의 건강과 행복에 필수적이라는 생각에 반대하는 사람이 없을 것이라고 말한다.

과학자 사이에 의견이 갈리는 것은 보기 드문 일은 아니다. 과학은 지식의 추구 과정인데 의견이 늘 하나로 모아진다면 그것이 오히려 더 이상할 것이다. 그렇지만 지금 이 상황은 상당히 희한하다. 한쪽에서는 학식도 높고 존경받는 과학자들이 지금처럼 이 기술을 계속 추종한다면 건강에 아주 끔찍한 결과를 맞이하게 될 것이라고 경고한다. 다른 한 쪽에서는 베린저 교수처럼 그만큼 학식이 높고 존경받는 과학자들이 인류 미래의 건강과 행복을 위해서는 그것이 필수적이라고 말한다. '필수적'이라는 말에 주목해 보자. '도움이 될 것이다'라든가 '바람직하다'도 아니고 '중요하다'도 아니라 '필수적'이라는 것이다. 유전자 변형을 반대하는 사람들은 종종 강한 어조로 자신의 주장을 뒷받침하기 때문에 히스테리컬하다느니 비과학적이라느니 하는 비난을 듣는다. 유전자 변형 없이는 행복도 없다니 베린저 교수가 원시 시대 이래로 지금까지 인류가 이따금씩 경험해 왔던 행복감은 어떻게 설명할 것인지 궁금해진다.

그러나 이것을 인터넷이나 과학 저널 상에서 진행되는 신비로운 논쟁으로 치부해 버리고 우리 같은 무지한 사람은 과학자들이 의견 일치에 도달해서 어떤 입장을 취하는 게 옳은지 알려 줄 때까지 마냥 기다리자고 할 수는 없다. 오늘날 전세계의 실험실에서 유전자를 조작하고 다른 종으로 옮겨 심는 방법을 연구하고 있다. 세인트 루이스의 몬산토 연구소에는 엄청난 수의 연구원이 고용되어 현미경 안을 들여다보고 특정한 성질을 가진 종자를 개발해 내기 위해 세포를 조작하고 있다. 매일매일 재배되는 유전자 변형 농산물은 점점 늘어간다. 생명공학 회사의 통계에 따르면 2000년 유전자 변형 작물이 파종된 농지가 지난해에 비해 11퍼센트 증가했다고 한다. 앞날을 내다보는 대신 현재 실제로 일어나고 있는 일을 살펴보자. 유전자 재조합 기술의 역사는 우리를 안심시키는가 아니면 두려워하게 만드는가?

자연 그대로 내버려 두면 동물은 자기 새끼 먹이기에 충분한 정도, 상황이 좋으면 비상사태를 대비해 그보다 조금 더 많은 정도의 젖을 생산한다. 새끼가 스스로 먹이를 먹을 수 있게 되면 다시 새끼를 낳기 전까지는 젖이 마른다. 그러나 농경을 시작하면서 이것도 달라졌다. 품종 개량과 먹이 조절을 통해 건강한 젖소는 송아지에게 먹일 것보다 훨씬 더 많은 양의 젖을 생산하게 됐다. 1950년대에는 많이 나오면 한 마리가 1년에 4,000리터까지 생산했다. 그렇지만 농부들은 이것에 만족하지 않았다. 그래서 단백질 함량이 높은 다른 사료를 주었고, 건초 대신 발효 목초를 먹였고, 품종 개량에도 더욱 신경 썼다. 20년이 지난 후에 생산량은 2배까지 늘어났다. 한 해에 만 리터를 생산하는 젖소가 나타났다. 1990년대가 되자 고도의 품종 개량을 통해 젖소들이 자기가 섭취하는 단백질 양 이상으로 젖을 쏟아 내게 됐기 때문에 몸 상태가 극도로 안 좋아졌다. 우유 생산량이 가장 높은 젖소의 경우에는 건강을 유지하게끔 먹이를 많이 먹일 수 없었다.

농부가 소에게 먹인 농축 사료에는 다른 소의 몸이 들어 있었다. 그것이 광우병의 비극을 부른 원인이 됐다고 한다. 생산량을 높이려고 하다가 아주 비싼 대가를 치른 셈이다.

미국의 생명공학 회사 연구소에서는 우유 생산량을 높이기 위해 다른 접근 방식을 택했다. 이 아이디어를 처음 들고 나온 것은 1930년대 구 소련 과학자들이었다. 이들은 죽은 소의 뇌하수체에서 BST 또는 BGH로 알려진 소의 성장 호르몬을 분리해 내는 것이 가능하다는 것을 밝혀냈다. 이 호르몬을 살아 있는 젖소에게 주사하면 더 많은 우유를 생산할 수 있게 된다. 문제는 이 호르몬을 얻는 데 너무 많은 시간과 노력이 필요해서 경제적인 가치가 없다는 것이다. 그래서 이들은 어깨를 으쓱하고는 다른 방법을 찾기 시작했다. 그로부터 반세기가 지난 후 크릭과 왓슨이 DNA의 비밀을 밝혀낸 위대한 발견으로 노벨상을 수상했다. 그렇게 하여 유전공학이 시작됐다. 그것은 또한 적은 비용으로 호르몬을 무한정 만들어낼 수 있는 시대가 열렸다는 의미이기도 했다.

1990년 미국에서 이 문제를 풀었다. '유전자 재조합 소 성장 호르몬(rBGH)'이라는 호르몬을 만들어낸 것이다. 유전자 변형의 막강한 후원자인 미국 식약청(FDA)에서 처음부터 이 연구를 지원했다. 1993년 FDA에서는 몬산토 사에 이 호르몬 판매 허가를 내주었고 미국의 젖소 중 3분의 1이 매주 호르몬 주사를 맞게 됐다. 실질적으로 모든 미국인이 우유, 치즈, 요구르트, 아이스크림 등을 통해 rBGH를 먹지 않을 수 없는 것이다.

겉보기에는 아무 문제가 없었다. 그러나 젖소들은 고통을 겪어야 했다. 염증 발병이 잦아져서 항생제 치료도 더 자주 받았다. 그러나 우유를 마시는 사람에게는 아무런 위험이 없는 것처럼 보였다. 그렇다면 몬산토 사가 새로운 호르몬을 젖소에게 사용할 수 있도록 판매 허가를 요청한 국가마다 다 퇴짜를 받은 것은 납득이 가지 않는 일이다. 무엇보다도 우유 생산량을 늘릴 수 있는 값싸고 간편한 방법인데 말이다. 게다가 FDA뿐만 아니라 세계보건기구 산하 단체인 코덱스(Codex) 국제식품규격위원회에서도 허가를 내주었던 것이다. 그렇지만 사실을 살펴보면 조금도 이상할 것이 없는 일이었다.

캐나다에서도 이 호르몬에 허가를 내주지 않았다. 몇 년 후에 발표된 캐나다 정부 보고서에서 그 이유가 밝혀졌는데, 캐나다 정부 연구원들이 FDA가 『사이언스(Science)』지에 보고하기도 한 몬산토 사에서 실시한 연구 결과를 자세히 살펴보고는 그 내용을 정면으로 반박했던 것이다. FDA에서는 90일 동안 상당한 양의 rBGH를 먹인 쥐에서 아무 부작용이 나타나지 않았다고 말했다. 그러나 캐나다 연구원들은 부작용이 있었다고 말한다. 3분의 1 가량의 쥐에서 rBGH가 혈액 속으로 흡수됐다는 사실을 보여 주는 반응이 나타났다. 수컷 쥐의 갑상선에서 낭포가 발달하는 것이 확인됐고 호르몬이 전립선 안으로도 침투했다. FDA의 직원 한 명이 1998년 연합통신사에 밝히기를, 사실상 FDA는 그 연구 자료 전체를 검토한 것이 아니라 요약된 내용에 근거해서 결론을 내렸다고 말했다.

캐나다 연구원들이 발표한 보고서의 내용은 다음과 같다. "사람에게 안전한지 확인하기 위해 꼭 해야 하는 장기적인 독성 연구가 이루어지지 않았다. 따라서 불임, 기형아 출산, 암, 면역 체계 이상 등과 같은 가능성이 검토되지 않았다." 몇 년이 지난 후에 이 사건 전반에 관한 조사가 시작됐다. 이 보고서를 쓴 과학자는 정부 관리로부터 보고서 발표 전에 내용을 수정하라는 압력을 받았다고 증언했다. 보고서 작성자 2명과 다른 정부 과학자 4명은 정부 관료로부터 rBGH 사용 승인을 앞당기도록 협조하지 않으면 '다시는 큰 목소리를 낼 수 없는 곳'으로 좌천될 것이라는 위협을 들었다고 증언했다. 캐나다의 미라 스피박 의원은 승인 과정을 조사하는 위원회의 일원이었다. 그녀는 연구 보고서 사본을 받았지만 rBGH가 쥐에 미치는 나쁜 영향에 관한 정보는 삭제되어 있었다고 말했다. 오늘날까지도 캐나다에서는 rBGH 허가가 나지 않았다.

유럽에서도 rBGH는 같은 운명을 맞았다. 유럽연합 유럽위원회에서는 유전자 조작 호르몬 주사를 맞은 젖소의 우유를 마신 사람에게 어떤 영향이 있는지를 알아볼 것을 과학위원회에 지시했다. 과학위원회는 유럽연합 소속 각국 출신의 16명의 과학자로 이루어져 있었고 이들은 모두 독립적이고 권위가 있는 사람들이었다. 위원회에서는 rBGH를 소에게 주사했을 때 '인슐린양 성장인자(IGF-1)'가 과도하게 분비된다는 것을 발견했다. 자연적으로 소의 몸 안에 존재하는 물질이지만 양이 과다해지면 사람에게 유방암이나 전립선암과 같은 심각한 문제를 일으킬 수 있다. 보고문은 이렇게 결론지었다. "IGF-1과 유방암, 전립선암의 관계는 최근 발표된 합동 연구에서 밝혀진 역학적 증거에 의해 뒷받침되고 있다." 보고서는 또한 IGF-1 과잉은 암세포가 소멸하는 것을 방해함으로써 암이 자라나고 퍼지는 것을 촉진시킬 수 있다고 경고했다. 항생제의 문제도 있다. 우유 생산량을 늘리기 위해 rBGH를 주사한 젖소는 유선염에 더 잘 걸리게 된다. 그래서 항생제를 더 많이 사용하게 되고 항생제 잔류물의 위험성도 커진다.

그렇다면 어떤 결론을 내려야 할까? rBGH 주사를 맞은 젖소의 우유를 마시거나 요구르트를 먹어서 병에 걸린 사람이 있다는 것은 입증할 수가 없다. 미국에서 유방암과 전립선암이 지속적으로 증가하고 있다는 것은 사실이다. 미국에서 한 해 새로 발병하는 암환자 수는 100만 명에 이른다. 가정을 내리고 연관 관계를 가정하는 것은 어렵지 않다. 그렇지만 그것은 가정일 뿐이다.

암을 비롯한 질병이 증가하는 데에는 수십 가지의 원인이 있을 수 있다. 우리 중에는 다른 사람보다 병에 더 잘 걸리는 사람도 있다. 유전적 요인 때문이기도 하고 성장 과정에 따라 다르기도 하다. 아직 밝혀지지 않은 다른 수천 가지 요인에 의한 것일 수도 있다. 슬럼에서 햄버거와 감자튀김만 먹고 컸고 아기 때부터 옴이 오른 고양이나 개와 뒤엉켜 지냈던 마르고 허약한 꼬마가 무쇠처럼 튼튼하고 건장한 사람으로 자라나 90세에 심장마비로 쓰러질 때까지 변함없는 건강을 자랑할 수도 있다. 반면에 몸에 좋은 균형 잡힌 식사만 하고 세균 없는 철저하게 깨끗한 환경에서 키운 중산층 아이는 천식 환자가 되어 늘 숨을 몰아쉬고 누가 10미터 밖에서 재채기만 해도 침대에 드러누워야 하는 약골로 자랄 수도 있다. 아무도 그 이유는 모른다. 유전자 변형 기술의 미래에서 유전자 조작 호르몬은 아주 큰 영향을 미칠 수도 있고 약간의 영향을 미칠 수도 있고 전혀 아무런 영향이 없을 수도 있다. 우리가 할 수 있는 일은 기다리면서 지켜보는 것뿐이다.

앞으로 몇 년 동안 퇴행성 질환이 빠른 속도로 증가한다고 하더라도 인과 관계를 입증하기는 실질적으로 불가능하다. 인구 전체가 어떤 것의 영향 하에 있을 때 그것의 영향을 어떻게 입증할 수 있겠는가? 영향 하에 있는 집단과 비교 대상이 될 수 있는 대조표준집단이 없기 때문이다. 다른 나라에 비해서 미국의 유방암과 결장암 발병 비율이 높다는 것이 확인되더라도 여전히 증명할 수 있는 것은 아무것도 없다. 증가 요인이 미국의 특유한 생활 방식이나 환경에 있을 수도 있는 것이다. rBGH 우유 시판과 함께 다른 요인으로는 설명할 수 없는 전염병이 창궐하거나 끔찍한 새로운 질병이 생겨나지 않는 한, 확실한 증거를 가지고 유전자 변형 호르몬을 비난할 수 없는 것이다. 전세계 적으로 재배되는 다른 유전자 변형 농산물도 마찬가지다.

유전자 변형 식품을 먹는 사람의 수는 엄청나게 많다. 대부분은 옥수수와 콩인데, 아직까지는 어떤 악영향도 나타나지 않은 것으로 보인다. "그렇다면 결론은 명백하지 않느냐? 유전자 변형 식품은 안전 하다."라고 생명공학 회사에서는 말한다. 그렇다면 그것을 입증할 수 있는가? 역시 불가능하다.

입증할 수 없는 이유는 유전자 변형 식품이 안전하지 않다는 것을 입증할 수 없는 것과 같은 논리다. 모든 사람들이 유전자 변형 농산물 이 함유된 음식을 먹는 상황에서 어떤 종류의 알레르기나 위장 장애를 앓는 사람의 수가 늘어난다면, 유전자 변형 식품에 원인이 있다는 것을 어떻게 입증할 수 있겠는가? 혹은 이 경우에 있어 애초에 그 수가 늘어났다는 것조차 과연 입증할 수 있을까?

엄청난 정보가 축적되고 통제되는 이 시대에, 당신이 주말에 파리에서 얼마나 많은 돈을 썼고 그 돈을 갚을 능력이 있는지까지 신용카드 회사에서 알고 있는 이 시대에, 우리의 건강 상태에 관해 축적된 정보는 놀랄 정도로 적다. 사망, 출생, 비정상 출산, 암, 식중독 등 몇몇 경우는 추적 조사하지만 나머지 대부분의 질병은 아무런 기록이 남지 않는다. 위장병도 그 중 하나다. 국민들이 무엇을 섭취하고 그것이 건강에 어떤 영향을 미치는지를 감독하는 문제에 있어서는 아무것도 모르는 것이다.

그렇지만 통계 자료가 있어서 이런 저런 질병이 증가했는지 아닌지를 알 수 있다고 하더라도 어떤 특정 음식과의 연관 관계를 증명하기란 실질적으로 불가능하다. 우리는 그 외에도 방대한 다른 환경적 요인에 노출되어 있기 때문이다. 위장 장애로 고생하고 있으면 항상 어디에서 누군가가 안됐다는 듯이 이렇게 말한다. "아, 그것 때문에 고생하는 사람 참 많아." 그러나 우리는 정확하게 '그것'이 무엇인지를 모른다. 그리고 죽을 지경에 이르지 않는 한 의사는 어깨를 한 번 으쓱하고는 식사를 하지 말고 물을 많이 먹고 편히 쉬라고 말할 뿐이다. 사실상 의사도 모르는 것이다. 그러니 우리는 의심을 가져야 한다. 그렇지만 역시 의심할 뿐이지 입증할 수 있는 것은 아니다.

우리는 평생 수 톤의 음식을 먹고 그 음식은 수천 가지의 다양한 방식으로 만들어진다. 그 중에는 유전자 변형 식품을 많이 포함하고 있는 음식도 있고 전혀 포함하지 않은 음식도 있다. 영국의학협회는 유전자 변형 식품은 애초부터 분리해서 유통하여 쉽게 구분하고 추적할 수 있게 해야 한다는 입장이다. 생명공학 회사에서 유전자 변형 식품과 그렇지 않은 식품을 같이 섞어서 제품을 만든다면, 위험요인이 완전히 제거될 때까지 식품규격청에서 이러한 제품의 판매를 금지해야 한다고 말한다. 당연하게도 미국에서는 이런 금지에 반대한다. 미국에서는 유전자 변형 식품임을 표시하는 라벨이든 아니면 유전자 변형 식품이 전혀 함유되지 않았음을 표시하는 라벨이든 어떤 종류의 라벨 부착에도 반대한다.

'실질적 동등성' 개념 덕에 새로운 유전자 변형 식품이 승인을 받기 위해서는 최소한의 테스트만 거치게 됐다. 장기적 실험이나 사람에게 미치는 영향에 대한 실험, 아동에게 미칠 수 있는 위험에 대한 실험, 알레르기가 있는 사람에 대한 실험 등이 엄격하게 법으로 요구되고 있지 않다. 물론 실험하는 데에도 몇 가지 문제가 있다. 실험을 하려면 과학자들은 자기들이 찾고자 하는 것이 무엇인지 알고 있어야 한다. 만약 유전자 재조합이 예상하지 못한 독성이나 알레르기 항원을 만들어 낸다고 하더라도 그것을 실험을 통해 밝혀낼 수는 없다. 그것이 '예상하지 못한' 결과이기 때문이다.

그렇다면 절대적 확신을 가지고 유전자 변형이 잘못되어서 그 결과로 사람들이 고통을 받은 예로 지목할 수 있는 것이 있는가? 구체적으로 말해, 유전자 변형 때문에 죽은 사람이 있는가? 이 질문에 대해 유전자 변형에 반대하는 사람은 '그렇다'라고 대답한다. 문제가 된 식품은 우리 귀에 익숙하지 않은 보조 영양 식품으로 트립토판(tryptophan)이라고 부른다.

보조 영양 식품은 발효 과정을 이용해서 커다란 탱크 안에서 만들어지는 것이 많다. 이 탱크 안에는 박테리아가 자라고 있으며 아미노산 등과 같은 영양성분을 적출하여 정화한다. 필수 아미노산의 일종인 트립토판은 오랫동안 이러한 방식으로 제조되어 왔다. 그런데 1980년대에 쇼와 덴코(Showa Denko)라는 일본 회사에서 새로운 방법을 시도하기 시작했다. 유전자 조작을 이용해서 좀더 효율적으로 트립토판을 생산할 수 있도록 박테리아를 변형시킨 것이다. 효과가 있었다. 트립토판 생산량이 상당히 증가했고 1988년에는 미국에서도 판매할 수 있게 됐다. 이 회사는 어떤 안전성 실험도 따로 할 필요가 없었다. 트립토판은 안전한 것으로 입증됐고 제조 과정의 변화에 대해서는 아무도 관심을 갖지 않았기 때문이다.

'새로운' 트립토판이 판매된 지 몇 달이 채 되지 않아 그것을 먹은 사람 중 37명이 죽었고 약 1,500명이 불구가 됐다. 몇 달이 지난 후 그 원인이 유전자 변형 트립토판 안에 질병의 원인이 되는 EMS라는 독소가 있었기 때문이라는 것이 밝혀졌다. 이 경우에는 원인이 너무나 빤해서 반박할 여지가 없었다. 이 끔찍한 비극이 있은 후로 여전히 논란이 된 것은 이 독소가 제조 과정에 사용된 박테리아 유전자를 변형한 것의 직접적인 결과로 생겨난 것이냐 아니냐 하는 것이다.

생명공학 회사에서 좋아하는 한 가지 설명은, 이 회사에서 유전자 변형 박테리아로 바꿀 무렵 여과 과정에 들어가는 비용을 축소했고 그 결과로 제대로 정화가 이루어지지 않았다는 것이다. 쇼와 덴코의 변호사는 연구원들이 이 설명을 부인했다고 밝혔다. 전에도 같은 방식으로 여과 과정을 바꾼 적이 있는데 그때는 아무 문제가 없었다는 것이다. 그리고 또 두 가지 중요한 사실이 있다. 많은 죽음과 고통을 불러온 이 치명적인 독소가 쇼와 덴코에서도 유전자 변형을 거치지 않은 박테리아에서는 한 번도 발견되지 않았다는 것이다. 그리고 트립토판을 제조하는 다른 어떤 회사에서도 EMS 발병을 일으킨 일이 없었다.

유전자 변형에 반대하는 사람들은 유전자 변형 박테리아가 죽음의 원인이라는 데는 의심할 여지가 없다고 생각한다. 그러나 아마 영원히 분명히 밝혀질 수 없을 것이다. 쇼와 덴코는 문제의 유전자 변형 박테리아를 공개하지 않았다. 사고가 났을 때 모두 폐기했다고 말했다.

알레르기 공포는 20세기 후반에 들어서 새로운 질병으로 떠올랐다. 예전에는 대수롭지 않게 생각했지만 지금은 심각한 염려의 대상이 되고 있다. 땅콩을 예로 들어 보자. 대부분의 사람들은 매년 수십 차례 땅콩을 먹는다. 온갖 종류의 음식에 땅콩이 사용되고 성분 표시를 자세히 읽지 않는 이상 땅콩을 먹고 있는지도 모를 때가 많을 것이다. 땅콩 알레르기가 없다면 아무런 문제도 없다. 알레르기가 있는 사람은 한 입만 먹어도 죽을 수 있다. 이런 아이를 둔 부모는 무슨 수를 써서라도 알레르기를 가진 아이를 땅콩으로부터 보호해야 한다. 내가 아는 한 부부는 아이를 사립 학교에 보내기 위해 사정이 넉넉하지 않은데도 무리를 해서 이사를 했다. 그 사립 학교에는 간호사가 상주하고 있어서 혹시 아이가 먹으면 안 되는 것을 먹어서 알레르기 반응을 일으킬 때 돌보아 줄 수 있기 때문이다. 아이의 알레르기가 아주 심해서 구급차로 아이를 병원에 데려갈 때쯤에는 이미 죽을 것이기 때문이다.

대부분 알레르기 반응은 다행스럽게도 이렇게 극적이지는 않지만 어린아이나 노인에게는 상당히 위험할 수 있다. 유전자 변형 식품이 새로운 알레르기를 일으킬 수 있다는 증거도 발견됐지만, 더 걱정스러운 것은 새로운 알레르기가 확인되거나 기존 알레르기가 눈에 띄게 증가하는 것을 감지할 수 있기까지는 오랜 시간이 걸린다는 것이다. 그러나 유전자를 어떤 한 식물종에서 다른 종으로 옮겨 심으면 숙주 식물이 이전에는 없었던 알레르기 유발 성질을 갖게 될 수 있다는 것은 확실히 입증됐다. 그것을 확인할 수 있었던 경우가 브라질 너트 유전자를 콩에 옮겨 심는 유전자 재조합 과정이었다.

콩의 약점 중 하나는 영양소가 부족하다는 것이다. 콩 단백질에는 메티오닌(methionine)이라는 필수 아미노산이 부족하다. 콩을 사료로 쓸 때나 아니면 채식만 먹는 사람에게는 이 단백질 부족이 큰 문제가 될 수 있다. 그래서 전통적인 품종 개량 방식을 통해 콩의 아미노산 균형을 조정하려는 다양한 시도가 있었다. 그렇지만 영양소 구성을 개선하려는 시도는 대부분 실패로 돌아가거나 성공했다고 하더라도 수확량이 적거나 작물의 질이 떨어지는 등 다른 문제가 있었다. 브라질 너트에는 메티오닌이 풍부하게 들어 있다. 그래서 브라질 너트의 유전자를 콩에 집어넣자는 아이디어가 나왔다. 그러면 영양적 가치가 높은 콩이 탄생해서 보조 영양 식품을 먹을 필요가 없어지는 것이다.

트립토판의 경우처럼 성공인 것처럼 보였다. 그러나 그때 5명의 과학자와 의사가 유전자 변형 콩의 또 다른 영향을 살펴보기 위해 실험을 했다. 1996년 3월 14일 『뉴 잉글랜드 의학 저널(*New England Journal of Medicine*)』에 그 결과가 발표됐다. 브라질 너트는 영양소가 풍부하기도 하지만 땅콩 알레르기가 있는 사람에게는 위험하다. 연구자들은 실험 과정에서 브라질 너트의 알레르기 유발 요인이 콩으로 옮겨갔다는 사실을 발견했다. 영양가 높은 콩의 꿈은 무너지고 말았다.

유전자 변형 업계에서는 이 사건을 실험 과정이 얼마나 철저하게 이루어지는지에 대한 예로 제시하곤 한다. 제대로 된 테스트가 이루어져서 유전자 조합 식품의 결함이 발견됐다는 것이다. 회사의 손익 결산에 입힌 피해 말고는 어떤 피해도 없었고, 그것으로 사건은 마무리됐다. 그렇지만 그것은 이 이야기의 극히 일부에 지나지 않는다. 이 경우에는 전문가 팀이 넉넉한 보조금을 받으며 연구를 진행했고, 연구의 목적도 분명했다. 브라질 너트의 알레르기 유발은 잘 알려진 사실이기 때문에 그것을 밝히기 위해 별도의 실험이 이루어졌던 것이다. 땅콩 알레르기 반응을 보이는 사람들의 혈액 샘플도 실험을 위해 확보하고 있었다. 그렇지만 알레르기 항원이 알려져 있지 않은 경우도 있다. 한참 시간이 흐른 후에 영향이 나타나는 경우도 있다. 우리가 지금껏 경험해 보지 못한 형태의 알레르기 반응을 일으킬 수도 있다. 알레르기가 발견되지 않을 수도 있다. 유전자 변형 업계에서 자랑할 만한 사건이 아니라 오히려 위험성이 존재한다는 것을 반증하는 이야기인 것이다.

전세계 수백만 헥타르에 달하는 농지에서 자라는 유전자 변형 작물은 영양가를 높이기 위해서 변형 과정을 거친 것이 아니라 그보다는 현실적인 목적으로 조작된 것이다. 대부분 작물이 강한 농약에 내성을 갖게 하기 위해서나 해충 피해를 입지 않도록 하기 위해 다른 유전자를 삽입한 것이다. 몇몇 과학자들은 이런 작물 안에는 예상보다 많은 양의 독소나 알레르기 항원이 있다고 주장한다. 업계에서는 그런 정도의 변이는 당연히 있을 수 있는 자연스러운 것이라고 말한다. 문제는 실험하기가 어렵기 때문에 어느 정도의 변이가 있을 수 있는 자연스러운 것이고 또 어느 정도의 변이가 문제가 없는 것인지 확실히 알 수 없다는 것이다. 미국에서 알레르기가 증가하고 있다는 보고가 있긴 하지만 이것만으로는 아무것도 입증할 수 없다.

유전자 변형 작물 중에 대표적인 것으로 옥수수가 있다. 일부는 식용이고 일부는 사료용이다. 아벤티스(Aventis)라는 생명공학 회사는 Cry9C라고 하는 살충 성분 단백질을 만들어내는 옥수수를 개발해냈다. 이들은 옥수수에 스타링크(StarLink)라는 이름을 붙였다. 스타링크는 사료용으로만 허가를 받았으나 문제가 생겼다. 1999년 아벤티스 사에서는 미국에서 재배된 스타링크가 어디에 쓰였는지 전부 설명할 수가 없었다. 의혹이 생겨났고 수표를 조사하여 이 옥수수가 사람이 먹는 식품 제조에 쓰였다는 것이 밝혀졌다. 스타링크가 포함된 식품이 전량 회수됐고 아벤티스는 스타링크를 재배하는 수백만 헥타르에 달하는 토지의 3분의 1에서 생산된 옥수수를 사들여야 했다. 아벤티스를 대상으로 2건의 소송이 걸렸고 그 비용은 수십억 달러에 달할 것으로 추정된다. 현재는 미국 관계 당국에서 스타링크를 식용으로 소급 허가를 내 주어서 아벤티스를 구제하지나 않을까 의심되고 있다.

여러 과학자들과 그린피스를 비롯한 환경 단체에서 염려하는 것은 Cry9C가 일부 사람에게 위험한 알레르기 반응을 일으킬 수 있다는 점이다. 미국 환경청에서는 스타링크의 조사 자료를 검토하고 난 후 이 자료가 결론을 애매모호하게 하면서 "Cry9C가 알려진 알레르기 항원의 특징을 보인다."는 것을 암시했다는 점을 조심스러운 표현을 사용해서 지적했다. 환경청 자문위원회는 몇몇 과학자로부터 식품의 알레르기 허용치를 결정하는 것은 불가능하다는 소견을 들었다. 이 보고서가 발표된 후 아벤티스는 추가 조사를 실시했고 스타링크 옥수수가 소량 함유된 식품을 섭취하여도 전혀 위험성이 없다는 연구 결과를 내놓았다. 의심스러운 것은, 사실이 그렇다면 왜 위기 상황이 발생하기 전 진작에 연구 조사를 하지 않았냐는 것이다.

한편 유럽에서 유전자 변형 식품이 일으킨 공포 중에서도 최고의 자리는 로웨트 연구소의 아파드 푸스타이 박사가 차지하고 있다. 1998년 4월 푸스타이 박사는 텔레비전에 출연해서 유전자 변형 감자를 대상으로 이루어진 실험의 결과를 발표했다. 감자를 먹은 쥐가 장내에 심각한 이상 증세를 보였다고 그는 말했다. 소화 기관의 구조와 기능이 변화했고, 내부 장기의 발달이 저하됐으며, 외상에 대한 면역 반응 속도가 느려졌다. 가장 주목해야 할 사실은 이러한 변화가 전혀 예측 불가능하다는 점이라고 그는 덧붙였다. 그는 자기라면 절대로 이 감자를 먹지 않을 것이며 "국민을 실험용 쥐로 이용하는 것은 아주 부당한 행위"라고 말했다. 많은 사람들이 이것은 유전자 변형 식품이 우리 몸에 해롭다는 부인할 수 없는 명백한 증거라고 생각했다.

영국의학협회는 유전자 변형 식품 재배를 일시 중단할 것을 요청했다. 그 후 두 달이 지나지 않아 유럽의 7개 슈퍼마켓 체인이 식품 진열대에서 유전자 변형 식품을 당장 치울 것이고 앞으로도 판매하지 않을 것이라고 선언했다. 거대 다국적 식품 회사 3곳도 유전자 변형 식품을 팔지 않겠다고 밝혔다. 로웨트 연구소는 연구소의 불문율을 위반하고 조사가 완료되어 내부 검토가 끝나기도 전에 연구 결과를 발표했다는 이유로 푸스타이 박사를 해고하는 것으로 응대했다. 푸스타이 박사를 공개적으로 지지한 과학자들도 많았고 비난한 과학자들도 역시 많았다.

영국 학사원에서도 푸스타이의 연구를 검토하고는 연구에 문제가 있다고 단언했다. 『랜싯』지는 학사원의 태도에 분개하여 푸스타이의 연구를 개재하기로 결정했다. 『랜싯』지는 사설에서 강한 어조로 학사원에서 "놀랄 만큼 매우 부적절한 행동을 취했다."고 비난했다. 연구자를 평가하려면 "최종 연구 결과가 완성되어 발표된 후에 평가하는 것이 마땅하다."는 것이다.

푸스타이는 은퇴했으나 쏟아지는 비난에 굴하지 않고 당당함을 유지하고 있다. 그는 우리가 먹는 식품의 유전자를 변형하면 인류에 예기치 못한 위험을 가져올 수 있다고 믿는다. 그도 다른 많은 사람들처럼 정부 규제 기관에서 겉모습만 그럴 듯한 부적절한 검사 방식을 채택한 것에 대해 경악한다. 그는 유전자 변형 식품을 섭취함으로써 우리 몸에 일어날 수 있는 변화를 감지하는 데는 이 검사 방법들이 많이 부적절하다고 생각한다.

유전자 변형에 관련된 위험성을 평가할 때 '~할 수 있다' 든가 '~할 가능성이 있다'라는 말이 계속해서 사용되는 것을 알 수 있을 것이다. 또한 과학자들의 의견이 크게 갈린다는 것도 이해했을 것이다. 흰 가운을 입고 우리가 알아들을 수 없는 언어로 이야기하는 사람들도 이렇게 생각이 다른데 우리 같은 평범한 사람이 어떻게 위험성을 평가할 수 있겠는가? 어려운 일이다. 그렇지만 우리는 위험성을 정의해 볼 수는 있다.

종종 혼란이 발생하는 이유는 '위험성'과 '가능성'을 혼동하는 데 원인이 있다. 무언가 불쾌한 일이 일어날 가능성은 매우 높지만 그 일이 발생했을 때의 결과는 아주 하찮을 수가 있다. 예를 들면 여러분이 내년 언제쯤 침대에 발을 찧을 가능성은 꽤 높을 수 있다. 그렇지만 그것 때문에 걱정하느라고 시간을 보내지는 않을 것이고 그런 일을 피하기 위해 침대를 팔아 버리고 바닥에서 잔다면 미친 사람이라는 소리를 들을 것이다.

만약 여러분이 하루에 담배 한 갑을 피운다면 이듬해에 암이나 심장병에 걸릴 확률은 그리 높지 않겠지만 그 결과는 아주 심각할 것이다. 죽을 수도 있다. 그렇기 때문에 당장 담배를 끊는다면 그것은 충분히 그럴 수 있는 일이다.

두 경우 모두 어떤 일이 일어날 가능성에 그 일의 결과를 곱한 값으로 위험성을 측정했다. 발을 찧는 것에는 그리 큰 위험성이 없지만 암에 걸리는 것은 엄청난 위험이다. 그렇기 때문에 흡연의 위험성은 그냥 내버려 둘 수 있는 정도가 아니다. 흡연에서 너무나 큰 즐거움을 느껴서 담배를 피우지 않고는 살 수 없는 경우가 아니라면 말이다. 이 즐거움이라는 것은 '위험성 방정식'의 또 다른 항(項), 즉 효용이다. 휴대폰을 사용하는 사람은 휴대폰에서 나오는 전자파가 몸에 해롭다는 것을 다 알고 있을 것이다. 현재 휴대폰 사용으로 뇌손상을 입었다고 주장하는 사람이 세계 최대 휴대폰 회사를 상대로 수십억 달러 소송을 걸어 놓은 상황이다. 그런데도 우리는 계속 휴대폰을 사용한다. 이유는 간단하다. 효용이 크다고 생각하기 때문이다.

따라서 유전자 변형 식품의 위험을 고려할 때도 가능성, 결과, 효용이라는 3가지 요소를 고려해 보아야 한다.

첫 번째 요소인 '가능성'은 가장 측정하기 힘들다. 안 좋은 일이 발생할 가능성이 어느 정도가 되는지 우리는 모른다. 안 좋은 일이 실제로 이미 발생했는지 아닌지조차 모르는 것이다. 우리가 지금까지 먹은 유전자 변형 식품이 몸에 미묘한 변화를 일으켜서 건강이 이미 상했고 더 먹으면 먹을수록 더 안 좋아질 수 있다. 우리 몸에 아무런 영향을 미치지도 않았을 수도 있다. 나쁜 영향이 있다고 믿는 사람도 많고 무시할 정도라고 말하는 사람도 많다. 나쁜 영향이 전혀 없다고 말하는 사람도 있다.

두 번째 요소인 '결과'는 좀더 쉽게 이해할 수 있다. 이 장 앞부분에서 최악의 시나리오를 묘사했다. 그 소재를 구하기는 아주 손쉽다. 논문이나 인터넷을 대략 훑어보기만 해도, 최악의 사태를 염려하는 저명한 학자들을 포함한 여러 과학자의 이름을 무한정 찾을 수 있다. 몇 명만 예를 들어 보자.

하버드 대학 생물학과 명예 교수이자 노벨 의학상 수상자인 조지 월드 박사는 유전자 변형 기술이 "새로운 동식물 질병과 새로운 발암 요인, 그리고 전염병을 가져올 수 있다."고 생각한다.

일리노이(Illinois) 대학 환경 의학 교수인 새뮤얼 엡스타인 박사는 "특정 유형의 암에 의한 사망이 증가할 것이라고 확신한다. 악영향이 그뿐이라면 다행스러워 해야 할 것이다."라고 말한다.

리버풀(liverpool) 대학 아동 중독 병리학 전문가인 비비안 하워드 박사는 "생명체 간의 유전자 교환으로 특히 어린아이들에게 영향을 미칠 가능성이 높은 예상치 못한 독소와 알레르기가 생성될 수 있다."고 믿는다.

마에-완 호 박사는 유전자 변형으로 인해 항생제 내성을 지닌 전염병이 유행할 수 있다고 생각한다.

유전자 변형 회의론자 대부분이 공감하는 가장 큰 위험은 무엇인가 심각한 사태가 벌어지더라도 회복이 불가능하다는 것이다. 이 요정은 다시 램프 안으로 집어넣을 수가 없는 요정이다. 위험성 방정식으로 설명하면 가능성은 불분명하지만 있을 수 있는 결과는 파괴적이다.

그렇다면 '효용'은 어떠할까?

생명공학 회사에서 찍어내는 반들반들한 광고 전단은 행복해 보이는 미소를 가득 띤 농부의 그림과 환한 배경을 바탕으로 예쁜 엄마들이 통통한 아기를 어르고 있는 사진, 그리고 장밋빛 약속으로 가득하다. 전단에는 생명공학이 식품의 질과 맛, 영양을 향상시킨다고 적혀 있다. 아직까지는 그러한 일이 일어나지 않았고 지금까지의 증거로 보아 이들의 주장은 과장된 것이라고 생각된다. 이들의 가장 큰 약속은 생명공학으로 지구를 먹여 살릴 수 있다는 것이다. 생명공학이 아니면 인구가 지속적으로 증가하면서 굶는 사람이 점점 더 많아질 것이라고 말한다. 사실이라면 위험성 방정식을 크게 바꾸어 놓을 것이다. 그 효용은 이루 말할 수 없이 가치 있는 것이기 때문이다. 유전자 변형 식품으로 먹여 살릴 수 있는 수백만 명의 인류를 굶주림에 처하도록 만들고 싶을 사람이 어디에 있겠는가? 그러나 그것은 사실이 아니다.

21세기에는 세계 인구가 폭발할 것이라는 말을 많이 하지만 현실은 그렇지 않다. 유엔에서 실시한 최근의 인구 증가 경향 평가에 의하면 인구 성장 추세가 '격심한 감속'을 보인다. 인구증가율은 1960년대 연간 2.1퍼센트로 정점에 달했고 그 후로는 감소했다. 2050년이 되면 0.3퍼센트로 떨어질 것이라고 예측된다. 반면 개발도상국의 곡물 생산량은 앞으로 30년 후에는 1990년대 후반에 비했을 때 70퍼센트 정도 증가할 것으로 추정된다. 이 추정은 유전자 변형 기술의 영향을 염두에 두지 않고 이루어졌다. 유엔식량농업기구(FAO) 보고서에 의하면 전세계적으로 "실질적 수요의 성장을 충분히 따라잡고 그것을 넘어설 만큼의 식량 증산 가능성이 있다. 실질적 수요란 식량을 생산하는 농부에게 비용을 지급할 능력이 있는 사람의 수요를 의미한다."

여기에서 핵심 문구는 "지급할 능력이 있다."는 것이다. 오늘날 세계 기아의 원인은 3가지다. 전쟁, 분배의 문제, 그리고 가장 큰 원인으로 가난이 있다. 세계에서 인구가 가장 많은 나라인 중국과 인도에는 잉여 식량이 있을 때도 끔찍한 기아가 존재했다. 개발도상국에서 대략 13억 명의 인구가 극도의 빈곤 상태에서 살고 있는 것으로 추정된다. 이들 중 8억 4,000만 명이 영양실조에 걸렸다. 돈이 있는 사람은 굶지 않는다. 생명공학 회사는 유전자 변형 기술이 세계에서 가장 가난한 사람들을 먹일 수 있다고 말하지만 실제로는 정반대의 효과를 가져올 것이다.

1999년 크리스천 에이드(Christian Aid)라는 자선 단체는 유전자 변형 식품이 '굶주림과 기아의 결정적 조건'을 만들어 내고 있다는 보고서를 내놓았다. 지난 몇 년간 다국적 생명공학 회사는 엄청난 돈을 들여 전세계의 거대 종자 회사 다수를 사들였고 다양한 종자에 특허를 신청했다. 크리스천 에이드는 소수의 특허 작물에 기반해 식량을 공급해야 하는 상황이야말로 식량 공급 안정성 확보에 최악의 조건이라고 말한다. 유전자 변형 식품을 심으면 생산량을 증가시켜 국민을 먹일 수 있으므로 가난한 나라에서 이 새로운 기술을 반길 것이라고 말하는 사람도 있다. 그렇지만 역사를 되돌아보면 결국 이들은 기술 도입비를 벌기 위해 재배한 식량 대부분을 외국에 수출할 수밖에 없게 되고 말 것이다.

그래서 '위험성 방정식'은 이렇게 된다. 안 좋은 일이 발생할 '가능성'은 불확실하다. 잘못됐을 때 '결과'는 끔찍하다. '효용'은 지금까지의 증거를 살펴볼 때 터무니없이 과장되어 있다. DNA의 이중 나선 구조를 밝혀낸 공동 연구로 노벨상을 수상했고 그로 인해 유전 공학을 가능하게 한 제임스 왓슨 박사는 이 문제가 너무나 중요한 것이기 때문에 과학계와 의학계의 손에 맡겨 놓을 수 없다고 말한다. 또 다른 노벨상 수상자인 하버드 대학의 조지 월드 교수는 유전자 변형이야말로 과학이 직면한 최대의 윤리적 문제이며, 모든 것이 '너무 크게 너무 빨리' 진행되고 있음을 환기했다. 그는 "자연의 구조를 바꾸려고 이 분야를 연구한 것이 아니었다……. 이 방향으로 계속 나아가는 것은 어리석을 뿐만 아니라 위험스럽다."라고 말한다.

반혁명 The Counter Revolution

유기질 비료

중국의 유명한 정치가 저우언라이[周恩來]에게 프랑스 혁명의 영향
에 대해 평가해 달라고 했을 때 그는 잠깐 머뭇거리더니 "그걸 얘기하
기는 아직 이릅니다."라고 대답했다. 지나치게 신중한 대답이라는 생
각도 들지만 그가 말하고자 하는 요점은 알 수 있다. 역사라는 것은
올바로 최종적인 평가를 하기까지는 시간이 걸리는 법이다. 어떤 행위
는 어떤 특정한 결과를 가져오리라고 예측은 하지만 세월이 지나고
보면 그 당시에는 생각하지도 못했던 여러 가지 이유 때문에 잘못된
판단을 내렸다는 것을 깨닫게 된다. 제2차 세계대전 후에 농업 분야에
서 혁명이 일어났다. 공장화된 축산, 산업화된 농법 등이 태어났다.
그러나 그 영향에 대한 평가는 아직도 진행 중이다. 이러한 새로운
농업 기술을 이용하는 농경이 아직도 계속되고 있기 때문이다. 그러나
최근 15년 동안 식량 산업에서는 일종의 반(反)혁명이 시작되고 있다.
이 반혁명의 영향에 대해 확실한 평가를 내리려면 더욱 많은 시간이

걸릴 것이다. 이것 역시 여전히 진행 중이기 때문이다. 반혁명이란 바로 유기질 비료의 혁명을 말한다.

아마 1981년도쯤에는 세이프웨이(Safeway) 슈퍼마켓에서 유기질 비료로 재배한 식품을 살 수 있었을 것이다. 물론 유기농 식품이라는 것이 있다는 것을 알고 있고 또 반드시 사야겠다고 마음먹었다면 살 수 있었을 것이라는 말이다. 4년이 지난 후 세인즈베리(Sainsbury's)나 웨이트로즈(Waitrose) 슈퍼마켓에 들렀다면 눈에 띄지 않는 한구석에서 상한 사과와 아직도 흙이 붙어 있는 쪼그라든 당근을 헐값으로 팔고 있는 것을 볼 수 있었을 것이다. 그 옆에는 반들반들하고 가지런하고 말끔하게 비닐로 포장한 '정통' 식품이 갓 시집온 새색시처럼 화장을 하고 말끔하게 진열되어 있었다. 서글픈 광경이다. 슈퍼마켓에서는 왜 굳이 수고스럽게 이런 볼품없는 과일과 야채를 진열해 놓았는지 누가 이런 것을 사기나 할지 궁금해진다. 이것들을 여기에 가져다 놓은 것은 일종의 제스처에 불과하다. 혹시 이것을 사고 싶어 하는 사람이 있을지 모르니 한두 푼이라도 더 이득을 보기 위해 발가락이라도 담그고 있자는 생각이 아니었나 싶다.

대부분의 슈퍼마켓 주인들은 신기하기도 하고 우습기도 하다는 표정으로 유기농법이라는 것을 지켜보고 있었다. 유기농 식품으로 사람들의 호기심을 끄는 시대는 이미 지나갔다고 말했다. 소비자들은 깔끔하고 가지런하고 값이 싼 과일과 야채를 원한다고 말했다. 사과 껍질에 반점이 있어서는 안 되고 깔끔하고 매끈해야 된다. 소비자는 당근이 어떤 것은 가늘고 길고 또 어떤 것은 짧고 몽땅하고 제각각인 것을 좋아하지 않는다. 당근은 모두 똑같이 생겨야 한다. 또 어떤 슈퍼마켓 주인은 유기농 식품의 질은 보장할 수 없다고 콧방귀를 뀌었다. "왜 유기농 식품 때문에 신경을 써야 하는가? 지금처럼 팔면 되지 않는가?" 그러나 이로부터 10년 후에는 모든 슈퍼마켓이 유기농 식품에 관심을 갖게 됐다. 5년이 더 지나자 어떤 산업보다도 급속하게 성장하게 됐고 서로 시장에 진출하려고 맹렬한 경쟁을 했다. 이제는 발가락만 담그고 눈치를 보던 시대는 지나갔고 옷을 입은 채로 물에 뛰어들어서라도 시장을 선점하고 경쟁자를 물리치려고 눈에 불을 켜고 달려든다. 이런 극적인 변화가 일어난 이유는 무엇일까?

어떤 일이 벌어졌는지 이야기하는 것보다 어떤 일이 일어나지 않았는지를 이야기하는 것이 더 쉬울 듯싶다.

우선 정치 지도자들의 장려가 전혀 없었다. 정치인들은 무슨 일이 일어나고 있는지도 몰랐고 관심도 없었다. 그리고 대규모 소매업자들의 적극적인 마케팅도 없었다. 보통 이런 것이 구매자들의 구매습관을 형성하는 법이다. 돈만 충분히 있으면 소비자가 물건을 사게 만드는 것은 어려운 일이 아니라고 마케팅 전문가들은 말한다. 대규모 소매업자나 식품 제조업자는 어떤 브랜드의 상품을 구매자가 사게 하기 위해 광고와 마케팅에 엄청난 돈을 쏟는다. 코카콜라와 맥도널드 등이 그 좋은 예다. 그러나 일간지의 전면 광고나 몸매가 아름다운 모델이 등장하는 30초짜리 현란한 텔레비전 광고 한 편도 없이 유기농 식품의 붐은 일어났다. 여러 해가 지난 다음에서야 유기농 식품 소매업자들이 변덕스러운 구매자들을 유혹하기 위하여 유기농 식품 광고를 하기 시작했다. 마케팅 관점에서 본다면 이것은 조용한 혁명이었다.

저우언라이가 생각하듯이 혁명은 국민의 대부분이 지지할 때만 성공을 거둘 수가 있다. 국민은 자신이 처해 있는 현실에 대하여 불만을 갖고 있지 않으면 혁명을 지지하지 않는다. 식품도 마찬가지다. 자신이 사고 있는 식품의 품질과 안전성에 대하여 불안을 느끼고 있는 사람들이 많지 않으면 식품 구매의 패턴은 좀처럼 바뀌지 않는다. 식품에 대해서 불안을 느끼는 이유는 가지가지다. 어떤 사람들은 농약 사용에 대해 불안을 느끼고 어떤 사람들은 과도한 공장 방식의 축산과 그것 때문에 고통받는 가축에 대하여 분노를 느낀다. 그리고 어떤 사람들은 식중독 등의 질병이 점점 증가하는 데 대해 걱정한다. 이런 사람들은 슈퍼마켓에서 파는 유기농 식품을 볼 때 그 값이 비싸서 주춤하면서도 사과 몇 개 혹은 당근 몇 개를 사가기 마련이다.

그러나 이런 사람들의 수는 비교적 적었다. 유기농 식품은 아직도 틈새 시장에서 벗어나지 못하고 있었다. 조금씩 성장하고는 있지만 아직도 좀 별난 사람들만 유기농 식품을 샀다. 테스코(Tesco)나 세인즈 베리 슈퍼마켓 체인에서 중역회의가 열려도 유기농 식품이 주요 의제로 떠오르는 일은 없었다. 그 달에 유기농 당근을 몇 개 팔았느냐에 따라서 주가가 크게 변동되지도 않았다. 그런데 1996년 3월 어느 날 보건부 장관 스티븐 도렐이 하원에서 영국의 식품 전반에 대한 신뢰를 한 순간에 무너뜨리는 발언을 했다. 이것이 전환점이 됐다. 조용한 혁명이 폭발했던 것이다.

4개월 전에 도렐 장관은 텔레비전에 출연하여 광우병(BSE)과 옛날부터 있었던 병인 크로이츠펠트-야콥병(CJD)의 새로운 변형 사이에 어떤 연관이 있느냐는 질문을 받았다. 장관은 아무런 연관이 없다고 대답했다. 그리고 영국 쇠고기를 먹는다고 어떤 위험이 있다고는 상상할 수도 없다고 대답했다. 그로부터 5년 후 도렐 장관은 〈투데이〉라는 텔레비전 프로그램에 출연하여 그때는 자신이 잘못 알고 있었고 그런 인터뷰를 한 것을 후회한다고 말했다. 하원에서 그가 발표한 내용은 애초의 인터뷰 내용과는 완전 딴판이었다.

도렐 장관은 의석을 가득 메운, 걱정으로 가득한 하원 의원들에게 크로이츠펠트-야콥병이 광우병과 관련이 있다고 말했다. 장관이 나쁜 소식을 전해주리라고 예상은 했지만 이 말은 너무나 충격적인 것이었다. 그의 말 속에 함축되어 있는 것은 너무나 분명했다. 그는 광우병이 영국의 목축업을 쑥밭으로 만들고 있을 뿐만 아니라 인간도 이 병에 걸릴 수 있다는 더욱 끔찍한 사실을 말하고 있었다. 지난 10년 동안 영국산 쇠고기를 먹을 때마다 우리 건강은 치명적 위험에 처하고 있었다는 이야기다. 이 병은 치료법도 없고 걸리면 대부분 죽는다. 광우병은 상당히 오랜 기간 동안 사람 몸에 잠복할 수 있다. 이 병에 걸렸다는 것을 알게 되려면 10년, 15년, 20년 아니 그보다 더 오래 걸릴 수도 있다. 이 병에 걸린 사람이 얼마나 있는지는 아무도 모른다. 대여섯 명일 수도 있고 백만 명일 수도 있다.

최초의 반응은 분노였다. 우리는 소에게 식인종처럼 자기 종족의 살을 먹인 축산업자들을 비난했다. 그 다음에는 이런 끔찍한 사료를 제조한 사료 제조업자와 납품업자들의 오만과 탐욕을 욕했다. 이 사람들은 축산업자들이 물어 보지 않으면 그 사료 속에 무엇이 포함되어 있는지 얘기하지도 않았다. 그리고 우리는 이런 문제에 대하여 관심이 없거나 무능하거나 알면서도 잠자코 있었거나, 이 세 가지 전부였던 정치인과 공무원들을 저주했다.

이 시점에 다다르자 많은 사람들은 더 이상 마음 놓고 식품을 사서 먹을 수 없다는 결론을 내렸다. 식품의 가격과 질을 비교 검토하기 시작했다. 소에게 다른 짐승의 뇌, 척추, 뼈 가루를 먹이는 이유는 오직 한 가지밖에 있을 수 없다. 이득을 내기 위해서다. 도살한 짐승의 찌꺼기는 비교적 가격이 싸고 단백질을 많이 포함하고 있다. 풀이나 곡식만 먹인 소는 도살장 찌꺼기로 만든 농축 사료로 사육한 소만큼 우유 생산량이 많지 않다. 사료 제조업자는 돈을 더 많이 벌었고 축산업자들은 우유를 더 많이 팔 수 있었으니 식품 값은 계속 떨어졌던 것이다. 그래서 누이 좋고 매부 좋은 꼴이 됐다. 소비자는 싼 식료품을 원했고 사실 식품 값은 내렸다. 불만스러워할 아무 이유도 없었다. 지난 세대보다 식료품 값이 떨어지고 식품의 양도 많아졌다. 먹을 것이 풍부해지고 값은 떨어졌으니 이보다 좋은 일이 어디 있겠는가?

풍부하고 값싼 식품, 이것은 우리 모두가 바라던 것이다. 1996년 스티
븐 도렐 장관이 하원에서 폭탄발언을 할 때까지는 그랬다. 그제서야
수많은 사람들이 이른바 '값이 싼' 식품의 진짜 값이 얼마인가를 처음
으로 깨닫게 됐다.

　1980년대 중반부터 우리는 목장에서 소들이 비틀비틀 쓰러지고
마치 술에 취한 것처럼 춤을 추듯이 다리를 휘청거리는 끔찍한 꼴을
텔레비전에서 보게 됐다. 이제는 이 소들을 살육하는 끔찍한 광경을
봐야 한다. 광우병에 걸린 것이 분명한 소뿐만 아니라 멀쩡한 다른
소까지도 수백만 마리를 도살한다. 이 소들을 태워 죽이는 소름끼치는
사진이 신문지상에 나타났다. 솟아오르는 불길 사이로 겹겹이 쌓인
수많은 소의 시체가 마치 히어로니무스 보시의 그로테스크한 그림처
럼 두 다리를 번쩍 하늘로 쳐들고 있는 사진을 보게 됐다. 그 후 몇
년 사이에 17만 마리의 암소가 이 병에 걸렸고 470만 마리가 도살됐다.
영국산 소는 전세계에서 퇴짜를 맞고 30개월 이상 된 소의 고기는
판매할 수가 없게 됐다. 목축업자와 쇠고기 판매업자의 피해를 보상하
기 위하여 국민의 세금이 얼마나 들어갈지 걱정하게 됐다. 이 글을
쓰고 있는 현재 시점에서 이 비용은 50억 파운드에 달하고 아직도
그 끝이 보이지 않는다. 게다가 크로이츠펠트-야콥병 바이러스에 오
염됐을지 모를 수술 기구를 다시 마련하는 데 드는 비용도 또한 엄청
나다.

　그러나 이 모든 것보다 더 끔찍한 일이 있다. 이 무서운 병에 걸린
아이들의 부모의 마음은 오죽할 것인가? 게다가 당장 우리 집 아이들
걱정도 해야 한다. 해맑은 어린아이의 사진이 신문에 실리기 시작했고
기사에는 언제나 비극적인 이야기가 딸려 있었다. 우리 집 귀여운
딸은 언제나 발랄했고 희망에 가득 찼었다. 그런데 어느 날 괴이한
일이 생기기 시작했다. 아이가 주의를 집중시키지 못했고 날이 갈수록

짜증을 내고 걸핏하면 화를 냈다. 우리 딸은 몰라보게 다른 사람이 되어 버렸다. 마침내 시력을 잃었고 몸을 마음대로 움직이지 못하고 잘 듣지도 못하게 됐으며 말도 제대로 못하게 됐다. 그리고 마침내 숨을 거두고 말았다.

앤터니 바운은 아주 영리한 빨강 머리의 4살짜리 어린이다. 앤터니의 어머니는 변형 광우병으로 죽었다. 앤터니는 어머니가 죽기 3주 전에 태어났다. 임신한 암소는 아직 태어나지 않은 송아지에게 광우병을 옮길 수 있다고 한다. 인간의 어머니도 아직 태어나지 않은 아기에게 광우병을 옮길 수 있는지 확실치는 않지만 가능성은 있다. 앤터니 아버지가 겪은 고통은 상상하기도 어렵다. 그는 부인이 그 병으로 죽어 가는 것을 지켜봐야 했다. 그리고 어린 앤터니를 바라볼 때마다 이 애도 그런 식으로 죽는 게 아닌가 괴로워한다.

광우병으로 딸을 잃은 어느 가족은 토니 블레어 수상에게 비디오 테이프를 보냈다. 도나마리 맥기번은 16살밖에 안 된 아주 귀엽게 생긴 소녀였다. 이 아이는 학교 운동 선수였고 무용에 뛰어난 재능이 있었다. 그런데 광우병이 1990년 후반 아이에게 덮쳤다. 그 비디오 테이프는 광우병으로 고통받는 아이의 모습을 찍은 것이다. 아이는 침대에 꼼짝 않고 누워 있고 어머니와 언니가 그녀의 머리를 쓰다듬고 있었다. 도나마리는 거의 1년 동안 말도 못하고 먹지도 못하고 보지도 못했다. 마침내 아이는 어머니의 팔에 안겨 숨을 거두고 만다.

이 글을 쓰고 있는 현재 도나마리나 앤터니의 어머니처럼 광우병으로 죽은 사람의 수는 그렇게 많지는 않다. 그러나 독자가 이 책을 읽을 무렵에는 그 숫자가 불어나고 점점 증가하고 있을지 모른다. 사망자의 숫자에 대해서 구체적인 예측을 할 수 없다는 것이 이 가공할 병의 무서운 일면이다. 2000년 가을에 74세의 어느 노인이 이 병에 걸린 것이 확인됐다. 그 때까지만 해도 이 병에 걸린 사람 중 가장 연장자가 54세였다. 알츠하이머병으로 죽었다고 생각했던 노인들 중에 실제로 광우병으로 죽은 사람은 얼마나 될까? 같은 무렵에 14세의 소녀도 죽었다. 이 아이는 12세 때부터 병을 앓고 있었다. 그렇다면 1989년부터 실시되어 온 규제에도 불구하고 오염된 고기를 사람이 먹었다는 의미일까? 이런 물음에 대해서는 확실한 대답이 없다.

위에서 말한 도나마리의 비디오는 토니 블레어 수상에게도 보내졌지만 광우병 조사위원회 위원장인 필립스 경에게도 보내졌다. 이 조사위원회는 2년 반 동안 활동했고 1,800만 파운드라는 엄청난 경비를 사용했다. 필립스 위원장이 마침내 엄청난 분량의 최종 보고서를 제출했을 때 그 보고서가 시종일관 강조한 점이 있다. 그것은 광우병의 위험이 국민에게 제대로 전달되지 않았다는 사실이다. 권력을 잡고 있던 사람들은 '오직 국민을 안심시키는' 정책에만 급급했다.

그 후의 사태로 판단해 볼 때 이와 같은 정책은 엄청난 결과를 가져왔다. 그런 정책으로 국민을 안심시키려고 했던 것이 도리어 역효과를 가져왔다. 우리가 안전하다고 믿었던 식품이 이것 말고 또 어떤 위험요소를 지니고 있는지 사람들은 의심을 품게 됐다. 소에게 이런 끔찍한 일이 생겼다면 그 밖의 농산물이나 공장 방식의 축산물에서는 또 무슨 일이 일어나고 있을까? 물론 광우병은 일시적인 현상일 수도 있다. 이 병이 너무나 끔찍하기 때문에 그리고 우리가 그 교훈을 충분히 받았기 때문에 다시는 이런 일이 생기지 않을 수도 있다. 그러나 동물을 업신여기고 그 결과에 대해서는 모르척하면서 오직 생산성과 이윤만 염두에 두고 자연을 주무른다면 필연적으로 이런 결과를 가져올 수 있다. 그래서 어떤 결과가 올지는 생각하지 않고 동물을 무시하고 기계처럼 취급하여 학대하고 오직 이윤을 올리기 위해 죽을 때까지 혹사시키는 것에 대해서 반감을 갖는 사람들이 늘고 있다. 광우병 사태를 통해 얻을 수 있는 교훈은 지금의 축산 방식이 윤리적인 것뿐

만 아니라 경제적으로도 결코 이익이 되지 않는다는 사실을 깨달아야
한다는 것이다. 동물을 조금만 더 존중하면 그것이 더 실제적으로
우리에게 이득이 될 수 있다.

그리고 앞으로 새로운 기술이 도입되면 그것으로 인해 피해를 입은
후가 아니라 그 전에 먼저 '안 된다'고 말할 수 있는 용기를 가져야
한다는 것을 우리에게 가르쳐 준다. 내가 〈파노라마(*Panorama*)〉라는
텔레비전 프로그램에서 광우병 위기에 관한 프로그램을 진행했을 때
출연했던 도렐 장관은 "정부는 확실한 증거를 발견하자마자 적절한
조치를 취했다."고 맹렬히 주장했다. 그의 이런 말을 어떻게 반박할
수 있겠는가? 토양협회의 가축기준위원회는 1983년에 이미 가축에게
동물 단백질을 먹이는 것은 굉장한 위험부담이 있다며 유기농 축산업
자에게 이것을 금지했었다. 이 위원회도 확실한 증거를 가지고 있지는
않았다. 그러나 경험과 상식으로 볼 때 가축에게 동물 단백질을 먹이
는 것은 좋지 않다는 것을 알고 있었다. 그러나 그들의 권고는 무시당
했다. 어떤 증거가 나타나기를 마냥 기다리고만 있으면 그 증거를
확보할 무렵에는 이미 돌이킬 수 없어진다.

정치인들은 전문가와 공직자들의 조언에 따라 이제 다시는 이와
비슷한 위험에 처하지 않게 하기 위해서 모든 조치를 취했다고 우리를
안심시킨다. 뼈에 붙은 쇠고기의 안전성에 관한 의문이 몇 가지 제기
되자, 정육점에서는 이런 위험이 전혀 없는 다른 가축의 뼈 부위 고기
도 즉시 판매를 중단했고, 레스토랑의 메뉴에서는 티본스테이크가
사라졌다. 그러나 아직도 많은 사람들의 의심을 완전히 제거하지는
못했다. 그 의심 중에 가장 끈질긴 것은, 광우병이나 이보다는 덜
위험한 계란의 살모넬라 균과 같은 불안 요인이 결국은 질보다 양을
중시하는 농사와 축산 방법에 치중한 결과로 나타난 것이라는 생각이
다. 그러나 이러한 농경 방식에 대해서는 아직도 본격적인 문제 제기

가 이루어지지 않았다. 속성 양계에 의하여 비용을 절약할 수 있다면 망설임 없이 그렇게 했고, 병에 걸리기 쉬운 끔찍한 환경에서 닭이 살아가는 것에는 개의치 않았다. 짐승의 고기나 뼈를 갈아 먹여서 소의 우유 생산량이 배가될 수 있다면 주저하지 않고 그렇게 했다. 밀밭에 합성 비료를 쏟아부어서 밀의 생산량이 늘어난다고 하면 우리는 또 아무 주저함 없이 비료를 퍼부었다. 이 화학 비료가 결국 어디로 갈 것인가에 대해서는 전혀 관심이 없었다. 당근 밭에 살충제와 제초제를 뿌려 수확량을 늘릴 수 있다면 서슴지 않고 뿌려댔다. 보건부에서 당근을 먹을 때는 당근 껍질을 벗겨 내야 하고 당근 윗부분에는 살충제 잔류물이 붙어 있을지 모르니까 잘라 버려야 한다고 경고했으나 전혀 개의치 않았다.

그래서 대부분 사람들은 이 문제에 대해서 별로 아는 바도 없고 또 신용할 만한 전문가의 조언도 얻기 어려워 혼자서 적당히 알아서 이 문제를 처리했다. 소비자들은 공장 방식의 축산이 될 수 있는 대로 줄어들기를 원했고 또 자기가 먹는 것이 집약 농법으로 기른 농작물이 아니기를 바랐다. 소비자의 이와 같은 변화를 약삭빠르게 눈치 챈 것은 슈퍼마켓들이다. 혁명이 시작된 것이다.

소비자들은 슈퍼마켓이 자기네가 세계 최고의 식품을 판매하고 있고 이와 같은 노력에 대하여 감사해야 한다고 말하는 것을 수없이 들어왔다. 그러나 이 말을 모든 사람이 액면 그대로 받아들이지는 않았다. 소규모 정육점, 빵 가게, 청과물상 그리고 조그만 약국이 사라진 것을 서운하게 생각하는 사람들도 있다. 읍내의 번화가와 소규모 시장이 사라진 것을 섭섭해 하는 사람도 있다. 슈퍼마켓 체인은 자기들 잘못이 아니라고 말하지만 그 말을 믿는 사람은 없다. 우리는 우리 눈으로 직접 본 것과 상식으로 판단한 것을 믿는다. 그러나 적어도 다음과 같은 한 가지 점에 있어서는 슈퍼마켓의 잘못이라고 할 수 없었다.

슈퍼마켓을 운영하는 사람들이란 대개 아무리 먼 곳에라도 물건을 팔아 이득을 올릴 수 있는 기회가 있으면 놓치지 않고 잽싸게 포착하는 탁월한 장사꾼들이다.

소비자들이 유전적으로 조작된 식품에 겁을 먹고 있다는 사실을 먼저 잽싸게 눈치 챈 상인들은 생명공학 회사나 정치인들이 알아차리기도 전에 슈퍼마켓 진열대에서 유전자 변형 식품을 싹 치워버렸다. 슈퍼마켓 경영진에게는 다른 경쟁 슈퍼마켓으로 가겠다는 소비자의 위협보다 더 무서운 것은 없다. 이제 유기농 식품을 요구하는 소비자의 목소리는 점점 높아지고 있다. 바로 얼마 전까지만 해도 '수염과 샌들단'을 비웃던 슈퍼마켓들이 앞을 다투어 유기농 당근과 토마토를 확보하려고 아우성을 쳤다.

막스 앤 스펜서(Marks & Spencer) 사도 한때는 유기농 식품에 대한 수요가 얼마 안 되고 그 질을 보장할 수 없기 때문에 자기들은 관심이 없다고 큰 소리를 쳤다. 그러나 사태가 어떻게 돌아가는지 마침내 깨닫게 되자 부랴부랴 생각을 바꾸었다. 세인즈베리와 웨이트로즈는 2000년 중반 무렵에는 천여 종의 유기농 식품을 창고에 그득히 쌓아놓았고 테스코 슈퍼마켓도 그 뒤를 부지런히 따랐다. 아스다(Asda) 슈퍼마켓은 자기 회사 고유 브랜드의 유기농 식품을 판매하기 시작했다. 1990년대 중반에 접어들자 유기농 식품의 판매량은 매년 40% 이상 늘어났다. 1999년에는 영국 소비자가 5억 5천만 파운드에 달하는 유기농 식품을 구매했다.

이쯤 되면 이 나라에서 유기농법을 주장해 온 사람들이 기뻐서 환호성을 지르고 있을 거라 생각될 것이다. 실제로 무척이나 기뻐하고 있다. 그러나 아직 문제가 남아 있다. 첫 번째 중요한 관심은 앞으로 몇 년 사이에 슈퍼마켓에서 어떻게 반응할 것이냐 하는 문제다. 유기농 식품 판매 시장이 아직 소규모였을 때는 대형 슈퍼마켓 체인에서 별로 큰 관심을 갖지 않았다. 유기농 식품은 비싼 가격으로 팔 수 있으나 생산자에게 그만큼 값을 치렀으므로 사업 전체로 볼 때 얻을 수 있는 이득은 보잘것없었다. 그래서 유기농 식품에 대해 별로 큰 관심을 갖지 않았던 것이다. 유기농 식품을 갖추어 놓은 중요한 이유는 이것을 사려는 고객이 다른 경쟁 슈퍼마켓으로 옮겨가는 것을 막기 위해서였다. 그러나 이제 상황이 바뀌었다. 소비자 세 사람 중 한 사람은 유기농 식품을 찾게 됐다. 테스코 사는 2000년 한 해에 1억 5,000만 파운드에 달하는 유기농 식품을 판매했다. 유기농 식품은 거대 산업으로 성장했고 슈퍼마켓마다 더 많은 유기농 식품을 확보하기 위해 안달하게 됐다.

시장점유율을 늘리는 한 방법은 가격을 낮추었다가 사람들이 보지 않을 때 다시 슬그머니 가격을 올리는 것이다. 테스코 사를 예로 들면 자기네 회사는 유기농 식품을 일반 식품과 같은 값으로 팔겠다고 선언했다. 표면상 보면 좋은 소식인 것 같다. 유기농 식품 가격이 비싸서 못 사먹는 사람도 많았던 것이다. 슈퍼마켓 주인은 아마 이렇게 말했을 것이다. "유기농들에게 식품의 질을 낮추어 달라고 말할 수는 없지 않습니까?" 이 말이 진심일 수도 있다. 그러나 대형 슈퍼마켓이 늘 하던 식으로 한다면 조만간 유기농들에게 압력을 가하여 가격을 낮추게 하지 않을까 염려스럽다. 그동안 모든 공급업자에게 압력을 넣어서 최대한 싼 가격으로 물건을 납품하도록 한 것처럼 유기농들도 압박하여 결국 농부들이 살아남기 위해 마지못해 가격을 낮추고 식품의 질도 낮추게 될지도 모르는 일이다.

이 모든 이야기는 유기농 식품의 판매가 계속 증가할 것이라는 전제 하에서 하는 말이다. 유기농 식품의 판매량은 계속 증가할 것으로 추정된다. 2002년에는 10억 파운드 수준을 초과하고 그 후 5년 사이에 최소한 2배로 증가할 것으로 보인다.

그러나 이와 같이 밝은 전망을 좀먹는 다른 요소가 있다. 유기농 식품의 수요가 이렇게 급격히 늘어나는 데는 두 가지 이유가 있다. 그것은 불신과 공포 때문이다. 소비자들은 공장 방식의 축산으로 인해 발생하는 병에 대해서 겁을 먹고 있고 아무 걱정할 필요가 없다는 말을 귀에 못이 박히게 들었지만 도저히 믿을 수가 없다. 또한 살충제 잔류물을 포함하고 있는 음식이 주는 영향에 대해서 걱정하는 사람들도 많다. 그러나 유기농 식품을 먹는 사람들은 그런 걱정을 할 필요가 없다. 유기농 작물에는 합성 농약을 뿌리지 않기 때문에 잔류물이 전혀 없다. 광우병에 걸린 17만 마리의 소 중에서 유기농 사료를 먹고서도 이 병에 걸린 소는 거의 없었다. 오로지 유기농 사료만 먹고 자란 어미 소가 낳은 송아지만이 광우병으로 쓰러지지 않았다.

유기농 식품을 사는 또 한 가지 이유는 '공포' 때문이다. 공장 방식의 축산에 대한 윤리적 거부감일 수도 있으며 환경 오염에 대한 염려일 수도 있다. 항생제의 남용에 대한 걱정일 수도 있다. 그러나 이것 말고 다른 이유도 있다. 유기농 식품이 몸에 좋다는 생각이다. 그것이 사실일까? 여론 조사와 슈퍼마켓에서 나타난 유기농 식품 판매의 증가로 본다면 대부분의 사람들이 그렇게 생각한다. 그러나 엄밀한 객관적인 증거는 아직 없다.

그저 논리나 상식으로 볼 때 유기농 식품이 몸에 좋으려니 생각할 뿐이다. 만일 토양이 미생물과 무기질로 가득 찼다면 거기서 자라는 작물도 사람 몸에 좋을 것이다. 유기농법으로 경작하는 토양이 기존 집약 농법으로 경작하는 토양보다 훨씬 더 비옥하다는 증거는 있다. 최근 스위스에서 20년간에 걸친 실험으로 유기농 재배와 기존의 농사법을 비교한 적이 있다. 이 조사에 따르면 유기농법을 통해 토양이 엄청나게 비옥해졌다고 한다. 작물에 양분을 제공하는 미생물의 수가 기존의 농법으로 농사를 짓는 토양에 비했을 때 85퍼센트나 더 증가했음을 보여준다.

그러나 양분을 토양에서 흡수하거나 농부들이 포대에서 꺼내 뿌리는 비료에서 얻거나 작물에는 무슨 차이가 있을까? 밭에 화학 비료를 듬뿍 준 후에 작물이 무럭무럭 크는 것을 보면 무척 건강하게 자라고 있는 것처럼 보인다. 나는 기존 집약농 방식으로 농사를 시작했을 때 밭에다 트랙터로 질소 비료를 뿌린 후 작물이 싱싱하게 자라는 모습을 보고 항상 놀라곤 했다. 비가 한차례 내리고 나면 싱싱한 잎들이 솟아오를 것이 눈에 선했다. 비료를 뿌려 놓으면 얼마 지나지 않아 작물이 푸릇푸릇하고 싱싱해진다. 밭이 경사져서 트랙터를 사용하지 못한 곳은 비료를 뿌린 곳에 비해 생기가 없어 보였다. 화학 비료의 영향은 거의 믿기 어려울 정도로 확실했다. 사실 화학 비료는 작물 성장에 엄청난 영향을 준다.

지난 몇 년 사이에 유기농 식물과 집약농 방식으로 자란 작물의 영양가에 관한 수많은 연구가 이루어졌다. 유기농 식품이 어떤 면에서 좀더 이롭다는 연구 결과도 있었다. 그러나 대부분의 연구 결과가 결정적인 증거를 제공해 주지 못했다. 연구 방법에 문제가 있었다. 연구자들은 땅 두 뙈기를 마련해서 한 곳에는 퇴비를 뿌리고 또 한 곳에는 화학 비료를 뿌려서 작물을 재배하여 그 결과를 분석했다. 이런 실험 방법은 엉터리다. 이것은 버스에 치인 사람과 자전거에 치인 사람의 영향을 비교하는 것과 같다. 실제로 적어도 2년 동안 유기농법을 실시한 토지에서 자란 작물이 아니면 유기농 식품으로 판매될 수 없다. 토지의 비옥도가 회복되고 토지 구조가 회복되기 시작하는 데는 최소 2년이 걸리기 때문이다. 3년째에 들어서야만 유기농 식품의 기준에 도달할 수 있다. 그렇게 해야만 유기농법과 기존 방법으로 기른 작물을 제대로 비교할 수 있다.

이러저러한 문제가 있는 연구를 전부 제외하고 나면 좀더 뚜렷한 비교 결과가 나온다. 유기농 식품은 우리 몸이 필요로 하는 식물 섬유, 미네랄, 미량 원소, 비타민 C 등을 더 많이 포함하고 있고 우리에게 해로운 초염산, 중금속, 농약 잔류물 등은 보다 적게 포함한다. 유기질 식품이 이로운 또 한 가지 점은 유기농 식품이 '2차 대사(代謝)' 산물을 더 많이 포함하고 있다는 점이다. 이것은 식물이 해충으로부터 스스로를 방어하기 위해 만들어 내는 물질로 사람에게도 이롭다. 대사 물질에는 플라보노이드(flavenoids)와 페놀릭산(phenolic) 화합물 등의 항산화제가 포함되는데 이런 물질은 면역 시스템을 강화한다.

유기농법을 비판하는 사람들은 이런 사실을 수긍하지 않는다. 신중한 비판가들은 아직 증거가 불충분하다고 말한다. 그들의 말은 일리가 있다. 이에 대한 연구가 더 많이 필요한 실정이다. 그리고 증거나 연구에는 관심이 없으면서 무작정 유기농법에 반대하는 강력한 로비 세력이 있다. 이 로비스트들은 살충제나 화학 비료를 판매하는 농화학 회사, 유전자 변형 종자를 파는 회사, 정부 보조금을 받고 대규모 농경으로 돈을 번 사람들 등의 기득권층이다. 이밖에 지금까지 그릇된 정책을 채택하고 지지해 왔고 기득권층의 비위를 건드리기를 꺼리고 있는 정치인들도 여기에 포함된다. 지난 50년 동안의 농사법에는 문제가 있었다는 증거가 지금 수두룩이 쌓여 있다. 그러나 이들은 오로지 현상 유지를 해서 자기들의 이익을 지키겠다는 한 가지 관심밖에는 없다.

몇 년 전 웨일즈 지방에서 농장을 샀을 때만 해도 나는 참으로 순진했다. 건초 더미와 농장 입구도 구분을 못했다. 그러나 에디 쿠퍼라는 농장 관리인을 고용해야겠다는 생각을 할 정도의 분별력은 갖고 있었다. 이 사람은 농업에 대한 지식이 풍부하고 열성을 가진 사람이었다. 이 땅을 살 때 나는 해외 특파원으로 베이징과 홍콩을 여행하던 중이었다. 아름다운 홍콩 항이 내려다보이고 에어컨이 잘 되어 있는 호텔에서 나는 에디에게 전화를 걸었다. 비가 퍼붓고 바람이 휘몰아치는 웨일즈의 언덕바지에 있는 황폐한 농장을 그곳에서는 상상할 수도 없었다.

"어떻게 잘 돼가요?" 나는 물었다. 에디는 언제나 모든 것을 가볍게 말하는 사람이었다.

"잘 되어갑니다." 그는 대답했다. "다만 땅을 판 놈이 건초 남은 것을 싹 쓸어갔는데 아직 겨울이라 목장에 목초가 하나도 없네요. 소 예순다섯 마리가 먹을 것이 아무것도 없는 것 말고는 별 문제가 없어요."

그런데 에디는 겨울을 버텨냈다. 유능한 관리인과 친절한 이웃을 주신 것에 신에게 감사할 따름이다.

나는 농사일이라고는 전혀 몰랐다. 훌륭한 농부는 태어나는 것이지 만들어지는 것이 아닌 것 같다. 나는 아무리 노력해도 훌륭한 농부가 될 것 같지 않다. 그러나 나는 화학 비료를 목장에 듬뿍 뿌리고 항생 물질로 암소를 살찌우는 것은 원하지 않았다. 그래서 패트릭 홀든과 피터 시거가 우리 농장에 찾아왔을 때 나는 그들의 말에 귀를 기울였다.

이 두 사람은 이웃 마을에서 유기농법을 하고 있는 농부였다. 이 두 사람은 그 후 사회에 진출해서 크게 성공했다. 패트릭은 현재 토양 협회 회장이고 농업계에서 상당히 유력한 인사가 됐다. 그는 자기가 하고 있는 일에 대해서 만족을 느끼고 있고 토양협회를 농사를 잘 지어야 좋은 식품을 만들 수 있다고 생각하는 대중의 조직체로 만드는 것이 그의 꿈이다. 그리고 피터는 현재 유럽에서 큰 성공을 거둔 유기

274

농 식품 유통업계의 거물이다. 그러나 그 당시만 해도 이 두 사람은 적어도 웨일즈에서는 일종의 미친 사람 취급을 받고 있었다. 화학 비료를 사용하지 않고 농사를 짓는다는 것은 웨일즈에서 제일 높은 스노든(Mount Snowdon) 산꼭대기에 파인애플을 재배하는 것만큼 정신 나간 짓이라고 사람들은 생각했다. 그러니 내가 이 사람들처럼 농장을 유기농 농장으로 만들겠다고 말했을 때 동네 사람들은 머리를 설레설레 저으며 웃는 얼굴을 감추려고 애쓸 수밖에 없었다.

예의 바른 사람들이라 면전에서 그렇게 말하지는 않았지만 나는 동네 사람들이 토요일 저녁에 모여 이렇게 수군대리라는 것을 짐작할 수 있었다.

"바보 녀석이지 뭐야. 아니 질소 비료 없이 어떻게 목초를 기를 수 있단 말이야. 놔둬 봐. 철이 들게 되겠지. 아니 런던에서 내려와서 이런 곳에 목장을 산다는 것 자체가 벌써 미친 짓 아니겠어? 농사에 대해서 아무것도 모르면서. 아무리 그래도 램피터에서 온 저 미친놈들 말을 들으면 안 되는데. 그 녀석들이 저 사람을 잘못된 길로 이끌고 있잖아. 몹쓸 녀석들."

패트릭이나 피터 같은 사람이 미쳤다고 생각하는 농부는 웨일즈에만 있는 것이 아니었다. 유기농법을 실시하는 농부들은 손꼽을 정도밖에 안됐기 때문에 전국농부연합에서도 별로 관심을 갖지 않았다. 그러나 세상은 바뀌었다. 2000년에는 유기농을 시작하는 데 필요한 보조금을 신청한 농가들의 수가 너무 많아서 그 기금이 몇 달 안 가서 동이 나 버렸다. 패트릭이 토양협회 회장으로 취임했을 때는 비상근 직원 12명 정도뿐인 소규모 조직이었다. 그런데 현재 토양협회는 직원이 200명에 달하는 거대 조직이 됐고 필요한 정보를 제공하랴 유기농 인가를 주기 위하여 농장 시찰을 나가랴 눈코 뜰 새 없이 바쁘다. 이 모든 것이 반가운 일이다. 패트릭이나 피터 같은 사람들이 결국 공장 방식의 축산이 나쁘다는 것을 증명해 낸 덕분이다. 그러나 현실은 그렇게 간단하지만은 않다. 유기농업은 이미 여러 해 전부터 위기에 처해 있고 수지를 맞추기 위해서는 비싼 값으로 작물을 팔 수밖에 없다. 예를 들면 유기 낙농업자는 기존 낙농업자보다 우유를 거의 2배나 비싸게 판다. 유기농법으로 전환하는 농부 대부분은 경제적인 생명을 유지하려면 농산물 값을 올려서 팔 수밖에 없다. 그렇지 않으면 바로 도산하게 되기 때문이다. 나는 젖소 300두를 키우는 윌트셔의 어느 농부를 알고 있다. 1980년대 후반 내가 유기농법이 좋다고 이야기했을 때 그는 마치 자기는 노벨 수학상을 받은 사람이고 나는 구구단을 배우고 있는 다섯살박이 아이인 것처럼 대했다. 그러나 이 농부는 그로부터 10년 후에 유기농법으로 전환하기 시작했고 왜 진작에 시작하지 않았는지 후회했다.

그렇지만 이런 사람은 극히 소수다. 영국 경작지의 약 3퍼센트만이 유기농법으로 운영되고 있다. 진짜 찬반 논의는 아직도 끝나지 않았다. 아마 앞으로도 결코 끝나지 않을 것이다. 그러나 적어도 근거 없는 신화 한 가지는 잠재워야 한다. 집약 농업의 우수성을 부인하는 것은 과학을 부인하는 것이나 마찬가지라고 믿는 신화다. 이런 믿음이 20세기 내내 반박할 수 없는 것으로 군림해 왔다.

그것은 상당히 설득력 있게 들리기도 했지만 사실상은 허수아비를 세워 놓고 공격하는 식으로 논리를 유지해 왔다. 이런 주장을 하는 사람들은 과학을 믿지 않는 사람을 어떻게 진지하게 받아들일 수 있느냐는 질문을 되풀이한다. 그것 자체만 보면 아주 그럴듯한 질문 같다. 이 질문의 오류는 실제로 아무도 과학을 부인하고 있지 않다는 것이다. 집약 농업을 비판하는 사람이 묻고 있는 것은 '왜 결함이 있는 원리에 기초를 둔 방식을 고집하는가'라는 것이다.

진정한 과학자는 과학의 진수가 틀릴 수도 있으며 과학이 주장하는 모든 지식은 일시적이라는 것을 인정한다. 이것이 칼 포퍼가 주장한 허위의 원칙이다. 하버드 대학 물리학자인 조너선 다윗은 이렇게 말한다. "누구나 과학의 한계를 잘 알고 있다. 과학의 발달에 따라 항상 선행 과학자의 업적이나 자기 업적을 쓰레기통에 넣어야 되는데 어떻게 한계를 인식하지 않을 수가 있겠는가?" 이것은 과학의 기본 원리며, 과학을 맹목적으로 숭배해서는 안 되는 것이다. 과학을 맹목적으로 숭배하는 사람은 과학은 절대로 틀리지 않는다고 믿는다. 이런 생각은 자기의 무지를 감추려는 무화과 잎사귀에 불과하다.

이런 딱한 사람들은 절대적으로 신뢰할 수 있는 권위를 찾는다. 비전문가가 지니지 못한 힘을 과학자에게서 구하려고 한다. 이건 새로운 현상은 아니다. 인간은 오랜 세월 동안 절대적인 권위를 구해 왔다. 그래야만 마음이 놓이기 때문이다. 성직자로부터 절대적 권위를 구했던 사람들은 이제 과학자가 그 역할을 해줄 것을 기대한다. 그 이유는 간단하다. 이 세상이 너무 복잡하기 때문에 자기 혼자 힘으로 모든 것을 해결할 수는 없으므로 누군가 이 세상의 내막과 진상을 자기에게 가르쳐 주길 바라는 것이다. 이 세상의 진상에 대해서 제일 잘 알고 있는 사람이 과학자들이다. 그래서 맹목적인 숭배자들은 이제 과학자에게 매달리게 된다. 진정한 과학자는 자기도 틀릴 수 있다고 끊임없이 일깨우지만 맹목적인 숭배자들은 막무가내로 매달린다. 확신을 갖고 있지 않은 성직자는 언제나 괴로웠다.

그러나 문제는 비전문가들에게 숭배를 받으면서 만족을 느끼는 과학자도 있다는 것이다. 과학자의 흰 가운은 성직자들의 승복이고 과학자의 직급과 학위는 성직 계급을 나타낸다. 비전문가는 알아듣기 어려운 과학자들이 사용하는 말을 라틴어로 하는 교회 의식만큼 신비하게 여긴다. 과학자는 신비한 과학 기구를 가지고 실험실 안으로 들어간다. 얼굴에 웃음을 띠고 실험실 문 밖에 나타난 과학자에게 우리는 무릎을 끓고 그들의 위대한 지식으로 축복을 받으려고 한다. 과학자의 교리에서 과학이 틀릴 수도 있고, 이 지식은 일시적일 수도 있다고 하는 말은 아주 작은 문자로 적혀 있어서 읽기가 어렵다. 이들은 전부 거짓 예언자다. 성직자 중에도 엉터리 성직자가 있는 것처럼 과학계에도 허풍쟁이가 있다. 다행히 그 숫자는 극히 적지만.

과학이란 연구를 통해 획득한 지식일 뿐이다. 그 이상도 아니고 그 이하도 아니다. 과학은 강력한 힘이며 탐구심을 갖고 그것에 종사하려는 사람이라면 누구에게나 활짝 열려 있다. 충분한 교육을 받았거나 연구 지원을 받거나 자료를 확보할 수 있으면 연구에 도움이 된다. 그러나 이런 것들이 반드시 필요한 것은 아니다. 지식은 실험실에 앉아 현미경을 들여다봄으로써 얻을 수 있다. 마찬가지로 지식은 목장에 앉아 풀이 자라는 것을 관찰함으로써 얻을 수도 있다. 지식은 인간의 게놈 지도를 읽고 그것을 설명할 수 있는 능력일 수도 있다. 지식은 암돼지가 새끼 돼지를 어떻게 다루며 그 이유가 무엇인가를 설명하는 능력일 수도 있다. 여러 가지 분자를 실험하여 강력한 살충제를 만들어 내는 능력도 지식이고 작물의 윤작을 실험해서 수확량을 늘리는 능력도 지식이다.

대학에서 현재 식물의 어떤 한 종으로부터 다른 종으로 유전자를 옮기는 연구를 하여 더 우수한 작물을 만들고 있는 사람이 있다면 그 사람을 우리는 과학자라고 부른다. 그러나 보잘것없는 농부가 일생을 바쳐 식물을 교배해서 똑같은 성과를 거두었을 때 우리는 그 사람을 그냥 농부라고만 부른다. 이 두 사람의 차이는 어디 있는가? 한 사람은 자기 이름 뒤에 박사라는 칭호를 달고 다른 사람은 그런 칭호를 붙이지 않는 것뿐이다.

맹목적인 숭배자는 '과학' 없이는 발전이 없다고 한다. 그러나 현재의 농업이 시작된 것은 벌써 만 년 전이다. 이 긴 세월 동안 실험실이 얼마나 많이 있었는가? 수없이 많았다. 울타리로 둘러싸인 경작지가 모두 실험실이었다. 씨를 뿌리면 그것이 모두 실험이었다. 식물이 성장하는 데 동물의 배설물이 어떤 영향을 주는가를 관찰하고 배설물 주기를 매년 반복한 최초의 원시인이 과학자가 아니라면 도대체 뭐란 말인가? 그 사람은 지식을 획득했고 퇴비를 발견한 사람이다. 그는 퇴비를 주면 식물이 잘 자라고 퇴비를 안 주면 시들시들해진다는 것을 실험을 통해 증명했다.

그는 퇴비가 왜 이런 작용을 하는지는 몰랐을지 모르지만 그의 후손들은 그 이치를 알아내고 두엄을 만드는 법과 효과적으로 공급하는 법도 발견했다. 후손들도 지식을 획득했다. 어떤 곤충은 작물에 도움이 되고 어떤 곤충은 작물에 해로운지도 알아내고 작물에 해로운 곤충을 막는 방법도 알아냈다. 흰 가운을 입고 실험실에 앉아 살충제를 만들려고 분자를 조작하는 사람들과 이 사람들이 무엇이 다르단 말인가?

맹목적인 숭배자들은 이러한 발견을 모두 우연과 시행착오의 산물이라고 말한다. 맞는 말이다. 그러나 이른바 위대한 '과학적' 발견이라는 것도 상당수는 우연의 산물이다. 페니실린을 발견한 알렉산더 플레밍도 그랬다. 유일한 차이점은 플레밍은 실험의 결과를 논문으로 써냈고 오늘날의 수준으로 볼 때는 무척 원시적 실험 조건이기는 했지만 여하튼 똑같은 실험 조건 하에서 그것을 되풀이할 수 있었다는 것뿐이다. 선사시대 농부들은 그렇게 할 수 없었다. 그렇다고 해서 발견의 성과가 덜 중요하다고는 결코 말할 수 없다.

사실을 잘못 파악하곤 하는 '진짜' 과학자들은 어떤가? 과학에 종사하는 사람들이라면 누구나 알다시피 실수는 언제나 있을 수 있다. 나는 이 책을 쓰기 위해 자료를 조사하려고 영국에서 가장 저명한 생물학자 한 사람과 이야기를 나눈 적이 있다. 그 생물학자는 학생들에게 30년 동안 똑같은 사실을 가르쳐 왔는데 알고 보니 그것이 잘못된 것이었다고 솔직히 털어놓았다. 마침내 번복되기 이전에는 너무나 당연히 받아들였고, 수도 없이 많은 학술 논문이 의심하지 않고 기댔던 정설이었던 것이다. 그러나 과학의 제단 앞에 꿇어 엎드린 맹목적인 숭배자들은 과학이 틀릴 수도 있다는 교리를 받아들이지 않는다. 그들의 신앙이 흔들릴까 두렵기 때문이다. 맹목적 숭배의 문제가 바로 이것이다. 무엇이 잘못되어 가고 있어도 알아차리지 못하는 것이다.

맹목적인 숭배자들은 농업 역사상 가장 엄청난 과오를 발견하지 못했다. 이들은 소에게 육식을 하게 하면 어떻게 될 것인지를 알아차리지 못했다. 가축에게 항생제를 무턱대고 주사하면 어떤 결과를 가져올 것인지에 대해서 전혀 알지 못했다. 이들은 논밭과 생울타리에 수 세대가 지나도 없어지지 않을 독소를 마구 뿌려 들짐승을 죽였고 인간의 건강을 위태롭게 했다. 그리고 토양에 사는 미생물을 마구 죽이면 토양이 어떻게 되는지에 대해서도 우리에게 전혀 경고하지 않았다.

이와 같은 사태에 대해서 걱정하고 이것을 맹렬히 반대한 사람들도 물론 많았다. 다른 사람들을 설득할 논거를 확보하기 위해 평생을 다 바친 이들도 있다. 그러나 이들의 주장은 대부분 무시당했다. 왜 그랬을까? 이 사람들은 소위 과학자가 아니었기 때문이다. 이름 뒤에 박사라는 호칭이 없었기 때문이다. 이 사람들의 발표나 주장은 다른 과학자들로부터 인정받지도 못했고 저명한 과학 잡지에 실리지도 못했다. 그러나 이 사람들은 다른 과학자들의 연구 결과를 읽어 보았고 자신의 경험과 비교해 보았다. 관찰과 경험을 통하여 많은 지식을 획득했던 것이다. 그럼 대체 그 지식이란 무엇일까?

맹목적 숭배자들은 이들을 머리가 이상한 사람들이며, '가짜 과학'을 들고 나와 사람들을 호도하는 사기꾼이라고 부를 것이다. 이런 속임수를 우리는 이 책에서도 여러 차례 살펴 볼 수 있었다. 자기가 갖고 있는 무수한 자격증의 권위에 기반해서 누군가에게 모욕적인 꼬리표를 달아 준다. 그리고는 그 사람이 그것을 떼려고 애쓰는 동안 웃으면서 팔짱을 끼고 바라본다. 지난 몇 년 동안에 내가 만난 머리가 이상한 사람 둘을 소개하겠다. 이 사람들은 현재의 농사 방법에 큰 문제가 있으며 이것을 다른 방법으로 고칠 수 있다는 결론에 도달한 사람들이다.

그 중 한 사람은 우스터셔에 있는 카이츠 네스트(Kite's Nest Farm) 농장의 리처드 영이다. 이 농장은 그의 어머니 소유인데, 그와 여동생 로저먼드가 공동 경영하고 있다. 이 농장은 코츠월드 힐즈의 북쪽 벼랑에 위치한다. 농장 대부분에 가지런히 심은 곡물이 지평선까지 뻗어 있는 이 농장은 여러 가지 점으로 보아 아주 구식 농장이다. 정부 보조금이 농사 방법을 좌지우지하기 전인 50년 전의 보통 농장의 모습처럼 혼합 농장이다.

여기서 기르는 소들은 번호가 아니라 이름을 갖고 있다. 소들은 가족 단위로 살며 송아지에게 젖을 먹인다. 송아지를 어미 소에게서 강제로 떼어놓지도 않는다. 암소의 젖이 말라 버리면 송아지는 자연스럽게 젖을 떼고 동생 송아지가 생기면 자기 자리를 내준다. 그래도 송아지는 어미 소와 함께 자란다. 여러 세대가 한 가족을 이루고 살기도 한다. 화학 비료를 뿌리고 경작을 했다면 벌써 없어졌을지 모를 여러 가지 목초를 평화롭게 뜯어 먹으면서 산다. 목장에는 여러 가지 목초가 있다. 소는 여러 목초를 조심스럽게 골라서 먹는다. 야생 사향초도 있고 클로버도 있고 들벌노랑이도 있다. 젖소들한테는 이 풀 중에 어느 것이 몸에 좋고 어떤 목초에 영양분이 많이 있는지 가르쳐 줄 필요가 없다. 수천 년에 걸쳐 터득한 본능에 의존할 뿐이다.

이 농장은 식물학자들이 그리는 꿈같은 곳이다. 노란 꽃이 피는

노랑물풀, 피라미드 난, 초롱꽃 등등 영국에서 이제는 찾아보기 힘든 여러 가지 풀꽃이 무성하다. 또 숲 속의 빈터에는 무릇이며 노란구륜앵초가 무성하다. 현대화된 깔끔한 농장에서는 찾아 볼 수 없는 풀들이다.

이렇게 여러 가지 풀이 자라기 때문에 이 농장이 효율적이 아니라고 말할 사람이 어디 있겠는가? 소들은 오래 살고 아무런 스트레스를 받지 않기 때문에 모두 건강하다. 가까이 다가가도 도망가지 않는다. 일생 동안 애정으로 보살핌을 받았기 때문에 사람을 무서워하지 않는 것이다. 그러나 이 소들은 밥값을 해야 한다. 그래서 어느 정도 자라면 도축되어 정육점에 팔린다. 가축을 이렇게 길렀기 때문에 고기는 비싸게 팔리고 이 농장의 고기를 사려는 사람이 줄을 잇는다. 이 농장의 고기를 사는 사람들은 그 고기가 믿을 만하다는 것을 알고 있기 때문에 비싼 값에 주저하지 않는다.

다른 농부들은 일생 동안 기른 귀한 소들이 광우병으로 죽어 가는 것을 지켜봐야 했지만 영 가족들은 그런 걱정을 하지 않아도 됐다. 1974년 영 부인은 합성 사료에 닭고기가 섞여 있는 것을 발견하고 합성 사료 구매를 중단했다. 그녀는 실험실에 있는 사람들에게 초식동물에게 다른 동물 뼈를 먹이는 것이 합당한지 아닌지 물어보지 않았다. 안 그러기를 잘한 셈이다. 물어 보았더라면 괜찮다고 대답했을 것이니 말이다. 아직까지 영의 농장에서는 단 한 마리의 소도 광우병에 걸리지 않았다.

이처럼 이 집 농장은 철저히 구식이다. 그렇지만 생산비가 적게 먹히고 특수 시장의 수요에만 응하기 때문에 도태당하지 않고 살아남을 수 있었다. 이 농장은 깔끔하게 경영될 뿐만 아니라 아름답기도 하다. 꽃이 만발하고 벌레들이 날고 잎이 피어나는 봄이 되면 자연의 조화를 느끼게 된다. 맹목적인 숭배자들은 이것을 낭만적인 헛소리라고 일축할 것이다. '자연'이란 것은 존재하지 않는다, 나무가 있고 풀이 있고 벌레가 있고 동물이 있을 뿐이라고 이들은 말한다. 그렇지만 이것들이 모인다고 해서 낭만주의자들이 온갖 의미를 부여해서 '자연'이라고 부르는 신비한 것이 이루어지지는 않는다. 맹목적인 숭배자들은 자연은 지배하고 관리하고 조작해야 할 대상일 뿐이라고 말한다. 우리가 이런 농장에 의존한다면 모두 굶어죽을 것이며, 기타 이러저러한 이유 때문에 리처드 영은 머리가 이상한 사람이라는 것이다. 자, 이제 농장을 잠깐 떠나서 영의 사무실에 들어가 보자.

꽤 큰 사무실이다. 오래된 축사의 1층에 사무실이 있다. 오래된 목장과 자기 이름을 가지고 있는 암소들의 세계와는 딴판이다. 컴퓨터 모니터가 반짝 반짝 빛나고 팩스가 종이를 토해내고 벽의 돌출부에는 수많은 서류가 들어 있는 서류철 캐비닛이 늘어서 있다. 이것들은 농장과 직접적인 관계는 없다. 대부분은 학위를 가지고 있는 사람들이 발표한 과학 논문이다. 이 중에는 미생물학, 더 정확히 말하면 항생제가 박테리아에 미치는 영향에 관한 논문이 압도적으로 많다.

리처드 영이 자기 이름으로 발표한 학술 논문은 하나도 없을지 모른다. 그러나 그는 다른 사람들이 연구해서 발표하기 전에 이미 인간의 삶을 황폐화시키는 여러 문제점을 발견했다. 그는 지난 15년간에 걸쳐 자기 주장을 입증하는 강력한 증거를 수집해 왔고 사람들이 자기 목소리를 듣도록 노력했다. 그에게는 현미경을 들여다보고 그 결과를 맹목적 숭배자들이 인정하도록 만들 만한 논문을 쓸 만한 능력은 없다. 그는 탐구적 열정과 많은 양의 정보를 흡수하고 이해하고 분석하는 능력을 가지고 있을 뿐이다. 그리고 힘든 일을 해낼 수 있는 무한한 능력과 가축들의 반응과 생태에 대한 지식이 있다. 그는 과학자가 아니다. 항생 물질 내성에 관한 그의 관심이 충분한 근거가 있는 것인지 혹은 그가 머리가 이상한 사람이라서 그런지는 독자의 판단에

맡기겠다.

마크 퍼디도 유기농 농부인데 최근까지 사람들은 그도 그저 머리가 이상한 사람으로 치부해 왔다. 이런 사람이야말로 맹목적 숭배자들이 가장 멸시하는 대상이다. 그는 1980년대에 농수산식품부가 제공하는 '과학적' 농경 방식을 살펴보았는데 별로 탐탁하게 여겨지지가 않았다. 그는 젖소에게 고단위 유기인계 농약을 투여하라는 농수산식품부의 공식 명령을 따르지 않았다. 농수산식품부 소속 과학자들은 하나같이 쇠파리를 없애는 유일한 효과적인 방법이니 그렇게 해야 한다고 말했다. 그러나 퍼디는 군사용 신경 가스에서 추출한 독을 소의 등뼈 주위에 부어 피부 속으로 스며들게 해서 기생충이 살아남을 수 없을 정도로 해로운 환경을 만들어 내는 것은 미친 짓이라고 생각했다. 농수산식품부는 이것을 강제로 실시하게 하기 위하여 퍼디를 고발했다. 퍼디는 끝까지 완강히 거부하여 결국 이 사건은 대법원까지 올라가게 됐다. 재판소 한 쪽에는 정부 관리, 유명한 화공 회사 대표, 그리고 과학계 대표들이 죽 늘어앉아 한목소리로 유기인계 농약은 사람이나 가축에 해가 없고 권고한 대로 다량으로 쏟아부어도 조금도 해롭지 않으며 이것에 반대하는 사람은 머리가 이상한 사람이라고 주장했다. 재판소의 또 한쪽에는 지금까지 혼자 연구하고 공부해 온 고집 센 서머셋의 농부 마크 퍼디가 앉아 있었다. 퍼디는 결국 승소했다.

퍼디가 집으로 가는 기차를 타기도 전에 사방에서 전화가 걸려 왔다. 전화를 걸어 온 농부들은 한결같이 한 목소리로 "당신 말이 옳다," "농수산식품부가 시키는 대로 유기인계 농약을 소한테 뿌렸다가 지금 그 피해를 보고 있다," "여러 가지 증세가 나타났다," "가축들이 모두 신경질환을 앓고 있다."는 소식을 전했다. 이상한 증상이 눈에 띄어도 농부들은 지금까지 줄곧 그것은 괜한 생각이며 상상에 불과하다는 말만 들어 왔다. 그런데 이제 최고 재판소에서 농부들은 이미 잘 알고 있었던 사실, 즉 유기인계 농약이 건강에 나쁘다는 사실을 당당히 증명해 준 용사가 나타난 것이다. 이 사건을 계기로 퍼디는 유기인계 농약이 가축에 주는 영향에 대해 각별한 관심을 갖게 됐다.

1980년대에 퍼디는 광우병과 특정 유기인계 농약이 관계가 있다는 것을 알게 됐다. 그러나 아무도 그의 말에 귀 기울이지 않았다. 그는 머리가 이상한 사람이기 때문이었다. 퍼디는 농수산식품부에 연구 보조비를 신청했으나 당연히 거절당했다. 농수산식품부는 200개가 넘는 연구에 보조금을 지급하고 있었지만, 퍼디는 진짜 과학자도 아닌데 그의 요청을 들어 줄 이유가 없었다. 어쨌든 퍼디는 자기 생각대로 계속 밀고 나갔다. 자기 돈을 들여 영국뿐만 아니라 전세계를 뒤져서라도 자기 이론을 입증할 단서를 찾으려고 추적 작업에 착수했다.

제일 먼저 그가 발견한 것은 농수산식품부의 지시에 따라 쇠파리 살충제 농약을 많이 살포한 지역에서 광우병 발생률이 매우 높다는 사실이다. 퍼디는 또한 이 화학제들을 전혀 사용하지 않은 유기 농장에서 태어나 사육된 소에게는 광우병이 전혀 발생하지 않았다는 사실도 발견했다. 그 다음에 그는 광우병 증세와 유기인계 농약 중독과의 관계를 조사하기 시작했다. 퍼디는 해외에서 조사를 계속하여서 유기인계 농약이 소의 체내 구리 함유량을 감소시킨다는 그의 이론을 뒷받침할 증거를 발견할 수 있었다. 구리 결핍이 망간 과다와 동시에 일어나면 광우병을 유발한다고 그는 믿었다.

그래서 그는 광우병 군락을 전세계에서 찾아보았는데, 토양과 식물에 망간 함유량이 높고 구리 함유량이 낮은 지역과 일치했다. 그리고 인간 광우병도 망간 함유량이 높은 곳에서 발생한다는 것을 발견했다. 망간 산화물을 채광하는 칠레에서는 광부가 그 지방에서 '망간 미치광이병'이라고 불리는 병에 걸리는 일이 많다. 이 병은 여러 가지 점에서 변형 광우병과 매우 유사하다.

　모두 흥미로운 발견이다. 그러나 오염된 동물 사료가 광우병의 유일한 원인이라고 공식적으로 판정됐다. 그러나 ‘입증됐다’라고 하지 않고 ‘판정됐다’라고 말하는 데 주의하기를 바란다. 사실상 그런 단어를 쓴 이유는 그 원인이 아직도 명확히 입증되지 않았기 때문이다. 과학자들이 생각하기에는 오염된 사료가 가장 그럴듯한 설명이었던 것 같다. 과학자들은 그것을 확실하게 증명하지는 못했다. 하물며 다른 요인이 있을지도 모른다는 것은 전혀 입증하지 못했다. 아무튼 마크 퍼디는 진짜 과학자가 아니다. 두뇌의 복잡한 생화학적 경로에 대해서 많은 것을 알아낸 것은 사실이지만 그는 학위가 없다. 혼자서 독학으로 이런 것을 알아냈기 때문에 맹목적 숭배자들에게는 만만한 상대였다. 그러나 데이비드 브라운은 그렇게 만만하게 물리칠 수 있는 사람이 아니다.

　브라운 박사는 케임브리지 대학 생화학 연구소에서 프리온(prion) 단백질(광우병 등 변성 신경질환의 원인이 되는 감염성 소단백질—옮긴이 주)을 연구했다. 그는 퍼디의 조사 보고서를 읽었고 직접 실험도 해보았다. 그 결과 구리가 없는 세포 배양액에 망간을 섞으면 그것이 정상적인 단백질과 결합하여 ‘나쁜(rogue)’ 프리온 단백질을 만드는데, 프리온 단백질은 광우병 환자와 변형 크로이츠펠트-야콥병(CJD)에서 발견되는 단백질이다. ‘나쁜’ 프리온이 정상적인 프리온 단백질 분자를 변화시켜 두뇌의 퇴행성 질병을 일으키는 위험한 단백질 분자로 만들어 동물과 사람을 죽게 한다는 사실을 맨 처음 주장한 사람은 미국의 과학자 스탠리 프루지너다. 이 주장은 현재 과학계에서 널리 받아들여지고 있다. 그 후의 연구에 의하면 변형 CJD로 죽은 모든 가축의 뇌는 망간이 열 배나 증가하고 구리의 함량은 감소한 상태였다.

　퍼디가 지적한 대로 1980년대에 정부가 가축의 척추에 농약을 들이붓도록 강요했을 때 광우병 발병률이 증가했다. 정부가 요구한 농약의 양은 다른 어떤 나라보다도 많았다. 이 농약은 구리의 양을 감소시킬 뿐만 아니라 망간을 변형시켜 두뇌에서 치명적인 활성산소를 만들어 낸다. 비슷한 시기 닭의 산란량을 늘리기 위하여 망간을 투여했고 그 닭의 배설물을 사료에 섞어서 소에게 먹인 일도 있었다. 결과적으로 소 뇌의 프리온 단백질에서 구리 성분은 줄어들고 망간은 과다하게 된 것이다.

그러나 일단 마크 퍼디나 그의 과학적 주장을 지지하는 데이비드 브라운은 제쳐 놓고 다른 '진짜' 과학자를 살펴보자. 앨런 에브린저 교수는 런던 킹스 칼리지의 면역 생물학 교수다. 그는 광우병과 변형 CJD는 면역 반응 통제가 불가능해진 결과로 발생한 것이라고 생각한다. 킹스 칼리지에서 동료 교수의 도움을 받아 에브린저 교수는 면역 반응에 문제를 일으킨 범인을 색출했는데, 그것은 토양, 하수, 또는 먹는 물에서 흔히 발견할 수 있는 미생물이었다. 이 미생물은 다발성 경화증을 일으키는 병원균이기도 하다고 에브린저 교수는 말한다. 그는 변형 CJD는 다발성 경화증의 극심한 형태의 발병이라고 생각한다.

그러니 광우병을 일으키는 또 다른 요인이 있는 셈이다.

지금까지 말한 것은 '가짜' 과학을 멸시하고 '진짜' 과학자 말만 들어야 한다고 주장하는 맹목적 숭배자들에게 심각한 의문을 던진다. 지금까지 말한 여러 명의 인물 중 누가 진짜 과학자고 누가 가짜 과학자라고 할 수 있을까?

리처드 영은 가짜일 것이다. 과학자라고 부를 수 있을 만한 자격 요건을 하나도 갖추지 못했으니 말이다. 그러나 리처드 영과 토양협회가 항생물질의 저항에 관하여 강력하게 주장한 내용은 현재 이 분야의 과학자들이 모두 진지하게 받아들이고 있다. 리처드 영과 그를 따르는 연구가들이 지난 몇 년 동안에 발표한 연구 실적은 학계에 중대한 기여를 했다. 또한 이 문제의 중대성을 고조시켜서 이제는 마침내 정치인들도 이 문제에 관심을 갖게 됐다.

그렇다면 과학자들의 잘못을 대담하게 지적한 농부 마크 퍼디는 어떤가? 좋다. 이 사람을 무식쟁이로 치부하고 그의 형편없는 학설을 조롱하며 무게 있는 논문을 싣는 학술 잡지를 둘둘 말아 그의 머리를 마구 친다고 하자. 그렇게 하려면 퍼디가 농장에서 터득한 사실을 입증하기 위하여 실험에 골몰한 다른 진지한 과학자들도 조롱하지 않으면 안 된다. 게다가 여러 해에 걸쳐 정부의 관료나 과학계 인사로부터 조롱당하고 헐뜯기고 박해를 받았는데도 불구하고 그의 연구 결과가 무게 있는 학술 잡지에 실리고, 결국 연구 사업을 계속 추진할 수 있도록 연구 보조금도 받게 됐다는 떨떠름한 사실은 어떻게 받아들일 것인가?

그러면 광우병이 흔히 있는 미생물 때문에 발병한다고 주장하는 사람들을 엉터리라고 비난이나 해 볼까? 그러나 이것도 쉽지는 않다. 이런 주장을 하는 사람들은 많은 과학적 업적을 쌓아 올린 권위 있는 교수들이다. 이 사람들이 어떻게 전부 다 엉터리일 수 있는가?

이 물음에 대한 대답은 우리는 그 누구도 가볍게 무시할 수 없다는 것이다. 이들은 모두 각기 다른 방법으로 지식을 추구했고 무엇인가 입증하려고 애썼다. 이 사람들 모두 하나도 빠짐없이 주목하여야 할 가치가 있다. 만일 맹목적인 숭배자들이 이것을 깨닫지 못한다면 차라리 이들을 팽개쳐 버리자.

과학 분야 전문가라고 하더라도 자기 전공에 대해서 모든 것을 샅샅이 알 수 있는 시대는 이미 지나갔다. 하물며 자기 연구에 의해서 영향을 받을 수도 있는 다른 관련 분야에 대해서는 더 말할 필요도 없다. 우리 인간은 너무나 많은 사실을 알게 됐다. 전문화와 학문의 분화가 지나치게 진행되어 문제가 생기게 된 것이다. 식물 분자 생물학을 전공하고 식물 유전자를 다른 종에게 옮기는 방법을 연구한 과학자라도 인간이나 가축이 그 식물을 먹으면 어떤 영향을 받게 되는가에 대해서는 조금밖에 모르거나 전혀 모른다. 마찬가지로 영양과 인체의 작용에 대해서는 샅샅이 잘 아는 과학자라도 유전자 재조합 생물이 어떻게 움직이는지에 대해서는 깜깜하다.

그렇다고 해서 그것이 무슨 문제가 될까 의아해 하는 사람도 있을 것이다. 정부 규제 기관에서 인가를 내주지 않으면 아무것도 공표를 할 수 없으니 말이다. 정부의 해당 자문위원회를 구성하는 위원들이 필요한 모든 지식을 갖추고 있다면 문제가 되지 않을 것이다. 그러나 현실은 그렇지 못하다. 우선 그들 중 대다수가 학자가 아니다. 과학자라 하더라도 최신의 과학적 지식은 부족할 수 있다. 항상 새로운 문제가 대두하고 새로운 발견이 하루가 멀다 하고 이루어지는 오늘과 같은 과학 시대에 있어서는 당연한 일이다. 새로운 과학적 정보가 학술지에 발표되기까지는 상당한 시간이 걸린다. 새로 발견된 과학 지식이 해당 자문위원회에 도착할 무렵에는 이미 너무 늦어버렸을 수도 있다.

아직 검증되지 않은 새로운 연구가 문제가 되는 또 하나의 이유가 있는데, 그것은 바로 부정행위다. 영국에서 가장 권위 있는 의학 학술 잡지로는 『랜싯』, 『영국의학저널(*British Medical Journal*)』, 그리고 내과 관련 기사만 다루는 『것(*Gut*)』을 들 수 있다. 의사나 의학 연구자가 학술 논문을 이 세 잡지 중의 하나에 실을 수 있게 되면 아주 훌륭한 연구 업적이 된다. 어떤 연구자의 업적이 이 권위 있는 학술 잡지들에 실리려면 같은 분야에서 별도로 연구를 진행하고 있는 전문가에 의한 검토 절차를 거쳐야만 한다. 그래서 이론적으로는 여기에 실린 논문을 신뢰할 수가 있는 것이다. 그러나 실제로는 그렇지 않은 경우가 왕왕 있다.

2000년 12월에 아주 유별난 일이 생겼다. 어떤 편지 하나가 이 세 가지 의학 학술 잡지에 동시에 실렸다. 그 편지는 이 저명한 학술 잡지들에 논문을 실으면 돈과 명예를 얻을 수 있기 때문에 의사들이 부정행위를 저지르고 있음을 깊이 우려하는 내용이었다. 이 편지에는 세 학술 잡지 편집자들의 서명이 모두 들어 있었다.

학술적 조예가 깊고 존경을 받고 있는 이 편집자들이 부정행위 문제를 제기한 것은 이번이 처음이 아니었다. 1년 전에 이미 부정 연구 문제를 논의하기 위해 출판윤리위원회(COPE)가 설립됐다. 다른 편집자들이 출판윤리위원회에 문제를 제기하지 않는 것만 보더라도 드러난 사건은 빙산의 일각에 불과하다는 것을 알 수 있다고 그들은 믿고 있다. 그 당시 『것』의 편집장인 마이클 파딩 교수도 이렇게 말했다. "이것이 전체의 몇 분의 일인지 알 수 없다."

부정 연구 행위를 걸러내고 연구자들이 연구 결과를 조작하지 못하게 하는 것은 사실 편집자들이 해야 할 일은 아니다. 이런 일은 전국의 학협회(GMC)와 여러 왕립 대학의 책임이다. 의학 학술 잡지 편집자들은 의학협회와 왕립 대학에서 전국적인 기구를 설립하여 부정행위를 뿌리 뽑기를 기대했으나, 이들은 조치를 취할 것을 약속하기만 하고 실천에 옮기지 않았다. 이리하여 양자간에 알력이 생기게 된다. "의학협회와 왕립 대학에서는 다짐한 바를 실천에 옮기지 않았다."라고 『랜싯』지의 리처드 호튼 박사는 비난했다.

이러한 부정행위들 중 어떤 것은 아주 유치해서 쉽게 발견할 수 있다. 파딩 교수는 미국의 어느 연구자의 경우를 들고 있다. 이 사람은 흰쥐에 검은 쥐의 피부를 이식한 것처럼 보이게 하기 위해 검정 사인 펜으로 색칠을 했다. 그렇지만 어떤 부정행위는 밝히기가 무척 힘들고 거의 불가능한 경우도 많다. 런던 킹스 칼리지 병원의 한 의사는 어떤 약이 소장에 미치는 영향에 대해 연구했다. 그의 연구는 12명의 환자의 소변 샘플에 근거한 것이었다. 그러나 나중에 밝혀진 바에 따르면 그 소변 샘플이 모두 그 의사의 것이었다. 비리가 밝혀져서 의사를 처벌하기까지는 10년이 걸렸다. 그런데 그 사이에 그의 연구 결과가 영국에서 가장 권위 있는 의학 잡지에 발표됐던 것이다.

이런 것은 민감하기로 이름난 전문직에 종사하는 사람들의 집안싸움에 그치는 것이 아니다. 우리 모두에게 연관이 되는 문제다. 만일 연구에 결함이 있거나 부정했다면 이 연구에 근거해 이루어진 판단을 어떻게 신뢰할 수 있겠는가? 신약에 허가를 내주고 유전자 변형 식품이나 식품 첨가제에 승인을 하며 새로 개발된 농약 판매에 허가를 내는 것을 결정하는 것도 모두 연구 결과에 근거해 이루어진다.

우리가 관심을 가져야 할 또 다른 문제가 있다. 무엇보다도 이 연구에 소요되는 경비를 누가 부담하느냐 하는 문제다. 대부분은 업계에서 돈을 대고, 기업체마다 연구소가 있다. 생명공학 회사 산하 연구소는 그 규모가 엄청나지만 이에 그치지 않고 기업에서는 대학의 연구 프로젝트에도 돈을 댄다. 대학 연구소의 연구비를 국고에서 부담하거나 사회 공익을 위하여 독지가들이 비용을 대던 시대는 이미 지나갔다. 오늘날 연구 조사에 필요한 비용은 대부분 어떤 사업을 염두에 두고 기업체에서 부담하고 있다. 따라서 기업의 기밀 보호를 위해 대부분 연구 결과를 외부에 발표하지 않는다.

안전성에 관한 연구도 부분적으로 있지만 많지는 않다. 탬즈 밸리(Thames Valley) 대학 식량정책센터의 데이비드 발링 박사와 로즈메리 헨더슨의 조사에 의하면 "민간 분야에서는 안전도 연구가 감독 기관으로부터 상용화 승인을 받을 목적으로 실시되고 있다." 그렇기 때문에 안전성 연구에 얼마나 많은 경비를 소요하는가는 전적으로 감독 기관의 결정에 달려 있다. 그러나 감독 기관에서 요구하는 것이 얼마나 제한적인지 이미 앞에서 살펴보았다. 그러니 유전자 변형 식품이나 기타 기업형 농업의 환경 및 안전성에 관한 기본적 연구에 굳이 돈을 쏟아 부을 리가 있겠는가? 물론 정부에서 지원하는 연구비도 있지만, 그 액수는 아주 보잘것없다.

발링과 헨더슨은 지금까지 이루어진 연구 업적을 긍정적으로 평가하면서도 아직 부족한 것이 많다고 지적한다. "정부는 공공 분야의 과학 및 기술 연구의 역할을 재고하고 국민의 안전과 건강 문제를 최우선 과제로 삼아야 할 것이다." 이들은 민간 분야에서 이루어지는 극히 기본적인 안전성 연구에서 우선 순위는 국민의 건강과 안전이 아닌 다른 곳에 있다고 냉담한 어조로 결론을 짓는다.

마에-완 호 박사는 이 문제를 더 사실적으로 표현하고 있다. 그녀는 '과학계'를 불신한다고 말한다. 과학계는 점점 더 '대기업과 한통속이 되어 가고 있기 때문'이다. 학술 기관은 '학문의 전당'이라는 허울을 버렸으며, 자연의 본질에 대한 연구를 포기했고 공익의 수호자라는 자부심을 모두 버렸다고 그녀는 말한다. 최근까지 세계에서 가장 저명한 연구소에 근무했던 아파드 푸스타이 박사는 유전자 변형 식품의 위험성에 대해서 염려한다고 말하고 기업에서 일하는 과학자들은 이제 자유로운 과학자가 아니라고 덧붙인다. "기업에서 일하는 과학자들은 기업의 철저한 감독을 받고 있고 연구 조사로 얻은 결과는 전적으로 비용을 댄 회사의 자산이 된다. 대부분의 경우 이 과학자들은 자신의 연구 결과를 회사의 허가를 받지 않고는 토론하거나 발표하지도 못한다. 심지어 회사는 연구 결과를 5년이 넘도록 공개하지 않을 수도 있다."고 말했다.

푸스타이 박사는 대학이나 정부 연구소에 있는 과학자들도 사정은 마찬가지라고 주장한다. 연구에 착수하면서 작성한 계약서의 조건이 대동소이하기 때문이다. 자신의 경험에 비추어서 그는 이렇게 단언한다. "오늘날의 중견 과학자들은 과학의 미래는 산업계에 달려 있다고 생각하는 듯하다. 생명공학 산업계에서 직접적으로 재정적 지원을 받고 있는 것도 아니면서 유전자 변형 작물을 맹목적으로 옹호하고 그것을 조금이라도 비판하는 사람을 공격하고 연구 업적과 자질까지 비난하는 과학자들을 보면 왜 그럴까 하는 의문이 들지 않을 수 없다. 생각해 볼 수 있는 한 가지 동기는 국가 보조금이 빠르게 줄어들어 가는 상황에서 앞으로의 연구 지원비 조달을 심각하게 고민하고 있기 때문이다."

우리는 얼마 전의 농업 혁명을 아직 기억한다. 1950년대에 시작된 이 농업 혁명의 영향은 좋은 것이거나 나쁜 것이거나 간에 아직까지 남아 있다. 농업 혁명은 일단 농작물 수확량을 엄청나게 증가시켰다. 그러나 한편 환경 파괴와 살충제 잔류물 문제, 항생제 내성 문제, 그리고 광우병 같은 공포를 가져왔다. 식품을 재배하는 방식과 가공하는 방식에 대해 많이 알면 알수록 우리가 먹을 음식에 대해 점점 더 불안해하게 됐다. 그런데 이제 우리는 유전자 변형이라는 혁명을 다시 또 맞이하게 됐다. 어떤 결과가 나타날지 아직 전혀 예측할 수 없는 혁명이 시작되려는 것이다. 이 장 시작 부분에서 20세기 말엽 싹트기 시작한 반혁명에 대해서 이야기했다. 산업화된 농경에서 유기 농법으로 전환하는 조짐에 대한 이야기다. 그러나 우리에게 진정 필요한 것은 단순히 농업 방식을 바꾸는 것만이 아니다. 사고의 전환이 절실하다.

책의 시작 부분에 집약 농업이 시작된 배경에 대해서 설명했다. 그로부터 두 세대가 지난 오늘날 그간의 경험에 비추어 집약 농업이 왜 잘못됐는가는 쉽게 알 수 있다. 집약 농업은 식량 부족 사태에 대한 반사 작용에 불과했다. 값싸게 대량으로 식량을 생산하려는 충동에 따라 내달렸을 뿐 집약 농업의 장기적인 영향에 대해서 곰곰이 생각하는 사람은 없었다. 우리는 이 전철을 또다시 밟아서는 안 된다.

음식과 생산 방식에 대해 우리가 바라는 것은 과연 무엇인지 진지하게 생각해야 한다. 그러기 위해서는 농업이란 국민의 건강과 밀접한 관계가 있는 일이라는 것을 우선 명심해야 한다.

'건강하다'라는 것은 병을 앓고 있지 않다는 것만을 의미하는 것이 아니다. 건강은 과학자나 의사가 정의를 내릴 수 있는 것이 아니다. 그러나 그것이 무엇인지 우리는 눈으로 보면 알 수 있다. 건강하고 행복한 아기를 보았을 때 느껴지는 행복감에 대해서 앞에서도 이야기했을 것이다. 아기가 누워 있다. 배는 부르고 기저귀는 보송보송하고 마냥 기분이 좋다. 아기는 옹알이를 하며 까닭 없이 까르륵 웃고 있는데 그 모양을 그냥 보고만 있어도 기분이 좋아진다. 아기는 생명으로 가득 차 있다. 물론 한 시간도 채 못 되어 잠투정을 하며 칭얼댈지도 모른다. 그러나 이 순간만은 무엇인가 특별한 것이 있다. 그것을 무엇이라고 설명할 수 있을까? 물론 아기는 병을 앓고 있지도 않고 어깨가 늘어지게 하고 이마에 주름이 지게 하는 삶의 시련을 겪지 않은 것도 사실이다. 그러나 아기에게는 무엇인가 그 이상의 것이 있다는 것을 우리는 온몸의 감각으로 느낄 수 있다. 우리는 그것을 느끼고 그 느낌을 즐길 수 있다. 제대로 된 식품을 구해서 아기에게 먹인다면 아기는 일생 동안 건강할 것이다. 물론 아기가 신선한 과일과 야채를 충분히 먹고 지방이 많은 고기나 크림 케이크를 많이 먹지 않으면 성장하여 어른이 됐을 때 심장마비에 걸릴 가능성도 적다는 것을 우리는 잘 안다. 그러나 그것은 단지 병이 없다는 것일 뿐이지 건강하다는 말은 아니다. 비옥한 땅에서 자라나 비타민과 광물질이 풍부한 좋은 식품은 건강을 증진시킨다. 면역체계를 약화시키지 않고 강화시킨다. 이런 것을 아기에게 제공하지 않는다면 아기의 건강을 돌보지 않는 것이나 다름없다.

그렇기 때문에 이것은 어떤 농사 방법이 다른 농사 방법보다 좋다

나쁘다 하는 문제나, 누가 잘했고 못했다는 문제가 아니다. 여기에서 한 발짝 더 나아가 오만함을 버리고 농사는 자연과의 투쟁이라는 생각을 버려야 한다. 물론 그런 면도 없는 것은 아니다. 자연을 건드리지 않고 그대로 놓아 두기만 하려면 우리는 굶어 죽어야 한다. 그러나 자연과 싸워서 빼앗는 방법이 아니라 자연과 조화를 이루면서 농사를 짓는 방법도 있다. 좋은 식품이란 칼로리나 비타민 문제만이 아니라는 것을 알아야 한다.

그렇다고 해서 움막에 살면서 짚신을 신고 다니라는 이야기는 아니다. 동물뿐만 아니라 식물에도 영혼이 있다고 믿었던 아리스토텔레스 시대로 돌아가라는 것도 아니다. 원인과 결과의 기초적인 과학적 원리를 받아들이면서도 세계가 살아 있는 하나의 유기체라는 전체론적인 견해를 유지할 수 있어야 한다. 뭐든 하고 싶은 대로 하기만 하고 어떤 결과가 벌어질지는 전혀 신경 쓰지 않는 오만한 태도는 이제 더 이상 유지해 나가서는 안 된다. 지난 반세기 동안 우리가 자연에 대해 취해 온 태도가 바로 이런 것이었다. 이제는 멈춰야 할 때다.

이야기를 끝내면서

한 방송인과의 인터뷰

나는 항상 내가 진행하는 프로그램에 출연해서 새로 쓴 책에 대해 인터뷰를 하는 작가들을 불쌍하게 생각해 왔다. 작가들이 책을 쓰는 데에는 아마 몇 년이 걸렸을 것이다. 그런데 3, 4분 동안에 시청자들에게 자기 책에 대해서 설명하라고 하니 참으로 어처구니가 없을 것이다. 그리고 그렇게 어렵게 얻은 몇 분마저 그 책을 읽어 보지도 않은 심술궂은 진행자가 질문을 던져 중간 중간 끊어 놓는다. 역시 책을 읽어 보지 않았고 피로에 지친 작가가 어떻게든 만들어서 건네 준 요약 내용을 보고 진행자는 질문을 한다. 설상가상으로 진행자는 일부러 심술궂게도 사사건건 반대를 하려 들 것이다. 그렇게 해야만 논쟁이 벌어지고 그래야 시청자들의 눈길을 끌 수 있기 때문이다. 작가들이 참으로 불쌍하다.

여러분이 이 책을 읽을 무렵에는 나도 아마 이미 그런 꼴을 당했을 것이다. 나 스스로 저지른 만행이 있기 때문에 동정은 기대할 수 없다.

그래서 이렇게 해서 스스로에게 보복을 해 보려고 한다. 아래 내용은
이 책의 저자와 한 심술궂은 라디오 방송 진행자가 아침 프로그램에서
만나 대화한 내용을 적은 것이다. 질문도 내가 쓰고 말하는 동안에
끼어드는 사람도 없었으니 솔직히 말해 실제 대담보다는 훨씬 편하고
쉬웠다.

진행자 우리가 먹는 음식이 우리를 죽이고 있다고 말하는데 그렇다면
왜 옛날보다 수명이 더 길어진 것입니까?

저자 죽이고 있다고 말한 것은 아니에요…….

진행자 그렇게 들리던데요. "최대의 먹거리 도박"이니 뭐니 하는 거
말이에요.

저자 그건 다른 문제지요. 예전에 많은 사람의 생명을 빼앗아 가던
것들이 지금은 사라졌기 때문입니다. 빅토리아 여왕 때 하수 설비를
해서 깨끗한 물을 마실 수 있게 되고 위생 상태가 좋아진 이래로
우리 수명이 길어지기 시작했습니다. 그 덕분에 우선 전염병이 없어
졌지요. 이밖에도 여러 가지 요인이 있습니다. 심지어는 자동차
도로를 개선한 것도 크게 도움이 됐습니다. 자동차 사고로 죽은
젊은이의 숫자가 1950년대에 비해 반으로 줄어들었습니다. 1948년
의 유아사망률은 오늘날보다 6배나 높았죠. 그 당시는 아기를 낳다
가 죽는 산모의 수가 1,000명당 1명꼴이었지만 지금은 이 숫자가
95퍼센트나 줄어들었습니다. 항생제도 사망률을 크게 낮추었습니
다. 이제 척추성 소아마비, 디프테리아와 결핵은 거의 사라졌습니
다. 여러 가지 병의 치료법을 발견했고 의사들은 몇 년 전만 해도
꿈도 꾸지 못한 수술을 해내고 있습니다. 우리의 수명이 길어진
진짜 이유는 의학의 발달이라고 할 수 있습니다.

진행자 식생활 개선 때문이기도 하죠. 우리가 어렸을 때는 하나같이

비쩍 마른 어린이들뿐이었는데 요즘의 크고 건장한 아이들을 보십시오. 이것은 당신이 산업형 농업이라고 멸시하는 농업 덕분에 더 많은 식량을 생산할 수 있게 된 결과가 아니겠습니까? 이로 인하여 식료품 값이 떨어지고, 더 많이 먹을 수 있게 된 덕에 영양 부족도 사라졌지요.

저자 옛날보다 많이 먹고 있는 것은 사실입니다. 하지만 옛날보다 잘 먹고 있다고 말할 수 있을까요? 아이들의 키가 커지긴 했지만 살도 쪘습니다. 그래서 여러 가지 문제가 생기고 있습니다. 정부조차도 오늘날 아동의 예상 수명이 그 부모 세대보다 오히려 더 짧아졌다고 말하고 있지 않습니까? 그것은 식품의 질이 나빠진 것에도 어느 정도 원인이 있습니다. 1960년 이후로 비만 인구가 3배로 증가했습니다. 천식 환자도 지난 10년 동안에 2배로 늘었고 현재 어린아이 7명 중 1명은 호흡기 질환을 앓고 있습니다. 뭐가 나아졌다고 할 수 있겠습니까?

진행자 그렇지만 아이들이 몸에 안 좋은 음식을 많이 먹는 것이 농부들 때문인가요?

저자 농부들 때문이라는 게 아니라 제도에 문제가 있다는 겁니다.

진행자 제도의 역할이라는 것은 농산물을 더 많이 그리고 더 효율적으로 생산하도록 장려하는 건데 뭐가 잘못됐다는 건가요?

저자 맞아요, 그런 역할을 담당해 왔지요. 하지만 대차대조표의 다른 면은 보지 않고 있다는 게 문제입니다.

진행자 우리에게 해롭다는 증거가 없으니 당연하지요. 예전에 비해 더 건강해지지 않았나요?

저자 그렇지 않습니다.

진행자 왜 아닌가요? 전에 비해 오래 살게 됐다는 것이 그 증거 아닌가요?

저자 그것은 그 증거가 될 수 없습니다. 앞서 왜 수명이 길어졌는지 이유 몇 가지를 설명했는데요. 어쨌거나 건강하게 삶을 즐길 수 없다면 오래 사는 것도 큰 의미가 없을 것입니다. 이 문제에 관하여 국가 통계청에서 몇 가지 재미있는 통계를 발표했습니다. 통계를 보면 지난 100년 동안 평균 수명은 현저히 증가했음을 알 수 있지만 그 증가한 기간 동안 과연 건강하게 삶을 즐기면서 살 수 있는가 하는 의문이 듭니다. 통계청에서는 "예상 수명은 증가했지만 건강한 삶의 예상 기간은 늘어나지 않았다. 따라서 건강하지 않은 상태에서 살거나 병에 걸려 시한부 삶을 사는 사람이 늘어났다."고 합니다. 이렇게 보면 문제를 다른 각도에서 보게 되지요?

진행자 그럴 수도 있겠죠. 그렇지만 이런 것이 음식과 관계가 있다는 증거가 어디 있죠?

저자 증명할 수는 없지만 통계를 자세히 들여다보면 재미있는 사실을 발견하게 될 겁니다. 예전에 사람들이 앓던 병은 대부분 전염병이었습니다. 1948년에 전염병으로 죽은 사람은 1998년에 비해 10배나 더 많습니다. 그렇다면 오늘날 가장 많은 사람들을 고통스럽게 하는 질병은 무엇이라고 생각하십니까?

진행자 암이란 말이지요?

저자 맞습니다.

진행자 그러나 암 환자 수도 크게 줄어들었다는 발표가 있습니다. 예를 들면 폐암 환자는 크게 줄어들었습니다.

저자 맞아요. 그러나 그것은 담배를 끊은 사람이 늘어났기 때문입니다. 다른 암은 오히려 증가했습니다. 전체적으로 보아서는 1950년 이래로 60퍼센트가 증가했습니다.

진행자 그러면 그것이 화학 약품을 사용하는 집약 농업을 시작했기 때문에 그렇다는 것이지요?

저자 반드시 그런 것은 아닙니다. 그러나 합성 화학 약품 사용이 엄청나게 증가한 것은 사실입니다. 1940년 이래로 600배나 늘어났으니까요. 화학 약품 중에 암을 유발하는 성분을 가진 것이 많다는 것은 부인할 수 없습니다.

진행자 그렇지만 대부분의 화학 약품은 농업과 상관 없는 것들이 많지 않나요? 화학 물질은 우리가 마시는 공기 중에 있기도 하고, 일상적으로 접하는 것이니까요.

저자 그렇지만 농업에 사용되는 양도 엄청나지요. 그리고 그 중 일부는 우리가 먹는 식품 속에 남아 있습니다. 제가 말하고 싶은 것은 절대적으로 필요한 이상으로 우리 자신을 화학 물질에 노출시키는 것은 어리석은 짓이라는 점입니다.

진행자 그러나 암 환자 수가 늘어난 것은 결국 평균 수명이 연장된 탓이 아닌가요?

저자 아, 이 통계 결과는 연령을 기준으로 조정된 것입니다. 사실 화학 물질이 암 발생에 아무 영향을 미치지 않는다면 암 환자 수는 당연히 줄어들어야 하겠죠. 앞에서 말씀하신 대로 오늘날 우리가 먹는 식품은 예전에 비해 훨씬 더 다양해졌습니다. 신선한 과일과 야채도 많이 먹고 있고요. 그러면 당연히 몸이 튼튼해져야 하지 않겠습니까?

진행자 알겠습니다. 그렇지만 지금 우리는 암과의 전쟁에서 이기고 있지 않습니까? 일주일이 멀다 하고 새로운 치료 방법, 새로운 발견이 발표됩니다. 암 치료제 발견을 위해서 엄청난 돈을 쏟아붓고 있으니 언젠가는 성공할 겁니다.

저자 아마 그렇겠지요. 그렇다고 안심할 수만은 없습니다. 무엇보다도 암에 걸린 후에 그것을 치료하려고 별 성과도 없이 애쓰는 것보다는 왜 그렇게 암에 걸리는 사람이 많은지를 알아내서 대응하는 데에 더 돈을 쓰는 것이 이치에 맞지 않습니까? 실상을 이야기하자면 전체 인구의 약 40퍼센트는 암에 걸리게 되어 있습니다. 암으로 죽거나 아니면 암에 걸린 채로 죽는 것이지요. 끔찍한 일입니다.

진행자 그래서 그 이유가 무엇이라고 생각합니까?

저자 나 같이 비꼬기를 좋아하는 사람은 언제나 동기가 무엇인지 경제적인 원인은 무엇인지를 찾아내려고 애쓰죠. 화학 약품을 제조하면 떼돈을 벌게 됩니다. 암 치료제를 팔아도 마찬가지구요. 자기들 입장에서는 전혀 반갑지 않을 결과를 찾기 위한 연구에 돈을 투자할 기업이 어디 있겠습니까? 그리고 또 한편 기득권자들이 있습니다. 대기업이 과학 연구에 돈을 지속적으로 투자한다면 그것은 오로지 돈을 벌기 위해서 그러는 겁니다. 농업 연구에 쓰는 돈은 몽땅 집약 농업이나 공장 방식의 축산 연구에만 사용되는 까닭이 여기에 있습니다. 이런 방식으로 농업을 하려면 연구비를 대는 회사에서 제조하여 판매하는 제품을 사야만 하기 때문입니다. 그렇게 해서 회사는 소득을 올리는 겁니다. 규모가 작고 소출도 작은 농업을 위한 연구에는 투자를 해봤자 농화학 회사에서 별 이득을 보지 못하니까 이런 쪽에는 돈을 쓰려고 하지 않지요.

진행자 당신 음모론자 아닙니까? 이 모든 것이 추악한 자본주의의 탓이라는 거군요?

저자 아닙니다. 나는 현실주의자일 뿐입니다. 나는 제도를 전복해야 한다고 주장하는 것이 아니라 개선할 방법을 찾아야 한다고 생각할 뿐입니다. 최소한 거대 기업이 사회에 미치는 영향에 대해서는 잘 알고 있어야 합니다. 뇌화학-영양 연구소 소장인 마이클 크로포드 교수는 의대마다 대학원 과정으로 약리학 연구 교육 과정이 있어야 한다고 주장합니다. 그러면 분명히 제약계에 이득이 되겠지요. 그렇지만 영양학은 어떤가요? 의대생이 제대로 된 영양학 수업을 3시간 받았다면 많이 받은 겁니다. 약을 팔면 돈을 많이 벌 수 있지만 건강한 식사를 하라고 사람들에게 말하는 것으로는 한 푼도 돈을 벌 수 없으니까요. 그렇지만 영양소가 얼마나 중요한 것인지는 우리 모두 잘 알고 있지 않습니까? 세계보건기구는 출생시 아기의 체중을 그 나라의 건강을 측정하는 기준 중 하나로 삼고 있습니다.

진행자 결국 제도를 바꾸자는 말입니까?

저자 영국은 국민보건제도라는 것을 위해서 매년 500억 파운드 가량을 사용하고 있습니다. 그것은 사실 국민보건제도가 아니라 국민질병제도라고 불러야 마땅할 것입니다. 건강 문제에 대한 접근 방법 자체가 아주 잘못되어 있습니다. 산업계에서는 이미 수년 전에 오류를 찾아내 고치는 '품질관리'에 돈을 쓰는 것이 어리석은 일이라는 것을 깨달았습니다. 그래서 애초에 오류가 발생하지 않도록 시스템을 개선하는 데 돈을 투자하는 방법을 택하고 있지요. 마찬가지로 우리의 건강에 대해서도 그렇게 해야 합니다. 통계청은 일생 중 건강하지 않은 상태로 지낼 기간의 예상치가 특히 1992년도부터 상당히 큰 폭으로 증가하고 있다고 발표했습니다. 기가 찰 노릇입니다. 생활 수준은 높아지고 의학은 이렇게 발달했는데 왜 더 건강한 노령을 기대할 수가 없습니까?

진행자 다 좋습니다. 그렇다고 당장 화학 물질 생산을 중단할 수는 없지 않습니까?

저자 중단하면 안 되죠. 그러나 농업에 사용하는 양은 줄여야 합니다.

진행자 그러면 생산량이 줄어들고 식품 값은 치솟을 텐데요?

저자 생산량은 줄어들겠지만 식품 값이 반드시 오른다고는 할 수 없습니다.

진행자 이런, 수요 공급의 법칙도 못 들어 보셨나요?

저자 물론 알고 있습니다. 그렇다면 정부의 영농 보조금이 수요 공급의 법칙에 영향을 준다는 말은 들어 보셨나요? 필요도 없는 농산물을 기르라고 농부에게 수십억 파운드나 보조금을 주지 않는다면…….

진행자 필요 없다구요? 말도 안 돼요. 수확량이 줄어든다고 하면서 구체적으로 얼마나 줄어들지에 대해서는 왜 이야기하지 않습니까? 화학 비료를 쓰지 않으면 생산량이 반으로 줄어들 겁니다. 윤작을 해야 되기 때문에 전체 농지 면적은 3분의 2로 줄어들게 되고요.

저자 그게 그렇게 큰 문제가 됩니까? 유럽의 곡물 생산량이 너무 많아져서 현재 농부들에게 '휴경' 보조금을 주고 있지 않습니까? 작물을 재배하지 말고 쉬라고 뇌물을 주고 있는 형편입니다. 작물을 기르면 또 그것에 대해서 보조금을 지급하지요. 이렇게 재배한 곡식은 대부분 결국 가축용 사료로 사용하게 됩니다. 그렇다면 윤작을 해서 휴경 중인 밭에 목초나 클로버를 심어 가축에게 먹이면 되지 않겠습니까? 그렇게 하면 고기도 더 맛이 있어질 것이고 정 부족하다면 캐나다나 미국 같은 나라에서 가축 사료를 조금 더 사오면 되겠죠.

진행자 재무상이 퍽이나 좋아하겠네요. 왜 우리가 재배할 수 있는데 식품을 수입합니까?

저자 일리가 있는 말입니다. 그렇지만 농부들은 곡식을 많이 기르면 기를수록 보조금을 많이 받습니다. 그 돈은 결국 누가 냅니까? 우리 납세자들이지요. 우리가 수입하는 유기농 식품이 어느 정도인지 아십니까? 전체의 4분의 3이나 됩니다. 그러니 일석이조가 될 수 있습니다. 유기농 식품을 국내에서 재배하는 것이 경제적으로도 더 이득이 있습니다. 유기농 농장은 집약 농장보다 노동력을 더 많이 사용하기 때문이지요. 그래서 일자리도 더 많이 만들고 환경에도 친화적이니 꿩 먹고 알 먹고지요.

진행자 유기농 식품은 우리 같은 중산층 사람들에겐 좋을지 모르지만 그런 형편이 못 되는 서민들은 사먹을 수도 없습니다.

저자 예. 시장에서는 비싼 값으로 팔리지요. 그러나 그것은 전체 이야기의 일부에 불과합니다.

진행자 '시장에서'라니요? 시장 가격이 가장 중요한 것이 아닌가요?

저자 그렇지 않습니다. 필요하지도 않은 곡식을 재배하라고 혹은 재배하지 말라고 주는 보조금은 누가 지불하고 있는 것입니까? 바로 우리 돈으로 지불하는 게 아닙니까? 집약 농업으로 발생한 화학약품 오염을 제거하는 데 필요한 돈은 누가 내고 있다고 생각하십니까? 우리가 내고 있지 않습니까? 이런 비용이 1년에 수십억 파운드에 달합니다. 광우병 치료를 위한 경비는 또 누가 내고 있습니까? 광우병 하나를 처리하는 데에만 50억 파운드에 달하는 비용이 들어가고 있고 그 비용도 결국 납세자들의 부담입니다. 환경과 우리 건강에 막대한 피해를 주면서 필요하지도 않은 작물을 재배하라고 엄청난 액수의 보조금을 지불하고 또 그 피해를 복구하려고 돈을 쏟아 붓고 있습니다. 정말 훌륭한 제도죠.

진행자 맞아요. 대부분 사람들이 말도 안 된다고 생각하고 유럽연합에서도 뭔가 개선을 해보려고 노력하는 중이지만 유럽경제공동체의 농산물 정책을 개혁하기 전에는 별 도리가 없을 겁니다.

저자 말도 안 되는 얘기예요. 다른 유럽 국가에서는 유기농으로 전환하라고 더 많은 영농 보조금을 주고 있습니다.

진행자 이런, 혈세를 보조금으로 먹어치우고 '필요가 아니라 욕심을 채우기 위해 농사짓는' 소위 대지주들을 공격하더니 이제 유기농을 대상으로 똑같은 지원을 해야 한다고 주장하는 겁니까? 이쪽에 보조금을 주나 저쪽에 주나 마찬가지 아닌가요?

저자 중요한 점은 유기농이 보조금 제도 안에서도 차별을 받고 있다는 것입니다. 집약 농업을 하는 농부가 오염을 일으킨다면 왜 그 사람에게 환경부담금을 물리지 않는 겁니까? 왜 아무 상관도 없는 다른 사람들이 수질오염 때문에 상수도 사용료가 오르는 것을 감수해야 됩니까? 유기농에 보조금을 주는 것은 실제로 소비자가 원하는 식품, 생산되지 않으면 외국에서 수입해야 할 식품 생산을 지원하는 것이 됩니다. 그러면 마침내 유기농 식품 가격이 떨어지겠죠. 이미 조금씩 떨어지고 있습니다. 그러면 더 많은 사람들이 더 좋은 식품을 먹게 되고 더 건강해질 것입니다.

진행자 반드시 그렇다고 증명할 수는 없지 않습니까?

저자 아직 최종 결론은 내려지지 않았지만 많은 증거가 한쪽 방향을 가리키고 있습니다. 상원 위원회는 유기농 식품과 집약 농업 식품을 비교한 150개 이상의 조사 보고서를 검토한 결과 유기농 식품이 비타민을 더 많이 포함하고 있고 초산염은 덜 포함하고 있다는 결론을 내렸습니다.

진행자 유기농 식품을 먹으면 식중독에 걸릴 위험이 더 높잖습니까?

저자 그건 정말 말도 안 되는 이야깁니다.

진행자 아니에요. 테스코 슈퍼마켓에서 유기농 버섯이 O157 대장균에 오염된 것을 발견하고 회수한 일이 있었지요. O157은 무척 위험한 병원균입니다. 심각한 사건이었지요.

저자 사실이었다면 심각한 문제가 되지요. 그러나 이 버섯을 검사한 공중건강연구소에서 5일 후에 실험 과정에 실수가 있었다고 말하고 "이 사건은 공중 위생에 아무런 위협을 끼치지 않았다."고 결론 내렸지요. 그러나 이상하게도 이 발표는 처음 이야기만큼 떠들썩하게 신문에 보도되지 않았어요. 이상한 일입니다.

진행자 그렇다면 미국 허드슨 연구소의 식품 정책부장 데니스 에이버리는 어떻습니까? 이 사람은 유기농 식품과 식중독의 위험성에 관한 수많은 보고서와 책을 썼습니다.

저자 맞습니다. 이 사람은 유기농업의 열렬한 비판가의 대표격이라고 할 수 있는 사람입니다. 그는 『살충제와 플라스틱으로 지구를 구하자(*Saving the Planet with Pesticides and Plastic*)』라는 책을 쓰기도 했지요. 그런데 공교롭게도 허드슨 연구소는 농화학 회사와 유전자 변형 회사로부터 엄청난 지원금을 받고 있지요. 우연의 일치일까요?

진행자 그렇다고 그 사람이 틀렸다고 말할 수는 없겠죠. 연방 질병방지 센터가 발표한 자료에 근거를 둔 허드슨 연구소의 연구에 대해서는 어떻게 생각하십니까? 이 연구에 의하면 "유기농 식품을 먹으면 기존 방식으로 재배된 식품보다 치명적인 O157 대장균에 감염될 가능성이 8배나 높다."고 하지 않습니까?

저자 그러면 이 센터에서 그런 실험을 한 적이 없고 더군다나 그런 결과에 도달한 적도 없다고 발표했는데 그것은 어떻게 생각하십니까? 영국 식품규격청도 에이버리의 '연구 결과'가 터무니없다고 말하지 않았습니까? 유엔 식량농업기구는 자체적으로 연구한 결과 유기농업은 "대장균 감염의 위험을 줄일 가능성이 있다."라고 결론을 내렸습니다.

진행자 경제연구소는 유기농 식품이 어린이와 노약자에게 위험하므로 이것을 먹어서는 안 된다고 말하고 있습니다.

저자 아, 그렇지요. 이 연구소는 영국에서 최초로 공장식 양계장을 설립하여 떼돈을 번 사람이 세운 연구소죠.

진행자 그동안 여러 단체에서 유기농 식품을 비난했습니다. 이들이 모두 엉터리란 말입니까?

저자 아닙니다. 내가 말하고자 하는 것은 아무리 독립적인 연구소라고 하더라도 연구를 진행하려면 돈이 많이 필요하고 농화학 회사에는 풍부한 자금이 있어 돈을 잔뜩 대줄 용의가 있다는 말을 하고 싶을 뿐입니다.

진행자 그럼 훌륭한 과학자들도 돈으로 좌우할 수 있단 말입니까?

저자 그런 말은 아닙니다만, 연구소에서 일하는 연구원과 업계 사이에
는 끈끈한 유대가 있을 수 있다는 말입니다.

진행자 얘기를 듣고 있다 보니 세상에 믿을 놈 하나도 없다는 생각이
드는군요.

저자 그것도 인생 철학으로 삼기에 그렇게 나쁘지는 않을 것 같습니다.
농화학업계에서 무엇이라고 했습니까? 지난 50년 동안 그들이 만든
화학 물질이 인간과 가축에 아무런 해를 끼치지 않고 집약 농업이
친환경적이라고 주장해 왔습니다. 집약 농경을 하면 경작지가 줄어
드니까 환경을 덜 해친다는 말이죠.

진행자 그럴듯하게 들리는데요.

저자 그럴 수도 있죠. 그러나 우리는 한때 '안전'하다고 했던 살충제가
시간이 흐른 후 전혀 그렇지 않다는 것을 알게 된 적이 한두 번이
아니었습니다. 사실이 밝혀지면 그 살충제는 회수되거나 당국에서
사용을 금지하죠.

진행자 어쩔 수 없는 일 아닙니까? 경험을 해야 알 수 있으니까요.
모든 일이 다 그렇지 않습니까? 많이 겪어 보면 겪어 볼수록 그만큼
위험이 줄어들겠지요. 그래서 오늘날에는 기존의 집약 농사 방식도
이전 어느 때보다 안전해졌다고 말할 수 있습니다.

저자 그런 면도 있을지 모릅니다. 그러나 여기 아주 재미있는 사실이
있습니다. 업계는 한때 유전자 변형 작물에 엄청난 돈을 투자하고
유전자 변형 식품이야말로 반드시 필요한 것이라고 우리를 설득했
습니다. 이들의 가장 큰 논거는 유전자 변형 식품을 재배하면 살충
제를 덜 사용하게 되기 때문에 환경에 유리하다는 것이었습니다.
말꼬리를 잡고 늘어진다고 할지 모르지만 살충제가 그렇게 안전하
다면 왜 이제 와서는 살충제를 많이 안 쓰는 게 좋다고 말하고
있는 것입니까? 몬산토 화학 회사의 소책자에는 '라운드업 레디

(Roundup Ready)'라는 이름의 유전자 변형 밀의 장점을 늘어놓는 감동적인 이야기가 실려 있습니다. 이 밀을 1999년에 일리노이주의 강 유역에 광범위하게 심었다고 합니다. 이 강 유역은 상태가 좋지 않아 모두 수질 기준에 미달했습니다. 그런데 유전자 변형 밀을 심어 덕분에 살충제 양을 줄였더니 이 문제들이 싹 없어져 버렸습니다. 재미있는 일입니다. 내 기억력이 나쁜지 모르지만 이 회사에서는 유전자 변형 식품을 팔기 전에 자기 회사 제품이 물을 어떻게 오염시켰는지에 대해 구체적으로 이야기한 적이 한 번도 없었습니다.

진행자 유기농업에서 전혀 살충제를 사용하지 않은 것처럼 이야기하고 있지만 사실은 그렇지 않습니다.

저자 살충제를 사용하지요. 그렇지만 실험실에서 만든 합성 화학 물질이 아니라 식물이 스스로를 보호하려고 만들어 내는 천연 물질로 만든 살충제를 씁니다.

진행자 그게 무슨 차이가 있습니까? 결국 같은 독이 아닌가요?

저자 맞습니다. 그러나 재래식 농법을 하는 농부는 공장에서 만든 2,000여 종의 살충제를 쓸 수 있지만 유기농 농부는 선택의 폭이 25종밖에 없고 그것도 부분적으로 최소한으로만 사용합니다. 그렇기 때문에 유기농법으로 재배한 식품에는 농약 잔류물이 거의 없습니다. 이들은 농약보다는 천적을 이용해서 해충을 퇴치하는 방법을 씁니다. 이것이 더 지속 가능한 농법입니다. 무차별적인 농약은 해충뿐만 아니라 해충의 천적도 모조리 죽여버립니다.

진행자 그래도 집약 농업으로 덕 본 것이 분명히 있다는 것은 부인하지 못할 겁니다.

저자 아마 그렇겠지요. 다만 덕을 보았다는 것이 그렇게 좋은 것만은 아니었다는 생각입니다. 그리고 그것이 얼마나 오래 유지될 수 있을까요? 해마다 해충과 진드기가 이 농약, 저 농약에 대해 내성을 획득하게 됩니다. 농약 회사는 자꾸 새로운 농약을 만들어 내겠지만 이것이 우리가 계속 나아가야 할 현명한 길이라고 할 수 있습니까?

진행자 그래도 곡식은 계속 잘 자라고 있는데 문제가 있나요?

저자 작물이 계속 잘 자라고 있다는 것도 의문입니다. 집약 농업이 토양을 완전히 망가뜨렸기 때문에 수확량이 점점 줄고 있다는 증거가 나타나고 있습니다.

진행자 그런 증거가 많지는 않은 것 같던데요.

저자 증거가 부족한 이유는 연구가 거의 이루어지지 않았기 때문입니다. 게다가 이런 방식으로 농사를 지은 지는 50년밖에 되지 않았으니까요. 50년이란 것은 역사의 긴 안목으로 볼 때는 눈 깜박할 시간밖에 안 됩니다. 이런 식으로 앞으로 50년 동안 농사를 지으면 어떻게 될지 생각해 봅시다. 미국에서 조사한 바에 의하면 엄청난 양의 토양이 사라지고 있다고 합니다.

진행자 시간이 얼마 없군요.

저자 제 생각이 바로 그겁니다.

진행자 아니 제 말은 인터뷰 시간 말입니다. 여하튼 오랫동안 집약 농업을 비판해 오셨으니 당신의 견해도 과학보다는 편견에 근거하고 있는 것이 사실 아닙니까? 과학자를 믿지 않으니 그럼 석기 시대로 되돌아가야겠네요.

저자 그건 아닙니다. 모든 과학자를 다 믿지는 않는다는 거지요. 과학자끼리도 서로 의견이 맞지 않고, 이전 세대의 과학자가 도달한 결론의 절반 이상이 이 세대에 와서는 뒤집어지는 실정이니 어떻게 모든 과학자를 믿을 수가 있습니까? 1988년에 과학자 한 사람이 인간도 광우병에 걸릴 수 있다고 말했습니다. 그런데 이름이 드높은 몇몇 과학자를 포함해 수많은 과학자들이 말도 안 되는 소리라고 비난했지요 그러니 내가 과학을 믿지 않는다고 말하는 것은 사실이 아닙니다. 다만 현대 과학자 중 일부가 말하는 과학과 내가 말하는 과학이 다를 뿐이겠지요.

진행자 과학은 객관적인데 당신은 객관적이 아니지 않습니까?

저자 글쎄요. 과학은 지식인데 지식을 얻는 방법은 여러 가지가 있습니다. 물론 나는 과학자가 아니고 농부로서도 별 볼일 없습니다. 그러나 나는 목초와 클로버가 우거진 들을 거닐면서 화학 비료 한 포대 없이도 소들이 풀을 잘 뜯어 먹고 건강하게 자라는 것을 보면 직관적으로 이것이 제대로 된 방식이라고 생각합니다.

진행자 그렇지만 그런 소는 젖을 충분히 내놓지 않잖아요?

저자 그게 오히려 다행입니다. 소젖을 터질 정도로 비정상적으로 크게 만들어 놓고 2, 3년만 지나면 '제 구실을 못한다'고 도살해 버리는 것이 과연 옳은 일입니까? 닭이나 돼지를 마치 기계의 일부처럼 잔인하게 멸시하며 대하는 것이 옳은 일입니까?

진행자 그러나 가난한 사람이 싼값으로 고기를 살 수 있다면….

저자 그러나 사실 결코 싼 것이 아닙니다. 그게 중요하지요. 이 '값싼' 닭고기 가슴살에는 수분이 최대 40퍼센트까지 들어 있습니다. 그것은 싼 닭고기가 아니라 비싼 물이라고 불러야 맞는 거겠죠 더 크게 바라보면 우리는 이렇게 해서 발생하는 피해에 대해 비싼 값을 치르고 있는 것입니다. 광우병을 생각해 보십시오. 공장식 닭장에서 기른 닭고기를 먹고 식중독에 걸려 겪는 고통과 비용을 생각해 보십시오. 항생제 내성으로 인한 피해는 가늠할 수도 없습니다. 환경 문제를 생각해 보십시오. 살충제 잔류물이 우리 몸 안에서 섞이며 어떤 피해를 끼칠지 생각해 보십시오 거기에 영농 보조금을 더해 보세요. 환경오염 정화비용도 더하구요. 어떻게 이것의 비용들이 싸다고 할 수 있습니까?

진행자 당신 말이 다 옳다 하더라도 정말 유기농업을 하면 이런 문제가 전부 다 해결된다고 생각하시는 겁니까?

저자 물론 그렇지는 않습니다. 우리에게는 식품에 대한 태도와 생산 방식을 완전히 새로이 하는 혁명이 필요합니다. 우리는 땅을 약탈의 대상으로 보거나 가축을 착취해야 할 생산 도구로 보는 생각을 버려야 합니다. 어떻게 하면 농사를 잘 짓는가 하는 철학은 어떻게 하면 건강을 유지할 수 있는가 하는 철학과 같아야 합니다. 병에 걸렸을 때 국민의료원에만 의존하면 된다고 생각하는 사람은 어리석은 사람입니다. 우선 건강을 증진하여 병에 걸리지 않도록 하는 것이 중요합니다. 농사도 마찬가집니다. 가축에게 병에 걸리지 말라고 화학 약품을 쏟아붓고, 벌레의 씨를 말리기 위해서 식물에게 화학 약품을 퍼붓는 끔찍한 짓을 왜 합니까? 왜 땅을 생명이 없는 배지처럼 취급하고 식물을 기르기 위해서는 인간이 만든 화학 물질을 쏟아부어야만 하게 만듭니까?

진행자 한 마디로 말해서 과거로 돌아가자, 오늘날까지 이루어 온 진보를 다 때려치우자는 겁니까?

저자 그런 게 아닙니다. 우리는 매일 세상의 이치를 조금씩 배우고 있습니다. 앞으로도 계속 배워 나가야 합니다. 유기농법은 유전자 변형 기술에 못지않은 과학입니다. 우리에게는 더 많은 지식이 필요합니다. 토양을 비옥하게 하는 땅속에 사는 미생물에 대해서는 거의 아는 게 없습니다. 자연과 싸우는 데 사용하는 돈의 100만 분의 1이라도 이 어마어마한 세계의 지식을 알아내는 데 사용한다면 이것이 얼마나 큰 혜택을 줄지 누가 알겠습니까? 우리는 또 과거로부터도 배울 수가 있습니다. 우리 어머니는 내가 어렸을 때 흙을 조금 먹어도 아무렇지도 않고 오히려 몸에 좋다고 말씀하셨습니다. 이제 어머니 말씀이 옳았다는 것이 과학적으로 입증됐습니다. 어머니한테는 무슨 증명 같은 것은 필요하지 않았습니다. 직관적으로 느꼈던 것이죠. 수만 년 동안의 농사 경험에서는 아무것도 배울 것이 없고 지난 50년 동안의 연구 결과에만 무언가 배울 것이 있다고 생각한다면 그것은 참으로 형편없는 오만입니다.

진행자 기계화 반대주의자군요?

저자 아닙니다. 우리가 할 수 있는 일이기 때문에 해야 한다고 말할 뿐 과학화, 기술화를 반대하는 것은 아닙니다. 제임스 왓슨은 DNA의 이중나선 구조의 발견이라는 우리 시대 가장 위대한 발견을 이루었습니다. 왓슨은 과학이 언제나 앞으로 전진한다고 생각하는 것은 어리석다고 말했습니다. 과거 농부들은 상식과 옛부터 해오던 방법에 의존해 가축을 길렀습니다. 이들은 암소의 젖을 너무 많이 짜내면 병에 걸리고 좁은 닭장에다 닭을 너무 많이 가두어 놓으면 전염병이 생긴다는 것을 알고 있었습니다. 농사를 잘 짓는 데는 어떤 기본적인 원칙이 있다는 것을 알고 있었고 그것을 지켰지요. 그런데 우리는 그 원칙을 무시하고는 그저 병이 생기면 항생제를 대량으로 투여하면 된다는 생각만 하고 있습니다. 그것은 비인간적일 뿐만 아니라 바보 같은 짓입니다.

진행자 시계를 거꾸로 돌릴 수 있다고 생각합니까?

저자 아니, 시계를 거꾸로 돌리자는 게 아닙니다. 앞으로 발전하기 위해 다른 방법도 있다는 것을 인식해야 한다는 것입니다. 나는 그렇게 되리라고 믿습니다.

진행자 당신 동료들이 유기농 식품으로 틈새시장을 공략하면 돈을 벌 수 있다고 유통업체들을 설득했기 때문이겠죠.

저자 아닙니다. 수많은 사람들이 어떤 식품이 진짜 값어치가 있는지를 알게 됐기 때문입니다. 이 사람들은 식품을 만들어 내는 데는 한 가지 방법밖에 없다는 말에 이제 귀 기울이지 않습니다. 이들은 동물을 점잖게 인간적으로 다루기를 바랍니다. 이제 광우병 같은 비극이 다시는 일어나지 않기를 원합니다. 자기가 먹는 음식을 믿고 먹을 수 있기를 원합니다. 자기 아이들이 그리고 손자들이 안전할 뿐만 아니라 영양가가 있는 식품을 먹고 있다는 확신을 갖고 싶어합니다. 그리고 이런 식품이 자라는 지구가 그들 자녀들의 손자 대에도 계속해서 좋은 식품을 생산할 수 있기를 바랍니다. 이것은 빵값을 한두 푼 절약하거나 암소에서 젖을 좀더 짜내는 것 이상으로 중요한 일입니다. 식품을 생산하는 데는 윤리와 도덕 문제가 결부되어 있다는 것을 알고 있으며, 생산성과 이득만이 식품 생산의 추진력이 되어서는 안 된다고 믿고 있습니다. 이들은 우리가 갖는 모든 물음에 대한 답이 전부 다 밝혀지지는 않았음을 알고 있습니다. 『뉴사이언티스트』지조차도 현재 유전공학에서 하고 있는 것처럼 새로운 생명을 인공적으로 만들려고 하면 어떤 위험이 닥칠지 모른다고 경고합니다. 많은 사람들이 우리가 과거 50년 동안에 거대한 도박을 벌여 왔다고 생각하고 앞으로 50년 동안에는 어떤 무서운 일이 일어날지 걱정을 하고 있습니다. 나는 이 사람들의 말이 맞다고 생각합니다. 그것이 바로 내가 이 책을 쓴 이유입니다.

진행자 당신이 너무 순진하다고 말하는 대규모 농장 경영자나 농업 관련 기업가도 무척 많을 겁니다.

저자 당연합니다. 이 문제를 가지고 앞으로 수없이 많은 말싸움을 벌여야 할 것입니다. 그렇겠죠?

■ 약어표

ENG	KOR
BMA, British Medical Association	영국의학협회
organochlorine chlorinated hydrocarbon insecticide	유기염소계 농약
organophospate	유기인계 농약
BUPA	영국의 민간의료보험협회
BSE	광우병
CJD, vCJD	크로이츠펠트-야콥병, 인간 광우병
pharmacogenetics	유전약리학
CAP, Common Agricultural Policy	유럽경제공동체(EEC)의 농산물 정책
MAFF	농수산식품부
PCB	폴리염화비페닐
cabarmate	카바메이트(농약)
Insect development inhibitor	곤충생장 저해제
pyrethroid	피레스로이드계 살충제
endocrine disrupter	내분비계 교란물질, 환경 호르몬
Royal Society	영국 학사원
EPA, Environmental Protection Agency	미국 환경청
MRL	최대잔류한도
DOH, Department of Health	영국 보건부
FSA, Food Standard Agency	식품규격청
CAC, Codex Alimentarius Commission	국제식품규격위원회
FAO	유엔 식량및농업기구
WHO	세계보건기구
WPPR, Working Party on Pesticide Residues	농약잔류물공동위원회
PRC, Pesticides Residues Committee	농약잔류물위원회
European Commission	유럽연합 유럽위원회
PSD, Pesticide Safety Directorate	농약안전이사회
Soil Association	(영국) 토양협회
select committee	특별조사위원회
HSA, Health and Safety Executive	(영국) 보건안전청
WWF, World Wide Fund for Nature	세계자연기금
GEF, Global Environment Facility	지구환경기금
VMD, Veterinary Medicines Directorate	수의학이사회
TEQ, Toxic Equivalent	독성등가량
TEF	독성등가계수
POP, Persistent Organic Pollutants	잔류성 유기 오염 물질
nutrient pollution	부영양화
NHS	국민의료원
NHS Trust	지역자치 의료원
MRSA	메티실린 내성 황색 포도상 구균
VRE	반코마이신 내성 장구균
BPMF, British Poultry Meat Federation	영국 가금육(家禽肉) 연합
CDSC, Communicative Disease Surveillance Centre	전염병감시센터
Public Health Laboratory Service	공중보건연구소
VPC, Veterinary Products Committee	수의약품협회
Advisory Committee on the Microbial Safety of Food	식품미생물안전 자문위원회
endomycorrhizae	내생균근균, VAM
ADI, Acceptable Daily Intake	일일섭취허용량
SE, Substantial Equivalence	실질적 동등성
ISIS, Institute of Science in Society	사회 속의 과학 연구소
IGF-1, insulin-like growth factor-1	인슐린양 성장인자
rBGH, recombinant Bovine Growth Hormone	유전자재조합 소 성장 호르몬

■ 참고문헌

〈배고픔의 기억〉

D.A. Thomas, *The Atlantic Star 1939-45*, London, W.H. Allen, 1990 J. Costello & T. Hughes, *The Battle of the Atlantic*, London, Collins, 1997.

Press cuttings on the sinking of the *Athenia* and food stock status in the UK, *The Times*, 16 September 1939.

S. Broadberry & P. Howlett, *The Economics of World War II, UK: Victory at All Costs*, Cambridge University Press, 2000.

P. Howlett, *Fighting with Figures*, London, HMSO, 1995.

S. Pollard, *The Development of the British Economy 1914-1980*, London, Edward Arnold, 1983.

G. Harvey, *The Killing of the Countryside*, London, Jonathan Cape, 1997.

Lloyds War Losses, The Second World War: Vol. 1, British Allied and Neutral Merchant Vessels Sunk or Destroyed by War Causes, London, Lloyd's of London Press, 1989.

The U-boat war in the Atlantic 1939-1945, London, HMSO, 1989.

Captain S.W. Roskill, *The War at Sea: Vol. 1: The Defensive*, London, HMSO, 1976.

D. MacIntyre, *The Battle of the Atlantic*, London, Batsford, 1961.

〈동굴에서 부엌까지〉

D.C. Sutton, *The History of food*, Coventry, Chapelfields, 1982.

F.C. Accum, *There is Death in the Pot, A Treatise on the Adulteration of Foods and Culinary Poisons*, London, 1820.

E.V. McCollum, *A History of Nutrition*, Boston, Houghton Mifflin, 1957.

D.J. Oddy & D.S. Miller (eds), *The Making of the Modern Diet*, London, Croom

Helm, 1976.

H.D. Renner, *The Origin of Food Habits*, London, Faber & Faber, 1944.

J. Wynne-tyson, *Food for a Future: the ecological priority of a humane diet*, London, Davis-Poynter, 1975.

A.H. Halsall, *Food and its Adulterations, Comprising the Reports of the Analytical Sanitary Commission of 'The Lancet' for the years 1851-1854*, London, 1855.

Select Committee Reports on Food Adulteration, 3rd Report (HC379) VIII, 1, 1956.

J. Mitchell, *Treatise on the falsifications of food and the chemical means employed to detect them*, London, 1848.

J.C. Drummond, "An 18th Century Experiment in Nutrition," *The Lancet*, Vol. 229, pp.459-462, 1935.

A.W. Flux (Journal of Royal Statistics Society), "Our Food Supply Before and After The War," Vol. 93, pp.538-56, 1930.

D.J. Barker, *Fetal and infant origins of adult disease*, British Medical Journal, 1992.

W.P. James, G.G. Duthie & K.W. Wahle, "The Mediterranean Diet: Protective or simply Non Toxic," *European Journal of Clinical Nutrition*, Vol. 43, 1989.

J.M. Slater (ed), *Fifty Years of the National Food Survey 1940-1990*, London, HMSO, 1991.

J. Boyd-Orr, *Food, Health and Income*, London, Macmillan, 1936.

D.J. Oddy & D.S. Miller, *Diet and Health in Modern Britain*, London, Croom Helm, 1985.

J. Boyd-Orr and D. Lubbock, *Feeding the People in War-time*, London, Macmillan, 1940.

J.A Paris, *A Treatise on Diet*, London, 1826.

Andrew Wynter et al., various articles, *The London Review*, 1850.

M. Leeming, *History of Food from Manna to Microwave*, London, BBC, 1991.

Hernes, G., 'Eating to Your Heart's Delight," *Science of the Total Environment*, Vol. 249, No. 1-3, 2000.

E.J.T. Collins, "The Consumer Revolution and the Growth of Factory Foods,"
in *The Making of the Modern British Diet*, Croom Helm, 1976.

A. Fenton and E. Kisbán (eds), *Food in Change, Eating Habits from the Middle
Ages to the Present Day*, Edinburgh, Donald in Association with the
National Museums of Scotland, 1986.

J. Morris and R. Bate, *Fearing Food: Risk, Health and Environment*, Oxford,
Butterworth-Heinemann, 1999.

Erik Millstone, *Food Additives*, Harmondsworth, Penguin, 1986.

〈유독성 시대〉

A. Watterson, Pesticide Users' *Health and Safety Handbook*, Aldershot, Gower
Technical, 1988.

D. Pimentel & H. Lehman, *The Pesticide Question: Environment, Economics and
Ethics*, London, Chapman & Hall, 1993.

The BMA Guide to Pesticides Chemicals and Health, London, Edward Arnold,
1992.

P. Beaumont, *Pesticides, Policies and People, London*, Pesticide Action Network
UK, 1993.

Barbara Dinham, *The Pesticide Hazard*, Pesticide Action Network UK, 1993

Public Health Impact of Pesticides Used in Agriculture, World Health Organisation,
1990.

L.H. Campell & A.S. Cooke, *The Indirect Effects of Pesticides on Birds*,
Peterborough, Joint Nature Conservation Committee, 1997.

M. Allsopp, B. Erry, R. Stringer, P. Johnston, D. Santillo, *A Recipe for Disaster:
A Review of Persistent Organic Pollutants in Food*, London, Greenpeace,
2000.

M. Allsopp, R. Stringer & P. Johnston, *Unseen Poisons: Levels of Organochlorine
Chemicals in Human Tissues*, London, Greenpeace, 1998.

M. Allsopp, R. Stringer, P. Johnston, D. Santillo, *The Tip of the Iceberg: State
of Knowledge on Persistent Organic Pollutants in Europe and the Arctic*,

London, Greenpeace, 1999.

World Cancer Research Fund in association with The American Institute for Cancer Research, *Food Nutrition and the Prevention of Cancer: A Global Perspective*, London, WCRF, 1997.

The Game Conservancy *Trust, Lowland Agriculture Into the 21st Century*, Fordingbridge, Game Conservancy, 2000.

Nutritional Aspects of the Development of Cancer, Report of the Working Group on Diet and Cancer of the Committee on Medical Aspects of Food and Nutrition Policy, London, The Stationery Office, 1998.

Ministry of Agriculture, Fisheries & Food Pesticide Safety Directorate Health and Safety Executive, Annual Report of the Working Party on Pesticide Residues 1998, 1999 & the Quarterly Monitoring Supplements in 2000.

A.P. Høyer, P. Grandjean, T. Jørgensen, J.W. Brock, H.B Hartvig, "Organochlorine exposure and Breast Cancer," *The Lancet*, Vol. 352, pp.1816-20, 1998.

C. V. Howard and G. Staats de Yanes, "A Hazardous Risk?," *Environmental Health*, issue 7/8, pp.12-14, 1998.

'Food safety in the 21st *Century*' Dairy, *Food and Environmental Sanitation*, Vol. 19, No.11, 1999.

S. Valentine, "Food and nutrition in the twenty-first century curriculum," *Nutrition & Food Science*, Vol. 30, No. 3, 2000.

Saving Lives: Our Healthier Nation, London, The Stationery Office, 1999.

H. Tent, "Research on Food Safety in the 21st Century," *Food Control*, 10, 1999.

L.M. Bush and R.A. Williams, "Diet and health: new problems/new soultions," *Food Policy*, 24, 1999.

P. Conford, "A testament for youth," *Living Earth*, No. 202, Apr-Jun, 1999

M. Kid, "Food safety: consumer concerns," *Nutrition & Food Science*, Vol. 30, No. 2, 2000.

M. O'Keeffe & O. Kennedy, "Residues: a food safety problem?," *Journal of Food Safety*, Vol. 18, No. 4, 1998.

Department of Health, Committee on Medical Aspects of Food and Nutrition
Policy (COMA), Senevth Annual Report, 1999.

M. Rayner, "The truth about the British Diet," "We art becoming healthier
eaters, government ministers claim - The reality is rather more
worrying," "We are dining out on the fat of the land," *New Scientist*,
London, July 1989.

"Hormone-disruption chemicals found in baby food," Friends of the Earth
Press Release, 1 December 2000.

UK Pesticide Guide, British Crop Protection Council, Farnham, 1999.

L.E. Gray, J.E. Monosson and W.R. Kelce, "Environmental antiandrogens'
low doses of the fungicide vinclozolin alter sexual differentiation of
the male rat," *Toxicology and Industrial Health*, Vol. 15, pp.48-64,
1999.

A. Mantovani, F. Maranghi, C. Ricciardi, C. Macri, A.V. Stazi, L. Attias
and G.A. Zapponi, "Developmental toxicity of carbendazim:
Comparison of no-observed-adverse-effect level and benchmark dose
approach," Food and Chemical Toxicology, Vol. 36, pp.37-45, 1998.

Pesticide Action Network briefing on aldicarb.

Pesticide Action Network briefing on lindane.

Strang-Cornell Cancer Research Laboratory, New York, briefings provided
on lindane, carbendazim, chlorpyrifos and vinclozolin, 2000.

A. White, "Children, pesticides and Cancer," *Ecologist*, 28, Mar/Apr 1998

Residues of some veterinary drugs in animals and foods, prepared by the fiftieth
meeting of the Joint FAO/WHO Expert Committee on Food
Additives, Rome, FAO, Feb 1999.

J. Erlichman, *Gluttons for Punishment*, Harmondsworth, Penguin, 1986

R. Beaglehole & R. Bonita, "Public Health at the Crossroads," *The Lancet*,
Vol. 351, February 1998.

J.G. Morris, "Current Trends in human diseases associated with foods of
animal origin," *Journal of American Veterinary Medical Association*, 15
December 1996.

E. Carlsen, A. Giwereman, N. Keiding and N.E. Skakkebaek, "Evidence for decreasing quality of semen during the past 50 years," *British Medical Journal*, 305 pp.609-12, 1992.

IEH(1995), *IEH Assessment on Environmental Oestrogens: Consequences to Human Health and Wildlife*, (Assessment A 1), Leicester, UK, MRC Institute for Environment and Health, 1995.

"Scientists link falling sperm to chemicals in food," *The Sunday Times*, 5 May 1995.

A. Chowdhury, H. Venkatakrishna-Bhatt and A. Gautum, "Testicular changes of rats under lindane treatment," *Bulletin Env. Cont. Toxicol. Appl. Pharmacol.*, Vol. 90, pp.330-6, 1987.

A. Abell, E. Ernst and J.P. Bonde, "High Sperm density among members of arganic farmers' association," *The Lancet,* Vol. 343, No. 8911, p. 1498, 1994.

〈발 아래의 세계〉

T. Brock and M. Madigan, *Biology of Micro-organisms*, Englewood Cliffs, Prentice-Hall, 1988.

B.A. Croft, *Arthropod Biological Control Agents & Pesticides*, New York, Wiley, 1990.

D. Pimentel & H. Lehman, *The Pesticide Question: Environment Economics and Ethics*, London, Chapman & Hall, 1993.

C.A. Edwards, "Impact of Herbicides on Soil Ecosystems: The Importance of Integration in Sustainable Agricultural systems," *CRC Critical Reviews in Plant Sciences*, 8:3, pp.221-57, 1989.

MAFF *Code of Good Agricultural Practice*, London, The Stationery Office, 1998.

Daniel Hillel, *Out of the Earth*, New York, Free Press, 1991.

"Sustainable Ues of Ooil," 19th Report of the Royal Commission on Environmental Pollution, Cm. 3165, London, 1996.

Neil Fuller, *Blueprint for Eco-Farming*, Lecture given at 1997 Acres USA conference, St Louis, MO, 4-6 December 1997.

A Blueprint for Sustainable Soil Management (A submission to the Royal Commission on Environmental Pollution by the Soil Association), February 1995.

Margaret P. Rayman, "The Importance of Selenium to Health," *The Lancet*, 15 July 2000.

D. Hillel, *Out of the Earth: Civilization and the Life of the Soil*, Berkeley, University of California Press, 1992.

〈무서운 물고기〉

Lochaber & District Fisheries Trust, Annual Report 1998-1999.

Anouk Ride, "Dead in the Water," *New Internationalist*, July 2000.

Michael Wigan, "Farmed Salmon Kill the Rivers," *The Field*, June 2000.

Steve Farrar, The Sunday Times, June 1999, Nick Nuttall, *The Times*, April 2000, Rob Edwards, Sunday Herald, February 2000.

Don Staniford, "The One That Got Away," Friends of the Earth, Edinburgh, Scotland, 2000.

R.L. Naylor, R.J. Goldgurg, J.H. Primavera, N. Kautsky, MCM. Beveridge, J. Clay, C. Folke, J. Lubchenko, H. Mooney & M. Troell, "Effect of aquaculture on world fish supplies," *Nature*, 29 June 2000.

L.J. Forristal, *The World & I*, "Is Something Fishy Going on?," May 2000.

R. Edwards, "Infested waters: sea lice form salmon farms threaten Scotland's sea trout," *New Scientist*, 4 July 1998.

Written testimony made to Friends of the Earth Scotland by Jackie Mackenzie, Edinburgh, April 2000.

Written testimony made to Friends of the Earth Scotland by Johnny Parry, Edinburgh, April 2000.

Department of Environment, Transport and the Regions, Report: *Sustainable Production & Use of Chemicals*, 1999.

Working Party on Pesticide Residues, Annual Report, September 1999.

Scottish Environment Protection Agency, Annual Report, 1999.

D.W. McKay, "Perspectives on the Environmental Effects of Aquaculture," Lecture given at Aquaculture Europe '99 conference, Trondheim, 7-10 August.

Veterinary Medicines Directorate Annual Report on Surveillance for Veterinary Residues, July 1999.

Food Contaminants Division, Food surveillance information sheet 184, "Dioxins and PCBs in UK and imported marine fish," Food Standards Agency, August 1999.

B. Moore, N. Boyns, and H. Tilley, *The Economic Impact of Salmon Farming*, Edinburgh, Scottish Executive, 1999.

Food Safety Issues Associated with Products from Aquaculture, World Health Organisation, 1999.

〈미생물과의 전쟁〉

Resistance to Antibiotics and Other Antimicrobial Agents, Evidence submitted to the House of Lords Select Committee on Science and Technology, London, The Stationery Office, 1998.

Government Response to the House of Lords Select Committee on Science and Technology Report, *Resistance to Antibiotics and other Antimicrobial Agents*, London, The Stationery Office, 1998.

Advisory Committee on Microbiological Safety of Food, *Report on Microbial Antibiotic Resistance in Relation to Food Safety: Synopsis*, London, The Stationery Office, 1999.

World Health Organisation, *The Medical Impact of the Use of Antimicrobials in Food Animals*, report of a WHO meeting, Berlin, 1997.

M.H. Richmond, "Why has Swann Failed?," *British Medical Journal*, Vol. 280, No. 6225, pp.1995-6, 1980.

M.H. Richmond, "The emergence of antibiotic resistance in bacteria and its implications for antibiotic use," *Ten Years on from Swann*, Association of Veterinarians in Industry Symposium, 1981.

R.J. Cook, "Antimicrobial resistance: use in veterinary and human medicine," *Journal of Antimicrobial Chemotherapy*. Vol. 9, p.435, 1997.

A Force for Change, White Paper on the Food Standards Agency, HMSO, January 1998.

I. Hunt, "Antibiotic: agents lose their cutting edge," *Guardian*, 5 may 1998.

Q.A. McKellar, "Antibiotics and resistance in farm animals," *Nutrition & Food Science*, No. 4, July/August 1999.

P. Brown and J. Meikle, "Alarms rang 50 years ago," *Guardian*, 7 September 1999.

S. Levy, *The Antibiotic Paradox: How Miracle Drugs are Destroying the Miracle*, London, Plenum Publishing, 1992.

"Less is more," *New Scientist*, 25 April 1998.

"Resistance to antibiotics - a threat to public health," opinion of the European Commission Consumer Committee, adopted 1 March 1999.

"Antibiotic use in food-producing animals must be curtailed to prevent increased resistance in humans," WHO press Release, October 1997.

N. Frimodt-Moller, N. Rosdahl and H. Caspar Wegener, "Microbiological resistance promoted by misuse of antibiotics: a public health concern," *European Journal of Public Health*, No. 8, pp. 193-4, 1998.

"Resistance to antibiotics as a threat to Public Health," opinion of the European Community's Economic and Social Committee, September 1997.

Antimicrobial Feed Additives, report of the Commission on Antimicrobial Feed Additives, Stockholm, 1997.

Swedish Ministry of Agriculture, Food and Fisheries, *Can we use less antibiotics?: A brochure on antibiotics in animal feed and how the affect humans and animals*, Stockholm, 1997.

J. Meikle, "Farm antibiotics pose risk to human health," *Guardian*, 19 August 1999.

J. Meikle, "Farmers promise to cut back antibiotics," *Guardian*, 29 June 1999.

Diseases Fighting Back, London, Parliamentary Office of Science and Technology, October 1994.

T.H. Jukes, "Effects of low levels of antibiotics in livestock feeds," *Agricultural Uses of Antibiotics*, ACS Symposium Series, New York, American Chemical Society.

Joint Committee on the use of antibiotics in animal husbandry and veterinary practice, Cm. 4190, London, 2000.

"Veterinary Residues in Animal Products 1986-1990," MAFF Food Surveillance Paper No. 33, London, HMSO, 1992.

J. Bates, J. Zoe Jordens and D.T. Griffiths, "Farm animals as a putative reservoir for vancomycin-resistant enterococcal infection in man," *Journal of Antimicrobial Chemotherapy*, Vol. 34, No. 4, pp.507-516.

〈유전자 요정〉

"The Promise of Plant Biotechnology," a Monsanto Biotech Information Leaflet, Monsanto US, St Louis, 2000.

Robert B. Shapiro, Chairman and CEO Monsanto Corporation, Letter to Gordon Conway, President Rockefeller Foundation, October 1999.

Professor Phhilip James, Director, Rowett Research Institute, Evidence to House of Lords, January 1999.

Dr Mae-Wan Ho (Journal of "Horizontal gene transfer, hidden hazards of genetic engineering," November 2000) *Institute of Science in Society*.

Paul R. Billings & others, "Human Germline Gene Modification: A Descent," *The Lancet*, Vol. 353, No. 9167, May 1999.

D. MacKenzie, "Unpalatable Truth," *New Scientist*, Vol. 162, No. 2182, April 1999.

S. Dibb and S. Mayer, "Biotech - The Next Generation," The Food Commission, April 2000.

T. Traavik. *Too early may be too late*, University of Tromsø, 1999.

Judith C. Juskevich and Greg C. Guyer, "Bovine growth Hormone: human food safety evaluation," *Science*, Vol. 249, August 1990.

Anne McIlroy, article in *Toronto Globe and Mail*, September 1998.

Expert Group on GM Food, Report, London, Medical Research Council, June
    2000.
The Impact of Genetic Modification on Agriculture, Food and Health, London, British
    Medical Association Board of Science and Education, May 1999.

〈이야기를 끝내면서〉

Healthy Life Expectancy in Great Britain 1980-96, Sue Kelly & Allan Baker,
    Office of National Statistics & Department of Health.

우리 부모님 세대만 해도 먹을 것이 풍족치 않아 어떻게 하면 자기 자식에게 한 가지라도 더 먹일 수 있을까 고민하셨다는데, 요즘 부모들은 어떻게 하면 아이가 해로운 것을 조금이라도 덜 먹게 할 수 있을까 눈을 부릅뜨고 감시하고 못 먹게 해야 할 형편이다. 식량 생산 과정이 산업화, 자동화되면서 우리가 먹는 음식도 더욱 위생적이고 영양가도 높고 몸에도 좋은 것이 되었을 것 같은데, 실제로는 요새는 뭘 먹어도 꺼림직하고 불안하다.

가깝게는 온나라를 뒤흔들어 놓았던 조류 독감이나, 온국민이 '나도 먹었을지 모른다'고 생각하게 만든 이른바 '쓰레기 만두 파동'을 비롯해, 가축 전염병은 해마다 빼놓지 않고 축산 농가와 소비자들을 공포에 질리게 하고, 유해한 첨가물을 넣거나 비위생적인 공정으로 제조된 식품이 적발되었다는 뉴스가 끊이지 않고 들린다. 식탁에 오르는 푸성귀에서 허용기준치를 넘는 농약 잔류량이 검출되었다는 소식도 심심찮게 들을 수 있다. 그런 한편 아토피 질환이나 알레르기로 고생하는 아이들도 요즘에는 무척 많이 보인다. 아이의 아토피 증세가 너무 심해 유기농 식품 위주로 식단을 바꾸었더니 나아졌다는 이야기도 가까이에서 쉽게 들을 수 있는데, 그런 이야기를 들을 때마다 우리가 일상적으로 먹는 음식이 실제로 '유해하다'는 것을 확인하게 되어 마음이 무겁다. 그렇지만 경험에 근거한 심증만이 있을 뿐 어떤 음식이 얼마나 해로운지, 우리 몸에 어떤 영향을 미칠 수 있는지에 대해서는 구체적으로 알 수가 없다. 또 정부에서 지정한 이른바 '기준치'라는 것은 어떤 근거가 있는지, 아무리 해로운 물질이라도 기준치만 넘지 않으면 안심해도 좋다는 것인지 불안하기 그지 없다. 좀더 크게 보아, 이렇게 좋지 않은 음식을 왜 먹을 수밖에 없는지, 식량 생산 구조에 어떤 문제가 있으며 어떤 대안이 있을지에까지 생각이 미치기는 더더군다나 어렵다.

40년 넘게 BBC 방송국에서 일하며 '국보'라는 호칭까지 얻은 명망 있는 방송인인 존 험프리스가 이 문제에 깊은 관심을 갖게 된 것도, 먹거리 문제야 말로 우리 삶과 건강과 행복에 가장 밀접하게 연관되어 있는 것이라는 점을 생각해 볼 때 당연한 일이다. 존 험프리스는 광우병과 구제역 파동이 전세계를 강타한 무렵 이 책을 집필하여 영국의 식량 정책과 집약적 농업 생산 방식을 비판했다. 그의 주장은 방대한 자료 조사와 연구, 그리고 최전선에서 직접 발로 뛰며 소식을 전하던 방송인답게 자신의 직접 체험에 근거하고 있어 설득력이 있을 뿐 아니라 충격적이기까지 하다. 이 책은 농약과 화학 비료가 환경과 인체에 미치는 영향, 양식업과 공장식 축산의 폐해와 항생제 남용의 영향, 유전자 조작 식품의 위험 등을 구체적으로 파헤친다. 이 책을 통해 우리 건강과 환경이 어떤 위험에 처해 있는지를 생생하게 깨달을 수 있을 뿐 아니라, 철저한 사실로 무장하고 설득력 있는 목소리를 내는 자세 또한 볼 수 있었다. 우리가 먹는 음식에 우리가 무슨 짓을 하고 있는지 깨닫고 더 늦기 전에 진지한 고민을 해야 할 때다.

2004년 9월
홍한별

위험한 식탁

지은이 | 존 험프리스
옮긴이 | 홍한별
펴낸이 | 최미화
펴낸곳 | 도서출판 르네상스

초판 1쇄 | 2004년 10월 1일
초판 2쇄 | 2008년 10월 10일

주소 | 110-801 서울시 종로구 계동 140-50
전화 | 02-742-5945
팩스 | 02-742-5948
메일 | re411@hanmail.net
등록 | 2002년 4월 11일, 제13-760

ISBN 89-90828-14-7   03330

* 잘못된 책은 바꿔 드립니다.